河北大学历史学强势特色学科学术出版基金资助

性别视角下的
商周婚姻、家族与政治

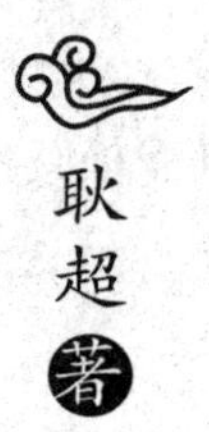

耿超 著

人民出版社

责任编辑：邵永忠
封面设计：黄桂月
责任校对：吕　飞

图书在版编目（CIP）数据

性别视角下的商周婚姻、家族与政治 / 耿超 著. —北京：人民出版社，2017. 12（2021.4 重印）
ISBN 978－7－01－018198－1

Ⅰ. ①性… Ⅱ. ①耿… Ⅲ. ①婚姻制度—历史—研究—中国—商周时代 ②家族—制度—历史—研究—中国—商周时代 ③政治制度史—研究—中国—商周时代 Ⅳ. ①K892. 22 ②D691. 91 ③D691. 2

中国版本图书馆 CIP 数据核字（2017）第 221515 号

性别视角下的商周婚姻、家族与政治
XINGBIE SHIJIAO XIA DE SHANGZHOU HUNYIN JIAZU YU ZHENGZHI

耿　超　著

人民出版社出版发行
（100706　北京市东城区隆福寺街 99 号）

北京一鑫印务有限责任公司印刷　新华书店经销

2017 年 12 月第 1 版　2021 年 4 月第 3 次印刷
开本：710 毫米×1000 毫米 1/16　印张：21. 75
字数：350 千字

ISBN 978－7－01－018198－1　定价：78. 00 元

邮购地址　100706　北京市东城区隆福寺街 99 号
人民东方图书销售中心　电话（010）65250042　65289539

序　一

以往对商周历史的研究，习惯于主要以男性为社会活动中心的视角来审视历史，即使是作商周妇女史研究，亦多偏重于钩沉史料，以探讨当时妇女之社会地位及其生活状况。对于男性与女性间之性别差异，以及基于此种关系与差异而形成的二者的互动方式对社会结构和历史进程所产生的影响，常有所忽视。耿超博士《性别视角下的商周婚姻、家族与政治》一书即有鉴于此，力图对商周史的几个重要领域从性别视角作考察，以期对其中一些较疑难的重要学术问题作出新的阐释。该书立意较新颖，有一定开拓性，而且由于这一时期的传世文献史料甚缺乏，研究主要需依赖古文字与考古资料，而涉及性别差异与两性关系的资料信息尤需提炼，所以这一研究具有相当的难度。

这部著作是在作者博士学位论文的基础上增订而成的。答辩委员会诸位专家给予这篇论文的评价是“创新意识很强，论文材料丰富，研究定位明正，微观铺陈与宏观把握相兼”，“注重史论结合，善于通过具体的史料分析，进行符合中国历史实际情况的理论归纳，力避空疏的泛论，较有学术开拓性”，这一看法，我认为是很客观的。近年来，耿超博士在教学与担负相关行政事务之余，又对论文从资料考释与具体论证方面，作了认真的修订和补充，尤其注意利用近年来新发现的古文字与考古资料对内容作了增补，在学术思想上有提高，在研究方法上亦有所改进，使这本学术著作的学术质量得到扎实的提升。

本书较好地利用了“社会性别”的理论，在以往学界所作研究有欠深入、缺乏明确观点的一些问题上，提出了自己的见解，举其要者，例如：

一、根据对殷墟卜辞中的“夫妻分祭”以及殷代墓葬中的“夫妻分葬”、以男女单身葬为主等考古资料的分析，认为在殷代尚未形成“夫妻一体”的观念，夫妻关系被湮没于其他亲属关系之中，与以上情况相应的是，在贵族家族内，宗族长之妇在当时亦并未取得与族长相类的主祭地位，且亦没有超越其他家族成员的权力与地位。当时平民阶层已实行一夫一妻制，夫妻间地位比较平等。

二、通过梳理与考证殷墟卜辞资料，提出在商王室中，王配已有嫡妾之别，但武乙之前所实行的可能是一夫一妻（正妻）与一夫多妻（正妻）相结合的制度，自武乙始，严格的一夫一妻（正妻）制始确立。嫡妾制的存在使王位的继承权已限于正妻所生诸子，但由于未确立嫡长子继承制，由此王之嫡子拥有先后继承王位的权力，故造成了长时期内兄弟先后为王之情况。而王与王配在王室祀典中直系地位的确立，则要取决于有无子继位。因此直系与旁系间的等级关系可能远远不如西周在嫡长子继承制基础上所产生的大、小宗那样鲜明。

三、此书对两周时期家族内两性关系及其对当时家族制度的影响也作了深入探讨，认为自西周中期始，由于大家族内的小家庭独立性增强，夫妻关系始被强化，夫妇二位一体的性别观念形成，宗妇因此在家族内拥有了仅次于宗子的地位。通过从性别角度所作分析，使西周时期周人家族制度比较商人家族所发生的变化，得到了较为合理的解释。作者进一步指出春秋时期夫妇二位一体的性别观念进一步发展，至战国时期，一夫一妻的小家庭独立，夫妻间的关系完全超越父子关系，在家族亲属关系中居于最重要的地位，由此正确处理夫妇关系亦成为协调社会秩序、家庭秩序的主要内容，维护夫妇家庭关系的伦理道德观念逐渐定型。上述诸多论断使该书成为迄今从性别视角所作家族史研究较为系统、深刻的成果。

四、书中充分利用了近年来两周考古发掘的新资料，对天马—曲村等西周墓地、南阳程村等春秋墓地中异性异穴合葬墓作了深入研究，认为西周时期贵族阶层的夫妇异穴合葬制度至少在康王时已存在，至春秋时期这种埋葬方式逐渐影响至平民阶层。夫妇异穴合葬表明女性取得了与其夫同等的家族或社会地位，是夫妇关系强化的重要表征，也反映出西周时期的两性关系乃至家族形态、家族秩序相比于殷商发生了根本的变化。东周时期墓葬制度的研究相对商、西周来说，以往工作做得相对薄弱，本书对东周夫妇异穴合葬制度的分析，弥补了文献记载的不足，丰富了对两周时期两性关系与性别观念的认识。

五、关于性别差异与两性关系在商周政治生活中产生的影响，本书在这方面亦作了许多新的探讨，例如商后期上层贵族妇女何以能参与军政事务，是以往研究中很少展开论述的问题。作者本于上述对商后期商人家族内性别差异不明显的认识，说明正是基于这种家族秩序与“家国同构”的组织形式，男性军事政治首长习惯将权力分配给妻室。对于西周时期王后参政的原因，作者则指出其根源不仅在于“家国同构”的政治组织形式，同时也在于“夫妇二位一体”的性别观念与宗法制度的确立。对此类较难以解释的历史现象，作者均从性别视角提出了自己的新见。

本书在研究方法上，注意采用了多学科交叉的研究方法。在史料方面，除了以传世文献史料为基础外，还充分利用了甲骨文、金文、简帛等古文字资料和田野考古发掘资料，而且对史料分析得较透彻，解释也多允当，故而使全书的论述建立于较全面、扎实的史料基础上。

将性别史研究的视角与方法引入商周史研究领域，从目前看还可以说是较新的课题，本书可以认为是对如何深入开展这一课题研究所作一些新的非常有价值的探讨。当然本书所作研究还有进一步深化的必要，比如战国时期诸子论著，尤其是儒家著作中有很多涉及两性关系的论说，对这些论说作深入理解，并努力揭示其形成的社会历史背景，会有助于认识战国时期性别关系之实况与其对当时乃至此后秦汉家族社会产生的影响。

本书面世后，希望作者注意倾听学界的意见，修订书中的疏误，并时时关心有关新的考古发现与出土文献资料，不断深化对商周性别史领域学术问题的认识，并能不断地有更新的相关学术成果问世。

朱凤瀚

2017 年 11 月 16 日

序　二

耿超博士《性别视角下的商周婚姻、家族与政治》一书，是在她博士学位论文的基础上，进一步修改、增补的专著。与以往研究商周婚姻、家族的著述相比，这是一部不同凡响的著作。该书所强调的“性别视角”，所借鉴的“社会性别理论”，是把社会学的理论与方法引入历史研究的学术创新。这是对历史的重新审视，它改变了以往习惯于以男性为社会活动中心来看问题的倾向。我们知道，无论以往的这种倾向是从社会阶层来看社会地位，还是以此解释社会现象，它都忽视了两性关系在历史进程作用的问题。而耿超博士的《性别视角下的商周婚姻、家族与政治》，则对商周婚姻、家族与政治的研究赋予了新的范畴、新的视角，使得以往被人们忽视的资料得以挖掘；使得两性在婚姻、家族、宗教、文化、政治、战争等场景中所结成的社会关系及其在不同历史阶段所发挥的不同作用得以重塑。

在历史研究中引入社会学的理论和方法，需要与具体的实证相结合。因为历史研究本身就有实证的一面，特别是先秦史研究，其实证性尤为突出：它一是要对有关考古发现、甲骨文、金文及文献资料尝试做出新的解析；另一是要将已有的研究，特别是要对那些众说纷纭的问题，在系统梳理的基础上，引向深入。耿超博士在她的这部专著中正是这样做的。例如，书中在探讨两性关系对商代继承制度的影响时，涉及嫡子继承制和殷之“宗法”问题。耿超博士首先将学术界对于殷商时期的继承制度总结为九种观点：（1）兄终弟及为主，辅以父死子继（王国维）；（2）子继与弟及并用，并无主辅之分（陈梦家）；（3）兄弟共权制度（李玄伯）；（4）贵族选举制（徐中舒）；（5）子继为常，弟及为变（李学勤）；（6）幼子继承制（赵锡元）；（7）长子继承制（范文澜）；（8）嫡长子继承制（吴泽）；（9）“既非立嫡立长，又非选贤任能，而是先子后弟，择壮而立”的立壮制（郑宏卫）。然后将这九种观点归纳为三类：即“弟及为主”“子继与弟及并用”“子继为主”。接着分析了这三类观点的主要依据和各自的得失，而其中如何正确解释殷商时期频繁出现的“兄终弟及”是厘清殷商继承制的关键之所在。耿超也正是以此为切入点，结合殷商时期的两性关系与婚姻制度，对殷商时期的继承制度提出了她自己的见解。她不赞成以往有些学者用母系氏族制的残余或母权时代的遗存来解释商代“兄终弟及”现象，而认为这“应是嫡长子继承制并没有完全确立的结果，即继承王位的权力并不仅限于嫡长子一人”。通过她的研究，可以明确地看到：殷商时期的婚姻关系中，已有嫡妾之别，由此兄弟间亦有了嫡庶之分，使得王位的继承权已限于正妻所生诸子，也就是说当时嫡子继承制已确立，而嫡妻所生的诸子即兄弟之间是平等的，凡王之嫡子均有资格继承王位，这就是商王武乙之前频繁出现“兄终弟及”的根源所在。

与这一结论相呼应，耿超从嫡子继承制看殷商之“宗法”，其结论也是恰当的。王国维在《殷周制度论》中曾指出：“是故由嫡庶之制而宗法与服术二者生焉，商人无嫡庶之制，故不能有宗法。籍曰有之，不过合一族之人，奉其族之贵且贤者而宗之，其所宗之人，固非一定而不可易。”王国维把嫡庶之制作为宗法产生的必要条件，认为殷商没有嫡庶之制，因此也没有宗法。王国维的这一观点曾长期影响着学术界，但近年来已有突破。例如，耿超的导师朱凤瀚先生在《商周家族形态研究》一书中就曾指出：“宗法实际上应指宗族成员间的等级差别之原则，其核心即在维护宗子在本宗族内的至尊地位。因此，凡是具有实体性宗族组织形态的贵族家族皆可有宗法。”裘锡圭先生在《关于商代的宗族组织与贵族和平民两个阶级的初步研究》一文中也指出：“商代区分直、旁系的‘帝介’之制，跟后来讲礼制的人所强调的‘立嫡立长’、‘为人后者为之子’那一套制度，当然还是有一定距离。但是它跟宗法制度强调宗子世袭制以及大、小宗统属关系的精神，则是完全符合的。所以，在甲骨文时代，宗法制度实际上无疑已经存在了。”吴浩坤先生也认为，嫡长子继承制并非宗法制的核心内容，“宗法制的实质，就在于男性族长对宗族的政治、经济、宗教祭祀等各方面有绝对的支配权，亦即对整个宗族成员实行家长制的统治”（吴浩坤：《西周和春秋时代宗法制度的几个问题》，《复旦学报》1984 年第 1 期）。耿超在先贤研究的基础上，认为殷商时期虽不存在严格意义上的嫡长子继承制，但已有嫡庶之别，其家族已具备实体性家族组织形态，族长在家族内拥有至高无上的权力，因而殷商贵族内应是存在宗法的。同时，她又针对商代的卜辞和周代的《诗经》、金文中都有“诸父”“诸母”“诸兄”等的称谓，指出这并非是母系社会的遗迹，商人虽对祖先神的祭祀中已表现出了“重直系轻旁系”，但对“多父”“多母”“多兄”这些旁系祖先神仍然是祭祀的，甚至直系、旁系一起合祭，而周人祭祀祖先神已限于直系的祖、妣、考、母。她的结论是：“这表明殷商时期虽已有了直系与旁系的区分，‘重直系轻旁系’，但由于直系的确定不是预设的，因而直系与旁系间的等级关系可能远远不如周代由嫡庶制所产生的大、小宗那样鲜明，这表明殷商与西周在家族形态与家族制度上的差异”。在这里，我们看到新视角带来了新的理论思考；新视角使得她对以往研究的梳理和评判，对包括她的导师朱凤瀚先生在内的前辈学者研究成果的汲取，有了自己的标尺。

两性关系对殷商、西周、春秋时期家族形态与家族制度的影响，对战国时期小家庭独立所起的作用，是耿超博士《性别视角下的商周婚姻、家族与政治》一书中的一条重要主线。两性关系与家族、家庭历经商周春秋战国的变化，是与社会政治形态的演变联系在一起的。书中提到战国是“贵族政治向官僚政治转变”时期，虽然书中对此并没有展开论述，但我认为这一概念是很重要的。在我看来，殷商、西周、春秋时期社会的政治形态属于“宗主贵族社会”，战国、秦汉以后社会的政治形态则属于“地主官僚社会”，从商周社会向战国社会的演变发展，就是从宗主贵族社会向地主官僚社会的历史演进。所谓“宗主”，即周代文献所说的“宗子”，是宗族之长。商周时期，“君统”与“宗统”是结合在一起的，即行政权与族权是一致的；贵族地位和他的职掌是世袭的，属于世袭贵族；社会中的单元呈现出的每每是各类（即各个层次）的族共同体。在这样的社会背景下，我赞成书中所指出的，殷商、西周、春秋时期的家庭并没有脱离家族而独立存在，而到了春秋战国之际，在政治因素与经济因素的推动下，贵族家族与平民家族逐渐解体，小家庭逐渐脱离于家族之外，由此也使得“男耕女织”成为小家庭内的性别分工。

说到“男耕女织”这样的性别分工，我们一直可以追溯到远古时期的氏族社会，它是随着农业的起源、农耕聚落的出现而产生的。只是这种分工当时是在聚落内进行的，分为聚落内男性成员一起从事的工作与女性成员一起从事的工作。到了商周时期，族共同体由氏族部落转变为家族宗族，男耕女织的性别分工也变为在家族内进行。进入战国时期，随着生产力的发展和宗族组织的解体，一夫一妻的小家庭可以脱离家族而独立存在，此时的男耕女织也就成为家庭内的性别分工，这就是《韩非子》所说的“丈夫尽于耕农，妇人力于织纴”。这属于典型的小农经济，也就是说中国真正的小农经济是从战国开始的。耿超在书中也是这样论述的。在这方面，书中有两个观点很值得肯定，它揭示了战国时期夫妻关系的历史特点，即：（1）春秋战国之际，随着宗族的解体与一夫一妻小家庭的独立，夫妇关系得到强化，已超越父子关系，在家族亲属中居于最重要的地位；（2）家庭内男耕女织的性别分工，使夫妻双方形成互相依存的关系，尤其是核心家庭中，夫妇双方都要承担一定的家庭负担，家中夫妇任何一方的空缺，都对经济活动的延续造成困难，由此夫妻双方在生产中必须同甘共苦，相互依存，从而使家庭结构更加稳定。

书中类似的学术梳理和学术创新散见于各个章节各个论题之中，限于篇幅，不便在这里一一列举。该书另一个特点和长处就是资料非常丰富，多学科的研究方法相结合。书中对甲骨文、金文、历史文献和考古资料的搜集是全面系统的，对这些资料的分析是细致透彻的，对这些资料及其所研究的问题也是融会贯通的。这些都显示出作者用力甚勤，本书是一部有学术创新的力作。我衷心祝愿耿超博士在这一领域，不断耕耘，继续深入，有新的不同凡响的成果问世。

王震中

2017 年 11 月 22 日

目　　录

上　　编

下 编

绪　论

第一节　研究意义

社会性别（gender）是兴起于西方的概念①，传入我国后，目前已被作为一种视角与方法引入历史研究中，使史学家们开始重新审视历史。以往的研究习惯于从阶层视角来看社会地位、解释社会现象，这就使女性被长期排斥在历史之外，单纯关注男性不仅掩盖了妇女的历史，也阻碍了人们按其本来面目分析男性的经历，在考虑女性经历与男性经历的差异上也是有欠缺的，更忽视了两性关系在历史进程中的作用。在历史研究中引入社会性别这个新的范畴、新的视角，就能挖掘并运用更为广泛的历来被人们忽视的资料，更精确地揭示两性在婚姻、家族、宗教、文化、墓葬、政治、战争等场景事件中结成的社会关系、基于性别差异而对历史进程发生的不同影响及历史发展与社会变迁对于性别关系的重新塑造，而这些是传统历史研究所忽略的。因而从性别视角对历史进行重新解读显得尤为重要。

对商周史的研究尤其如此。这是由商周时期所处的特定历史阶段决定的，此时期不仅在政治制度、社会形态、生产方式、宗教信仰、礼仪文化等诸多方面影响着秦汉及其以后的中古社会，而且性别角色的规范、性别地位的高低以及两性关系的模式对后世也有或多或少的影响。因而从性别视角研究商周历史，不仅能从另一侧面深化对当时社会组织结构的认识、探究社会历史变迁的根源，也可以明确中国性别差异与两性关系模式的历

---

① 详见下文“几个相关概念的说明与区分”。

史渊源。

本书在考察商周历史①时，即引入了社会性别视角，主要探讨的是性别视角下的婚姻、家族与政治，大致包括三个层次的内容：

（一）考察性别因素在商周历史中的活动和作用，分析存在于婚姻、家族、宗教、战争、政治等领域中的两性关系与性别差异。

（二）探讨两性关系的存在状态与发展过程，以及两性关系对商周社会组织形态、政治的影响以及当时社会对两性关系的调整与规范。

（三）剖析形成性别差异的文化因素和社会历史根源，以及缘于这种差异而发生的对商周社会政治、经济、文化乃至历史进程的深刻影响。

而对商周社会性别差异与两性关系的研究，其意义至少可概括为如下四点：

（一）可以明确中国性别差异与两性关系模式的历史渊源。

（二）可以通过探寻两性间的种种关系的变化发展过程来深化对商周社会结构与社会形态的认识，从新的角度为商周史的研究做一次有意义的尝试。

（三）填补性别史或者两性史及妇女史研究方面的某些不足与空白，为该领域的研究贡献微薄之力。

（四）有助于社会性别理论的本土化。

第二节　国内外已有研究成果述评与本书主旨

国内外有关性别的研究大都集中于近现代，近年来有关商周性别差异和两性关系的研究逐渐受到重视。这些研究的方法多种多样，有考证、对比等传统的方法，更有采用统计学、心理学甚至生理学等方法来进行研究的；所涉及的领域也是多方面的，有关于社会性别制度的探讨，也有关于婚姻礼法的探究等；所采用的材料也非常广泛，从经典古籍到最新的考古

① 本书研究的历史时段，主要限定在商代后期（即殷商时期）至战国时期，但根据相关内容，上下限亦有追溯和延伸，个别章节也涉及商代前期。

资料无所不包；研究跨度也是各不相同，既有研究商周千余年的，也有研究某一具体时间点的。总体来说主要集中在以下几个方面：

（一）关于商周社会性别制度[①]的论断

中国社会性别制度的特征、内容、形成的时间与标志是较受国内学者关注的问题，对其论述得较详尽的是杜芳琴。杜先生认为商代是父系制高度发展的时期，西周灭商，以周礼的建立作为标志的父权制的确立使华夏族性别制度完全定型。[②] 并在其文《商周性别制度与贵族妇女地位之比较》[③] 和《父系制延续与父权制建立：夏商周妇女与社会性别（约公元前11世纪~前211年）》[④] 中进一步从婚姻制度、继承制度、庙祭制度等方面来考证商周两代的性别差异，并从妇女作为性别角色的不同侧面——妻妇、母亲和女儿及其在“公”（公共事务，如从政，从军和参与祭祀等，即周人所谓“妇无公事”之“公”）、“私”（私人的或私底下的，如家庭生活、性、生育等）领域的实际活动状况，来观察描述商周贵族妇女的地位、作用。杜芳琴把商周时期的社会性别关系也上升到了制度层次，把商周妇女纳入性别制度中进行考察，但侧重的仍然是商周妇女史的研究。

此外，著文论述中国性别制度的学者还有高世瑜和刘巨才。高世瑜在《从礼到法：中国古代性别制度的法典化》[⑤] 中指出中国传统的性别制度大体形成于周，成熟于汉，随着中国法律的发展成熟，有关性别关系的内容也由法律来规范，标志着强制性增强。刘巨才则认为中国的社会性别制度确立于夏商周三代，其基本特征是父系权力与财富的传承制度和父权的一夫一妻多妾的婚姻家庭制度以及由此派生的一系列性别隔离制度。[⑥]

---

① 关于社会性别制度的概念见下文“几个相关概念的说明与区分”。

② 杜芳琴：《华夏族性别制度的形成及其特点》，载氏著《中国社会性别的历史文化寻踪》，天津社会科学院出版社1998年版，第27—43页。

③ 杜芳琴：《商周性别制度与贵族妇女地位之比较》，载氏著《中国社会性别的历史文化寻踪》，天津社会科学院出版社1998年版，第67—94页。

④ 杜芳琴：《父系制延续与父权制建立：夏商周妇女与社会性别（约公元前11世纪~前211年）》，载杜芳琴、王政主编《中国历史中的妇女和性别（约公元前11世纪~前211年）》，天津人民出版社2004年版，第73—167页。

⑤ 高世瑜：《从礼到法：中国古代性别制度的法典化》，《光明日报》2002年10月8日。

⑥ 刘巨才：《中国古代的社会性别制度及传统妇德》，《山西师大学报（社会科学版）》1998年第4期。

（二）对性别差异、性别地位与性别角色的分析

目前，关于此方面的研究已取得了一定的研究成果。美国学者林嘉琳（KatherynM. Linduff）的《安阳殷墟中的女性——王室诸妇、妻子、母亲、军事将领和奴婢》[①] 一文从性别角度入手，分析了安阳殷墟王室墓地中所体现的女性的身份、角色和文化渊源。

林永昌的《西周晋国墓葬所见性别差异初探》[②] 通过统计的方法，按照时代早晚，具体探讨了晋国墓地中不同阶层、不同年龄的墓葬在随葬品方面所存在的性别差异。黄翠梅《晋国墓葬用玉制度所显示的性别差异——以曲村和上马墓地为例》[③] 一文，同样着眼于晋国墓地，分析了诸侯、一般贵族、平民阶层男女间随葬玉器种类与数量方面的差异。以性别视角分析晋侯墓地所见性别差异与地位的还有雍颖，其文《晋侯墓地性别、地位、礼制和葬仪分析》[④] 通过对晋侯与夫人间墓葬位置、葬制、随葬品等方面的比较，认为周代贵族妇女的地位是随着周礼的发展而不断变化的。

以上学者均是考古学专业出身，且有西方学习或工作的经历，因此在对商周墓葬的解析中能自觉地运用社会性别理论与文化人类学的方法，来探讨性别差异、性别地位等问题，其论述有一定的学术价值，同时也对商周性别史研究的深入起到了推动作用。

港台地区对商周性别角色研究较早的是饶宗颐先生，其文《谈古代神明的性别——东母西母说》[⑤]，讨论了东母、西母自殷商历战国秦汉性别演变的过程。近年来台湾学者陈昭容将性别视角引入对青铜器铭文的分析，发表了一系列的研究成果，《周代妇女在祭祀中的地位——青铜器铭文中

---

① ［美］林嘉琳（Katheryn M. Linduff）：《安阳殷墓中的女性——王室诸妇、妻子、母亲、军事将领和奴婢》，载［美］林嘉琳、孙岩主编《性别研究与中国考古学》，科学出版社 2006 年版，第 73—101 页。

② 林永昌：《西周时期晋国墓葬所见性别差异初探》，载北京大学中国考古学研究中心、北京大学震旦古代文明研究中心编《古代文明》（第 7 卷），文物出版社 2008 年版，第 109—158 页。

③ 黄翠梅：《晋侯墓葬用玉制度所显示的性别差异——以曲村和上马墓地为例》，载［美］林嘉琳、孙岩主编《性别研究与中国考古学》，科学出版社 2006 年版，第 123—142 页。

④ 雍颖：《晋侯墓地性别、地位、礼制和葬仪分析》，载［美］林嘉琳、孙岩主编《性别研究与中国考古学》，科学出版社 2006 年版，第 143—177 页。

⑤ 饶宗颐：《谈古代神明的性别——东母西母说》，《书目季刊》第 27 卷第 4 期。

的性别、身份与角色研究（之一）》[①] 以两周青铜器铭文为基本资料，通过两性在作器、受祭等方面的比较，来考察周代妇女在以父权为主的家族形态中的角色及地位；《两周婚姻关系中的“媵”与“媵器”——青铜器铭文中的性别、身份与角色研究之二》[②]，也是从性别视角出发，通过分析青铜器铭文中的“媵”的实质内涵及相应的人物关系，来探讨两周时期的婚姻关系；《性别、身份与财富——从商周青铜器与墓葬遗物所作的观察》利用商周青铜器与墓葬遗物探讨财富与性别、身份之间的关系，不仅从女性接受与制作青铜器的角度，分析女性生前所具备的财力与地位，也讨论了墓葬中与女性角色密切相关的器物，并推测女性在当时社会结构中的角色地位[③]。陈芳妹《晋侯墓地所见性别研究的新线索》[④] 一文从婚姻关系入手，探讨了晋侯夫人对西周晋国青铜艺术的影响。

大陆方面则主要有赵东玉的《周代“男女有别”和“夫妇有别”的方方面面》[⑤]，文中从社会性别角色的角度来剖析婚姻和两性关系，认为通过对男、女两性性别角色的塑造，周代已经形成了男尊女卑和“男性压抑女性”的局面。《论西周春秋时期性别角色的深化》[⑥] 则认为经过西周春秋时期“男女有别”和“夫妇有别”的严格界定和持续塑造，男女两性的性别角色有了更鲜明的标识，不只男女“气质”迥然有别，而且在各自的性别角色内部，也有了更细致的分配。郑群、钱宗武的《〈诗经〉研究的盲点——婚恋诗中男性形象的整体观照》[⑦] 一改性别研究中过分关注妇女的习惯，而是把研究重点放在男性群体形象上。周海霞《先秦女性自卑心理

---

① 陈昭容：《周代妇女在祭祀中的地位——青铜器铭文中的性别、身份与角色研究（之一）》，载李贞德、梁其姿主编《妇女与社会》，中国大百科全书出版社 2005 年版，第 1—43 页。

② 陈昭容：《两周婚姻关系中的“媵”与“媵器”——青铜器铭文中的性别、身份与角色研究之二》，《“中央研究院”历史语言研究所集刊》第七十七本第二分。

③ 陈昭容：《性别、身份与财富——从商周青铜器与墓葬遗物所作的观察》，载李贞德主编《中国史新论（性别史分册）》，联经出版事业股份有限公司 2009 年版，第 19—86 页。

④ 陈芳妹：《晋侯墓地青铜器所见性别研究的新线索》，载上海博物馆编《晋侯墓地出土青铜器国际学术研讨会论文集》，上海书画出版社 2002 年版，第 157—196 页。

⑤ 赵东玉：《周代“男女有别”和“夫妇有别”的方方面面》，《孔子研究》2002 年第 2 期。

⑥ 赵东玉：《论西周春秋时期性别角色的深化》，《社会科学战线》2007 年第 2 期。

⑦ 郑群、钱宗武：《〈诗经〉研究的盲点——婚恋诗中男性形象的整体观照》，《扬州大学学报（人文社会科学版）》2005 年第 6 期。

产生原因探析》[①] 一文从性别分工、性别差异、性别认同入手，剖析先秦时代女性产生自卑心理的原因，指出先秦时期是积重难返的女性自卑心理产生的时期，其观点虽有可商榷之处，但此文从心理学角度入手进行社会性别研究却不乏新意。葛志毅《男女性别分工与周礼父权宗法特质溯源》[②] 一文从人类学视角出发，分析了男女性别分工的起因，认为源于初民社会的分工模式即潜藏着不平等的因素，被周礼以“男外女内”的形式固定下来，成为父权宗法社会的伦理秩序基础，而且值得称道的是，葛先生也注意到了自然生理差异的影响。张懋镕《商周之际女性地位的变迁——商周文化比较研究之二》[③] 通过对商周金文资料的分析研究，认为女性的受祭权和致祭权从晚商到春秋早期不断削弱，其实质性变化始于西周初期，西周中期变化尤为明显，说明女性的社会地位在逐渐下降。

另外，对先秦性别进行系统研究的有赵东玉、王小健、焦杰等，赵东玉的《从男女之别到男女尊卑——先秦性别角色研究》[④]，考察了自新石器时代起至战国时期，性别角色的发展轨迹，认为性别角色确立于西周春秋时期，战国时期得到巩固和强化。赵著对性别角色的分阶段、系统的勾勒，是有一定价值和意义的，但其研究始终侧重于性别角色本身，并未对形成性别差异的历史文化作更深层次的解析。王小健的《中国古代性别结构的文化学分析》[⑤] 也探讨了性别角色，与赵著不同的是，书中主要从性别分工、婚姻家庭、社会生活等方面作了横向考察，其论虽也以部分史实为依据，但更多涉及的是社会学方面的内容。焦杰的《性别视角下的〈易〉、〈礼〉、〈诗〉妇女观研究》[⑥] 主要从《易》《礼》《诗》经传入手，考察了西周到战国秦汉妇女思想的演变过程，认为从经义到传义，妇女观有一个明显的从重族权到重夫权的转变过程，根本原因在于战国以来的社会变迁以及儒家伦理思想对夫妇关系的强化。

---

① 周海霞：《先秦女性自卑心理产生原因探析》，《哈尔滨学院学报》2004 年第 10 期。

② 葛志毅：《男女性别分工与周礼父权宗法特质溯源》，《学习与探索》2005 年第 5 期。

③ 张懋镕：《商周之际女性地位的变迁——商周文化比较研究之二》，载氏著《古文字与青铜器论集（第三辑）》，科学出版社 2010 年版。

④ 赵东玉：《从男女之别到男女尊卑——先秦性别角色研究》，黑龙江人民出版社 2012 年版。

⑤ 王小健：《中国古代性别结构的文化学分析》，社会科学文献出版社 2008 年版。

⑥ 焦杰：《性别视角下的〈易〉、〈礼〉、〈诗〉妇女观研究》，中国社会科学出版社 2011 年版。

（三）对特定历史时期性别关系的考察

两性关系是社会性别研究的一个重要课题，但在过去的研究中往往被忽视。以往学者大多侧重于对两性地位尤其是妇女地位的考察。近年来也有一些学者开始关注商周时期的社会性别关系。

江瑜《宝鸡茹家庄西周強人 1、2 号墓葬所表现的葬礼、葬者身份与两性关系问题》① 一文中，以強氏墓地中的 1、2 号墓为研究对象，考察了男女贵族在随葬品、埋葬方式等方面的差异与关系，认为西周社会女性贵族也拥有较高的地位，但这种地位是相对的，即她们的地位更多的是由其家庭背景以及她们与丈夫和其他家庭成员间的相互关系而决定的，其见解可谓精辟，给人启发良多。王子今《秦国上层社会礼俗的性别关系考察——以秦史中两位太后的事迹为例》② 一文从社会性别视角分析秦史上的太后专权现象，认为在东方社会传统礼俗影响下，秦国贵族女子恣情纵欲的自由受到压抑，贵族女子参与行政的权力也受到限制。另外，党江舟的《从〈秦简〉看秦律对两性关系的调整及其现实意义》③，主要从法律角度探讨了秦国对两性关系的调整和规范。

以上这些论著都是从性别视角对商周历史所作的研究探索，综而述之，其所取得的成果大致可归为以下两个方面：第一，对特定时期某一地域的性别关系或性别角色，作了具体的分析，有一些见解是有重要价值的。第二，对形成性别差异的制度根源的涉及，有助于性别史研究的深入。

但是，商周这个特殊的历史时期，其研究的难点在于典籍的匮乏以及作者研究视角方面的局限性，因而亦存在若干薄弱点和不足之处。主要在于：

1. 对一些具体问题的论述，有一定的偏颇性和不尽合理之处。如社会性别制度形成的论断，社会性别制度的概念是否适合中国古代社会④，各

---

① 江瑜：《宝鸡茹家庄西周強人 1、2 号墓葬所表现的葬礼、葬者身份与两性关系问题》，载［美］林嘉琳、孙岩主编《性别研究与中国考古学》，科学出版社 2006 年版，第 105—122 页。

② 王子今：《秦国上层社会礼俗的性别关系考察——以秦史中两位太后的事迹为例》，载氏著《古史性别研究丛稿》，社会科学文献出版社 2004 年版，第 79—85 页。

③ 党江舟：《从〈秦简〉看秦律对两性关系的调整及其现实意义》，《河南省政法管理干部学院学报》2001 年第 1 期。

④ 高世瑜先生于 2009 年 5 月在“妇女史子网络会议”上提出，或许“性别规范”比“性别制度”更适应于中国古代社会，笔者对此表示赞同。

领域的性别规范是否已上升到了制度层面，还有待讨论。而且父权制并不是以周礼的建立为标志的，早在史前社会后期，父权制已确立。华夏族和周代也都是很宽泛的概念，“华夏”一词最早见于《左传》，华夏族的含义具有历史阶段性的差异，由最初专指先秦时期的汉族（汉族的前身）到如今泛指中国境内的多个民族。[①] 周代时间上跨越八百多年，包括西周、东周，东周又包括春秋和战国两个历史时期。从地域上讲，自西周建国实行分封制到秦始皇统一中国，各诸侯国都处于相对独立的状态，其经济水平和文化背景的不同决定了在性别地位和性别关系上的差异，因此周代男尊女卑的结论也过于粗率，而是否存在这样一个导致男尊女卑的性别制度也是有待于重新思考的问题。

2. 大多数研究还是侧重于妇女史，而且大多集中于对妇女地位的探讨，基本都认为商周时期的男女地位是“男尊女卑”，殷商时期由于母系社会的遗俗的影响，女性地位较高，自西周始女性地位逐渐降低。但妇女地位是一个相对的、多方位的、模糊的概念[②]，包括妇女在婚姻、家庭中的地位，家族地位，政治地位，经济地位等，妇女本身也是一个集合概念，包括各个阶层的妇女，因而对不同时期的妇女地位问题要具体分析，不可片面言之。如自西周中期，随着夫妇二位一体观念逐渐增强，妻子取得与其夫相同的家族或社会地位，如果从这个角度讲，西周时期贵族妇女的社会地位相比于殷商并不是下降的。

3. 一些性别史的研究也还停留在表面层次，大多侧重于性别差异或性别关系本身的实态考察，或把一切性别差异皆看作“男尊女卑”，认为“父权制”是其制度根源，并没有追溯其历史根源及影响，亦未深究性别与社会历史变迁间的相互作用。

4. 资料的运用存在诸多解释上的不准确与挖掘深度的不足。

由于研究者专业领域的局限，甲骨文、金文等古文字资料在以往的性别研究中较少采用，而且在运用时阐述的深度不够，造成理解上的偏差。田野考古资料的运用也较欠缺，多数的研究大多寄托于典籍。而在使用典

---

① 李龙海：《汉民族形成之研究》，科学出版社 2010 年版，第 121 页。

② 谭琳：《中国妇女地位问题的模糊类聚分析》，《中国人口科学》1990 年第 4 期。

籍的过程中，往往不详细考虑成书的年代与当时的历史情形，不考证其记载是否符合真正的历史即加以引注，使得一些为先秦史研究者广为质疑的记载，成为其研究的重要证明材料。

因此，商周性别史研究领域尚有众多空白点和很大的发展空间。

本书的主旨，即是希望在以往诸家研究成果的基础上，为弥补上述研究工作中的薄弱点做进一步的努力，即以典籍、古文字资料及田野考古资料为依托，运用历史学、考古学、社会学、人类学、人口学、心理学、民俗学等交叉学科的理论，对商周时期的性别差异与两性关系作进一步的探索，分析其存在的历史根源及区别于后世的独特缘由，并在此基础上进一步剖析性别差异与两性关系对家族、家庭、婚姻、经济、宗教、政治乃至商周社会发展与历史变迁的影响。

第三节　几个相关概念的说明与区分

为了使本书的论述更为清晰、严谨，在这里有必要先厘清几个关键词语的概念。一是区分性别（sex）与社会性别（gender）的概念，如果未作特殊说明，本书中运用到的性别概念，一般指社会性别；二是关于妇女史研究和社会性别史研究的差异；三是社会性别制度；四是两性关系与性别差异的概念。下面对上述概念分别予以说明：

（一）性别（sex）与社会性别（gender）

性别（sex）是一个生物学的概念，通常是指身体上、形态上、解剖学意义上的男女差异，强调的是人类生理上的差异。

而社会性别（gender）是兴起于西方的一个概念，是西方女权主义运动和妇女史研究发展到一定阶段的产物，亦是一个较新的理论体系。社会性别（gender）是以文化为基础、以符号为特征判断的性别，它表达了由语言、交流、符号、教育等文化因素构成的判断一个人性别的社会标准，[①]

① 佟新：《社会性别研究导论——两性不平等的社会机制分析》，北京大学出版社 2005 年版，第 3 页。

即表明社会性别（gender）不是由生理学决定的，而是在心理上和文化上决定的，是一种社会和文化的建构和认同，是从衣着、举止、行为、活动各方面对男性和女性的要求和规定。这种要求和规定经过长期的文化积淀并在社会上形成了普遍的认同。例如，通常人们认为男性行为和女性行为是截然不同的，男性是阳刚的，被赋有权力的，更擅长于战争、政治、经济、外交；而女性是柔弱的，需要被保护的，则更擅长于纺织、做饭、照顾老人和孩子等。

在当今西方学术界，gender 既是一种研究角度，又是一个繁荣的研究领域。1972 年，英国社会学家安·奥克利（Ann Oakley）的《性别、社会性别与社会》（*Sex*，*Gender and Society*）① 一书的问世，首次提出了“社会性别”的概念，被广泛用来描述一个特定社会中，由文化形成的男性或女性的群体特征、角色、活动及责任。“社会性别”概念问世后，引起了包括社会学家在内的众多学者的关注，大家开始在社会与文化中寻求造成两性差异的答案。1988 年，美国社会历史学家琼·W. 斯科特（Joan W. Scott）在她的文章《社会性别：历史分析的一个有效范畴》② 中，对“社会性别”作了进一步的界定，认为社会性别是以能观察到的两性差异为基础的社会关系的构成要素；是表示权力关系的基本方式。并把它作为研究历史的一个范畴、视角。琼·W. 斯科特的文章发表后，历史学家在进行历史研究时，也逐渐引入社会性别这一分析范畴，开始注意到基于性别差异而产生的地位差异，以及对历史产生的不同影响，并在历史中寻找形成性别差异的根源。2003 年，美国学者梅里·E. 威斯纳－汉克斯（Merry E. Wiesner Hanks）的著作《历史中的性别》（*Gender in History*）③ 一书即是从性别角度研究历史的新的理论佳作，此书探讨了自史前直至当前整个世界历史上存在于各个领域中的性别差异，其中也涉及了中国古代乃至先秦的内容。

---

① Ann Oakley，*Sex*，*Gender and Society*，England：Gower Publishing Company Limited，1985.

② Joan W. Scott，“Gender：A Useful Category of Historical Analysis”，引自 Scott，*Gender and the Politics of History*，New York：Columbia University Press，1999。

③ ［美］梅里·E. 威斯纳－汉克斯：《历史中的性别》（*Gender in History*），何开松译，东方出版社 2003 年版。

"社会性别的基本概念对一切仍保存社会性别等级制的文化都具有批判意义，鉴于社会性别等级制的表现和社会性别生产和再生产的过程因文化和历史的不同而有差异，任何地区的学者都必须在对本土的历史文化社会的具体研究中创造出具有现实意义的分析批判。"[①] 因此我们在运用时，要撇开其产生的历史背景与条件，保留其合理的精神内核并与中国特定的历史文化环境相结合，来分析评判中国历史文化中有关社会性别的特有现象，在研究实践中实现理论与史学的结合，从而建构适合本土的理论体系和分析框架。本书所运用的性别概念主要包括以下内容：被文化所建构的存在于家庭、家族、宗教、经济（包括劳动的社会性别分工）、政治等领域的性别差异以及两性关系[②]。

（二）妇女史与社会性别史

妇女史与社会性别史研究是有差异的，为了明确二者之间的区别，有必要简略地说明妇女史之定义及研究宗旨。关于妇女史的定义，国内外的学者目前尚未有完全统一的观点。高世瑜先生认为应包括两个层次的内容：

> 一是以妇女为研究对象的历史，二是以女性（或女性主义）立场与视角观察和撰写的整个历史。或者可以简称为"妇女的历史"与"女性主义的通史"。……前者与传统史学冲突似乎不大，只是一个以往被忽视的研究领域，所以有人将这种妇女史称为"添加史"或"补偿史"；后者即所谓"女性主义史"则对于传统史学具有颠覆意义，应该属于一种以全新的历史观或史学方法诠释、书写的历史。……两者间也不是截然分开的，当人们以妇女为研究对象时，不能不注意或涉及女性的立场与观点，而当以女性立场和视角考察历史时，也不可能不观照和研究妇女群体的生活状况。[③]

---

① 王政：《浅议社会性别学在中国的发展》，载杜芳琴、王向贤主编《妇女与社会性别研究在中国（1987—2003）》，天津人民出版社 2003 年版，第 31、32 页。

② 两性关系本身也是社会性别研究的重要内容，因为社会性别的文化建构首先体现在以婚姻关系为主的两性关系中。关于两性关系的概念，详见下文。

③ 高世瑜：《妇女史研究三议》，《妇女研究论丛》1997 年第 3 期；《关于妇女史研究的几点思考》，《历史研究》2002 年第 6 期；《发展与困惑——新时期中国大陆的妇女史研究》，《史学理论研究》2004 年第 3 期。

其说应是较切合当前实际的。目前，第一个层次的妇女史研究在学术界仍然占有重要的地位。而第二个层次的妇女史研究是20世纪80年代在国内兴起的，随着西方女性主义的影响，在历史研究中也开始强调用女性的观点、立场、方法分析历史，并引进了性别分析的范畴，但这种妇女史研究不但无法避免以妇女为研究对象，甚至其研究对象主体依然侧重于历史上的女性。而且社会性别理论的运用，主要目的是为了参照男性经历，深化对妇女的认识与分析，探寻妇女在历史中的作用与贡献，正如美国著名的妇女史学家琼·凯利（Joan Kelly）所言，“恢复妇女在历史中的位置，为妇女重建我们的历史”①。

因此，笔者认为，两种层次的妇女史，虽有着理论指导上的差异，但都是从妇女切入，主要以妇女为研究对象的，其宗旨均在于正确评判妇女在历史中的作用与贡献。

而性别史的研究显然并非仅限于此。社会性别史是比妇女史更为宽泛的概念，是以男女两性之间的差异与关系在社会中的影响为研究对象，看性别在历史中的活动和作用，以及两性因性别特征之差异而造成之两性在社会中的地位、作用、权力之差异，并剖析形成性别问题的文化因素和社会历史特点及源于这种差异而发生的对社会政治、经济、文化乃至历史进程的深刻影响。这与重点在于讨论妇女的妇女史有着研究角度、对象与目的等方面的差异。

（三）社会性别制度

社会性别制度是美国人类学家鲁宾（Gayle Rubin）在1975年首次提出的。她在对西方三大理论派别即马克思主义政治经济学、弗洛伊德精神分析学和列维-施特劳斯的结构人类学进行反思与批判的基础上，提出了社会性别制度（The Gender System）。认为这一制度不是隶属于经济制度，而是与经济政治制度密切相关的、有自身运作机制的一种社会制度。她并指出：“一个社会的‘社会性别制度’，是该社会将生物的性别转化为人类

---

① ［美］琼·凯利：《妇女、历史和理论》（Joan Kelly: *Women History and Theory*），芝加哥大学出版社1984年版。

行为结果的一整套组织安排，这些转化的性需求在这套组织安排中被满足。”[①] 这个概念说明性与生育并非是单纯的生物行为，它们是被社会文化和习俗塑造的，生理上性和生育实现的同时，也产生了一系列社会影响和社会关系，如亲属关系的产生、社会性别的认同、社会性别角色等。社会性别制度就是涉及此领域的一个术语，这个制度可能是性平等主义，也可能是基于社会性别差异而使其地位并不平等。由此可以表明女性居于从属地位，被男性压迫，并不是因为先天的生理差异，而是由于社会原因造成的。当然，这种说法本身也有其自身的局限性，它主要是从“性”的角度来分析论述，不可避免地带有性差异的理念；虽注意到了性别不平等的体系和多变性的存在，但也淡化了性别和历史的关系。

社会性别制度概念传入中国后，逐渐被一些研究中国历史、探索中国文明起源的学者所接受并沿用，成为一个描述两性地位和性别关系的社会体系的重要术语。郑永福、吕美颐先生即曾著文指出中国历史上的社会性别制度，是由多种要素构成的复合体，往往与政治制度、经济制度、法律制度、宗教制度、教育等制度交织在一起，并分散地渗入到政治、经济、法律、文化、教育、婚姻、家庭、伦理、道德、宗教、社会习惯与风俗等各个领域的规范之中，而且社会性别制度并非一成不变的，其变革受到多种因素的影响。[②] 郑先生等关于社会性别制度的论述有深远的意义，有助于社会性别理论的本土化与性别史的深入研究。

（四）两性关系与性别差异

两性关系（gender relation）是人类社会的基本关系之一，简而言之，指社会中男性与女性之间的关系，其主要指婚姻关系中的夫妻关系，另外，也指非婚的两性关系，即平民或贵族阶层的淫奔、私通等性别关系。两性关系的发展是随着人类社会的发展而变化的，每次两性关系的重大变革必然是人类社会发展的重要转折点。同时，两性关系也深刻影响着社

---

① Gayle Rubin，“The Traffic in Women：Notes on the ‘Political Economy’ of Sex’”，引自 Rayna R. Reiter，*Toward an Anthropology of Women*，New York ：Monthly Review Press，1975。

② 郑永福、吕美颐：《社会性别制度与史学研究》，《史学理论研究》2004 年第 3 期；郑永福：《重视理论创新，拓展研究领域》，《山西师大学报（社会科学版）》2009 年第 1 期。

会、生活，乃至社会组织的发展变化，因此研究两性关系具有非常重要的意义，即可以作为一种途径来探寻某一历史阶段的社会状况，包括政治、经济、军事、宗教等等领域。

性别差异（gender difference）包括多方面的内容，如男女气质的差异、审美的差异等，在本书中主要指基于社会性别群体特征而产生的差异，即历史文化建构的存在于经济、政治、宗教、婚姻等方面的差异以及两性在社会、家族、家庭中地位、作用的不同，性别差异虽是受历史文化条件制约的，但这种差异本身亦会对商周社会历史产生深刻的影响。

第四节　研究方法及基本框架

本书的研究，在理论上主要借鉴了兴起于西方的“社会性别理论”。在了解该理论的形成发展过程及实际应用情况的基础上，理解并掌握该理论的内涵与本质，摒弃该理论存在的一些缺陷，结合中国历史的实际情况，特别是商周历史时期的特殊背景，从性别视角对文献资料、古文字资料与考古资料进行阐释，揭示商周时期两性关系与性别观念的发展变化，并结合文化人类学、民族学、宗教学、社会学的研究方法，对商周时期婚姻关系的发展变化及其对家族、政治的影响作尽可能细致的考察。

本书的研究以所要研究的专题领域为“面”，包括了家族和政治两个方面[①]；以时间为“线”，基本上按照殷商—西周—春秋—战国的历史顺

---

① 本书之所以选择家族与政治两大部分，主要考虑到性别关系首先是在家庭与家族中建立起来的，夫妻间的性别差异是两性差异的一种最主要的表现形式，家族亲属制度亦通常是社会性别史研究的开端和起点，而且商周时期家族作为社会基本单位也担负着经济、政治、宗教等多方面的功能，因而研究家族内的性别差异与两性关系显得尤为必要。要指出的是，婚姻与家族虽属不同的范畴，但婚姻关系亦是被囊括于家庭、家族内的，尤其本书中把夫妇关系作为研究家族制度、家族形态的一个切入点，由此本书题目虽为性别视角下的婚姻、家族与政治，但婚姻并没有单列，而是归入了第一部分家族内，由于其重要性，因而在题目中加以强调。除家族外，政治领域也是本书探讨的一大领域，在此还要明确的是在商周血缘政治模式下，家族与政治二领域内的一些制度性的因素并不是截然分开的，如继承制既指家族内的继承原则，也指政治领域中的王位或君位继承。

序；以不同类型的资料为“点”，这些资料可能是甲骨卜辞、铜器铭文，也可能是墓葬、文献等等，通过对这些资料进行归类、分析、总结，反映的是某一时期家族或者政治领域内的性别差异与两性关系。

因此本书按专题分为上、下编：

上编主要探讨商周时期家族内的婚姻制度、性别观念、性别差异、两性关系，并进而分析性别观念与两性关系对家族制度与家族形态的影响，分析性别因素在家族的发展、变化、解体过程中所起的作用，以从性别角度对商周社会发展变迁作出新的阐释。

由于商周时期家族作为社会基本单位也担负着经济、政治、宗教等多方面的功能，因此对家族内性别差异与两性关系的考察涉及祭祀、经济等多方面的内容。

这一部分内容按年代顺序共分三章，第一章探讨殷商时期家族内性别差异与两性关系，并分析其历史根源以及对家族制度、家族形态的影响。第二章探讨西周、春秋时期家族内的性别差异与两性关系，之所以把西周、春秋两个时段放在一起讨论，是因为这两个时期在家族形态、制度、家族秩序等方面都是极为相似的。第三章着眼于战国时期两性关系的发展与小家庭的独立，并进一步阐述维护夫妇家庭关系的伦理道德观念的形成与发展。

下编主要探讨政治领域中的性别差异。主要分析商周各个历史阶段政治领域性别差异的具体表现，并剖析其产生的历史根源与影响，同时也关注两性关系如何在政治领域发生作用，进而讨论政治领域性别差异逐步深化的过程与原因。

这一部分内容亦按年代顺序分为三章，即为本书的第四至六章。第四章主要从“王妇领兵”等有别于后世的现象入手，探讨殷商政治领域中的性别差异及其根源，认为殷商时期的国家形态与“家国同构”的政治组织形式是其根本原因。第五章主要着眼于西周时期王后对政事的参与，西周王后之所以在政治领域中具有合法的身份，其根源仍在于“家国同构”的政治组织形式，但由于西周时期夫妇二位一体观念的增强，分封制与世族世官制度的推行，西周王后已不需要从事军旅之事。第六章具体分析了东周时期影响政治生活的性别因素，此时期贵族阶层的性别关系对政治的影响在诸多方面均有体现，但贵族妇女在政治领域中的独立身份逐渐丧失，这说明自殷商、西周、东周，政治领域中的性别差异是不断深化的，其深化的根源主要在于政治思想领域中“女祸论”的发展与政治体制的转变。

最后为结语。在结语中将对本书各部分的主要观点进行归纳、总结，并对相关问题作进一步的补充。

上 编

家庭作为两性关系的社会形式，同时也是形成性别关系最小、最古老、最强有力的单元。[①] 家庭是经历了几个顺序相继的社会发展阶段才臻于成熟的。[②] 恩格斯根据摩尔根的研究成果指出家庭发展的四种形式，即血缘家庭、普那路亚家庭、对偶家庭、一夫一妻制或一夫多妻制家庭。

但从殷商到春秋前期，一夫一妻或一夫多妻的小家庭并没有从家族中脱离出来，以独立的社会细胞形式存在，社会的基层单位仍是基于两性婚姻及亲嗣血缘关系而形成的家族。这种“血缘性的家族组织不仅是社会群体最基本的类型，同时在相当长的时期内兼有着政治、军事、经济等功能性社会组织的因素”[③]。

由于家族在商周时期的重要功能，两性关系不可避免地受家族形态的制约，反之，两性关系的变化也直接影响着家族形态的演变与家族制度的变化，使家族成员在政治、经济、祭祀中存在一定的差异，尤其女性家族成员在家族中的地位是与两性关系的存在状态息息相关的。

在本编中，主要探讨家族内两性关系的存在状态与性别差异的具体表现，进而分析两性关系对家族形态与家族制度的影响，以从性别角度来分析商周社会组织结构的发展演变。

---

① ［美］梅里·E. 威斯纳－汉克斯：《历史中的性别》（Gender in History），何开松译，东方出版社 2003 年版，第 14 页。

② ［美］摩尔根：《古代社会》，商务印书馆 1977 年版，第 492 页。

③ 冯尔康主编：《中国社会结构的演变》，河南人民出版社 1994 年版，第 252 页。

第一章 殷商时期的两性关系与家族制度、家族形态

殷商贵族阶层与平民阶层的婚姻制度向来都是存在争议的问题，而殷商时期的性别观念在以往的研究中更是鲜少涉及，本章主要着眼于甲骨卜辞、墓葬等资料，从性别视角出发，具体探讨殷商贵族阶层的婚姻制度、性别观念、夫妇关系，并进而分析贵族阶层两性关系对于家族制度与家族形态的影响。此外，亦从墓葬资料出发，讨论平民阶层的两性关系与性别地位。

第一节 商人贵族阶层的两性关系与性别差异

一、关于殷商贵族阶层“一夫多妻制”的探讨

摩尔根曾指出：“一夫多妻制的最高的、有序的形态，必须有两个前提：一是社会已有相当的发展，一是社会已出现贵贱阶级之分，并已有某种程度的财富积累。”[①] 到商代之时，这两个前提显然已经完全具备。由文献与卜辞资料可知，商族历代先公的配偶都并非一人。[②] 殷商诸王多妻，更是无可争辩的事实。以武丁为例，胡厚宣先生曾指出：“高宗武丁为中兴英主，其妻配六十有四”[③]，虽然胡氏把一部分“子妇”错认为武丁诸妇

---

① Morgan，*Systems of Consanguinity and Affinity*，p. 477.

② 参朱彦民《殷卜辞所见先公配偶考》，《历史研究》2003 年第 6 期。

③ 胡厚宣：《殷代婚姻家族宗法生育制度考》，载氏著《甲骨学商史论丛初集》，河北教育出版社 2002 年版，第 101 页。

一并统计，数量未必准确，但武丁多妻是毋庸置疑的。但在其配偶中，是否已有严格的嫡庶之分，却是学术界聚讼已久的问题。

对此，目前大致有两种看法：一种观点以王玉哲先生为代表，认为“商代已经跨进了文明时代的边缘，与之相适应的婚姻发展阶段，正是所谓一夫一妻制。周祭中特祭先妣的事例，正是当时已实行一夫一妻制的证明”[①]。另一种则以郑慧生先生为代表，他认为虽殷商贵族阶层多妻，但诸妻间并没有嫡妾之分，以武丁诸妻为例，“我们只能看出她们之间财产多寡、势力大小之差，却看不出地位高低、名分上下的不同，她们被统称为妇”，并指出之所以出现法定配偶入周祭祀谱的情况，是因为她们有儿子即位为商王，即“儿王生母入祀法”。[②] 以上两种看法之主要依据都为周祭卜辞所载历世先妣与先王相对应的母子关系，聚讼的焦点是先王配偶入祀，其原因在于她们生前为商王的正妻，还是因为她们有儿子继承王位。依笔者拙见，对于殷商贵族阶层诸妻间是否已有嫡庶之分，还应结合卜辞、金文、墓葬等资料综合探讨。为了讨论的方便，兹将历代商王以及周祭中入祭的所谓法定配偶列表如下（表 1.1）：

表 1.1　周祭卜辞中的法定配偶及子辈先王对应表

先王	法定配偶	子王	先王	法定配偶	子王
示壬	妣庚	示癸	祖辛	妣甲、妣庚	祖丁
示癸	妣甲	大乙	祖丁	妣己、妣庚	阳甲、盘庚、小辛、小乙
大乙	妣丙	大丁、外丙	小乙	妣庚	武丁
大丁	妣戊	大甲	武丁	妣辛、妣戊、妣癸	祖己、祖庚、祖甲
大甲	妣辛	大庚（沃丁）	祖甲	妣戊、妣己	廪辛、康丁
大庚	妣壬	小甲、大戊、雍己	康丁	妣辛	武乙
大戊	妣壬	中丁、卜壬、戋甲	武乙	妣戊	太丁
中丁	妣己、妣癸	祖乙	太丁	妣癸	帝乙
祖乙	妣己	祖辛、沃甲	帝乙		帝辛

① 王玉哲：《中华远古史》，上海人民出版社 2003 年版，第 362 页。

② 郑慧生：《从商代无嫡妾制度说到它的生母入祀法》，《社会科学战线》1984 年第 4 期。

由表1.1可知，殷商先王的法定配偶与子辈先王的数量对比主要有以下几种情况[①]：

1. 自示壬至大戊七王以及祖乙、小乙法定配偶均为一人，或有子一人为王或两人、三人为王，子王均应是法定配偶所生。

2. 武丁、祖甲的法定配偶不止一人，但其法定配偶人数与有子为王的人数一致：武丁法定配偶三人，恰恰也有三子为王，祖甲法定配偶两人，子王亦两人。

3. 中丁、祖辛均有法定配偶两人，但只有一子为王。中丁法定配偶妣己、妣癸，而其子为王者只有祖乙一人，祖辛法定配偶妣甲、妣庚，也只有一子祖丁为王。

4. 祖丁法定配偶两人妣己、妣庚[②]，有子为王四人：阳甲、盘庚、小辛、小乙。

持殷商婚姻制度为一夫一妻制观点的学者多以第一种情况为证，而对于某些商王有不止一个法定配偶的情况，则解释为是一个死了续娶一个。[③]第二种情况为郑慧生先生所提出“儿王生母入祀法”的主要依据，但对于中丁、祖辛两世有法定配偶两人却只有一子为王这一明显带有嫡庶制的现象[④]，郑先生却解释为：

---

① 在此只探讨康丁以前的商王法定配偶与有子为王的情况，因为自武乙至帝辛已到殷末之时，明显的嫡庶制已确立。

② 对于小乙之父祖丁的法定配偶，学界尚存不同看法。郑文在列“几母入祀、几子为王”时，列祖丁法定配偶四人“妣甲、妣乙、妣庚、妣癸”，其中“妣乙”应为“妣己”之误，而祖丁奭妣甲，日本学者岛邦男先生列入黄组卜辞中第八旬周祭祀谱，祖丁奭妣癸，董作宾先生认为是小乙之父祖丁的法定配偶，并排入祀序中的第七旬。但常玉芝先生指出，“在周祭卜辞中，小乙之父祖丁常被称为四祖丁，祭其配偶时则称作‘四祖丁奭妣某’，如‘四祖丁奭妣己’、‘四祖丁奭妣庚’”，并认为岛邦男在第八旬中排入祖丁奭妣甲是错误的，而祖丁奭妣癸之祖丁应指商王武丁，小乙之父祖丁的法定配偶只有妣己、妣庚两人。笔者在此从常氏所说。如此，则祖丁的法定配偶数与有子为王的人数是不对应的。详参常玉芝《商代周祭制度》，线装书局2009年版，第95—101页。

③ 王玉哲：《试论商代“兄终弟及”的继统法与殷商前期的社会性质》，《南开大学学报（人文科学）》1956年第1期；常玉芝：《论商代王位继承制》，《中国史研究》1992年第4期。对于武丁有法定配偶三人，常玉芝先生解释为：“武丁的这三个配偶全是他的正妻，法定配偶，是一个死了以后又续立一个，即在名‘辛’的正妻死后又续立名‘癸’者为正妻，名‘癸’的正妻死后又续立名‘戊’者为正妻，即一直保持一个法定配偶”。

④ 法定配偶两人，却有一子为王，明显不符合郑慧生先生所说的“儿王生母入祀法”，因为“子王”不可能有两个生母，唯一的解释是这两个法定配偶生前均为正妻，但只有一人生子。

这两例发生在中丁之后的九世之乱中，就不能不使人怀疑到它的可靠性。因此，我认为祖乙、祖丁应各有一个兄弟登上过王位；登上了王位就把自己母亲的庙主请进了宗庙，把自己母亲的名号排入了祀谱。但不久他们本人却被别人赶下了台，不为后王所祭祀。于是他们本人被摒弃于周祭祀谱之外，使自己的母亲成了无子为王（实际上是无子入祀）的入祀母后了。

笔者认为，这种推测着实牵强，如果真如郑先生所说殷代周祭中实行的确为“儿王生母入祀法”，则母亲的地位直接由儿子决定，既然儿子被废黜，则新王即位后，被黜旧王母亲之庙主断无继续存在于王室宗庙的可能，当然她们也就不会出现在周祭卜辞中了。较为合理的解释应是，中丁与祖辛均有法定配偶两人，而这两个法定配偶只有一人生子，至于新王究竟是哪一位正妻所生，则无从详考。

而且商王诸妇间不只有财产多寡、势力大小之等差，更有地位高低、名分上的不同。《礼记·曲礼》：“天子之妃曰后”，有学者指出，殷墟甲骨刻辞与商代金文中，“后”的身份即为商王正妻[①]，笔者对此表示赞同。如：

（1）后妇好。（《合集》2672，宾[②]，图 1.1）

图 1.1　《合集》2672

① 朱凤瀚：《论卜辞与商金文中的“后”》，载中国古文字研究会编《古文字研究》第十九辑，中华书局 1992 年版，第 422—444 页。

② 本书所有对甲骨刻辞的分组主要参考的是李学勤、彭裕商《殷墟甲骨分期研究》，上海古籍出版社 1996 年版；杨郁彦《甲骨文合集分组分类总表》，台北艺文印书馆 2005 年版。

妇好为卜辞中出现最多的商代贵族妇女，商王武丁多次为其生育和休咎而占卜，说明其身份应为武丁之配，此条卜辞中称妇好为“后”，可见她应是武丁的法定配偶之一。1976 年，殷墟小屯五号墓发掘，墓葬中出土大量的青铜礼器、玉器以及四件象征军事权力的铜钺，在六十多件铜器铭文中，均带有“妇好”二字，因而此墓确定为妇好之墓。[①] 由此墓的墓葬规模与随葬品来看，墓主的身份地位很高，尤其是墓出土的两件大方鼎，通高分别为 80.1 厘米和 80 厘米，重量分别为 128 公斤和 117.5 公斤，大小、重量均高于商王陵墓 M1004 中所出的与其形制相近的鹿鼎和牛鼎[②]。虽然 M1004 的年代属殷墟文化三期较早阶段，晚于妇好墓，两座墓中的随葬器物或许带有时代的差异，但妇好墓中出有堪与后王媲美甚至更厚重的青铜礼器，则说明妇好的身份是很高的，似只有王之法定配偶才能如此。

而且，法定配偶与侍妾间的等级差异在埋葬上亦有直接体现。殷商贵族夫妻分葬，妇好墓拥有自己独立的墓葬，随葬有大量的青铜礼器，且器形繁多、纹饰精巧。但商王陵墓 M1550 殉葬的妾、次妃，并没有独立埋葬，而是在主墓中偏居一隅，随葬品鲜少。虽然两墓所处的时代不同，但互相对比，也可说明两者在埋葬上所体现的等级差异，这应是法定配偶与侍妾生前权力与地位差异的直接反映。因而由墓葬资料来推断，小屯五号墓的墓主妇好在等级地位上亦符合武丁法定配偶的身份。

此墓中出土的青铜器铭文除“妇好”外，比较重要的还有“姤辛”以及“后㚸母”等器铭。对于妇好、“姤辛”以及“后㚸母”间的关系，学术界尚存不同看法。一些学者根据妇好墓中所出器物铭文中有“姤辛”二字，而武丁三位法定配偶中亦有日名为辛者，从而认为妇好即是周祭卜辞中的“妣辛”，而带有“姤辛”铭文的器物是妇好死后武丁或武丁子辈为妇好所作的祭器。依笔者拙见，不排除妇好即是妣辛的可能，但一般来讲，墓中所随葬的器物应是墓主生前所用之物，如果带有“姤辛”铭文的

---

① 中国社会科学院考古研究所：《殷墟妇好墓》，文物出版社 1980 年版。

② 鹿鼎和牛鼎均出于 M1004 南墓道，二方鼎东西排列，形制均为长方形、浅腹、四高柱足、实立耳。在腹底分别铭有鹿和犀牛的形象，外腹壁亦分别以牛、鹿头形兽面纹为主纹饰，其中鹿鼎通高 60.9 厘米，重 60.4 公斤，“牛鼎”通高 73.3 厘米，重 110.4 公斤，参梁思永、高去寻《侯家庄第五本·1004 号大墓》，“中央研究院”历史语言研究所 1970 年版。

器物确为武丁或祖庚、祖甲为祭祀妇好所作，则此组器物似不应出现在妇好的墓中①。李学勤先生在探讨妇好墓时则指出："妇好墓中有后母辛铭的青铜器……可能是在墓主死后专门制作，以供随葬。"② 商周时期，专门制作随葬所用之器的现象应该是存在的③，但带有"姤辛"铭文的方鼎、兕觥器形奢华，纹饰精美，其风格与带有"妇好"铭的各器并没有多少差别，实不像是在墓主死后为了随葬仓促所制。因而，笔者推测带有"姤辛"铭文的青铜器很可能也是妇好生前所用之器，如果这种推测正确的话，则此铭中的姤辛不应是妇好，而是受祭祖先名，其身份为武丁之前商代先王的法定配偶。而在周祭卜辞所载早于武丁的诸王中，法定配偶日名为辛的，只有大甲的法定配偶妣辛。

另外，就是"后㚸母"诸器，妇好墓中共出土带有"后㚸母"铭文的铜器二十六件，还有两件"后㚸母癸"大方尊，在这两件大方尊中，"后㚸母"三字均作反书，在另一行还有一"癸"字（图 1.2）。对于后㚸母的身份，发掘报告推测㚸母可能为妇好的私名④，李学勤先生认为"㚸母"是妇好的字，"'㚸'字从鲁从丂，读为'巧'。'巧'和'好'古韵同部，意义相近，《释名·释言语》：'好，巧也，如巧者之造物无不皆善，人好之也'。是妇好的字，读为巧，古人名好字巧母，是非常自然的。"⑤ 此组带有"后㚸母"铭文的铜器在形制与花纹上看，与带有"妇好"铭文器物

图 1.2　后㚸母大方鼎铭文

---

① 朱凤瀚：《论卜辞与商金文中的"后"》，载中国古文字研究会编《古文字研究》第十九辑，中华书局 1992 年版，第 422—444 页。

② 李学勤：《论"妇好"墓的年代及有关问题》，《文物》1977 年第 11 期。

③ 宝鸡茹家庄強氏墓地中，BRM1 墓主強伯殉葬之兒妾所随葬的五鼎四簋素面无纹、铜质较差、制作草率，且"兒"字铭文都位于器物口沿内，应是同时铸造的一套礼器。笔者认为，这套礼器可能是強伯死后，兒妾要为強伯殉葬时仓促制作而成。详见本书第二章第二节。

④ 中国社会科学院考古研究所：《殷墟妇好墓》，文物出版社 1980 年版。

⑤ 李学勤：《论"妇好"墓的年代及有关问题》，《文物》1977 年第 11 期。

之形制、花纹亦相似，这组器物亦应为妇好生前所用之器，因而李先生所言后母（后为其尊称，㚸母为私名）即是妇好是有一定道理的。但也不应忽视的是，铭文中的“癸”究竟作何解，是“后㚸母”的日名、祭祀之日抑或作器之日，或许还有待进一步探讨。

在武丁时期的𠂤组、宾组卜辞中，除称妇好为“后”外，诸妇中被称之为“后”的，还有“娥”，如：

(2) 己酉卜，王，后娥娩，允其于壬，不。十一月。(《合集》21068，𠂤)

(3) 乙丑卜，王贞，后娥子，余子。(《合集》21067，𠂤)

辞 (2) 是为了后娥生育之事而占卜，辞 (3) 则是贞问后娥所生之子是否作为己之子[①]。从武丁为后娥生育而占卜，说明她应为武丁之妻，前加以“后”字，可见其身份应亦为武丁的正妻。关于娥的卜辞，还有如下记载：

(4) 贞，娥壱王。(《合集》738，宾)

(5) 勿𢀛（禦）妇于娥。(《英》42，宾)

(6) 贞，𢀛（禦）子央豕于娥。(《合集》3006，宾)

---

① “余子”“余弗其子”字样的卜辞，学术界习称之为“余弗子”类卜辞，此类卜辞都为𠂤组卜辞，占卜主体是王，又如：

戊辰卜，王贞，妇鼠娩余子。(《合集》14115，𠂤)

贞，妇鼠娩，余弗其子四月。(《合集》14116，𠂤)

乙巳卜，王，妇鼠（娩）子，(余）子……（《合集》14117，𠂤)

对于“余弗子”类卜辞，学术界尚无统一看法，胡厚宣先生认为王卜问其子之故，是因为殷王所生之子，或必须经过一种贞卜之选择，然后始承认之。“卜之吉，始承认其为子，而命之名。卜之不吉，则弗子之。是即卜辞所称之子与弗子也。”饶宗颐先生认为“余子”之“子”应读为“字”，“子妇某子”是为妇某所生之子命名的意思。宋镇豪先生的观点与之类似，他认为“余子”“弗子”“余弗其子”的子，用作动词或动名词，训作“名字”，反映了商代的命名礼俗。赵诚将“子”读为慈爱意义上的“字”，认为“妇鼠娩，余弗其子”一条，“内容是卜问商王对妇鼠之子是否要慈爱，是否要作为自己的儿子看待。”亦有学者认为，由于商代两性关系的自由随便，商王有时无法确认妇某之子的血统，“余弗其子”类卜辞是贞问此子与商王之间是否有血缘关系。笔者在此暂从胡厚宣先生所说。参胡厚宣《殷代婚姻家族宗法生育制度考》，载氏著《甲骨学商史论丛（初集）》，河北教育出版社 2002 年版，第 82—133 页；饶宗颐《由〈尚书〉“余弗子”论殷代为妇子卜名之礼俗》，载中国古文字研究会等编《古文字研究》第十六辑，中华书局 1989 年版，第 157—159 页；宋镇豪《商代婚姻的运作礼规》，《历史研究》1994 年第 6 期；赵诚《甲骨文简明词典》，中华书局 1990 年版，第 53 页；胡新生《商代“余子”类卜辞所反映的原始婚俗》，《山东大学学报（哲学社会科学版）》1997 年第 1 期。

(7) □酉……贞，子渔㞢（侑）𠕋于娥，酢。（《合集》14780，宾）

辞（4）是占卜娥是否会给王带来灾祸，辞（5）、辞（6）则是有关是否禦祭于娥的占卜，为之禳除灾祸的对象分别为“妇”和“子”，辞（7）则是占卜子渔是否要祭祀娥。“娥”生前称“后”，死后既可以作祟于王，又可以保佑“诸妇”“诸子”等王室成员，可见其身份为武丁正妻之一应无疑义。由“娥”在𠂤组卜辞中被称之为“后”，在宾组卜辞中已去世来看，说明她称后的时间并不晚于妇好，而由卜辞来看，妇好的死亡时间亦为武丁中后期，可见“后娥”显然不可能是继妇好死后才被立为后的，而妇好继“后娥”死后为“后”的可能性也较小。这也就是说在武丁时期的某个阶段，“后妇好”与“后娥”可能是并存的，如果这种推测成立的话，则武乙之前的殷商诸王是否实行的是严格的一夫一妻（正妻）制，令人颇为怀疑。

综上所述，笔者推测，殷商时期嫡妻与妾间的等级差异显然是存在的，但武乙之前所实行的未必是严格的一夫一妻（正妻）制，可能是一夫一妻（正妻）或一夫多妻（正妻）[①] 相结合的制度。自武乙始至帝辛，皆为一个法定配偶，似表明到商末，严格的一夫一妻制始确立。

二、从祖先神的“合祭”看两性关系与性别地位

由甲骨刻辞与商代金文可知，殷商时期存在着多种合祭方式。所谓“合祭”即集合祭祀，是指将多位祖先神合起来同时对他们进行祭祀的一种形式。如果细分，又可分为狭义的合祭与广义的合祭，狭义的合祭指在祭祀祖先时，把多位祖先神（如父母，祖父、诸祖等）看作一个整体来祭之。而广义的合祭则指在同一时间段内按一定的先后顺序祭祀多位祖先神，祭品可能相同，也可能不同，而殷商时期的合祭大多属后者。

关于殷商时期的合祭，已有学者作过相应的研究，或从祭名、祭法方

① 即一位商王或有两三位正妻，杨升南先生亦曾指出“商代各王的正式配偶有的可能不止一位”。参杨升南《从殷墟卜辞中的“示”、“宗”说到商代的宗法制度》，《中国史研究》1985 年第 3 期。

面论及[1]，或考证集合神主的问题[2]，或比较直系与旁系合祭的差异[3]，但主要集中于对先王的合祭。在此笔者主要从性别视角出发，通过探讨男性祖先神的合祭、女性祖先神的合祭以及男女祖先神的合祭等几种合祭方式，来分析殷商时期家族内的性别差异以及两性关系的存在状态。

（一）几种合祭的探讨与分析

1. 合祭男性祖先神

合祭男性祖先神在以性别为区分的三种合祭方式中占有最重要的地位，据笔者对《摹释总集》与《花园庄东地甲骨》的粗略统计，关于合祭男性祖先神的卜辞大约有一百六十条，其中大部分是对不同时代先王的合祭，如：

(8) 贞，钔（禦）自唐、大甲、大丁、祖乙，百羌、百宰。三。（《合集》300，宾）

(9) 乙丑，在八月，酌大乙牛三、祖乙牛三，小乙牛三，父丁牛三。（《屯南》777，历）

(10) 己丑卜，大贞，于五示告：丁、祖乙、祖丁、羌甲、祖辛。

---

① 王国维在《殷礼徵文》中指出，“衣”在卜辞中为合祭之名，“商之衣祀，乃合最近五世而祀之”，见《殷礼徵文》之“殷祭”，载《王国维遗书》第九册，上海古籍出版社1983年版；陈梦家先生也指出“衣祭”“砉祭”“桒祭”均为合祭，参陈梦家《古文字之商周祭祀》，《燕京学报》第十九期；连劭名先生在探讨历组二类卜辞祭祀时指出“岁”“伐”“禦”“拜”等四种祭法可用于合祭先王，详参《历组二类卜辞所见商代祭祀》，《文物春秋》2005年第2期。

② 朱凤瀚：《殷墟卜辞中的“大示”及其相关问题》，载中国古文字研究会等编《古文字研究》第十六辑，中华书局1989年版，第36—48页；晁福林：《关于殷墟卜辞中的“示”和“宗”的探讨》，《社会科学战线》1989年第3期；杨升南：《从殷墟卜辞中的“示”、“宗”说到商代的宗法制度》，《中国史研究》1985年第3期；曹定云：《论“上甲廿示”及相关问题——兼论卜辞中的“元示”与“二示”》，《文物》1990年第5期；贾洪波：《殷墟集合神主“示”之从识》，《历史研究》2004年第5期。

③ 常玉芝先生把商人合祭先王的情况分为三种：一是数位直系先王合祭，二是数位旁系先王合祭，三是一位旁系先王羌甲与数位直系先王合祭。指出商人合祭直系祖先的次数多（约有二十三版），盛行的时间长（贯穿于从早到晚的各组卜辞中），祭祀的面广（从远世的先公上甲直至父辈）；合祭旁系先王的次数少（今三见），推行的时间短（只限于早期的武丁时期），祭祀的面窄（仅到曾祖辈），原则上不进行直系先王与旁系先王的合祭（羌甲因情况特殊也仅在早期的祖庚卜辞中偶有两见），这表明商人祀其祖先注重直系、轻视旁系，即兄弟并不同礼。参常玉芝《论商代王位继承制》，《中国史研究》1992年第4期。

辞（8）中“唐”指大乙成汤。此条卜辞是卜问商王武丁是否对唐、大甲、大丁、祖乙四位祖先神进行合祭，所用祭品为百羌、百宰。辞（9）年代为祖庚、祖甲时期，依次祭祀大乙、祖乙、小乙、武丁等四位先王，所用祭品相同，均为三牛。辞（10）亦为祖庚、祖甲时期。“示”在殷墟卜辞中为神主的称谓，集合神主则称之为“若干示”或“某示”，“五示”指“丁、祖乙、祖丁、羌甲、祖辛”等五位祖先神，郭沫若先生考释此版卜辞时，曾指出“丁者武丁、祖乙者小乙，祖丁与祖辛之间殷王之号甲者为沃甲，则羌甲自当为沃甲”[①]，其说可从，可见此版卜辞合祭先王的顺序与他们在世系中的次序恰恰相反，即为逆祀[②]。又如：

(11) 己亥贞，卯于大（示）其十牢，下示五牢，小示三牢。一一庚子贞，伐卯于大示五牢，下示三牢。(《屯南》1115，历)

辞（11）中的“大示”“下示”“小示”分别指不同的神主群，关于三者的具体所指，朱凤瀚先生认为，卜辞中的“六大示”指上甲、大乙、大丁、大甲、大庚、大戊，而大乙至大戊五位冠以大字的先王亦可单独称为“大示”；下示指仲丁以后的直系先王；小示指旁系先王（或可能包括报乙至示癸五示）[③]，其说可从。而用十牢祭“大示”、用五牢祭“下示”、用小牢祭“小示”，说明这三组集合庙主的地位是不同的。而由此条卜辞所反映的合祭范围来看，不只包括直系亦包括旁系，不只祭祀近祖甚至也祭祀远祖。又如：

---

① 郭沫若：《殷契粹编考释》，科学出版社1965年版，第423页。

② 关于逆祀的有关论述，详见裘锡圭《甲骨卜辞中所见的逆祀》，载文化部文物事业管理局古文献研究室编《出土文献研究》，文物出版社1985年版，第30—32页。

③ 朱凤瀚：《殷墟卜辞中的“大示”及其相关问题》，载中国古文字研究会等编《古文字研究》第十六辑，中华书局1989年版，第36—48页。晁福林先生对于卜辞中“大示”的具体所指与朱先生持相同看法，但晁先生认为卜辞中的“下示”“小示”应是晚近时代先王的集合称谓，并指出各集合神主所包括先王的数量在殷代不同的时期也有变化。参晁福林《关于殷墟卜辞中的“示”和“宗”的探讨》，《社会科学战线》1989年第3期。但近年来，亦有学者提出不同意见，如常玉芝先生认为上甲不应包括在大示里面，并根据小屯南地出土的一片甲骨（《屯南》1015）有“七大示”，指出“大示”并不是指上甲、大乙、大丁、大甲、大庚、大戊六位直系先公先王，应是指自大乙始的所有直系先王。参宋镇豪主编《甲骨文与殷商史》，线装书局2008年版，第49—56页。

(12) 乙未，酻𢀛上甲十、报乙三、报丙三、报丁三、示壬三、示癸三、大乙十、大丁十、大甲十、大庚七、小甲三……祖乙……(《合集》32384，历，图1.3)

(13) 乙未，酻𢀛上甲十、报乙三、报丙三、报丁三、示壬三、示癸三、大乙十、大丁十、大甲十、大庚七、小甲三，大戊（十）? 中丁（十?)、戋甲三、祖乙十、祖辛十、祖丁十、鲁甲三、父乙十。(《合集》32384 +《屯南》4050 +《屯南补遗》244缀合，历，图1.4)

图1.3 《合集》32384

图1.4 《屯南》4050 + 《屯南补遗》244缀合

辞（12）与辞（13）[①] 同文，由这两版卜辞所反映的对男性祖先神的合祭来看，合祭祖先神多达二十位左右，且祭祀顺序与诸王即位的先后顺序一致，这反映了父权制家族内对男性世系的重视。另一方面，各神主的用牲情况是不同的，祭祀除大庚外的上甲六大示用牲数为十，祭祀大庚的用牲

① 辞（13）最早为台湾学者林宏明博士缀合《屯南》4050与《屯南补遗》244而成，林先生对此版卜辞作了相关的论述，并认为它与《合集》32384同版，卜辞最后的"父"可能指父丁。后李学勤先生亦对此版卜辞发表了自己的看法，李先生根据《合集》32384补充了此版卜辞的残缺内容，并根据历组卜辞在武丁、祖庚时期不同的时代特征，指出"父"后一字不应为"丁"，应为"乙"，即指武丁之父小乙，此版卜辞的年代为武丁时期。此版缀合卜辞的释文从李学勤先生所释。参林宏明《从一条新缀的卜辞看历组卜辞的时代》，载中国古文字研究会等编《古文字研究》第二十五辑，中华书局2004年版，第86—90页；李学勤《一版新缀卜辞与商王世系》，《文物》2005年第2期。

数为七[①]，报乙至示癸五示以及旁系先王小甲、戔甲、魯甲用牲数均为三，祖乙、祖辛、祖丁、父乙等直系先王亦为十，这说明了殷人在对祖先神的祭祀中重直系而轻旁系。

除对不同时代男性祖先神依他们在世系中的次序合祭之外，卜辞中还有对相同称谓男性祖先神合祭的情况，如：

(14) 贞，㞢（侑）于父甲、父庚、父辛。(《合集》7862，宾)

(15) 钔（禦）于父甲、父庚。(《合集》2117反，宾)

(16) 贞，㞢（侑）于魯甲、父庚、父辛一牛。一

贞，勿㞢（侑）于魯甲、父庚、父辛一牛。一二(《合集》6647正，宾)

以上几条均为宾组卜辞，所占卜者为武丁，辞（14）、辞（15）中的父甲与辞（16）中的魯甲为同一个人，即阳甲。父庚、父辛分别指盘庚、小辛。以上三条卜辞是卜问武丁是否祭祀与其父小乙同辈的三位旁系先王。

除“诸父”合祭外，卜辞中还存在“诸兄”合祭，如：

(17) □午卜，□贞，钔（禦）于四兄。(《合集》23526，出)

(18) 乙未卜，□贞，其钔（禦）于多兄。(《合集》23527，出)

“禦”为禳除之祭，辞（17）、辞（18）均是对兄的祭祀，四兄、多兄均为集合称谓，分别指四个兄长和多个兄长。又如：

(19) 戊辰卜，其征兄己、兄庚，岁。(《合集》27617，历无名间)

(20) 己未卜，其又岁于兄己一牛。

己未卜，其又岁眔兄庚牢。(《合集》27615，历无名间)

辞（19）、辞（20）中的兄己、兄庚应指祖己、祖庚，这两条卜辞是

---

① 大庚位于六大示，但在此用牲数为七，李学勤先生将此解释为，“按照本纪，继大甲即位的是沃丁，沃丁以后才是其弟大庚。出于某种未知的原因，沃丁不见于卜辞祀典，但大庚究竟在沃丁之后，他的祀品数减少，正暗示着沃丁的存在”。但大戊前亦有兄小甲为王，其也为六大示之一，用牲数为十，李学勤先生将此解释为其有子中丁为王，可见决定祀品多少的并不在于是不是前王的长子，而是在于是否有子即位，即是否为直系，因此大庚在此用牲为七的原因，还待于深入思考。参李学勤《一版新缀卜辞与商王世系》，《文物》2005年第2期。

关于祖甲祭祀其兄祖己、祖庚的占卜。

2. 合祭女性祖先神

除对男性祖先神合祭外，殷人对于女性祖先神亦合祭之。据笔者对《摹释总集》与《花园庄甲骨》的初步统计，合祭女性祖先神的卜辞有五十多条，远远少于对男性祖先神的合祭。可以明确为不同时代女性祖先神合祭的有十几条，如：

(21) 贞，□以羌，□自高妣己、妣庚于毓。(《合集》279，宾)

此条为武丁时期卜辞，是关于以羌为祭品合祭三妣的占卜，高妣己、妣庚可能为高妣己、高妣庚之省。裘锡圭先生指出，卜辞中的“毓”是相对于高而言，专指世次居于后的某些祖、妣。[①] 在武丁诸祖中，配偶为妣己、妣庚的有武丁祖父祖丁以及祖丁祖父祖乙，则本辞中的高妣己、妣庚应为祖乙之配，毓妣己应是祖丁的配偶。又如：

(22) 其用甶在妣辛升至母戊。(《屯南》2538，无名组)

甶，陈梦家先生指出：“象头壳之形，其义或为首脑，或为脑壳”[②]，于省吾先生进一步指出，甶系指敌方首领之头颅言之[③]，其说可从，“用甶”应是用敌方首领进行致祭。“升”，朱凤瀚先生认为是附属于宗庙的祭祀场所，“神主平时藏于宗中，升中或不存神主，受祭时迁宗内神主于升中，故此种迁主祭之所亦曰升”[④]。此为廪辛、康丁时卜辞，妣辛应为武丁之配，母戊为祖甲的法定配偶，此条卜辞大意是在妣辛升合祭妣辛、母戊。

卜辞中还有一些对不同时代女性祖先神的合祭，但无法确切得知其受祭对象的具体身份，如：

(23) 㞢(侑)于五毓至于𦎫𠬝。(《合集》24951，出)

---

① 裘锡圭：《论殷墟卜辞“多毓”之“毓”》，载中国社会科学院考古所编《中国商文化国际学术讨论会论文集》，中国大百科全书出版社1998年版，第450—458页。

② 陈梦家：《殷虚卜辞综述》，中华书局2004年版，第327页。

③ 于省吾：《从甲骨文看商代社会性质》，《东北人民大学学报》1957年第2、3期。

④ 朱凤瀚：《殷墟卜辞所见商王室宗庙制度》，《历史研究》1990年第6期。

(24) 甲午卜，卂，钔（禦）于妣至妣辛。(《合集》22074，午)

此二条卜辞辞例相同，龏䢅，即龏后，为出身于龏氏之后[①]，是武丁卜辞中常见的受祭对象，此条卜辞大意是祭祀包括龏䢅在内的五位女性先人。辞（24）为午组卜辞，卂，可能为贞人名[②]，此条卜辞反映了关于禦祭多妣的占卜，第一位受祭的先妣的具体所指无从得知，最后一位禦祭的对象为妣辛。又如：

(25) 丁酉卜，王㞢（侑）母乙、妣己。(《合集》19866，𠂤)

此条卜辞为武丁时期，武丁之父小乙的法定配偶为母庚，则母乙可能为小乙的非法定配偶，也可能为阳甲、盘庚或小辛的配偶。妣己可能为祖丁、祖乙或仲丁的法定配偶，此条卜辞中先祭母乙后祭妣己，应属逆祀。

由此可见，对不同时代女性祖先神的合祭虽也是依其夫庙主的先后次第（或相反）进行致祭，但祭祀的规模、频率乃至合祭的人数是远远无法与历世先王合祭相比的。

除合祭不同时代女性祖先神外，对于同时代的称谓相同的女性祖先神亦合祭之，如：

(26) 于妣己、妣庚，祖乙奭。(《合集》27505，无名组)

此条卜辞是合祭祖乙的配偶妣己、妣庚。

除对多妣进行合祭外，也对"多母"进行合祭，如：

(27) 辛丑卜，其钔（禦）母甲、母乙。(《合集》21805，子)

(28) 于多母钔（禦）。(《合集》27559，何)

(29) 丁亥卜，行贞，其㞢（侑）于母辛、母己牡。(《合集》23411，出)

---

① 朱凤瀚：《论卜辞与商金文中的"后"》，载中国古文字研究会等编《古文字研究》第十九辑，中华书局1992年版，第422—444页。

② "'卂'象鸟飞之形，疑即飞字，《说文》十一下·飞部：'飞，鸟翥也，象形'，这个字正象鸟翥之形。在此，疑是贞人之名。"见张秉权《殷墟文字丙编考释》，"中央研究院"历史语言研究所1957年版，第125页。

辞（27）为子组卜辞，言在辛丑之日，合祭母乙、母甲。辞（28）为禦祭多母，“多”在卜辞中为集合称谓。多母应指多个母辈亲属。辞（29）为出组卜辞，母辛为武丁的法定配偶，母己或是武丁的非法定配偶，或是武丁同辈兄弟的配偶。

3. 合祭男、女祖先神

除相同性别的祖先神合祭外，卜辞中还存在男、女祖先神合祭的现象，合祭男、女祖先神的卜辞有二十多条，如：

（30）庚午卜，即贞，王宾妣庚，岁，眔兄庚，亡尤。（《合集》23488，出）

（31）庚申卜，王贞，其㞢（侑）于母辛。十月。

庚申卜，王贞，毋㞢（侑）于祖辛、于母辛。（《合集》22971，出）

（32）庚戌卜，㞢（侑）□，钔（禦）于妣辛眔父丁，隹之㞢（有）艮□。（《合集》22099，午）

辞（30）为妣、兄合祭。辞（31）为祖、母合祭。辞（32）为午组卜辞，属非王卜辞的一种，合祭的对象为妣辛、父丁。上述三条卜辞均是对不同辈分的男女祖先神的合祭，合祭对象均是生前与主祭者有亲密关系之人，由三条卜辞所载合祭者间的关系来看，妣可以与兄合祭、也可以与父合祭，祖也可以与母合祭。可见对于不同性别的合祭对象的选择可能并没有严格的规定或限制。从辞（30）、辞（31）两条卜辞卜问是否合祭日名相同的两位男、女祖先神，表明日名相同或许为选择合祭对象的一个标准。①

合祭男、女祖先神的卜辞亦见于花园庄东地甲骨，如：

（33）丁未卜：其钔（禦）自祖甲、祖乙至妣庚，𠭯二牢。（《花东》149）

---

① 在黄组周祭卜辞中的附记甲名先王的卜旬卜辞中，也存在着合祭日名同为甲的两位祖先神的现象，如：

癸未，王卜，贞，旬亡畎？王固曰：吉。在十月又二，甲午劦日上甲祭大甲。

癸卯，王卜，贞，旬亡畎？王固曰：吉。在十月又二，甲辰壹大甲祭小甲。

癸丑，王卜，贞，旬亡畎？王固曰：吉。在正月，甲寅劦大甲壹小甲。（《合集》35530，黄）

上条卜辞记载了花东主人“子”用二牢合祭祖甲、祖乙、妣庚三位祖先神，关于三位祖先神间的关系，有学者认为妣庚为祖乙的配偶之一[①]。但即便如此，此条卜辞中尚有祖甲，因此此条卜辞所载也并非以夫妇为单位的合祭。

以夫妇为单位合祭男、女祖先神的卜辞（比较明确者）是非常少见的，暂列两条以作说明：

（34）其又（侑）妣丙眔大乙，酚，王受又（佑）。（《合集》27501，何）

（35）甲申卜，其于毓祖、妣庚，𣄰二牢。（《屯南》3186，历）

妣丙为大乙之配，辞（34）为合祭大乙及其法定配偶妣丙的卜问。裘锡圭先生认为辞（35）中的“毓祖”应指武丁之父小乙[②]，小乙有配妣庚，则毓祖妣庚应指小乙与其法定配偶妣庚，此条可能为祖庚或祖甲合祭其祖妣的卜辞。

在商代金文中，以夫妇为单位合祭祖先神的现象也有零星的发现，如𦍒父乙、母癸卣盖，其铭曰：

𦍒。父乙，母癸。（《集成》5163，殷代，图1.5）

图1.5　𦍒父乙、母癸卣盖铭文

𦍒为族氏名号，父乙，母癸分别为其父母的日名。作器者在器铭中并没有明确记载，可能为𦍒族中的族长或其他家族成员，用此件器物合祭父母。

---

① 刘一曼、曹定云：《殷墟花园庄东地甲骨卜辞选释与初步研究》，《考古学报》1999年第3期；韩江苏：《殷墟H3卜辞“祖甲、祖乙、妣庚”身份考证》，《殷都学刊》2007年第2期。

② 裘锡圭：《论殷墟卜辞“多毓”之“毓”》，载中国社会科学院考古研究所编《中国商文化国际学术讨论会论文集》，中国大百科全书出版社1998年版，第450—458页。

（二）由“合祭”看性别差异与两性关系

祖先崇拜是以血缘关系为纽带的社会体制在宗教上的表现[①]，通过对以性别为标准的几种合祭方式的探讨，对于殷商时期贵族家族内的性别差异与两性关系，我们似可得出如下结论：

1. 以性别划分为依据对祖先神合祭，反映了在商人观念中，男性祖先神与女性祖先神是不同类别的祭祀对象，这可能与男性祖先神与女性祖先神的权能分工有关[②]，也表明了女性祖先神在祭祀中的独立地位。

2. 合祭男性祖先神在诸种合祭中居于最重要的地位，对于不同时代男性祖先神的合祭，大多是按照他们在世系中的次第先后祭之，所合祭者上自先王上甲、下至亡父，少则两位，多达十几位甚至二十余位，反映了父权制家族内对男性世系的重视。对不同时代的女性祖先神也依其夫在世系中的先后次序合祭之，但祭祀规模、合祭人数远远少于男性祖先神的合祭，这表明虽然女性祖先神拥有独立的地位，但已远远逊于男性祖先神。

3. 由王卜辞来看，男性祖先神合祭对象主要为直系先王，但也有直系、旁系一起祭祀以及合祭旁系先王的情况，同时也合祭女性祖先神“诸妣”“诸母”。在非王卜辞中，也存在“诸父”“诸兄”“诸妣”“诸母”合祭，这表明殷人虽已有了直、旁系的区分，但对于家族成员间的血缘关系依然是非常重视的，直、旁系间的等级关系似未如西周大、小宗间那样鲜明，这应与殷商时期的家族形态与家族制度有关。

4. 对女性祖先神的“诸妣”“诸母”的合祭，并非是母系氏族制的残余，因为所祭祀的诸位女性祖先神并非母族的亲属，而是父权制家族内祖辈或父辈的配偶，为父权制家族成员，因此合祭女性祖先神应是女性家族

---

① 吕大吉：《宗教学通论新编》，中国社会科学出版社2004年版，第505页。

② 祖先神的两性差异主要体现在其有不同的权能，朱凤瀚先生在《商人诸神之权能与其类型》一文中指出先妣（直系先王的配偶）的权能在于作祟或保佑王、妇，并影响王室诸妇生育，她们亦多能作祟、保佑于非王贵族；先王的权能主要是在人事方面，即有作祟或保护于王的人身与保佑与敌方战事的权能，上甲以后的直系先王多有影响农业的能力。见《商人诸神之权能与其类型》，载吴荣曾主编《尽心集：张政烺先生八十庆寿文集》，中国社会科学出版社1996年版，第57—79页。

成员在家族事务中发挥重要作用的反映。

5. 卜辞所载对不同性别祖先神的合祭，大多是选择与主祭者有亲密关系的近亲神主合祭之，对于受祭者间的关系似没有严格的限制，可以为妣、兄合祭，妣、父合祭甚至祖、母合祭。

6. 以夫妇为单位合祭祖妣、父母的现象在卜辞与金文中也有零星发现，但远远无法与上述任何一种合祭方式相比。因此我们可以称殷商在祭祀中为"夫妻分祭"，这表明在殷人的家族观念中，夫妻一体的性别观念相对薄弱。

三、周祭制度所见"先妣特祭"与两性关系

除上述未严格制度化的祭祀外，更能表明殷商祭仪的是已形成制度的周祭。商代的周祭制度，即是按照先王、先妣的世次、长幼、即位和死亡的顺序，依其所名之日在日、旬、祀季中依"翌—祭—壹—劦—彡"五种祀典的次序周而复始、轮番致祭的制度。[①] 周祭作为殷商王室有规律、系统的祭祀祖先的制度，反映了殷商贵族对祖先神的尊崇，而周祭中男、女祖先神的地位差别与关系亦是商王室现实生活中两性关系与性别差异的折射。

在周祭中，女性祖先神亦是被独立祭祀的，对于这种现象，王国维先生称之为"特祭"，并在《殷礼徵文》之"殷先妣皆特祭"条目中指出：

> 殷先公先王皆以名之日特祭，虽先妣亦然。……罗参事曰："卜辞之例，凡卜祭日，皆以所祭之祖之生日为卜日；凡以妣配食者，则以妣之生日为卜日，如大乙妣丙同祭，则以丙日为卜而不以乙日卜。"余谓卜祭先王以其妃配，舍先王之生日而用其妃之生日，于事为不顺，疑以上诸条皆专为妣祭而卜，其妣上必冠以"王宾某奭者"，所以别与同名之他妣。如后世后谥上冠以帝谥，未必帝后并祀也。其余卜辞所载特祭之条尚多，妣有专祭，与礼家所说周制大异。[②]

---

① 陈梦家：《殷虚卜辞综述》，中华书局 2004 年版，第 386、392 页；常玉芝：《商代周祭制度》，线装书局 2009 年版。

② 王国维：《殷礼徵文》，收入《王国维遗书》第九册，上海古籍出版社 1983 年版。

在其论述中，王氏纠正了罗振玉“所祭之祖，以妣配食”的观点，指出“先妣特祭”是殷商时期有别于西周后世的独特现象。

陈梦家先生在《殷虚卜辞综述》中述及“周祭制度”时亦曰：“商代王族不问性别，在死后都用十天干之一作为庙号，就以天干的顺序按照六十甲子的日辰致祭。”① 而且，周祭系统中对先王、先妣的祭祀原则为“周祭先王时，祭日的天干日必与王名一致，周祭先妣时，祭日的天干日必与妣名一致。”② 下面列举两版卜辞以作说明：

(36) 乙巳卜，尹贞，王宾大乙彡，无尤？在十二月。
丁未卜，尹贞，王宾大丁彡，无尤？
甲寅卜，尹贞，王宾大甲彡，无尤？
庚申卜，尹贞，王宾大庚彡，无尤？
丁丑卜，尹贞，王宾中丁彡，无尤？
乙酉卜，尹贞，王宾祖乙彡，无尤？
辛卯卜，尹贞，王宾祖辛彡，无尤？
丁酉卜，尹贞，王宾祖丁彡，无尤？在二月。
丁巳卜，尹贞，王宾祖丁彡，无尤？在三月。(《合集》22723，出，图 1.6)

(37) 辛巳卜，贞，王宾武丁奭妣辛壹，无尤？
癸未卜，贞，王宾武丁奭妣癸壹，无尤？
戊子卜，贞，王宾武丁奭妣戊壹，无尤？(《合集》36268，黄，图 1.7)

辞（36）是关于彡祭九名先王的卜问，可以看出，九名先王祭祀日的天干与其王名是完全一致的。辞（37）是关于壹祭三位先妣的卜问，妣辛、妣癸、妣戊均为商王武丁之法定配偶，分别在辛巳日、癸未日，戊子日为她们举行壹祭。由此可见，女性祖先神与其夫日名并不一致，而是有自己独立的一套称名系统，她们在受祭时，也没有祔祭于夫，而是与男性

① 陈梦家：《殷虚卜辞综述》，中华书局 2004 年版，第 385 页。
② 常玉芝：《商代周祭制度》，线装书局 2009 年版。

祖先神一样被独立祭祀的。

周祭制度中的其他问题，前辈学者已作了详细的考证[①]，在此不再涉及，仅将其体现的性别差异与两性关系，归纳为如下几点：

首先，关于周祭中先妣特祭的意义，郭沫若先生曾指出："殷人于先妣特祭，事与周制异，足证殷世犹重母权。"[②] 是否是母权制的遗存，暂不详论，但周祭中，对先王、先妣分别祭祀的现象，则充分体现了殷人对女性祖先神的重视，说明女性祖先神在殷商时期拥有独立的地位。晁福林先生亦曾指出："有殷一代，女性祖先被重视，这是贵族妇女在商王朝发挥重要作用的反映。"[③] 其说甚确，"特祭先妣"表明商代贵族妇女还是有一定独立性的，在社会生活中独立发挥着重要的作用。

图 1.6　《合集》22723

图 1.7　《合集》36268

① 在此笔者只对与两性关系相关的问题作了简单的论述，关于周祭中的具体问题请参考常玉芝《商代周祭制度》，线装书局 2009 年版。

② 郭沫若：《卜辞通纂》，科学出版社 1987 年版，第 258 页。

③ 晁福林：《先秦社会形态研究》，北京师范大学出版社 2003 年版，第 167 页。

其次，先王、先妣虽皆特祭，但在周祭中的地位也不是没有区别的。常玉芝先生在其《商代周祭制度》中指出周祭中“先妣的祭祀次序是以所配先王的即位次序为准确定次第的，她们只能循次分别在各自所配先王之后被祭祀”①，这显然是由商王室内实行明确的父系继嗣制所决定的，同时也表明先王、先妣在周祭中的地位并不是完全相同的，在父权制已确立的商代，对男性祖先神的重视超过女性祖先神是显而易见的。

再次，周祭制度中的先王、先妣分祭，先妣的日名完全不受其夫的影响，而是有自己的一套称名系统等等，均表明西周以降以祖妣、考母合祭为主要表现的夫妻合祭在殷商周祭制度中并不存在，这表明夫妇二位一体的性别观念可能相对薄弱。

四、墓葬资料所见贵族阶层的两性关系

（一）贵族阶层内的夫妻分葬

殷商时期，从丧葬方式上看，贵族阶层夫妻并没有埋葬在一起。

首先，商王与王妇分葬。安阳殷墟洹水北之侯家庄西北岗为王陵所在地，20 世纪 30 年代，考古工作者在此地发掘出十多座带墓道的大墓以及近 1500 座祭祀坑。由墓葬分布来看，王陵区分为东、西两区（图 1.8），七座四条墓道的大墓（M1500、M1217、M1003、M1004、M1002、M1001、M1550），以及一座未修完的大墓（M1567）位于西区，分四行一北一南排列，南边的墓压在北边的墓上。这种四条墓道大墓的墓主均为商王，已是考古学界的共识。而未修完的 M1567，杨锡璋先生推测为殷商亡国之君帝辛的墓葬，墓未修成即亡国，帝辛自焚而死，死后未埋入此墓。② 由此说明，王陵西区均为商王陵墓。关于各陵墓的分期及先后次序，学术界尚存在争论。③ 但位于王陵西区东侧的 M1001，在其墓室内外有大量的殉人、人牲，出土器物花纹形制与妇好墓相近，已有学者先后指出其墓主应为商

---

① 常玉芝：《商代周祭制度》，线装书局 2009 年版，第 90 页。

② 杨锡璋：《殷代墓地制度》，《考古》1983 年第 10 期。

③ 详参中国社会科学院考古研究所《殷墟的发现与研究》，科学出版社 1994 年版，第 110—112 页。

王武丁[①]，这种说法应该是可信的。

在王陵东区，四条墓道的大墓只有一座，其墓葬编号为M1400，位于东区西北角，其墓主身份亦应为商王。在M1400西北侧和西南侧各有带两条墓道的墓一座（M1443、M1129）。[②] M1400的东部是武官村大墓，其年代与M1001相近，同属殷墟文化二期，有学者认为此墓的墓主为商王武丁的另一法定配偶妣癸。[③] 位于王陵东区的，还有传出后母戊大方鼎的WBM260[④]，以往学者多认为，既然后母戊大方鼎出于此墓，说明墓主人应是母戊，即乙辛周祭卜辞中的妣戊，乙辛周祭的直系法定配偶中，称妣戊

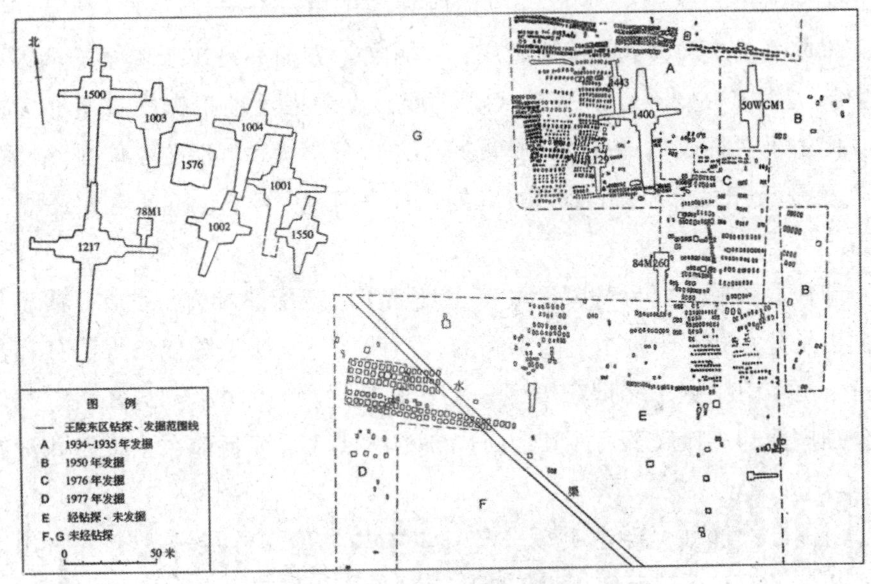

图1.8　侯家庄西北冈大墓分布图

（引自《中国考古学·夏商卷》）

---

① 《安阳殷墟五号墓座谈纪要》，《考古》1977年第4期；V. Kane：《A Re－examination of An－yang Archaeology》，《Arc Orientalis》1975年第10期；杨锡璋：《安阳殷墟西北冈大墓的分期及有关问题》，《中原文物》1981年第3期；杨锡璋：《关于殷墟初期王陵问题》，《华夏考古》1988年第1期；曹定云：《论殷墟侯家庄1001号墓主》，《考古与文物》1986年第2期。

② 梁思永、高去寻：《侯家庄·1129、1400、1443号大墓》，“中央研究院”历史语言研究所1996年版。

③ 邹衡：《夏商周考古论文集》，文物出版社1980年版，第76—82页；曹定云：《殷墟武官村大墓墓主初探》，《中原文物》1988年第3期。

④ 中国社会科学院考古研究所安阳队：《殷墟259、260号墓发掘报告》，《考古学报》1987年第1期。

的有三人，即武丁的配偶妣戊，祖甲的配偶妣戊，武乙的配偶妣戊，而发掘者通过对后母戊大方鼎及墓葬内其他器物特征及地层关系等综合分析，认为此墓的年代属殷墟第二期，因而后母戊大方鼎应是祖庚或祖甲为其母所作，WBM260 墓主可能为武丁的法定配偶妣戊①。但此种说法或许有待商榷。“后母戊”，唐兰先生在探讨妇好墓所出铜器时，指出“后母”应为一字，即“姤”，是“后字或加女旁作姤，是女性后的专字”②，如此“后母戊”方鼎则应称为“姤戊”方鼎。从此墓的年代与形制看，不排除墓主是武丁配偶妣戊的可能。但一般来讲，墓葬中随葬的青铜礼器，大多应为墓主生前所用之器③，“姤戊”方鼎应为墓主用以祭祀“姤戊”之器，因此如果此墓墓主确为武丁配偶妣戊，“姤戊”方鼎亦是出于此墓的话，鼎铭中的“姤戊”则不应该是指武丁之配，应是指女性祖先中日名亦为戊者。但由于“姤戊”鼎的出土情况并不是十分明确，因此也不能排除“姤戊”鼎是祭祀武丁配偶妣戊的可能，而关于此墓墓主的身份亦还需再探讨。

即便武官村大墓与 WBM260 墓主是武丁法定配偶妣癸、妣戊，武丁与她们也是分别葬于王陵东、西二区的，而武丁另一法定配偶妇好的墓葬甚至位于洹水南小屯东北地宫殿区，去王陵甚远。④ 说明武丁与其法定配偶是分别埋葬的。除武丁外，其余历代商王配偶的墓葬目前在王陵区并没有发现。

由此可以推知，商王夫妻分葬。王不与其他家族成员甚至王妇共墓地，凸显了王超出其他社会成员的权力与地位。但另一方面也说明家族在当时的重大作用，家庭依附于家族之中，婚姻关系及其功能并未能凌驾于家族之上。

除王陵外，在殷墟西区、后冈、小屯、大司空村、梅园庄、刘家庄等

---

① 杜廼松：《司母戊鼎年代问题新探》，《文史哲》1980 年第 1 期。

② 《安阳殷墟五号墓座谈纪要》之唐兰先生的发言，《考古》1977 年第 4 期。

③ 朱凤瀚：《论卜辞与商金文中的“后”》，载中国古文字研究会等编《古文字研究》第十九辑，中华书局 1992 年版，第 422—444 页。

④ 中国社会科学院考古研究所：《殷墟妇好墓》，文物出版社 1980 年版。

地也发掘了数千座墓葬①。这些墓葬大多以家族为单位成片分布。在族墓地内部，又有以分族为单位组成不同的墓区与墓组。墓葬的规格形制反映了宗族成员生前不同的身份地位。那些带墓道（两条或一条）的大墓，墓主生前应是家族中的族长，即高级贵族。但目前殷墟各族墓地中的大墓，尚未发现有异穴合葬的情况。所以，殷代高级贵族也是夫妻分葬的。

（二）殉葬墓所反映的性别关系

由上可知，殷商时期王与贵族皆夫妻分葬。但在王陵区、安阳殷墟、藁城台西、郑州商城、灵石旌介等地的商人墓地中也有一些男、女合葬的情况，合葬的双方均位于同一墓室或椁内，同棺或异棺合葬。但由其墓葬资料可知，大多并非为夫妻合葬，而是殉葬合葬墓②，既然同穴合葬，殉者与墓主的关系肯定是异常亲密的，而且这些殉葬者都有一定的葬具和随葬品，显示她们生前是有一定地位的。下面我们通过具体分析墓主与殉者的身份，来探讨商代贵族阶层的性别关系。

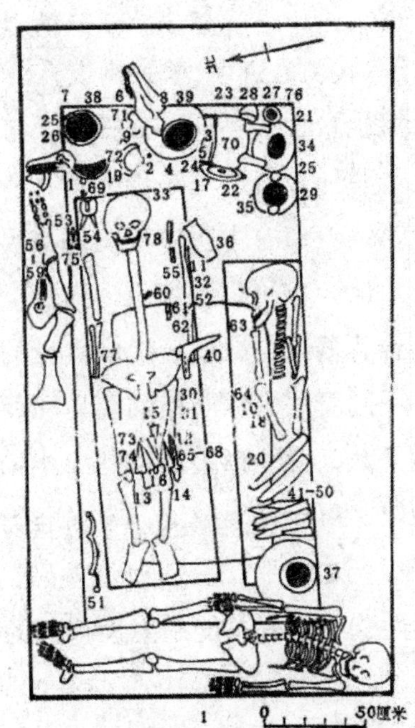

图 1.9 安阳刘家庄 M9 平面图

（引自《1983—1986 年安阳刘家庄殷代墓葬发掘报告》）

位于西北冈王陵西区的 M1550 号大墓，为一代商王的墓葬，在发掘过程中，发现此墓东北角殉坑 1550：49 中有一殉

---

① 中国社会科学院考古研究所安阳工作队：《1969—1977 年殷墟西区墓葬发掘报告》，《考古学报》1979 年第 1 期；中国科学院考古研究所安阳发掘队：《1971 年安阳后冈发掘简报》，《考古》1972 年第 3 期；《1972 年春安阳后冈发掘简报》，《考古》1972 年第 5 期；石璋如：《河南安阳后冈的殷墓》，《历史语言研究所集刊》第十三本，1948 年；中国社会科学院考古研究所安阳工作队：《1987 年秋安阳梅园庄南地殷墓的发掘》，《考古》1991 年第 2 期；中国社会科学院考古研究所安阳工作队：《1984—1988 年安阳大司空村北地殷代墓葬发掘报告》，《考古学报》1994 年第 4 期。

② 应该指出的是这里选取的同穴合葬墓殉葬人与墓主大都位于同一棺内，或同椁异棺，这与商墓中位于二层台上或墓道内单纯意义上的殉人是有区别的，通常前者与墓主有一定的关系，有葬具或随葬品，显示其生前是有一定地位的，而后者则是一无所有的奴隶。

人[①]，此坑墓主人仰身直肢，头向南，全身撒满红色颜料，头顶有骨笄一丛，约八九排，插成孔雀尾式，全形颇似后代婚嫁时新妇所戴之凤冠。身上有佩玉，墓主可能为女性，随葬器物有铜鼎、觚、爵各一件以及玉戈、玉佩饰等。由墓葬反映的情况来看，此女子身份较低，显然并非 M1550 墓主的法定配偶[②]。其身份应是 M1550 墓主的妾、次妃之类。[③]

安阳刘家庄 M9 是一座一椁两棺合葬墓（图 1. 9），此墓属于殷墟文化四期，即殷墟文化晚期[④]。墓内两棺在椁内南北分置。北棺髹以红漆，长 1. 97 米，宽 0. 64 米，墓主人骨架甚朽，仰身直肢葬，头东面上，两手置于腹上，性别不明。南棺髹以黑漆，长 1. 62 米，宽 0. 4 米，墓主人骨架散乱，骨质较好，头东面北，初步鉴定为女性。两棺错置，南棺稍靠东，北棺靠西，似有主次之分。北棺尺寸大于南棺，而且棺内、身侧随葬有众多的兵器，推测墓主人应为男性。发掘报告认为这种新模式的合葬墓应是夫妻合葬墓，与殷墟墓地中常见的“异穴并葬”墓的性质是一样的。但笔者持不同看法，从两棺的葬具和葬式来看，两名墓主有明显的主次之分与依附关系，女性墓主所用黑漆小棺与 85AQMM13[⑤] 中男性殉者所用小棺极其相似，虽然骨架散乱，难以准确辨明其葬式，但由其头面向男性墓主，表明二者之间是有一定地位差别的。因此笔者认为，二者未必是夫妻关系，女性墓主很有可能是男性墓主的侍妾。

1985 年 1 月，山西省考古所在山西灵石旌介发掘了两座竖穴土坑墓 M1、M2，这两墓葬的年代约为殷代末期。墓中出土青铜器铭文多有“丙”字[⑥]，丙为族氏名号，见于以往著录的金文，说明此处应是“丙”族墓地的所在地。关于灵石旌介的文化归属，学者通过对其墓葬形制与所出器物

① 梁思永、高去寻：《侯家庄》第八本《1550 号大墓》，《中国考古学报告集》之三，“中央研究院”历史语言研究所 1976 年版，第 14—15 页。

② 由上所论，武丁的法定配偶均有自己独立的墓葬。

③ 朱凤瀚：《商周家族形态研究》（增订本），天津古籍出版社 2004 年版，第 73 页。

④ 安阳市文物工作队：《1983—1986 年安阳刘家庄殷代墓葬发掘报告》，《华夏考古》1997 年第 2 期。

⑤ 安阳市博物馆：《安阳铁西刘家庄南殷代墓葬发掘简报》，《中原文物》1986 年第 3 期。

⑥ 山西省考古研究所、灵石县文化局：《山西灵石旌介村商墓》，《文物》1986 年第 11 期；山西省考古研究所：《灵石旌介商墓》，科学出版社 2006 年版。

的分析，多认为属殷商文化系统，“是殷商文化在发展过程中在当地形成的一个地域类型、一个分支。”①，甚至“和王族有密切的关系”②。但灵石旌介商墓也有不同于殷墟文化的典型特征，如殉葬婢妾的习俗：

其中 M1 是一座一椁三棺墓（图 1.10），三具棺整齐排列于椁内，形制大小相同，中间为男性墓主，葬式为仰身直肢，在其左右两侧各有一具女性尸骨，侧身直肢面向男主人，说明她们处于从属地位，而且二女随葬品数量相差不大，显示其生前身份并没有主次之别，应同为婢妾。可见这种男女同棺的做法是以婢妾殉葬。《礼记·檀弓下》：“陈乾昔寝疾，嘱其兄弟，而命其子尊己曰：‘如我死，则必大为我棺，使我二婢子夹我’”，郑玄注曰：“婢子，妾也”，其所记虽为东周之事，但却与灵石旌介 M1 中两婢妾同时为墓主人殉葬的情况正相吻合。

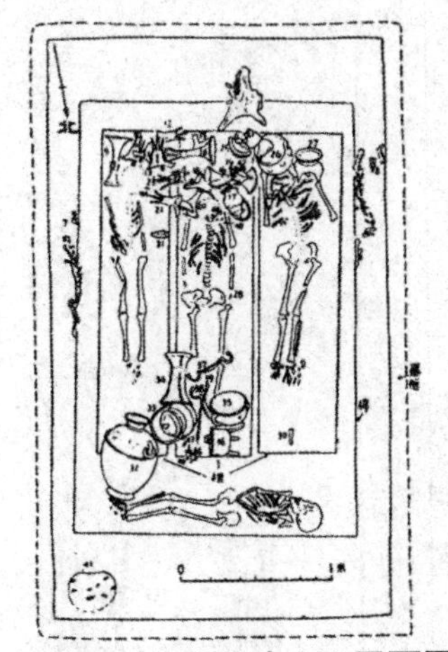

图 1.10　灵石旌介 M1 平面图

（引自《山西灵石旌介村商墓》）

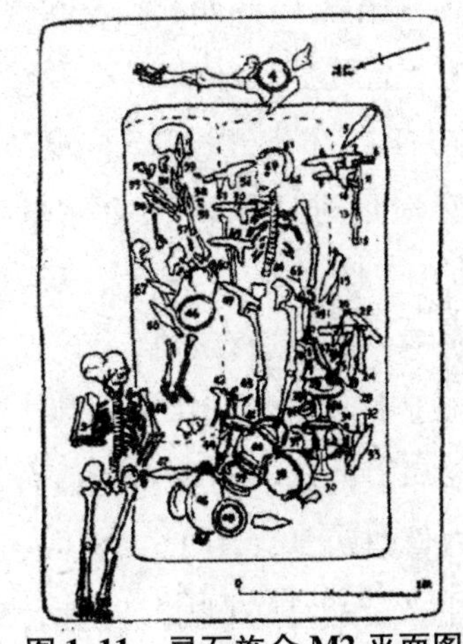

图 1.11　灵石旌介 M2 平面图

（引自《山西灵石旌介村商墓》）

① 李伯谦：《从灵石旌介商墓的发现看晋陕高原青铜文化的归属》，《北京大学学报（哲学社会科学版）》1988 年第 2 期。

② 现藏于故宫博物院的癸卣，其铭文末即带有丙字，说明器主亦出自此族氏，铭文记载作器者受到商王赏赐而为毓祖丁作器，杜迺松先生认为“毓祖丁”可能是指文丁，朱凤瀚先生大致赞同杜先生的观点，他通过对“毓”的释义，指出“‘毓祖丁’不一定必是指先王。但从目前资料来看，‘毓祖丁’一称只见于王卜辞，所以‘毓祖丁’是指文丁的可能性较大”，并认为“如此，则作器者能直接为文丁作器，表示他在当时未脱离王族，由此可见，丙亦与王族有密切关系”。参杜迺松《谈毓祖丁卣等三件商代长铭铜器》，《文物》1984 年第 10 期；朱凤瀚《商周家族形态研究》（增订本），天津古籍出版社 2004 年版，第 75 页。

灵石旌介 M2 亦为男女合葬（图 1. 11），椁室内二棺并列，一棺居中，男性，仰身直肢，应为墓主；另一棺在其右，女性，侧身直肢，面向男性。男性墓主人胸部两侧放置以戈和矛为主的兵器，腿部以下放置铜礼器和炊具，玉器放置在男女墓主人的头部和腰部。由墓葬反映的资料来看，此墓并非二次迁葬，墓中二人应是同时被埋入的，而他们同时自然死亡的可能性极小，可见此墓也是殉葬合葬墓，殉葬女子为男性墓主的婢妾。

除上举西北岗王陵 M1550 与安阳刘家庄 M9 外，以婢妾殉葬在殷墟墓葬中并不多见，灵石旌介 M1、M2 中均有婢妾殉葬，说明这可能是当地较为流行的葬俗。

此外，在中商时期的遗址中也发现了此类墓葬。藁城台西遗址位于冀中平原滹沱河畔今河北省藁城县台西村。1965 年和 1972 年，该遗址曾先后出土青铜器多件。因而河北省文物考古部门于 1973—1974、1983—1985 年对遗址进行了两次集中的发掘，共发现房址 14 座、水井 6 眼、灰坑 234 座、墓葬 166 座。根据遗存分析，该遗址的年代大约相当于中商二期到中商三期。[①] 在藁城台西的墓葬中，也存在男女同棺合葬墓。如 M35 棺内骨架两具（图 1. 12），头向东。南侧为墓主人，仰身直肢，男性，50 多岁。北侧骨架侧身直肢，面向墓主人，两脚捆缚，双手放胸前，女性，约 25 岁。随葬品五件，其中陶罐一件放在人架头前棺顶之上，另 4 件青铜器，觚、爵、斝和笄形器均放在女性骨架的头前和脚下。[②] 由墓中二人

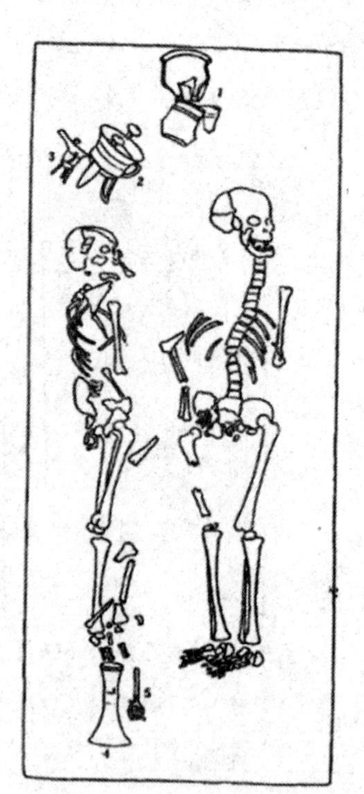

图 1. 12　藁城台西 M35 平面图

（引自《藁城台西商代遗址》）

① 河北省文物研究所：《藁城台西商代遗址》，文物出版社 1985 年版；杨锡璋：《关于藁城台西商代遗址的分期问题》，载中国社会科学院考古研究所编《中国考古学论丛》，科学出版社 1993 年版，第 224—230 页；唐际根：《中商文化研究》，《考古学报》1999 年第 4 期。

② 河北省文物研究所：《藁城台西商代遗址》，文物出版社 1985 年版，第 151 页。

葬式及年龄差距可知两者关系并非为夫妻，应该也是男性墓主与生前宠妾的合葬墓。

由以上所举诸墓的墓葬规模与随葬品可知，墓主身份均为贵族。而从墓葬资料所反映的情况看，大多并非为夫妻合葬，而是殉葬合葬墓。殉葬侍妾与墓主同穴合葬，表明了二者间关系的亲密，而这些殉葬者都有一定的葬具和随葬品，显示她们生前是有一定地位的。

综上所述，贵族阶层的夫妻分葬，说明在商后期血缘性贵族家族内，婚姻关系在家族成员间的各种亲属关系中，并没有取得绝对的优势，夫妇二位一体的性别观念并未形成，也表明殷商贵族妇女有较大的独立性。侍妾殉于其夫墓中，说明她们在婚姻关系中的地位是相当低下的，与正妻有独立墓葬形成鲜明对比，从一侧面反映了商代贵族阶层妻妾间已存在明显的等级差异，嫡妾制已产生。

第二节　两性关系对商人贵族家族形态与家族制度的影响

由上所述，可知殷商时期贵族阶层的婚姻制度为一夫多妻制，诸妻间已存在嫡妾之分，但此时夫妇二位一体的性别观念可能并未形成。这种婚姻形态与松散的两性关系模式对家族制度与家族形态产生了直接的影响。

一、两性关系对家族秩序的影响——男性族长的独尊

（一）王卜辞所见王、王妇及其他家族成员间的地位

由王卜辞来看，只有王有呼令他人的权力，呼令的对象除家族内的男性成员外，也包括家族内的女性成员，如：

(1) 贞，乎（呼）妇往，其㞢（有）得。

贞，乎（呼）妇往，其亡（无）得。（《合集》2652 正，宾）

上条卜辞即是呼令“妇”去从事某种事务，贞问是否有所收获。又如：

(2) 甲戌卜，王余令角妇甾朕事。(《合集》5495，宾)

甾，于省吾先生认为即古甾字，读作载，训为行[①]，甾朕事，即是处理商王所交办之事。商王呼令妇某去某地或处理某事的记载，在甲骨刻辞中并不鲜见。又如：

(3) 丁卯卜，作宀于兆。

勿作宀于兆？

乎（呼）妇奏于兆宅？

勿乎（呼）妇奏于兆宅？(《合集》13517，宾，图1.13)

图1.13 《合集》13517

① 于省吾：《甲骨文字诂林》，中华书局1996年版，第703页。

“宀”，《说文》曰：“交覆深屋也，象形”。徐铉引《唐韵》曰：“宀，武延切。”于省吾先生认为“宀”系“宅”的初文，并指出甲骨卜辞中的“宀”为名词，指住宅。[①] 兆，为地名[②]，妇奏，为人名。此条卜辞是商王命令妇奏去兆地主持营建新居的记录。

作为武丁之妻的王妇在王呼令下，也直接从事具体事务，如：

(4) 贞，乎（呼）妇好见多妇于龏。(《合集》2658，宾)

(5) ……申……勿乎（呼）妇好往于龏。二告。（《合集》39632，宾）

以上两条均为宾组卜辞，妇好为武丁的法定配偶，龏为地名。“多妇”一词亦见于非王卜辞，“多”在卜辞中为集合称谓，应指多个贵族妇女。“见”，《说文》：“视也，从目儿”，此处应为监察、视察之义，这两条卜辞记载了商王武丁呼令妇好去龏地视察多妇或从事某项事务。又如：

(6) 乎（呼）妇井出。(《合集》2728，宾)

(7) ……妇井来。(《合集》2763 反，宾)

妇井为商王武丁的配偶之一，上述两条卜辞记载了商王命令妇井“出”“来”之事，说明妇井频繁出入王族所在地，去办理商王交办的家族或社会事务。武丁的另一配偶妇鼠的情况也是如此：

(8) 庚戌卜，贞，翌壬子丧妇鼠……芃（《合集》2807，宾）

(9) 庚戌卜，宾贞，于亘丧妇鼠。(《合集》2808，宾)

上述卜辞是关于在“庚戌”这一天为丧妇鼠之事而占卜，亘，地名，宾组、出组卜辞中常见，陈梦家先生认为，“亘”即《汉书·地理志》之“亘”，在今垣曲县西二十里。“芃”字残，据黄天树先生推测，可能也为地名。[③] 由此推知，妇鼠当时并没有与商王在一起，很可能出去完成商王指派的任务，而长久未归，因此商王为其生死而占卜。

---

① 于省吾：《甲骨文字释林》，中华书局 1979 年版，第 333—337 页。

② 于省吾：《甲骨文字诂林》，中华书局 1996 年版，第 149 页。

③ 黄天树：《殷墟王卜辞的分类与断代》，文津出版社 1991 年版，第 146 页。

由此可见，包括妇好、妇井、妇鼠在内的武丁诸妇，她们作为族长之妻，与家族内的其他男女成员一样均受族长的呼令，但在王卜辞中却并未见她们中有任何一位呼令其他家族成员、主持家族事务的记载，这似可表明族长之妻没有主管家族事务、支配其他家族成员的权力，她们在家族中并没有居于中心和领导地位，笔者认为其根源应在于此时并未存在夫妇二位一体的性别观念，因而族长之妻的权力与地位是远远不能与其夫匹配的，由此在家族秩序中，表现为族长的独尊。

由王卜辞来看，族长之妻不只在家族中没有处于与族长同一等级的领导地位，而且她们与家族内的男性成员一样，也是具体的家族或社会事务的承担者，这表明殷商时期家族事务中的性别差异是不明显的。笔者认为，这在很大程度上根源于殷商时期的社会发展水平与家族形态。殷商时期家族的内部结构都是单一的血缘亲族组织，尚没有完善的家臣制度，家族事务均是由本族成员从事的。而且殷商时期，方国林立、战争频繁，甲骨刻辞中有关战争或边境冲突的记载，多至不可胜数，甚至在从事农业活动时都有可能遭遇敌方的偷袭。渔猎经济在殷商时期也仍然占有相当重要的地位。当时的社会政治环境与生产力水平，决定家族成员必须都承担一定的义务与责任。因此在这样一种生存环境下，贵族妇女被限制在“寝门之内”的社会条件远远没有具备，她们必须从事一定的家族事务，以维持家族的运转。

（二）非王卜辞所见族长、诸妇与其他家族成员的地位

王卜辞所反映的情况毕竟有其特殊性，更能表明一般贵族家族内家族秩序的是非王卜辞①，1979 年，林沄先生在《从武丁时代的几种“子卜辞”试论商代家族形态》一文中指出：除了族长“子”外，贵族家族内部

① 非王卜辞占卜的主体不是王，在称谓系统和家族成员方面也均与王室卜辞不同，故称非王卜辞。目前所说的非王卜辞包括：午组、子组、非王无名组、子组附属、刀卜辞、亚卜辞等，主要收录于《甲骨文合集》第七册。子组刻辞主要出土于 YH127，《合集》收录在第七册乙一类；子组附属、刀卜辞、亚卜辞也主要出土于 YH127 坑，《合集》收录在第七册乙二类；午组卜辞主要出土于 YH127、YH448，少部分出土于小屯南地，《合集》收录在第七册丙一类；非王无名组卜辞主要出土于 YH251 和 YH330 坑，《合集》收录在第七册丙二类。参李学勤、彭裕商《殷墟甲骨分期研究》，上海古籍出版社 1996 年版，第 313—327 页。另外，1991 年秋，在安阳花园庄村东 100 多米处，发现一甲骨坑，编号为 91 花东 H3。H3 出土的卜辞，占卜主体称“子”，亦为一种非王卜辞。

的亲属成员人数亦是不少的，一般由三类人员构成。第一类是“子”的弟辈和子辈，第二类是他的妻妾、弟媳和儿媳，第三类则是他的子侄和孙辈。这样正构成了一个家族。①

家族成员间的地位和关系如何呢？通过分析卜辞资料，可知作为族长的“子”在家族内拥有最高的权力与地位，如：

(10) 辛亥卜：子以妇好入于㲋？用。一

辛亥卜，子攸妇好玟，往𩁹，在㲋。一二

辛亥卜：乎（呼）㞢面见（献）于妇好，在。用。

辛亥卜：叀入人。用。一

癸丑卜：其将妣庚示于㲋东官。用。二

乙卯：岁犾，衩鬯祖乙。用。二三

壬戌卜：在㲋：囯（葬）韦。用。一

于襄，囯（葬）② 韦。不用。一（《花东》195，图 1.14）

此版甲骨卜辞记载了三方面的内容：前四辞是卜问“子”是否带领妇好进入㲋地，并呼令向妇好进献物品。妇好为武丁法定配偶之一，地位尊贵且拥有实权。“子”与妇好的往来为家族中重要的政治活动。第五、六条刻辞是关于是否祭祀妣庚与祖乙的占卜，其主持者亦为“子”。最后两条刻辞中的“韦”为人名，应为家族内成员，此时已去世，此处是卜问到底是在㲋地葬韦还是到襄地去葬韦。

由此可见，族长在大至政治、外交、祭祀，小至家族成员的埋葬等方面均具有决定权。而且，族长也有对家族成员的支配权，如：

(11) 甲申卜，令豚宅正。(《合集》22324，非王无名组)

(12) 癸酉卜，子㞷，才（在）[illegible]，子乎（呼）大子钾（禦）丁宜。丁丑王入。用。来狩自斝。(《花东》480)

---

① 林沄：《从武丁时代的几种“子卜辞”试论商代家族形态》，载吉林大学古文字研究室编《古文字研究》第一辑，中华书局 1979 年版，第 314—336 页。

② 囯，李孝定认为是葬之初文，在此从李先生所释。参李孝定《甲骨文字集释》，“中央研究院”历史语言研究所专刊之五十，第 4458 页。

(13) 丁卜，子令庚又（侑）又（有）女，乎（呼）求囟，索尹子人。子曰：不于戊，其于壬人。(《花东》125)

(14) 庚戌卜，子乎（呼）多臣燕见。用。不率。

庚戌卜，子乎（呼）多臣燕。(《花东》454)

(15) 乙亥卜，子乎（呼）多宁见（献），丁侃。

乎（呼）多宁眔辟，丁侃。(《花东》275)

图 1. 14　《花东》195

“子”为花东卜辞的主人，身份应为族长，上述卜辞除“豚”属非王无名组外，“大子”“多臣”“多宁”都是花东卜辞中出现的人物，“大子”的身份，可能为花东卜辞主人“子”的长子。“多臣”“多宁”，据学者考证可能为花东“子”家族内的成员。[①] “呼令”为上级对下级的口气，直

① 朱凤瀚：《读安阳殷墟花园庄东出土的非王卜辞》，载王宇信、宋镇豪、孟宪武主编《2004 年安阳殷商文明国际学术研讨会论文集》，社会科学文献出版社 2004 年版，第 211—219 页。

接体现了族长对家族成员的支配。庚，人名；求，索求，寻求；⊕，《花东》原释为西，黄天树先生释为囟[1]，即是头颅。“子令庚又（侑）又（有）女，乎（呼）求囟”，的意思是族长命令人物“庚”去寻求用于“伐”祭的人头。

除男性成员外，家族内的女性成员也均受“子”的呼命，如：

(16) 丙辰，乎（呼）妇妊。(《合集》21557，子)

妇妊为家族内的女性成员，其身份可能为族长之妇，抑或为其弟媳、侄媳。又如：

(17) ……卯卜，巡贞，伇五月，乎（呼）妇来归。(《合集》21653，子)

在此条卜辞中，“妇”被呼“来归”，说明她不在本家族中心区域内，可能也出外办理族长分派的任务。

由此说明，贵族家族内的女性成员也是家族事务的承担者，她们均被称为“妇某”，如子组卜辞中的妇女、妇良、妇鼓、妇豕、妇妊、妇喜，非王无名组中的妇多、妇周、妇[illegible]、妇爵等，从称呼上看不出彼此间的地位差异，也很难发现诸妇中有一人的权力与地位明显高于其他贵族妇女，即很难确定谁为族长的配偶。又如：

(18) 丙午贞，子。

丙午贞，启。

丙午贞，启弟。

丙午贞，妇婞。

丙午贞，多妇无疾。

丙午贞，多臣无疾。(《合集》22258，非王无名组，图1.15)

此版卜辞反映了同一天内对不同家族成员的占卜。第一个卜问的对象

---

① 黄天树：《花园庄东地甲骨所见的若干新资料》，《陕西师范大学学报（哲学社会科学版）》2005年第2期。

为“子”，即本家族的族长，其后依次分别为“启”“启弟”“妇婞”“多妇”“多臣”。其中“启”“启弟”为男性家族成员，“妇婞”为家族内的女性成员，“多妇”指本宗族中各级贵族的配偶，“多臣”指由亲族成员充任的在宗族内为宗子服务的官吏、臣属。① “多妇”与“多臣”并卜，说明他们在家族内的地位大致相同。蒋玉斌先生据妇婞与多妇位于同一版卜辞从而认为妇婞可能并不包括在多妇的范围内，并通过系联相关卜辞，指出其可能为家族内最重要的人物之一。② 其说有一定的道理，笔者推测，其身份可能为族长之妇，但即便如此，妇婞在上版卜辞的贞问中，对妇婞的贞问却位于男性家族成员启与启弟之后，亦未见其主管家族事务、支配家族成员的记载，她在家族中的地位似无法与“子”相匹配。

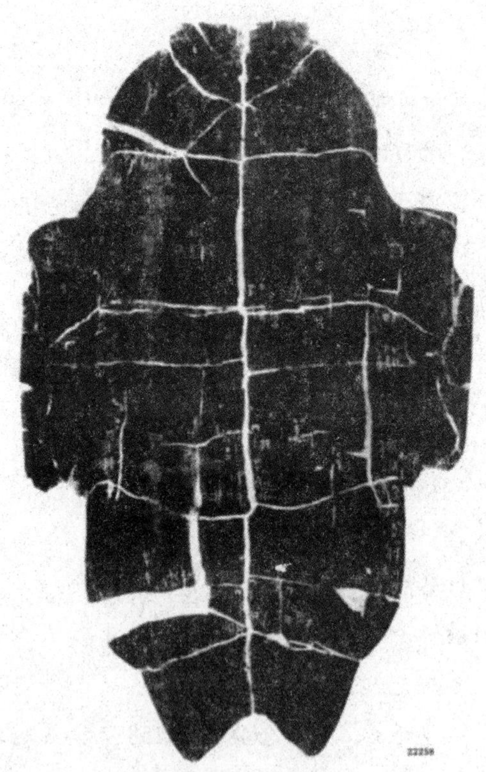

图 1.15 《合集》22258

---

① 朱凤瀚：《读安阳殷墟花园庄东出土的非王卜辞》，载王宇信等主编《2004 年安阳殷商文明国际学术研讨会论文集》，社会科学文献出版社 2004 年版，第 211—219 页。

② 蒋玉斌：《殷墟子卜辞的整理和研究》，吉林大学 2006 年博士学位论文，第 237 页。

由此可见，非王卜辞反映的情况与王族大致相似，在一般贵族家族中，男性家族长作为家族的统治者，处于独尊的地位，家族事务、家族内的男女成员均在其统治之下。在非王卜辞中，对女性成员即“诸妇”的记载，大部分是有关生育方面的，对于诸妇间的等级地位并未有明确的涉及，我们无法确定哪一位为族长之妻，也未发现有哪位“妇某”在家族内处于堪与族长匹配的中心地位。

二、两性关系对祭祀制度的影响——妇助夫主祭的制度尚未形成

（一）王卜辞所见“王”主祭、“王妇”无主祭权

祭祀是生者与死者之间发生关系的重要渠道，祭祀的目的是为了得到神灵的庇护和助佑，在“国之大事，在祀与戎”的商周时期，能参与祭祀本身就是一种权力与地位的象征。朱凤瀚先生在《论商周女性祭祀》一文中述及贵族妇女与祭祀关系时说：“能用来说明女性在家族内地位高低的标志之一，就是女性在家族祭祀中所处的位置。因为祭祀祖先等神灵无疑是宗法制度下家族成员显示其身份的重要标志之一。”由此推之，男、女两性在祭祀活动中体现的权力差异亦是他们在家族内地位的真实反映。

由王卜辞来看，殷商王室的祭祀权完全掌握在商王手中，各种祭祀活动均由商王组织和安排。王作为占卜的主体，亲自主持绝大多数祭祀活动，甚至亲身莅临祭祀仪式。① 此外，王作为王族的族长亦有命令家族成员子某、妇某去祭祀的权力。如：

(19) 贞，翌乙未，乎（呼）子渔㞢（侑）于父乙宰。(《合集》130 正，宾)

(20) 贞，乎（呼）子汰祝一牛又（侑）父甲。(《合集》672 正，宾)

(21) 乎（呼）子商㞢（侑）祖？(《合集》914 反，宾)

(22) 贞，乎（呼）子卩福于㞢（侑）妣，鼎㞢（侑）[illegible]？(《合集》3171 正甲，宾)

---

① 刘源：《商周祭祖礼研究》，商务印书馆 2004 年版，第 315 页。

(23) ……酉贞，子渔㞢（侑）𠕋于娥，酌……（《合集》14780，宾）

(24) 癸未卜，㱿贞，子渔㞢（侑）钔（禦）娥。夕……（《合集》14782，宾）

(25) 乙丑卜，㱿贞，……子凡于祖丁五宰。(《合集》3216，宾)

以上均为宾组卜辞，子渔、子商、子汏、子亇、子雍、子凡均为王族内的成员，关于王卜辞中“子某”的身份，有学者认为，“他们均是商王之子，亦即诸王子”[①]。以上所举诸条卜辞均是商王呼令诸位“子某”祭祖的占卜，说明他们在家族内拥有祭祀权，但这种祭祀权亦是受作为宗族长的商王支配的。诸位子某祭祀的对象有：父乙，即武丁之父小乙，应为子渔[②]之祖，娥，即后娥，为武丁法定配偶之一，此时已亡故。父甲，应是武丁诸父之一的阳甲。祖丁，为小乙之父，武丁之祖。可见诸子祭祀的对象主要为时王上二代以内的直系先王以及其配偶。对于“子某”祭祀这些祖先神的目的，刘源先生认为可能与这些祖先神对“子某”的作祟有关[③]。其说有一定道理，笔者认为确应有一部分祭祀是为“子某”自身的祸福而求佑。因为子某所祭祀的对象，主要是与之关系亲密的直系亲属，祭祀作为宗教崇拜的基本形式，是人神交往的手段和方式。祭祀中生者与死者的关系，往往是一种生前社会关系的维持。[④] 这些生前与被禳祓者最易发生联系之近亲，死后的灵魂自然成了为其祈求福佑、禳祛灾祸的对象。王除指令“子某”祭祀为其本身祓除灾祸外，甚至指令“子某”为自身的灾祸而祭祀祖先神，如：

(26) 丁丑卜，宾贞，子雍其钔（禦）王与丁妻二妣己，皿羊三，

---

① 但王卜辞中的“子某”不一定是时王之子，有一些可能是前一代（或前二三代）先王之子，每一代王世称“子某”者，一般情况下皆可以有四代人。见朱凤瀚《商周家族形态研究》（增订本），天津古籍出版社2004年版，第50页。

② 子渔为武丁之子，关于子渔的身份，参王宇信《试论子渔其人》，《考古与文物》1982年第4期。

③ 刘源：《商周祭祖礼研究》，商务印书馆2004年版，第317页。

④ 李向平：《信仰、革命与权力秩序——中国宗教社会学研究》，上海人民出版社2006年版，第33页。

用羌十。(《合集》331，宾)

“丁”应指小乙之父祖丁，妣己为祖丁的法定配偶之一，之所以称二妣己，是因为中丁亦有法定配偶日名为妣者，此条卜辞是子雍为了王的祸福而祭告祖先。

除“子某”外，家族内的女性成员在王的呼令下，亦有祭祀的权力，如：

(27) 妇周㞢(侑)燎。(《合集》2816，宾)

(28) 贞，乎(呼)妇𡆥于父乙宰，𠭰三宰㞢(侑)？(《合集》924正，宾)

(29) 丁未卜，贞媚㞢(侑)于□。(《合集》6592，宾)

(30) □翌己酉，……妇媚㞢(侑)……(《合集》2089，宾)

辞(27)是妇周燎祭的占卜，辞(28)中的“𡆥”字，裘锡圭先生释为“皿”，其义为祭名抑或用牲之法[①]，此条卜辞是说武丁呼令妇祭祀祖先神父乙，妇即为王族内的女性家族成员，父乙为武丁之父小乙。辞(29)中媚应即辞(30)妇媚的省称，其身份亦为王族中的贵族妇女，这两条是关于妇媚祭祀的占卜。又如：

(31) 癸未卜，妇鼠㞢(侑)妣己𡦹豕。

妇鼠㞢(侑)妣庚羊、豕。(《英》1763，𠂤)

(32) 己未卜，贞，妇鼠𡦹升岁母庚。(《合集》19992，𠂤)

(33) 己亥卜，王，余曰：妇鼠毋祝。(《合集》2804，𠂤)

(34) ……翌庚子……妇井㞢(侑)母庚。(《英》160，𠂤)

(35) ……贞，其宜于磬京不？

贞，羽辛亥，乎(呼)妇井宜于磬京。(《合集》8035，宾)

有关妇鼠祭祀的几条均为自组卜辞，据卜辞记载，商王武丁曾为妇鼠生育

① 裘锡圭：《释殷虚卜辞中的“𡆥”“𡆧”等字》，载《第二届国际中国古文字学研讨会论文集》，香港中文大学出版社1993年版，73—94页。

之事反复占卜[①]，可见其身份可能亦为武丁之配偶。妇鼠祭祀的对象主要为妣己、妣庚、母庚等女性祖先神。辞（34）是关于妇井祭祀母庚的记载，妇井亦为武丁配偶之一，辞（35）中的“磬京”为地名，据陈梦家先生考证，其地望当在商之旧都不远之处[②]，“宜”为祭名，商人多在磬京行宜祭，此条卜辞是商王呼令妇井去磬京宜祭的占卜。

而作为武丁法定配偶之一的妇好亦在武丁的呼令下，主持祭祀，如：

（36）贞，妇好㞢（侑）。（《合集》2608，宾）

（37）乎（呼）妇好㞢（侑）[illegible]于父……（《合集》2609，宾）

（38）贞，翌□卯，勿乎（呼）妇好㞢（侑）□父□。（《合集》2610，宾）

（39）贞，勿乎（呼）妇好往[③]燎。（《合集》2641 正，宾）

（40）甲戌卜，贞，妇好不往于妣庚。（《合集》2643，宾）

（41）乙卯卜，宾贞，乎（呼）妇好有艮于妣癸。（《合集》94 正，宾）

（42）……好㞢（侑）艮于父乙。（《合集》795 反，宾）

（43）丁巳卜，㕚贞，酌，妇好钔（禦）于父乙。（《合集》712，宾）

（44）贞，妇往于妣庚不惟皑。（《合集》2837，宾）

以上均为宾组卜辞，妇好为商王武丁的法定配偶之一，地位尊贵，且拥有实权，妇好墓中出土了大量的青铜礼器，表明其生前的祭祀活动是非常频繁的。由以上卜辞记载可知，妇好所祭祀的对象有父乙、妣庚、妣癸。父乙为武丁父小乙、妣庚为祖乙或祖丁配、妣癸为中丁配，均为历代先妣。妇好在商王的呼令下去祭祀这些祖先神，说明妇好的祭祀权力是受王支配的，即便辞中没有“乎”字，她是否祭祀也要由王来占卜决定，可见这种

---

① 见《合集》14062、14116、13960、14115、14117、14120。

② 陈梦家：《殷虚卜辞综述》，中华书局 2004 年版，第 266 页。

③ “往”，为祭名，读为“禳”，或为后世禳除之祭，见于省吾《甲骨文字释林》，中华书局 1979 年版，第 154—159 页。

祭祀的实际主持者还是王①。而且在王卜辞中，并未见王妇呼令其他家族成员祭祀的记载，亦未见她们与商王一同主祭，由此可见，在王族中族长之妻在祭祀中的地位远远无法与男性的宗族长相提并论。

关于王室妇女的祭祀，在金文中也有一定反映，如：

> 龏姤赐商贝于姤，用作父乙彝。(《集成》7311，图 1.16)

此器从器形上看已属殷末，学者认为其或即是帝辛时器，则父乙可能是帝乙②。此器的作器者为龏姤，即出身于龏族之后，铭中记载其受到后的赏赐后，作祭祀父乙之器，关于龏后与后的身份以及二者间的关系，朱凤瀚先生认为，龏后是时王之配，后是其姑，即时王之母，后世所谓太后。③则此器是儿媳受赐于其姑后为祭祀公公所作。

图 1.16　龏姤觚铭文

图 1.17　姒□爵铭文

---

① 朱凤瀚：《论商周女性祭祀》，载张国刚主编《中国社会历史评论》(第一卷)，天津古籍出版社 1999 年版，第 129—135 页。

② 朱凤瀚：《论卜辞与商金文中的“后”》，载中国古文字研究会等编《古文字研究》第十九辑，中华书局 1992 年版，第 422—444 页。

③ 朱凤瀚：《论卜辞与商金文中的“后”》，载中国古文字研究会等编《古文字研究》第十九辑，中华书局 1992 年版，第 422—444 页。

又如现藏于日本东京书道博物馆的姒□爵，此爵圜底，腹饰饕餮纹，双柱的位置相当靠后，从形制上看，当为殷末之物，铭文铸于爵内壁，共三行十二字，其铭曰：

> 乙未，王赏姒□，在寝，用作尊彝。（《集成》9098，图 1.17）

“姒□”，李学勤先生认为为女子名，并指出其与 1975 年殷墟小屯村北 F11 房址中间的祭祀坑中发现的殷晚期的铜器盖铭文“王作妃弄”中的“妃”为同一个人，其身份可能为商王宠爱的嫔妃①，其说大致可从，则此器是姒□在宫寝中被王赏赐后所作的祭器。

根据以上所述，关于殷商王室祭祀，似可归纳为如下几点：

1. 王室的祭祀权完全掌握在男性的商王手中，他直接主持王室中的祭祀活动，也有呼令家族成员祭祀的权力。

2. 作为族长之妻的王妇在家族祭祀中似并没有与商王同处于主祭者的地位，卜辞中并未见其协助商王主祭的记载，这似说明王妇在王族祭祀中的地位远远无法与商王匹配。她们与其他家族成员一样，在族长的呼令下，享有祭祀的权力。

3. 家族内的男女成员在商王的呼令下，有祭祀祖先的权力。其中子某祭祀的对象主要为时王上二代以内的直系先王，以及妣、母等女性祖先神，祭祀的目的主要是为本身禳除灾祸，但也不排除是为了其他事务而向祖先神求佑。诸妇的祭祀对象主要为夫之父母（其舅姑）以及历世先妣，对其舅姑祭祀是因为他们生前是最容易和妇发生联系之人，而对先妣的祭祀则更多是为了祈求生育顺利和为了自己的祸福而求佑。

（二）非王卜辞所见“子”主祭、“诸妇”无主祭权

非王卜辞所载情况与王族类似，作为男性宗族长的“子”对家族祖先有主祀的权力，如：

> (45) 庚戌卜，朕耳鸣，㞢（有）钔（禦）于祖庚羊百，㞢

---

① 李学勤：《〈中日欧美澳纽所见所拓所摹金文汇编〉选释》，载氏著《新中国的青铜器研究》，文物出版社 1990 年版，第 298—305 页。

(有) 用五十八，㞢（有）女（毋）用？

庚戌卜，㞢（有）印（禦）于妣辛暨父丁惟之有𠭘□。

庚戌卜，隹舊印（禦）往。

庚戌卜，余自印（禦）。

丁巳卜，至今……

丁巳卜，若翌告子。

戊午卜，贞，妇石力（嘉）。十三月。

戊午卜，妇石力（嘉）。

戊午卜，印（禦）石。

戊午卜，娘力（嘉）。

戊午卜，姘力（嘉）。

戊午卜，力（嘉），妠。

戊午卜，石阯疾，中妣不訇。

辛酉卜，印（禦）于㞢亘䍐。

辛酉卜，其印（禦）䍐。

辛……于……印（禦）。(《合集》22099，午，图 1.18)

此版卜辞属于午组卜辞，“朕”与“余”，均为单数第一人称代词，是占卜主体的宗族长的自称。此版的前四条是族长因其自身患耳鸣而向祖庚、妣辛、父丁等祖先神祈求禳除疾病，尤其是祭祀祖庚时用一百五十八只羊，显示了宗族长超越其他家族成员的至尊地位。本版第六条卜辞中的“告子”，应是为了生子之事祭告祖先的意思。以下几条卜辞则是为了家族内女性成员的生育而举行禦祭。“力”为妫的省略①，即“嘉”字。在殷墟卜辞中，“嘉”与“不嘉”的贞卜多与怀孕、分娩有关，第九条卜辞中的“石”即是第七、八条卜辞中的妇石，而妥、姘、娘等亦省“妇”字，她们均为家族内的女性成员，具体身份可能为族长之妇或其弟媳、儿媳。尤其“妇石”，是午组卜辞中出现较为频繁的贵族妇女，如：

(46) 乙巳卜，贞，石疾，不延？(《合集》22092，午)

---

① 于省吾：《甲骨文字诂林》，中华书局 1996 年版，第 3302—3306 页。

（47）丁巳卜，钔（禦）石于妣庚豕。（《合集》22069，午）

（48）壬寅卜，余斫石钔（禦）于妣癸盧豕。（《合集》22048，午）

（49）壬寅卜，钔（禦）石于□戊。（《合集》22094，午）

以上几条卜辞亦是有关为“石”禳除灾祸而祭祀妣癸、妣庚、□戊等祖先神的占卜，这几条卜辞中的“石”很可能即是妇石的省称。由午组卜辞所见对妇石生育及灾咎频繁祭祀来看，她是此贵族家族内的重要人物，其身份很可能为宗族长的妻子。1973 年，在小屯南地甲骨中的午组卜辞中，还有妇石主祭的记载：

（50）己丑卜，妇石燎爵于南庚。（《屯》2118，午，图 1. 19）

“燎”为祭名，又为用牲之法①，“爵”为酒器，在这里可能引申为以爵盛酒为祭品祭祀的意思。南庚为商代旁系先王，其传位于阳甲，此条卜辞载妇石用“燎”与“爵”两种祭祀方式来祭祀南庚，可见南庚应为妇石夫家的先祖。据学者考证，午组卜辞的时代当为武丁中晚期②。表明午组卜辞中的族长可能是南庚的子辈或孙辈，即武丁的诸父或诸从父兄弟，如果族长为南庚子辈的话，则妇石燎祭南庚即是祭祀夫之父，与妇好祭祀小乙相类。由此条卜辞所载可知，家族内的女性成员也可以祭祀男性祖先神，但其是否祭祀则要由“子”占卜来决定，可见她的祭祀活动直接受“子”的支配。而且在辞（45）中，妇石与其他家族内的女性成员一样，也是宗族长为其禳除灾祸的对象，并没有与族长一起，取得主祭的地位。这表明，在一般贵族家族内，主祭权亦完全掌握在男性宗族长手中，他自称“朕”或“余”，不只可以为自己的疾病而祭祀祖先，而且也为女性家族成员的生育之事而举行禦祭。

---

① “燎象焚木之形，上列各辞与埋卯等并用，亦为用牲法，盖燎牲以祭也，引申为祭名。然最初之燎，仅积薪而祭之，渐及于燎牲。燎与血罾等兼为用牲之法，与埋沉卯等专作用牲之法者各异其性质。”见陈梦家《古文字中之商周祭祀》，《燕京学报》1936 年第 19 期。

② 李学勤、彭裕商：《殷墟甲骨分期研究》，上海古籍出版社 1996 年版，第 316 页。

图 1.18 《合集》22099

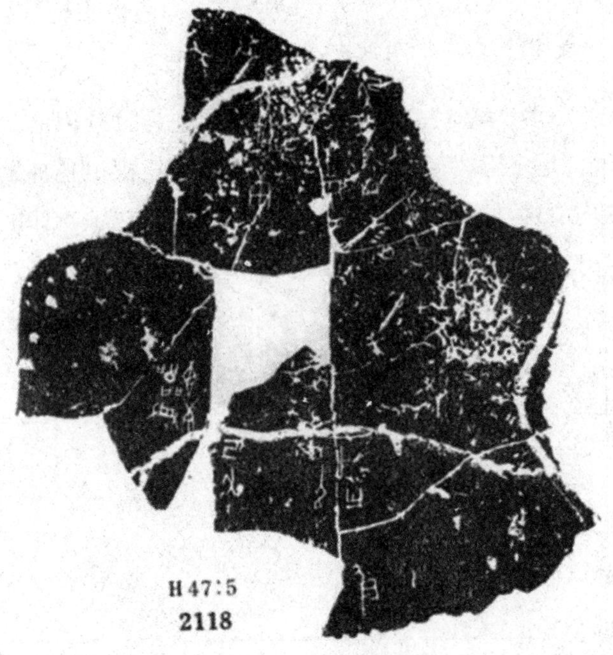

图 1.19 《屯》2118

除女性成员外，宗族长亦为家族内的男性成员举行祭，如：

(51) 壬寅卜，钟（禦）量于父戊。

钟（禦）量于妣。(《合集》22097，午)

(52) 戊午，钟（禦）虎于妣乙，盧豕。(《合集》22065，午)

(53) 乙酉卜，钟（禦）新于父戊，白豕。(《合集》22072，午)

以上几条亦均为午组卜辞，量、虎、新均为贵族家族内的男性成员，此几条卜辞记载了族长为他们趋吉避灾而祭祀父戊、妣乙等祖先神。

而家族内的男、女成员，在族长的呼令下亦有祭祀祖先的权力，如：

(54) 癸酉卜，子炅，才（在）[illegible]，子乎（呼）大子钟（禦）丁宜。丁丑王入。用。来兽自罕。(《花东》480)

“大子”可能为花东卜辞主人“子”的长子，“禦丁宜”应是以宜的方式禦祭于丁的意思，“丁”应为死者。此条卜辞是关于“子”命令大子祭祀“丁”的占卜，应是为了大子自身的休咎而祭祀于丁。又如：

(55) 己卜，多臣钟（禦）往于妣庚。(《花东》181)

(56) 庚申卜，岁妣庚牝一，子尻钟（禦）往。(《花东》209)

往，于省吾先生认为为祭祀之义，多臣、子尻均为家族内的男性成员，辞(55)、辞（56）是多臣、子尻为了自己的祸福而祭祀祖先神妣己、妣庚。

关于家族内女性成员祭祀的情况，在下版卜辞中有详细的反映：

(57) 己未卜，十妇妣庚?

十妇于亚束彘?

妣庚宰，束羊、豕?

庚申卜，至妇钟（禦）母庚牢、束小宰?

庚申卜，钟（禦），束。

妇不力（嘉）。

羊束。

束鱼。

有妣丁豕。

弜卬（禦）庚宰，中妣小宰，子小宰。

妣丁宰，妣庚束。（《合集》22226，非王无名组，图 1.20）

此版属非王无名组卜辞，亚是举行祭祀的场所，即庙室。“十妇”为此贵族家族中的妇女，朱凤瀚先生认为她们的身份可能是此宗族内宗族长的配偶以及子媳、弟媳等[①]，此版卜辞描述的是关于一家族内的贵族妇女是否在宗庙中行祭祀之事的占卜，祭祀对象为母庚、妣庚、妣丁、中妣等女性祖先神，整个祭祀过程并没有男性的参与。由本版第六条卜辞所载“妇不嘉”，推测祭祀的目的亦是为了生育之事。这表明宗族内部的贵族妇女也是享有祭祀权的，但女性家族成员的祭祀亦要通过族长占卜决定，而且此版卜辞中祭祀主体为“十妇”，显然是一个集合称谓，其中虽有可能包括族长的正妻，但此版卜辞显示她们之间在祭祀中并没有严格的等级差异，即没有主祭者。

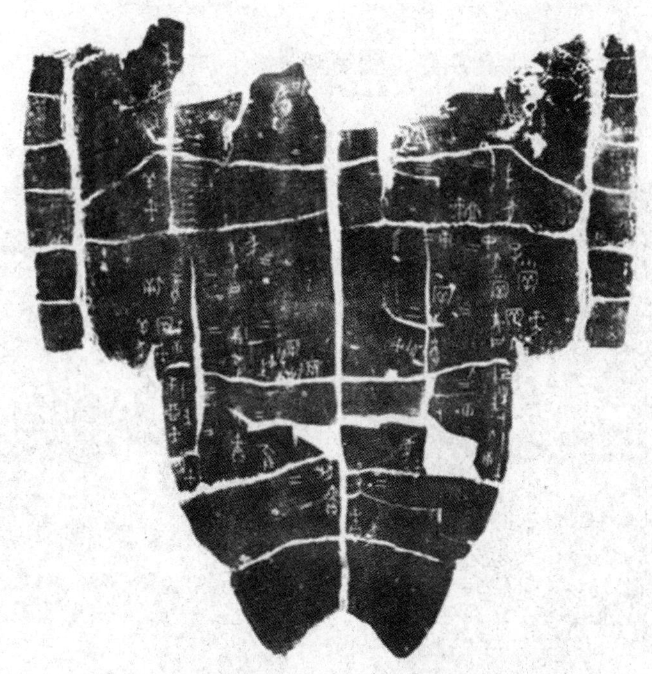

图 1.20　《合集》22226

① 朱凤瀚：《论商周女性祭祀》，载张国刚主编《中国社会历史评论》（第一卷），天津古籍出版社 1999 年版，第 129—135 页。

在殷商金文中，也有贵族妇女作器祭祀的反映，如：

> 姬乍（作）厥姑日辛尊彝。（《集成》2333）
>
> 妇闟乍（作）文姑日癸尊彝。[illegible]。（《集成》5349）
>
> 陸妇乍（作）高姑尊彝。（《集成》3621）

姬、妇闟、陸妇均为女子名，以上诸器皆是女性为祭祀其姑所作。而且，亦有其夫所作，赐予妻子，并指令她祭祀其姑的记载，如：

> 子乍（作）妇嫡彝，女子母庚宓祀尊彝。冀。（《集成》5375，图1.21）

冀为族氏名号，“子”的身份应为冀氏的族长，其身份应为妇嫡之夫，女子即指妇嫡，也是本器的使用者，此器是丈夫为妻子作器，并指令妻子用所作之器祭祀其姑。又如：

> 𩕢乍（作）母辛尊彝，𩕢赐妇[illegible]曰：用䵼于乃姑宓。（《集成》5389，图1.22）

图1.21　子作妇嫡卣铭文

图1.22　𩕢卣铭文

䪻为本器的作器者，妇[illegible]身份应为其妻，此器是䪻为祭祀母辛所作，但强调此器赐予其妻使用，并令她以此器供祭于其姑之庙室。以上二器铭均为丈夫作器指令妻子祭祀其姑，体现了夫妻间在祭祀权力上的性别等差。

贵族妇女除作器祭祀其姑外，在殷商金文中也有女性作器祭祀男性祖先神的情况，如现藏于美国华盛顿弗里尔美术馆的𦝫女𠂤父癸卣，其铭曰：

> 𦝫女𠂤、父癸。（《集成》5172，图 1.23）

𠂤为卜辞与殷商金文中常见的族氏名号，女𠂤为本器的作器者，其称名方式很可能类似于"妇某"，是以亲称加氏名构成，氏名昭示其父族①。𦝫为其夫家的族氏名号，此器应是嫁入𦝫族的女子女𠂤为祭祀其夫之父所作的祭器。

现藏于陕西历史博物馆的𡡉作父庚鼎，其铭曰：

> 𡡉乍（作）父庚鼎，𢉩册。（《集成》2578，图 1.24）

图 1.23　𦝫女𠂤父癸卣铭文

图 1.24　𡡉作父庚鼎铭文

---

① 朱凤瀚：《论商周女性祭祀》，载张国刚主编《中国社会历史评论》（第一卷），天津古籍出版社 1999 年版，第 129—135 页。

此器抗战期间在陕西扶风县任家村与伯鲜、梁其诸器同出。[①]孋应为女子名，此器是为了祭祀父庚所作之器。“𢉖”字，学者指出“铜器上此字每与册相联，而又不可识，疑为作册史官的画押签署”[②]。又如著录于《三代》6.32.4 的妇依彝，亦是妇女作器祭祀夫之父，其铭曰：

> 㑹父乙卯。妇依。（图 1.25）

㑹应为夫家族氏名号，卯，应为祭名，此器当为嫁入㑹族中的女子妇依在卯祭父乙时所用。

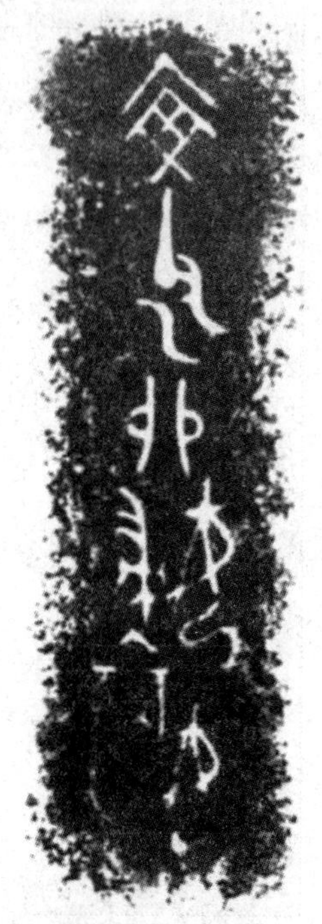

图 1.25　妇依彝铭文

综上所述，关于非王卜辞所反映的一般贵族家族内的祭祀制度，似可归纳为如下几点：

1. 在殷商一般贵族家族中，男性的宗族长掌握着家族内的主祭权，他自称“朕”和“余”，既可以为家族成员的趋吉避祸而祭祀祖先神，亦可以命令家族内的男女成员从事祭祀活动。

2. 族长之妻虽在族长的呼令下可以参与祭祀活动，但并未取得与族长相类的主祭地位，即未形成妇助夫主祭的制度，族长之妇在家族祭祀中的权力可能与其他家族内的成员没有太大的区别。

3. 家族内的男女成员在族长呼令下可以参与家族内的祭祀活动，由辞（57）中的“十妇”来看，说明贵族家族内可以参与祭祀活动的女性是不少的，这些贵族女性的祭祀对象主要为夫之父母以及历世先妣，她们祭祀的主要目的亦是为了为自己禳除灾祸以及祈求生育顺利。

---

① 此器除上述七字铸铭外，还有两行刻铭“隹丁未□□，仲自乍（作）□鼎。”见周萼生《略谈商娉𩰫》，《考古》1962 年第 1 期。

② 周萼生：《略谈商娉𩰫》，《考古》1962 年第 1 期。

三、两性关系对继承制度的影响——嫡子继承制

（一）嫡子继承制的确立

殷商时期两性关系的存在状态对家族内的继承制度也产生了一定的影响，使嫡子继承制得以确立。由于一般贵族家族内的继承方式在非王卜辞中并没有明确的反映，因此我们在此主要探讨王位继承制。为了探讨的方便，兹将自成汤至帝辛的商王世系列于表1.2：

表1.2 商王世系表

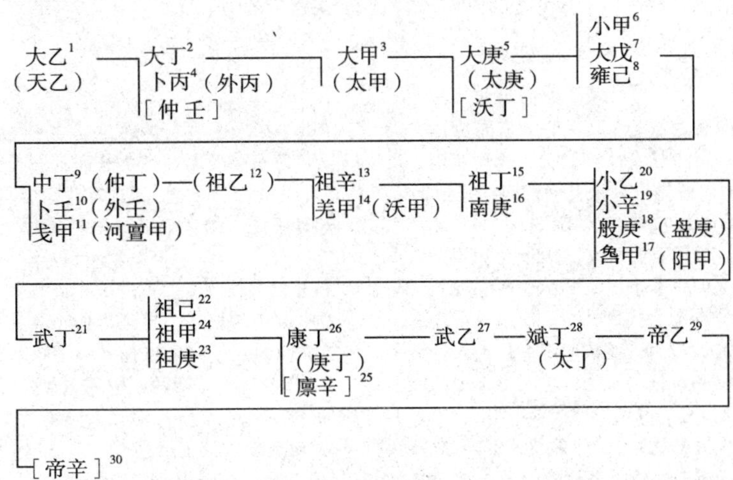

目前，学术界对于殷商时期的继承制度主要有如下几种看法：

1. 兄终弟及为主，辅以父死子继。①

① 这种观点是王国维在《殷周制度论》中首次提出，“商之继统法，以弟及为主，而以子继辅之。无弟然后传子”，王玉哲先生赞同王国维的观点，也认为“商代的王位继承是以‘弟及’为主，而子继为辅”，并指出商代已存在嫡庶之别，王子虽多，但只有嫡子们才有继承王位的资格，因此商代才有兄弟相传最多不过四人的现象，而这种继承方式之所以存在则是源于“母系氏族制的一些残余形式被保留在父系氏族社会中，同时父系氏族的特色也必然深深渗入了它的内部（如儿子固然没有优先选择权，但已经可以继承）”。详见王国维《殷周制度论》，载《观堂集林》，中华书局2006年版，第454页；王玉哲《试论商代“兄终弟及”的继统法与殷商前期的社会性质》，《南开大学学报（人文科学）》1956年第1期。

2. 子继与弟及并用，并无主辅之分。①

3. 兄弟共权制度。②

4. 贵族选举制。③

5. 子继为常，弟及为变。④

6. 幼子继承制。⑤

7. 长子继承制。⑥

8. 嫡长子继承制。⑦

9. 立壮。⑧

以上诸家观点，大致可以归为三类，即“弟及为主”“子继与弟及并

---

① 持这种观点的主要为陈梦家先生，他认为“子继与弟及是并行的，传兄之子与传弟之子也是并行的，凡此皆无主辅之分；长幼有别，及位以长幼为序；虽无嫡庶之分而凡子及王位者始为直系”。刘启益先生对此表示赞同，并指出传弟制是母系社会的孑遗。见陈梦家《殷虚卜辞综述》，中华书局2004年版，第630—631页；刘启益《略谈卜辞中的“武丁诸父之称谓”及“殷代王位继统法”》，《历史研究》1956年第4期。

② 李玄伯先生指出，“商至少在成汤以后，尚实行兄弟共权制度。彼时政权尚未集中在每代的长子身上，而为一代所共有。所以一帝之终，不必须传位于其长子，且须传位于其弟兄，候这一代陆续享有政权后，始传给下一代的人。事实上虽然全团的人不必能皆做首领一次，但学理上全团的人都有做首领的机会，事实上全团的人不必平等，但学理上全团的人皆平等共权”。见《中国古代社会新研》，开明书店1964年版，第237—238页。

③ 徐中舒：《殷代兄终弟及为贵族选举制说》，《文史杂志》第五卷第五、六合刊。

④ 李学勤先生认为殷代的继统法为子继为常，弟及为变，“其所以有弟及的现象，或因政治的需要，或因有争位的变乱”，并指出殷代的亲族制度是专一婚制，每一男人的正式配偶通常是一个。见李学勤《论殷代的亲族制度》，《文史哲》1957年第11期。

⑤ 持这种观点的是赵锡元先生，他指出：“商代继承制度的本质，自始至终都是父子继承制……商代嫡庶之制还没有确立，在贵族中流行一夫多妻制，王位是根据幼子继承制的原则，实行传幼弟之子（或幼子）的制度”。见赵锡元《论商代的继承制度》，《中国史研究》1980年第4期。

⑥ 范文澜先生指出“殷朝继统法是以长子继为主，以弟继辅之”，参《中国通史简编》第一卷，人民出版社1955年版，第117—118页。

⑦ 吴泽先生在20世纪50年代提出“殷代是一夫一妻制家族，是嫡长子继承制，是父子继承。兄终弟及不是定制”，参《古代史》（修订本）第三编第三章，棠棣出版社1953年版，第483页。杨升南先生与常玉芝先生在认为商代已存在嫡庶妻制的基础上，也认定商代实行嫡长子继承制，见杨升南《从殷墟卜辞中的“示”、“宗”说到商代的宗法制度》，《中国史研究》1985年第3期；《是幼子继承制，还是长子继承制》，《中国史研究》1982年第1期；常玉芝《论商代王位继承制》，《中国史研究》1992年第4期。

⑧ 郑宏卫先生认为殷代王位继承的标准在早中期是“既非立嫡立长，又非选贤任能，而是先子后弟，择壮而立”，到康丁时立壮转为传子，为后来立嫡立长的建立奠定了基础。参《商代王位继承之实质——立壮》，《殷都学刊》1991年第4期。

用”“子继为主”。“弟及为主”观点的主要根据在于殷商时期王位传承中频繁出现的弟即兄位的现象，至于为何出现这种继承方式，持此观点的学者多将其归为母系氏族制的残余。“子继与弟及并用”观点由陈梦家先生首倡，但陈氏并未对此种现象存在的深层次原因作进一步的剖析，后刘启益先生在解释此种现象时，亦把其归为母系社会的孑遗。“子继为主”观点的提出有益于揭示殷商继承制的实质，近年来已得到越来越多学者的承认，但此种观点首先要解释清楚的是殷商王位继承中频繁出现的“兄终弟及”现象。由此可见，如何正确解释殷商时期频繁出现的“兄终弟及”是厘清殷商继承制的关键之所在。因而，笔者以此为切入点，结合殷商时期的两性关系与婚姻制度，对于殷商时期的继承制度提出自己粗浅的见解。

殷商时期，自大乙成汤至帝辛共十七世三十王，其中七世十二王兄弟相传（其中一例为从兄弟相传，祖丁为祖辛之子，南庚为沃甲之子，祖丁传位祖辛为从兄弟相传），十王传子，四王传兄之子。可见在殷商时期，王位传承中的“兄终弟及”现象是不容忽视的。

王位传承中为何屡为“兄终弟及”？对此问题的解释，目前在学术界主要有两种观点。首先，持“子继为主”观点的学者多归因于特殊的历史条件，比如政治的需要或变乱。这种说法有一定的合理性，对于解释偶尔出现的非常态的继承现象或许能讲得通，但作为出现频率甚至超过“子继”的“弟及”现象为何存在的原因却略显苍白，似没有触及此种现象存在的制度根源。

另一种观点为母系制的遗存，学术界对于这种观点从者甚众。具体又分为两种看法：

其一，王玉哲先生认为是母系氏族制的残余留存于父系氏族社会中的反映，并具体指出：

> 在母系氏族社会中，血统按女系计算，酋长职位是选举的，不过自己的兄弟有优先继承权。至于自己的儿子，因为“是属于别一氏族”（恩格斯语），当然是毫无继承权的。……殷商社会已经从母系氏族社会过渡到了父系氏族社会。因为这种过渡，“乃是十分复杂的，需时很久的过程，在这一个过程中，母权制的不少的残余在长时期内

> 被保存着，从而产生了若干特殊的，明显地带有过渡性质的形式"[①]。商代的继统法即是母系氏族制的一些残余形式被保留在父系氏族社会中，同时父系氏族社会的特色也必然深深渗入了它的内部（如儿子固然没有优先继承权，但已经可以继承），于是出现了商代这种"兄终弟及"的继统方式。[②]

王先生之说似合乎情理，但有些问题亦值得我们深入思考。在母系氏族中，根据氏族酋长职位必须在本氏族内传承的原则，男性氏族成员的儿子属另外一家族因而没有继承权，其职位大多由兄弟、姊妹或姊妹的子女继承。表明兄终弟及作为母系氏族的继承方式的一种是毫无疑问的，但父系氏族社会同样也是可以存在这种继承方式的，因为兄弟在母系氏族中属同一氏族，同样在父系氏族中他们也属同一氏族，因而"仅仅有兄终弟及的事实，绝不能决定从父系嗣抑或从母系嗣"[③]，可见兄终弟及并不是母系氏族的特有现象，它同样也可以存在于父系社会中，把兄终弟及大量存在的现象单纯归为母系社会的遗存或许难以说明问题，这种继承方式在殷商时期大量存在必有合理的制度根源。

其二，吴浩坤先生认为母权时代的遗习——兄弟相承和兄弟之间相对平等的观念是兄终弟及频繁出现的思想基础和社会根源。[④] 此种观点与李玄伯先生所提出的"兄弟共权"有一定的相似之处。兄弟相对平等观念或"兄弟共权说"对于解释频繁出现的兄终弟及现象有一定的益处，但把此种观念的存在单纯归为母系社会的孑遗或许有待商榷。

笔者认为，兄弟之间相对平等的观念并非是母系制的遗存，其存在应是嫡长子继承制并没有完全确立的结果，即继承王位的权力并不仅限于嫡长子一人。由上文论述可知，殷商时期的婚姻关系中，已有嫡妾之别，由此兄弟间亦有了嫡庶之分，关于商人的嫡庶观念，在卜辞中已有一定的反

---

① ［苏］柯斯文：《原始文化史纲》，张锡彤译，人民出版社 1955 年版，第 140 页。

② 王玉哲：《试论商代"兄终弟及"的继统法与殷商前期的社会性质》，《南开大学学报（人文科学）》1956 年第 1 期。

③ ［美］罗维：《初民社会》，吕叔湘译，载《吕叔湘全集》（第十五卷），辽宁教育出版社 2002 年版，第 339 页。

④ 吴浩坤：《商代王位继承制度论略》，《学术月刊》1989 年第 12 期。

映，裘锡圭先生曾指出，卜辞中的“介”“帝”已具有区分嫡庶的意味，“嫡庶的‘嫡’，经典作‘適’。不论是‘嫡’或‘適’，都是从‘啻’声的，‘啻’又是从‘帝’声的”①，殷代“‘帝’应该是强调直系继承的宗族长地位之崇高的一种尊称”②，而卜辞中的“介子”应指庶子，而“介祖”“介父”“介母”则属庶支的祖、父、母辈。其说自是可信。由于嫡庶观念的产生，使王位的继承权已限于正妻所生诸子，即嫡子继承制的确立。因此这里说的兄弟之间相对平等并不是指所有兄弟间的平等，而是嫡妻所生诸子间的平等。也由此，“凡王之亲子（嫡子）均有权继承王位，故在商末以前一直允许亲兄弟间的传承，（对于兄来说，王位得自其父，其弟与父王亦是直系，自然亦有继承权），而只排斥从父兄弟间的传承。”③

兄弟间均有继承资格，在文献中也有一些蛛丝马迹可寻。如《史记·殷本纪》载“自中丁以来，废適而更立诸弟子，弟子或争相代立，比九世乱，于是诸侯莫朝”。以往学者大多据此认为商代中期接连出现的九位旁系先王是诸弟及诸子违反继承法争权夺位造成的。《史记》作为信史，所述史实自是有所依据，但成书年代的局限性，要求我们分析此段史料时，应带有审视性的眼光。“废嫡”应是出于汉人的理解，清人崔述在论及此时，曾说“《史记》所谓乱者，诸弟子争立而，非立弟则当遂谓之乱。若本不相争，而但因无子或子幼及不孝而立弟，岂得概谓之乱”④，其说是有道理的，“弟子或争相代立”恰恰反映了诸子和诸弟⑤可能都是有继承权的。而且兄终弟及的现象在“九世之乱”后仍然存在，如武丁之子祖庚、祖甲先后为王，康丁继其兄廪辛之位。直至武乙时期，才皆为由父传子，似表明在殷代晚期，在王位继承上完全排斥了同父兄弟间的传承，纯粹的父死子继制得以确立。

---

① 裘锡圭：《关于商代的宗族组织与贵族和平民两个阶级的初步研究》，载氏著《古代文史研究新探》，江苏古籍出版社 1992 年版，第 296—342 页。

② 裘锡圭：《“花东子卜辞”和“子组卜辞”中指称武丁的“丁”可能应该读为“帝”》，载陕西师范大学、宝鸡青铜器博物馆主编《黄盛璋先生八秩华诞纪念文集》，中国教育文化出版社 2005 年版，第 1—6 页。

③ 朱凤瀚：《殷墟卜辞所见商王室宗庙制度》，《历史研究》1990 年第 6 期。

④ 《考信录·商考信录卷二》。

⑤ 诸子指正妻所生之子，诸弟亦指父亲正妻所生之弟。下文同。

虽然"兄终弟及"作为一种继承方式大量存在，但总体来看，殷商的王位继承，也是依照祖—父—子的顺序传承的，即继位为王者其父必定为先王。而且"对于每一在世的商王来说，只将王位看成是其父给予的权力，将自己视为其父的继承人，只为其父设置宗庙，所以虽有兄终弟及，但在卜辞中见不到弟为曾是先王的兄立宗庙"①。由此可见，殷商继承制的实质为父死子继。

但在传子或传弟的具体过程中，或许还受其他因素的制约。比如年龄因素，赵锡元先生曾提出幼子继承制的观点，其主要根据为帝辛与微子启为同母兄弟，幼弟帝辛得以即位。且不说帝辛与微子启是否为同母仍然存在着争议，即便如赵先生所论，其观点也是与卜辞记载相悖的。由卜辞资料来看，兄弟为王的情况均是依其年龄长幼即位的，如大甲之子大庚崩后，其长子小甲即位，小甲崩后，其弟大戊、雍己先后即位；武丁之子祖己、祖庚、祖甲依其年龄顺序先后为王，廪辛先其弟康丁为王。可见幼子继承制是难以讲通的，或许在王位的传承中年龄为一种起作用的因素，但年长应是比年幼有优先权的。除年龄外，可能还受其他一些因素的制约，如吕思勉先生所言："在初期国家的时代，殷王同时必须是军事集团的首领，并且需要成年者而又必须具备精武善战的条件才能担当"②。而在王位具体传承中，除嫡庶为根本原则外，其他因素在其中究竟起多大作用，根据现有资料我们无法确知其详。

（二）从嫡子继承制看殷之"宗法"

关于殷商时期的宗法，王国维在《殷周制度论》中指出：

> 是故由嫡庶之制而宗法与服术二者生焉，商人无嫡庶之制，故不能有宗法。藉曰有之，不过合一族之人，奉其族之贵且贤者而宗之，其所宗之人，固非一定而不可易。③

王氏把嫡庶之制作为宗法产生的必要条件，认为殷商没有嫡庶之制，因此

① 朱凤瀚：《殷墟卜辞所见商王室宗庙制度》，《历史研究》1990年第6期。

② 吕思勉：《殷周时代的中国社会》，三联书店1997年版，第90—92页。

③ 王国维：《殷周制度论》，载《观堂集林》，中华书局2006年版，第451—481。

也没有宗法，这种观点曾对学术界产生了重要的影响，但近年来不少学者对此提出反驳，尤其对于商周时期宗法的实质，有学者指出，“宗法实际上应指宗族成员间的等级差别之原则，其核心即在于维护宗子在本宗族内的至尊地位。因此，凡是具有实体性宗族组织形态的贵族家族皆可有宗法”①，其说至确，殷商时期虽不存在严格意义上的嫡长子继承制，但已有了嫡庶之别，其家族已具备实体性家族组织形态，族长在家族内拥有至高无上的权力，因而殷商贵族家族内应是存在宗法的。

吕思勉先生云：“继承者，即继承治理之权之谓也”②，继承制度作为一种重要的家族制度，所解决的是下一任族长的产生问题，因而它与维护族长在家族内至尊地位、形成家族成员间等级差别的宗法有着直接的关系。继承人选限于同父嫡兄弟或嫡子，兄弟、庶兄弟与庶子均无继承资格表明殷商贵族家族内部根据血缘关系的亲疏以及等级地位已有了有继承权与无继承权之分。而嫡出的“诸子与诸弟”均有继承的资格，则表明他们在家族内的地位可能是相对平等的，只有其中一位即位后才取得了超越其他家族成员的权力与地位。这也就决定了殷商直、旁系的区分不是预设的。

丁山先生在其《宗法考源》中指出：“殷人宗法，不以长幼等贵贱，但以子能继父者为最尊，其名为大示，其宗为大宗。大宗者，宗其身所自出也。其非身所自出者为闰位，为小示，即为小宗。”③ 虽然丁氏关于大宗与大示间关系的论述未必完全准确，但他指明了直系的确立并不是事先确

---

① 见朱凤瀚《商周家族形态研究》（增订本），天津古籍出版社2004年版，第553页。裘锡圭先生亦曾提出，讲宗法制度不应过分重视立嫡立长等具体规定，并指出：“商代区分直、旁系的‘帝介’之制，跟后来讲礼制的人所强调的‘立嫡立长’、‘为人后者为之子’那一套制度，当然还是有一定距离的。但是它跟宗法制度强调宗子世袭制以及大、小宗统属关系的精神，则是完全符合的。所以，在甲骨文时代，宗法制度实际上无疑已经存在了”。吴浩坤先生也认为，嫡长子继承制并非为宗法制的核心内容，“宗法制的实质，就在于男性族长对宗族的政治、经济、宗教祭祀等各方面有绝对的支配权，亦即对整个家族成员实行家长制的统治”。参裘锡圭《关于商代的宗族组织与贵族和平民两个阶级的初步研究》，载氏著《古代文史研究新探》，江苏古籍出版社1992年版，第296—342页；吴浩坤《西周和春秋时代宗法制度的几个问题》，《复旦学报》1984年第1期。

② 吕思勉：《中国制度史》，上海教育出版社1985年版，第357页。

③ 丁山：《宗法考源》，《“中央研究院”历史语言研究所集刊》第四本第四分，“中央研究院”历史语言研究所，1934年，第399—415页。

定的，而要等下一位继承人即位后才能决定。这种看法是正确的，由于诸子与诸弟均有继承权，几兄弟相继为王的现象也并不少见，因而殷商时期的直系并不是预设的，其确立的主要根据为有无亲子继位，正如陈梦家先生所言“而凡子及位者其父始为直系”①，其母入祭祀典。

这也是卜辞中频繁出现祭祀“诸父”“诸兄”的原因。以往学者多认为卜辞所载“诸父”“诸母”“诸兄”等不分亲疏的称谓是母系社会的遗迹，但周代仍然是称多父、多母的，这在《诗经》中有记载，如：“诸父兄弟，备言燕私”②“既有肥羜，以速诸父”③，在金文资料中也有体现，如郜召簠④铭之“用飤诸母、诸兄”。可见殷商与西周对待亲属关系的不同之处关键并不在于称谓本身⑤，其本质则在于是否对旁系亲属进行祭祀。商人虽对祖先神的祭祀中已表现出了“重直系轻旁系”，但对“多父”“多母”“多兄”这些旁系祖先神仍是祭祀的，甚至直、旁系合祭，而周人祭祀的祖先神已限于直系的祖、妣、考、母。这表明殷商时期虽已有了直系与旁系的区分，“重直系轻旁系”，但由于直系的确立不是预设的，因而直系与旁系间的等级关系可能远远不如周代由嫡庶制所产生的大、小宗间那样鲜明⑥，这表明殷商与西周在家族形态与家族制度上的差异。

第三节　殷商平民阶层的性别关系与两性地位

甲骨刻辞是殷商王室及贵族家族内的占卜记录，记载内容多是贵族阶层所关注之事，关于平民阶层婚姻性别的记载鲜少。另外，少数涉及殷商

---

① 陈梦家：《殷虚卜辞综述》，中华书局2004年版，第631页。

② 《诗经·小雅·楚茨》。

③ 《诗经·小雅·伐木》。

④ 山东大学考古系：《山东长清县仙人台周代墓地》，《考古》1998年第9期。

⑤ 唐兰先生曾指出：“卜辞里有三父、多父一类的话，骤看上去很可奇怪，其实这和后来的诸父有什么分别呢？有许多地方，凡异姓的年老而可尊敬的，常称为父，这难道也是杂婚制吗？”见唐兰《卜辞时代的文学和卜辞文学》，《清华学报》第十一卷第二期。据芮逸夫先生考证，在称谓上分辨直系、旁系始自汉代。详参《论中国古今亲属称谓的异制》，载《“中央研究院”院刊》第1辑，1954年。

⑥ 关于周代的宗法详见本书第二章第二节。

时期的文献记载亦未述及平民。因此，考察商代平民阶层的性别关系与性别差异只能依据考古资料，自20世纪中叶以来，大量殷商墓葬的发掘为我们提供了丰富而翔实的第一手资料。

目前已发掘的商人墓地有多处，如殷墟西区、安阳后冈、梅园庄南地、苗圃北地、大司空村等地。[①] 由对这些墓地资料的分析，可知殷商时期实行的是族墓地制度，即宗族成员死后，都葬入本族的族墓地中。郑玄在解释《周礼·地官·大司徒》"族坟墓"时说："族，犹类也。同宗者，生相近，死相迫。"可见，死后归葬入族墓地，正是生前聚族而居状态的反映，是由血缘性的家族组织为社会的基层政治单位所决定的。朱凤瀚先生在《商周家族形态研究》一书中曾指出："对族墓地的研究，可以比较直接地了解到当时人们之间的血亲关系，特别是人们之间的亲属组织结构。"[②] 同样，对族墓地中两性埋葬方式的研究，也可以察悉当时的性别关系与两性地位。

关于男、女家族成员在族墓地中的埋葬方式，孟宪武先生曾指出，"在各族墓地中，均存在大量的'异穴合葬'墓。这些年代大致相同的异穴合葬墓，双方在墓室规模、葬具规格、随葬品的质地、种类、数量方面都基本相同或相近，而且墓主人的性别往往正好相反而年龄却比较接近。因此异穴合葬的双方应为夫妻关系，这种夫妻'异穴并葬墓'在殷墟已发掘的商墓中约占近二分之一左右"[③]。其结论虽有待商榷之处，但其关于族墓地中"异穴并葬"墓问题的提出[④]，对于我们研究殷商时期平民阶层的

---

① 中国社会科学院考古研究所安阳工作队：《1969—1977年殷墟西区墓葬发掘报告》，《考古学报》1979年第1期；中国科学院考古研究所安阳发掘队：《1971年安阳后冈发掘简报》，《考古》1972年第3期；中国科学院考古研究所安阳工作队：《1972年春安阳后冈发掘简报》，《考古》1972年第5期；石璋如：《河南安阳后冈的殷墓》，《中央研究院历史语言研究所集刊》第十三本，1948年；中国社会科学院考古研究所安阳工作队：《1987年秋安阳梅园庄南地殷墓的发掘》，《考古》1991年第2期；中国社会科学院考古研究所安阳工作队：《1984—1988年安阳大司空村北地殷代墓葬发掘报告》，《考古学报》1994年第4期。

② 朱凤瀚：《商周家族形态研究》（增订本），天津古籍出版社2004年版，第101页。

③ 孟宪武：《殷墟南区墓葬发掘综述——兼谈几个相关问题》，《中原文物》1986年第3期；《试析殷墟墓地"异穴并葬"墓的性质》，《华夏考古》1993年第1期。

④ 李贵昌先生把此种类型的墓葬称为"异穴合葬墓"，杨宝成先生认为"异穴合葬"是考古学界约定俗成的称谓，比"异穴并葬"更为贴切。本书中对此种墓葬亦称之为"异穴合葬墓"。参李贵昌、李守庆《先秦合葬墓刍议》，《华夏考古》1997年第2期；杨宝成《殷墟文化研究》，武汉大学出版社2002年版，第81页。

婚姻关系与性别地位有重要的意义。

殷商时期，夫妇异穴合葬的形式是存在的，兹举间距较近、方向相同、有明确性别鉴定、墓葬年代一致的几组例子，列表以作说明（表 1.3、图 1.26—图 1.28）：

表 1.3　夫妇异穴合葬情况表

墓葬编号	年代	方向	两墓间隔	墓主性别	墓葬规模、形制	葬具	葬式	随葬品	资料出处
85AQ MM44	殷墟文化三期	东西向	1 米	女性	墓口距地表 2.95 米；墓长 2.5 米、宽 1.05 米、深 2 米；有二层台，无腰坑	红漆木棺	头东面南，仰身直肢	陶罍 1 件，陶壶 4 件，玉璜 1 件	安阳市博物馆：《安阳铁西刘家庄殷代墓葬发掘简报》，《中原文物》1986 年第 3 期
85AQ MM47		东西向		男性	墓口距地表 2.95 米。墓长 2.2 米、宽 1 米、深 1.65 米。无二层台，有腰坑	红漆木棺	头东面南，仰身直肢	陶觚 1，陶爵 1，陶豆 1，陶簋 1，玉饰品，玉鱼，铅戈	
殷墟梅园庄 M9	殷墟文化二期或三期	南北向	35 厘米	女性	墓口距地表 2.2 米。墓长 2.5 米、宽 0.92 米、深 2.35 米。无二层台和腰坑	红漆木棺	头向北，仰身直肢，两手置于胸、腹上	陶簋 1，陶豆 1，陶罐 1 件	安阳市博物馆：《殷墟梅园庄几座殉人墓葬的发掘》，《中原文物》1986 年第 3 期
殷墟梅园庄 M10		南北向		男性	墓口距地表 2.2 米；墓长 2.3 米、宽 0.8 米、深 2.3 米；无二层台和腰坑	黑漆木棺	头向北，仰身直肢，两手置于骨盆上	陶簋 1，陶豆 1，陶罍 1 件	
M3	殷墟文化三期	向南	1.2 米	男性	长方形土坑竖穴墓，有壁龛	红漆木棺	俯身直肢	少量陶器	安阳市文物工作队：《安阳市殷代墓葬发掘简报》，《华夏考古》1995 年第 1 期
M4		向南		女性	长方形土坑竖穴墓，有壁龛	椁	仰身直肢	被盗，无随葬品	

由表 1.3，异穴合葬双方的特征与关系可归为如下几点。

1. 这些左右并列或前后相随的墓葬间隔都很近，在一米左右。殷墟梅园庄两座异穴合葬墓的距离甚至仅有 35 厘米，反映了两名墓主间的亲密关系。而且每组墓葬形制大小相近，葬式、葬具基本相同，墓的深度也大致相等。性别鉴定均为一男一女，随葬品的数量与类型也相差无几，说明他们生前可能为夫妻关系，死后以“异穴合葬”的形式埋葬于家族墓地中。

2. 上述所举墓葬均规模较小，葬具简单，属于小型墓，随葬品中未发现青铜器，仅随葬少量陶器，有的还有玉器，说明墓主人身份较低，应为平民阶层。

3. 关于异穴合葬双方的位置与地位问题。孟宪武先生认为异穴合葬双方的相对位置均为男性靠前、女性靠后，且都是男左女右。这是男性生前在家庭中占主导地位，而女性居从属地位的反映。① 此种观点，或许有待商榷。李伯谦先生曾指出，墓葬方向，应以墓主的头向为准，按此种结论类推，异穴合葬的两墓应是女性墓靠前，男性墓错后，因此殷墟异穴合葬墓确知者多为女左男右。② 因此，笔者认为，异穴合葬双方的方位选择可能只是一种习惯，并非是地位差别的象征。而且异穴合葬双方随葬品的质地和数量大至相同，从葬式和葬制上也看不出二者间的尊卑关系。说明平民夫妻在家庭中的地位应该是比较平等的。

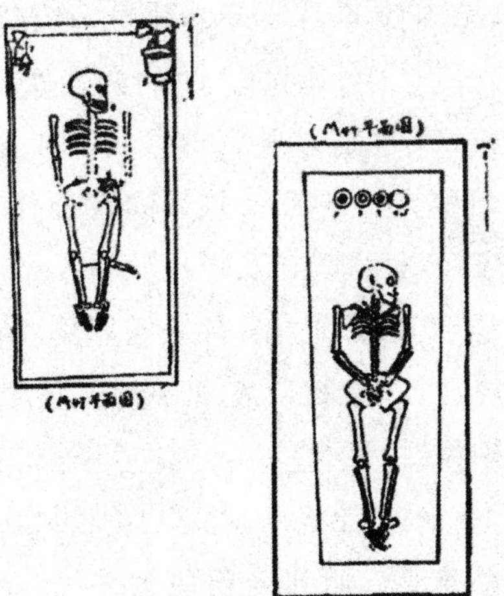

图 1.26　铁西刘家庄异穴合葬墓（85AQMM44 为女性、85AQMM47 为男性）平面图

（引自《安阳铁西刘家庄殷代墓葬发掘简报》）

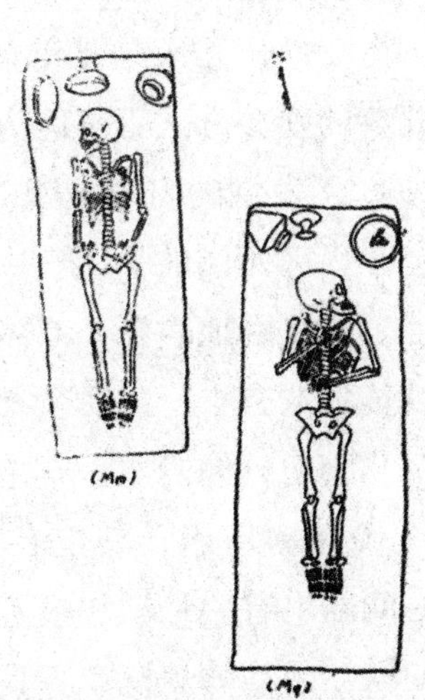

图 1.27　殷墟梅园庄异穴合葬墓平面图（M9 为女性、M10 为男性）

（引自《殷墟梅园庄几座殉人墓葬的发掘》）

① 孟宪武：《试析殷墟墓地“异穴并葬”墓的性质》，《华夏考古》1993 年第 1 期。

② 李伯谦：《从晋侯墓地看西周公墓墓地制度的几个问题》，《考古》1997 年第 11 期。

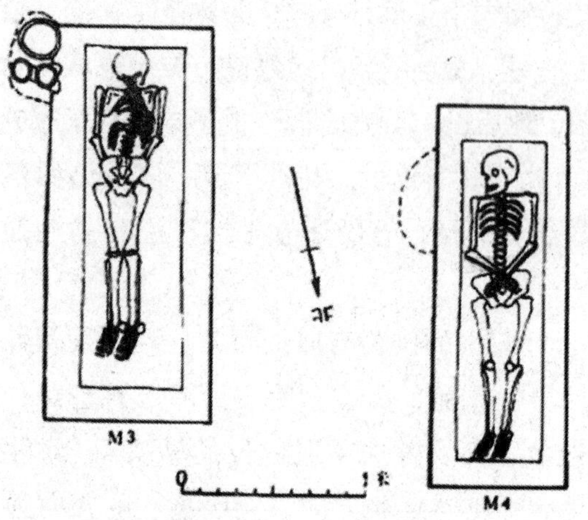

图 1.28 安阳市异穴合葬墓平面图（M3 为男性、M4 为女性）
（引自《安阳市殷代墓葬发掘简报》）

此外，在殷墟族墓地中还发现了平民阶层的同穴合葬墓。殷墟西区 M2686（图 1.29）即是一座同穴男女合葬墓，该墓墓底中部有一条南北向的土梁将墓室分成东西两个小坑。男性俯身，埋于东坑；女性仰身，埋于西坑。男女地位看来是平等的，坑内未见木质葬具痕迹，其身份应较低，因而此墓的埋葬方式不可能为殉葬合葬，应是碰巧同时亡故的夫妇墓①。

2008 年发掘的安阳殷墟刘家庄北地 M35 也是一座合葬墓（图 1.30），此墓位于Ⅸ区西侧的 T0115 中。为长方形竖穴土圹墓，双人同穴合葬，方向 5 度。墓口距地表深 1.6 米、墓坑长 1.4 米、宽 0.8 米、深 0.5 米。墓室内填黄色花夯土，土质较细密。无二层台及腰坑，没有发现葬具。墓主人均头北脚南，仰身葬。居右一人腿略弯曲，左腹部发现一片红漆痕迹，面积约 10 平方厘米，其上有磨石和贝各两件；居左一人的左腿压在右腿上，右胸部也有一片红漆痕迹，面积约 10 平方厘米。② 此墓年代约为殷墟文化四期，由墓葬规模、葬具以及随葬品来看，墓主身份应为平民，发掘报告未公布二墓主的性别，由骨架来看，东侧骨架高大，似为男性，西侧骨架纤小，似为女性，笔者推测，二合葬者可能为夫妻关系。

① 中国社会科学院考古研究所：《殷墟的发现与研究》，科学出版社 1994 年版，第 125 页。

② 中国社会科学院考古研究所安阳工作队：《河南安阳市殷墟刘家庄北地 2008 年发掘简报》，《考古》2009 年第 7 期。

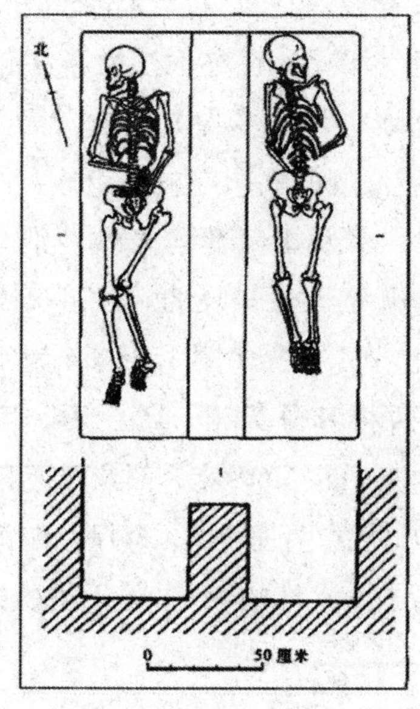

图 1.29　殷墟西区
男女合葬墓 M2686 平面图
（西：女性　东：男性）
（引自《殷墟的发现与研究》）

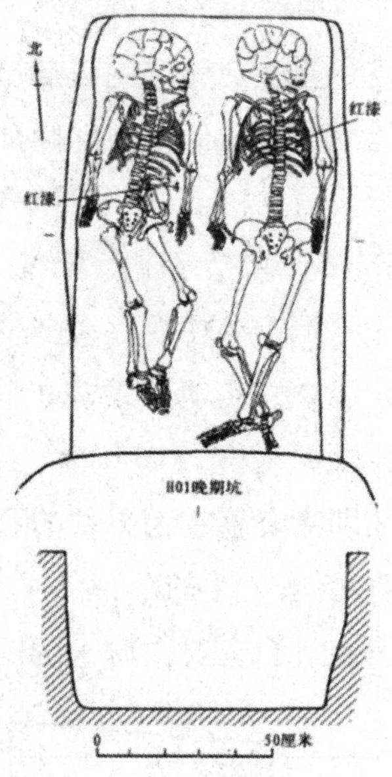

图 1.30　安阳殷墟刘家庄
北地 M35 平面图
（引自《河南安阳市殷墟刘家庄北地 2008 年发掘简报》）

但应该指出的是，殷墟族墓地中平民阶层夫妇同穴合葬的形式是极为罕见的。不唯如此，殷墟族墓地中夫妇异穴合葬的形式能否占到二分之一左右、成为殷商时期族墓地中流行的埋葬方式，或许也有重新讨论的必要。杨宝成先生曾指出，在缺乏专业性别鉴定及墓葬期别不明的情况下，仅仅依据一张墓葬分布图，就将殷墟众多墓区中凡近似“成对”分布，但头向相反、葬俗不同、墓葬规模差异很大的两座墓都称之为夫妻异穴合葬墓的说法是不可取的。一个家族中，数代一二十名成员，死后都归葬于一个（特定的）范围不大的墓地，必然会出现不同时代、不同性别的墓葬紧挨在一起的现象。这可能是“殷墟各墓地普遍流行夫妻异穴合葬”错觉的客观原因。① 笔者对此观点表示赞同，1969—1977 年发掘的殷墟西区墓地，

① 杨宝成先生并指出夫妻异穴合葬墓应具备五条基本特征：两墓成组并行分布，方向相同、间距较近；两墓墓主为异性；两墓时间相近或相同；两墓的墓向与头向相同；两墓的规模与葬俗相近。而在这五条标准中前三条尤为重要，可将其概括为组合、性别和时间三要素。见《殷墟文化研究》，武汉大学出版社 2002 年版，第 80—83 页。

虽发现了殷商墓葬九百多座，但多数人骨架保存不好，有的已腐朽成粉末状，经专业性别鉴定的人骨架只有二十六具。[①] 在绝大多数墓主性别均不明确的情况下，似无法准确推断西区墓地中存在多少夫妇异穴合葬墓。再以安阳大司空村为例，1953 年、1954 年发掘的大司空村东南地，共发现殷代墓葬 166 座[②]，但由于当时条件所限，所发掘墓葬均未做性别鉴定，因此墓葬中是否存在或存在多少异穴合葬墓是无法知晓的。1984—1988 年发掘的大司空村北地共发现了殷代墓葬七十八座[③]（图 1.31），为了讨论的方便，根据墓葬分布位置，我们在此暂将其分为甲、乙、丙、丁四个区域。性别鉴定墓主为男性的墓葬共十六座，除 M69 外，都位于丁区，性别鉴定墓主为女性的一座 M4、墓主为儿童的两座 M5、M47，亦都位于丁区。因此我们主要探讨丁区的情况。墓主为女性的 M4，位于丁区的东部，

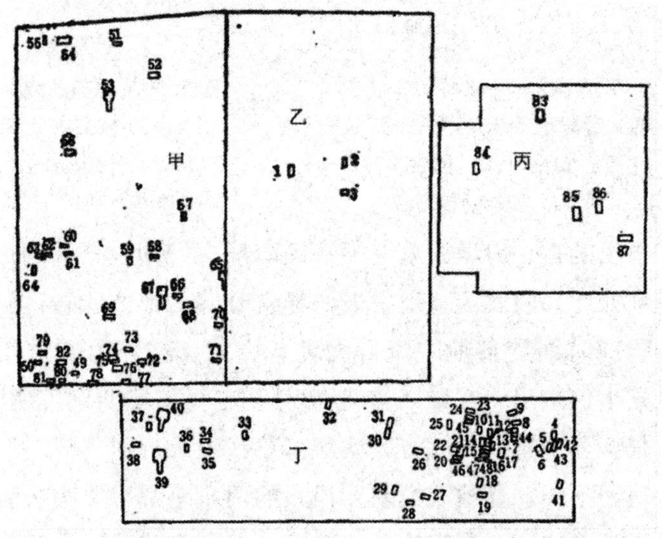

图 1.31　1984—1988 年安阳大司空村北地墓葬分布示意图

（引自《1984—1988 年安阳大司空村北地殷代墓葬发掘报告》）

① 中国社会科学院考古研究所安阳工作队：《1969—1977 年殷墟西区墓葬发掘报告》，《考古学报》1979 年第 1 期。

② 马得志、周永珍、张云鹏：《一九五三年安阳大司空村发掘报告》，《考古学报》第九册，1955 年。

③ 中国社会科学院考古研究所安阳工作队：《1984—1988 年安阳大司空村北地殷代墓葬发掘报告》，《考古学报》1994 年第 4 期。

其年代为殷墟文化四期，与 M4 相邻的几座墓葬分别为：属殷墟文化三期的 M5，M5 墓主经鉴定为一儿童，不可能与 M4 墓主为夫妻关系；还有墓主为男性的 M42、M43，但其年代均为殷墟文化二期，因时间相距较远，也不太可能与 M4 为夫妇异穴合葬墓。而由墓主性别、年龄以及墓葬年代等综合来看，M5、M6、M41、M42、M43 互相间也均无异穴合葬的可能。性别鉴定墓主为男性的墓葬还有 M9、M17、M23、M24、M25、M32、M45、M48，其中 M32 独自位于丁区中部偏北，近距离内无与之相邻之墓葬；M23、M24、M45 在偏东北部集中排列，M25 在西侧与 M45 相邻，这些墓葬均无与其他墓葬组成异穴合葬的可能，M48 也为男性墓，从墓葬排列上与 M47 紧密相接，但 M47 墓主为一儿童，可见这两座墓墓主间也不可能为夫妇关系。由此可见，在丁区没有发现哪一组为明确的夫妇异穴合葬墓。① 由墓葬分布图看，甲、乙、丙三区内墓葬在排列方式上符合异穴合葬墓标准的似也并不多。由此，大司空村的家族墓葬中的异穴合葬墓究竟占到多大比例，我们不应有过高的估计。②

由此可见，在各墓地中，类似于上述所举三组那样墓主性别明确、墓葬时代清晰的毕竟是少数，大多数异穴合葬墓不过是学者在缺乏可靠资料情况下的推测而已。唐际根先生在其《殷墟家族墓地初探》一文中指出，殷人在归葬家族墓地时，墓葬的位置并不是十分严格讲究的。即便是亡去的配偶，成组的并穴而葬者似乎也只占其中的一部分。可见同一家族的殷人归葬时，大体只要进入本家族的茔地即可。③ 由此，殷商异穴合葬的形式在殷墟族墓地中似并不占主要地位，男、女单身葬仍是主要的埋葬方式。

---

① M30、M31 同属殷墟文化四区墓葬，墓葬方向均为 13°，二墓墓葬形制与墓主人葬式也相同，但因没有对骨架进行性别鉴定，因此很难断定二墓主是否为夫妇。

② 2003—2004 年在殷墟孝民屯遗址发掘中，共发现了殷商墓葬近 1000 座，集中分布于近七个区域，各区域内墓葬常见 2 座或 3 座墓集中排列的现象，这些墓的位置基本平行，有的甚至因靠得太近而发生打破关系；由这些墓葬的排列方式，墓主间生前应有较为亲密的关系，但其是否为夫妇异穴合葬墓，我们也只有等完整的墓葬资料发表后才能下结论。参王学荣、何毓灵《安阳殷墟孝民屯的考古新发现及相关认识》，《考古》2007 年第 1 期；张明东《商周时期合葬墓的考察》，载北京大学中国考古学研究中心、北京大学震旦古代文明研究中心编《古代文明》（第 7 卷），文物出版社 2008 年版，第 178—188 页。

③ 唐际根：《殷墟家族墓地初探》，载中国社会科学院考古研究所编《中国商文化国际学术讨论会论文集》，中国大百科全书出版社 1998 年版，第 201—207 页。

但这是否意味着平民阶层大多数人还受着旧的、传统的婚姻风俗的影响，实行不稳定的对偶婚与乱婚，因而死后无专一配偶与之共葬呢?[①] 笔者对此持否定意见[②]，虽然埋葬方式可以在一定程度上反映墓主间生前的性别关系与地位，但“以葬俗复原社会组织有天然的局限性”，尤其婚姻形态、婚后居住方式等问题，很难完全依据考古资料来决定。[③] 而且在族墓地流行时期，埋葬方式与现实流行的亲属制度未必是完全对应的。因而对平民阶层的婚姻形态与性别关系的探讨也需要参考其他因素。殷商时期，已是较发达的农业社会，父权制早已确立。由甲骨卜辞与文献资料可知，贵族阶层由于其政治与经济特权，实行的是一夫多妻制。则平民阶层的婚姻形态与贵族阶层虽有一定的差异，也不可能相差太远。因此平民阶层的婚姻形态，即使受到对偶婚与乱婚的影响，也不可能成为占主要地位的婚姻形态，此时平民阶层的婚姻形态应是一夫一妻制。

但为什么夫妇异穴合葬的形式如此之少呢？这应与殷商时期的家族形态、家族制度以及殷人的性别观念有关。在此，我们首先必须明确婚姻与家庭是两个意义不同的概念。王玉波先生曾指出，婚姻与家庭是两个不同的范畴，家庭作为一种社会实体，除包含婚姻生活的满足心理与生理需要的功能和生育功能外，还有其他多种功能，如经济功能（生产、分配、消费等）、教育功能、供养功能、政治功能、宗教功能等。[④] 殷商时期，虽然平民阶层中占主流的婚姻形态为一夫一妻，但由于生产力的低下，家族仍

---

① 孟宪武先生在其《殷墟南区墓葬发掘综述》一文中指出，“殷墟墓地中夫妻并葬墓的数量仅占殷墟总墓葬数的三分之一。那么，殷墟墓地中其他三分之二的殷代墓葬在墓地中的位置都无法推定他们的配偶。这样众多的单一墓葬，可能是他们生前没有专一的配偶，或是他们死后由于种种原因而无法与配偶以异穴并葬的形式埋葬在一起。上述状况反映了殷商时期，在婚姻形态方面，各个宗族内部，真正的家庭，即一夫一妻制的婚姻形态还是少量的，多数人还受着旧的，传统的原始婚姻风俗的影响，即不稳定的对偶婚及乱婚等，故他们死后无专一的配偶与之并葬，而多以男女分葬的旧风俗葬于各自的族墓地中（在殷墟戚家庄东墓地中有数男聚葬一起，数女聚葬一起的现象）”。见孟宪武《殷墟南区墓葬发掘综述——兼谈几个相关的问题》，《中原文物》1986 年第 3 期。

② 杜金鹏先生对此也曾提出质疑：“平民墓的男女分葬，并不一定就意味着当时尚实行‘不稳定的对偶婚及乱婚’”。见闵家胤主编《阳刚与阴柔的变奏——两性关系和社会模式》，中国社会科学出版社 1995 年版，第 105 页。

③ 汪宁生：《仰韶文化葬俗和社会组织的研究——对仰韶文化母系社会说及其方法论的商榷》，《文物》1987 年第 4 期。

④ 王玉波：《中国家庭史研究刍议》，《历史研究》2000 年第 3 期。

是人们进行社会活动和生产劳动的基本单位。一夫一妻制的家庭并没有从家族中独立出来，作为社会的基本单位承担相应的功能。由此在家族亲属关系中，夫妻关系也没有超越原始的血缘关系，而是被湮没于其他亲属关系中。在殷人的意识中，夫妇二位一体的性别观念可能并不存在，因而大部分家族成员死后被埋葬于家族墓地时，后人也并没有刻意安排他们与配偶异穴合葬。[①]

通过本章对殷商家族内两性关系与性别差异的探讨，我们可得出如下结论：

1. 殷商时期，贵族夫妇埋葬方式上的“夫妻分葬”与祭祀中“夫妻分祭”，均表明在殷人的家族观念中，夫妻一体的性别观念尚未形成，夫妻关系并没有超越原始的血缘关系，而是被湮没于其他亲属关系中。

2. 殷商时期嫡妾制显然是存在的，入周祭祀典的法定配偶生前应为王之嫡妻，但武乙之前所实行的未必是严格的一夫一妻（正妻）制，可能是一夫一妻（正妻）或一夫多妻（正妻）[②] 相结合的制度。自武乙始至帝辛，皆为一个法定配偶，似表明到商末，严格的一夫一妻制始确立。

3. 殷商平民阶层夫妇异穴合葬的形式在殷墟族墓地中并不占主要地位，男、女单身葬仍是主要的埋葬方式，但这并不意味平民阶层占主流的婚姻形态为对偶婚或乱婚，而是一夫一妻制，由于经济条件的限制，夫妻间的地位比较平等。

4. 殷商时期的家族秩序表现为男性族长的“独尊”，他在家族内已占有绝对统治的地位，家族成员的行为、家族财产都受他控制和支配。但族长配偶并没有超越其他家族成员的权力与地位，而且她们与家族内的男性成员一样，也是具体的家族或社会事务的承担者，殷商时期家族事务中的性别差异是不明显的。

5. 对女性祖先神的“诸妣”“诸母”的合祭，并非是母系氏族制的残

---

① 有学者指出“墓葬习俗实际上是由生者来操纵的，它最终反映的是生者的态度和观念”，见孙岩、杨红育《中国西北地区新石器时代的男女葬俗及其所反映的社会观念——以马家窑和齐家文化为例》，载［美］林嘉琳、孙岩主编《性别研究与中国考古学》，科学出版社 2006 年版，第 15—32 页。

② 即一位商王有两三位正妻。

余，因为所祭祀的诸位女性祖先神并非母族的亲属，而是父权制家族内祖辈或父辈的配偶，为父权制家族成员，因此合祭女性祖先神应是女性家族成员在家族事务中发挥重要作用的反映。

6. 在祭祀制度上，尚未形成妇助夫主祭的制度，男性的宗族长掌握着家族内的主祭权，既可以为家族成员的趋吉避祸而祭祀祖先神，亦可以命令家族内的男、女成员从事祭祀活动，但族长之妇未取得与族长相类的主祭地位，其在家族祭祀中的权力可能与其他家族内的成员没有太大的区别。

7. 殷商时期的继承制度为嫡子继承制，嫡妾制的存在使王位的继承权已限于正妻所生诸子，但嫡长子继承制此时尚未确立，由此王之嫡子拥有先后继承王位的权力，这也是“兄终弟及”频繁出现的原因。

8. 由于嫡出的“诸子”与“诸弟”均有继承资格，殷商时期兄弟先后为王的情况并不鲜见，也由此殷商直、旁系的区分不是预设的，只有后王即位后，其父王才始被确立为直系，其母入祀典。也由此直系与旁系间的等级关系可能远远不如周代由嫡庶制所产生的大、小宗间那样鲜明。

第二章　西周、春秋时期的两性关系与家族制度、家族形态

西周、春秋时期，贵族阶层的夫妇关系与性别观念相比于殷商发生了明显的变化，其中最典型的即是夫妇二位一体性别观念的形成、发展，这种夫妇伦理观念对家族制度、家族形态产生了直接的影响，使西周、春秋时期的家族形态、家族制度亦呈现出不同于殷商的典型特征。

第一节　西周、春秋时期的两性关系与性别差异

一、贵族阶层的一夫一妻制与妻妾间等级地位的强化

（一）先周时期的嫡妾制与两性关系

先周时期的婚姻关系，目前学术界并没有统一的看法，但是基本可以确信的是夫妻关系已经超越了血缘亲情，至西周立国前已有了比较明确的一夫一妻制。

我们可以从《诗经·大雅》中有关周民族的史诗中窥其一斑，如《绵》，其文中曰：

> 古公亶父，来朝走马。率西水浒，至于岐下。爰及姜女，聿来胥宇。

“姜女”，即姜姓的女子，指古公亶父之妻。“胥”，相也，视察、观察之

义，“宇”指居处。[①] 此言及古公亶父迁岐后与妻子太姜一起考察宫室新址的情景。汉刘向在《新序》中释曰：“太王爱厥妃，出入必与之偕。”《孟子·梁惠王下》亦曰：“昔者太王好色，爱厥妃。诗云：古公亶父，来朝走马。率西水浒，至于岐下。爰及姜女，聿来胥宇。当是时也，内无怨女，外无旷夫。王如好色，与百姓同之，于王何有？”这从一侧面体现了太姜作为嫡妻在古公亶父心中的重要地位。

又如《诗经·大雅·思齐》，其文曰：

> 思齐大任，文王之母。思媚周姜，京室之妇。大姒嗣徽音，则百斯男。
>
> 惠于宗公，神罔时怨，神罔时恫。刑于寡妻，至于兄弟，以御于家邦。
>
> 雝雝在宫，肃肃在庙。不显亦临，无射亦保。
>
> 肆戎疾不殄，烈假不瑕，不闻亦式，不谏亦入。
>
> 肆成人有德，小子有造。古人之无斁，誉髦斯士。

诗中“刑于寡妻，至于兄弟，以御于家邦”，胡承珙《毛诗后笺》释曰：“嫡与庶对，庶为众，则嫡为寡矣。诸侯一娶九女，八皆为妾，惟一为嫡。”郑笺亦云：“寡妻，寡有之妻，言贤也。御，治也。文王以礼法接待其妻至于宗族，以此又能为政，治于家邦也”。显然，夫妻之情要亲于兄弟之情，婚姻关系已经超越了原始的血缘关系；此外，既称寡妻，说明诸妻间已有嫡庶之分，也就是说到文王时期，已经基本确立了一夫一妻多妾的婚姻制度。

至于一夫一妻多妾制度产生的年代是否更早，以及这种婚姻制度的具体细节，有待进一步研究。虽然《左传》有后稷之“元妃”的记载，即宣公三年：

> 石癸曰：“吾闻姬、姞偶，其子孙必蕃。姞，吉人也，后稷之元妃也。”

---

① 高亨：《诗经今注》，上海古籍出版社 1980 年版，第 397 页。

元妃，指嫡妻①，高兵先生据此认为一夫一妻制可追溯于周始祖后稷时期。② 然而《左传》成书年代为东周时期，它对先周史事的追述不可避免有时代的局限性，因此后稷时是否已是严格的一夫一妻制，值得商榷。此外，由于文献对自不窋③之后的十一位周民族首领的婚姻情况鲜有记载，该问题的研究也就更加需要日后新材料的发现。

（二）西周时期妻妾间等级地位的强化

关于西周立国后各王的王后，已有学者做过一定的研究。④ 在此，在前人研究基础上，进一步对勘金文与文献资料，将西周诸王的王后列表如下（表 2.1）：

表 2.1　西周诸王、王后对应表

周王	王后	金文资料			文献资料
		器物	年代	铭文主要内容	
武王	邑姜				《左传·昭公元年》载“当武王邑姜方震大叔”，杜预注曰：“邑姜，武王后，齐大公之女”
成王	王姒	叔能方尊	成王	王姒赐叔能贝	
		寓鼎	成王	寓向王姒献佩，王姒赏赐寓曼丝	
		保侃母壶	成王	王姒赏赐保侃母贝	
康王	王姜	叔簋	康王	王姜史叔吏（使）于大保	
		息伯卣	康昭时期	王姜赏赐息伯贝	
		旟鼎	康昭时期	王姜赐旟田三于待劀	
		小臣伯鼎	康昭时期	王姜赐小臣伯贝二朋	

① 《左传·隐公元年》记，“惠公元妃孟子”，杜预注曰：“言元妃，明始嫡夫人也”。

② 高兵：《周代婚姻形态研究》，巴蜀书社 2007 年版，第 36 页。

③ 《史记·周本纪》：“后稷卒，子不窋立”。

④ 刘启益：《西周金文中所见的周王后妃》，《考古与文物》1980 年第 4 期；方善柱：《初周青铜器铭文中的文武王后》，《大陆杂志》第 52 卷第 5 期，1976 年；曹兆兰：《金文与殷周女性文化》，北京大学出版社 2004 年版，第 62—71 页；陈昭容：《从青铜器铭文看两周王室婚姻关系》，载氏编《古文字与古代史》第一辑，“中央研究院”历史语言研究所 2007 年版，第 253—292 页。

续表

周王	王后	金文资料			文献资料
		器物	年代	铭文主要内容	
康王	王姜	作册睘尊、卣	昭王	王姜令作册睘安尸伯	
		作册夨令簋	昭王	作册夨令隮（尊）宜于王姜	
		王姜鼎	康昭时期	王姜作龏（?）姒宝尊彝	
昭王	王祁①				《国语·周语》："昭王取于房，曰房后"，房国祁姓
穆王	王俎姜	不寿簋	穆王	王俎姜赏赐不寿裘	
		㦰方鼎	穆王	王俎姜使内史友员易（赐）㦰玄衣、朱襮裣	
恭王					
懿王	王伯姜	王伯姜壶	懿王	王伯姜作尊壶	
		王伯姜鬲	懿王	王伯姜作尊鬲	
		王伯姜鼎	懿王	王伯姜作季姬尊鼎	
		蔡簋	懿王	王令蔡"司百工，出入姜氏令"	
孝王					

① 1981年出土于长安花园村M17中的[illegible]簋为昭王时器，其铭中曰"隹（唯）九月䧹叔从王员征楚荆"，刘启益先生据此认为昭王后可能为王员，但此铭中之"王员"未必连读为人名，《说文》："员，物数也，从贝口声。凡员之属皆从员，鼎，籀文从鼎"，李学勤先生认为此铭中之"员"或为虚词，其说可从。由此，王员为昭王后的说法似显牵强。参刘启益《西周纪年》，广东教育出版社2002年版，第172页；李学勤《论长安花园村两墓青铜器》，《文物》1986年第1期。

续表

周王	王后	金文资料			文献资料
		器物	年代	铭文主要内容	
夷王	王姞	鄂侯簋	夷王	鄂侯作王姞媵簋①	
厉王	申姜②	王作姜氏簋	厉王	王作姜氏簋	《诗经·大雅·崧高》载宣王派召伯虎为申伯建筑谢城之事，其文中曰："丕显申伯，王之元舅，文武是宪"。
宣王	齐姜				《列女传》："周宣王后者，齐侯之女也"。
幽王	申姜褒姒				《史记·周本纪》："后幽王得褒姒，爱之，欲废申后，并去太子宜臼，以褒姒为后，以伯服为太子"。

由表2.1可知，除恭王与孝王后妃不见于记载、亡国之君幽王废申后立褒姒外，历代周王都是严格地实行一夫一妻制，男性贵族的诸妻之中，已有一人取得了与其夫相匹配的嫡妻地位，婚姻关系中其余的女性则为妾。

关于妻妾间的等级差异，西周文献缺乏详细记载，但在墓葬资料中有

① 王姞来自鄂国，鄂之地望约在南阳盆地内的西鄂故城一带。此簋圈足、鼓腹、口沿下饰两周重环纹，腹饰瓦纹，两兽耳，郭沫若先生定为夷王时器，与此器大致同时的鄂侯驭方鼎铭文记载了周王在南征回师的路上受鄂侯朝见，并与之共宴、会猎之事，表明当时鄂国臣服于周王朝，与周关系友好，因而王姞嫁于夷王。参徐少华《周代南土历史地理与文化》，武汉大学出版社1994年版，第19—27页。

② 王作番改鬲为传世之器，学者考订其年代为厉王时期，王既为番改作器，表明二者关系密切，番改身份可能为厉王妻妾，但据金文与文献资料对勘，厉王后为申姜，则番改可能为厉王妾。此外，据铜器铭文资料记载，西周晚期还有四位嫁入王室的女性，分别为：陈侯作王妫媵簋（《集成》3815）铭中之"王妫"，王作丰妊单盉（《集成》9438）铭中之"丰妊单"，苏公作王改口簋（《集成》3739）铭中之"王改"，王妇·孟姜匜铭（《集成》10240）中之"曩孟姜"，其中陈侯簋从纹饰上看，可能已到宣幽时期，徐少华先生认为王妫之夫是宣王或幽王，其余三器亦带有西周晚期特征，曩孟姜身份为王妇。陈昭容先生曾指出"'王妇'与王妻都是周王的嫔妃，但不必一定是'后'"，而且厉、宣、幽三王的王后见于文献记载，由此笔者认为，上述嫁入王室的女性可能并非王之正妻，应是妾。"参徐少华《周代南土历史地理与文化》，武汉大学出版社1994年版，第124、185页；陈昭容：《从青铜器铭文看两周王室婚姻关系》，载氏编《古文字与古代史》第一辑，"中央研究院"历史语言研究所2007年版，第253—292页。

一定的体现，其中以宝鸡㢭氏墓地①最为典型。具体情况详见表2.2：

表2.2　宝鸡㢭氏墓地各墓殉葬侍妾情况表

墓葬编号	墓葬形制	葬具	殉葬侍妾情况	葬式	随葬器物	墓葬年代
BZM13号墓	长方形土坑竖穴，无腰坑	墓主：一椁二棺 妾：一椁一棺	左侧二层台特宽，且又平整。台上为殉妾挖槽构筑了一小椁。妾椁室底平面比主椁室底平面高0.75米。妾属椁右侧，与墓主椁左侧仅以椁板相隔	墓主为直肢葬，头向东南，妾头向东南，葬式不明	墓主（甲组）：青铜器7鼎3簋、甗、豆、铙、尊、卣、盉、觯、觚、爵。以及钺、铜戈等兵器。 妾（乙组）：鼎2簋1，无酒器、水器和乐器	成康时期
BZM7号墓墓主伯各	长方形土坑竖穴，墓葬平面呈梯形，头端宽大，脚端窄短，活土二层台绕墓底一周，无腰坑	墓主：一椁二棺 妾：一椁一棺	左侧二层台上另筑小椁，椁口平面与二层台面平齐，椁内放置小棺，棺长1.80米、宽0.45米，形似木匣，由棺板灰痕测得棺板厚度不足4厘米	墓主仰身直肢；妾侧身，下肢微屈，面向墓主	墓主（甲组）：青铜礼器、乐器、酒器、兵器等俱全，鼎3簋2、编钟3件、尊2、卣2、觚2、觯2、斗1。 妾（乙组）：鼎1簋1、提梁小方罍1、铜觯1件	康昭时期

① 卢连成、胡智生：《宝鸡㢭国墓地》，文物出版社1988年版。“㢭”未见于文献记载，有学者认为此为西周的一个方国，但也有学者认为其性质并非方国，朱凤瀚先生在其《中国青铜器综论》中称之为“㢭氏墓地”，并认为“㢭氏墓地之遗存确实代表了一种虽吸收了众多外来因素但又保存自己特性的地方性青铜文化”，其中礼器“采用了王畿地区周人礼器的形制、纹饰和风格”，见《中国青铜器综论》，上海古籍出版社2009年版，第1523页。张天恩先生也曾著文指出，“这类遗存从周初延续到西周中期，甚至更晚，墓葬数量总体不多，有关的居址更少……作为一个封国似嫌局促”，因而推定其并非封国性质，并进一步推测茹家庄遗址可能属于王臣（散氏？）的大夫㢭氏家族的采邑，茹家庄、纸坊头等地的墓葬，也属于该家族。见田仁孝、刘栋、张天恩《西周㢭氏遗存几个问题的探讨》，《文博》1994年第5期；张天恩《考古发现的西周采邑略析》，载氏著《周秦文化研究论集》，科学出版社2009年版，第294—301页。

续表

墓葬编号	墓葬形制	葬具	殉葬侍妾情况	葬式	随葬器物	墓葬年代
BZM4号墓墓主弜季	长方形土坑竖穴，墓口平面呈梯形。现存墓口与墓底同大。活土二层台绕椁室一周	墓主：一椁二棺 妾：一椁一棺，与墓主共用一椁	妾所用小棺放置在椁内墓主左侧。棺长1.80米、头端宽0.50米，脚端宽0.40米，由棺板灰痕测得，棺板厚约0.04米	墓主仰身直肢；妾仰身直肢葬	墓主（甲组）：青铜礼器、乐器、酒器、兵器等俱全，鼎4簋2，以及甗、鬲、盘、壶、尊、卣、爵、觯等。兵器有斧、铜戈等。 妾（乙组）：鼎3簋1、鬲2、觯1	昭穆时期
BRM1号墓墓主弜伯兒妾	甲字形土坑竖穴墓，墓室内沿墓壁有生土台阶一周，生土台阶与椁室间有活土二层台，墓道口及活土二层台面上有七具奴隶骨架。椁室底部有腰坑，殉狗骨架一具	墓主：一椁二棺 妾：一椁一棺，与墓主共用一椁	墓室中部放置长方形椁室，椁内有一道隔墙将椁室分为甲乙两室。墓主居东部乙室，殉葬妾居西部甲室	两室死者均头南足北，仰身直肢葬	墓主：青铜器，鼎8簋5、甗、鬲、盘、壶、尊、卣、爵、罍、斗、编钟、三足铜鸟以及青铜兵器、工具等。另有大量玉石器及料器等装饰物。 妾：5鼎4簋，漆豆、铜鱼、兽面铜镇以及大量玉石器	穆王时期
BRM2号墓墓主井姬	长方形土坑竖穴墓，墓底有活土二层台绕椁室一周。二层台上共发现奴隶骨架两具	一椁二棺	无	仰身直肢，面向BRM1	青铜礼器以炊食器和水器组合为主，无乐器、酒器、兵器。6鼎5簋	穆王时期

由表2.2可知，以侍妾随葬，是强氏墓地葬俗的一大特色[①]。妾与墓主虽同椁而葬，但主从关系是非常明显的，从葬具与随葬品来看，墓主所用都为一椁重棺，妾所用一般为单棺，殉葬妾或在墓室左侧生土二层台上构筑小棺小椁，如BZM13与BZM7；或与墓主同椁而葬，如BZM4。此三座墓葬所殉侍妾棺椁均窄小轻薄，棺板厚度不足4厘米，与墓主彩绘髹漆的宽大内棺形成鲜明对比，显示侍妾地位的低下。

其中强伯墓（图2.1）较特殊，在墓室内共同为墓主强伯与其妾兒[②]构筑长方形椁室，椁内有一道隔墙将椁室分为甲、乙两室。墓主居东部乙室，殉葬妾兒居西部甲室。虽甲乙两室上口齐平，长度相同，但乙椁室明显大于甲椁室，主从关系明显。但此墓殉葬妾所用棺长2.10米，宽0.90米，明显大于前三墓所殉侍妾所用棺，从棺木腐朽后残存的大量黑褐色彩绘云纹，可知妾兒的葬具也与乙室墓主所用内棺一样，为华丽的彩绘漆棺。而且兒妾所随葬礼器为五鼎四簋，其他随葬品也远远丰富于前三墓所殉侍妾，说明兒妾地位与其他殉妾地位相比较高，可见在侍妾中也应有地位高低之分。

与兒妾殉于其夫墓内有别，强伯之妻井姬则有独立的墓葬，且与强伯异穴合葬[③]（图2.1），双方在墓葬规模与随葬品方面虽然存在一定的差异，但这主要是同一等级间的性别差异。由墓葬出土青铜器铭文记载，强伯为井姬作器六件，包括五鼎一甗。而且强伯生前所铸的两件双耳双环簋，下葬时一件置于强伯墓中，一件置于其妻井姬墓中。表明了强伯对妻子井姬的尊重以及二者间地位的相对平等。而强伯并没有为兒妾作器，兒妾所随葬的五鼎四簋素面无纹、铜质较差、制作草率，且“兒”字铭文都位于器物口沿内，应是同时铸造的一套礼器。有学者指出，这套器物的单一性和简单性显示出一种象征性地让“兒”的地位与强伯那种早已明确肯定的

---

① 同穴殉葬侍妾的现象，在西周王畿及其他诸侯国均未发现，可能是强氏墓地中所独有的丧葬习俗，但这种埋葬方式形象地揭示了两性间的关系及妻妾间的等级差异。强氏文化虽表现出有别于中原地区的文化特征，但作为西周王朝的臣属，不可避免也会受到周王朝礼制的影响，因此对其埋葬方式的分析可以从一侧面了解西周时期的性别关系。

② 在其妾随葬的青铜器中，大部分铭文都有一“兒”字，推测“兒”可能是甲室墓主即殉葬妾的私名。

③ 异穴合葬是两周时期贵族阶层夫妇较多采用的埋葬方式，关于其所反映的性别关系与地位，将在下文中详论。

高级地位相对应的努力①。笔者也认为，这套礼器可能是强伯死后，兒妾要为强伯殉葬时仓促制作而成。可见这套礼器的制作目的，只是为了随葬，使兒妾的地位与強伯的地位更加相衬。

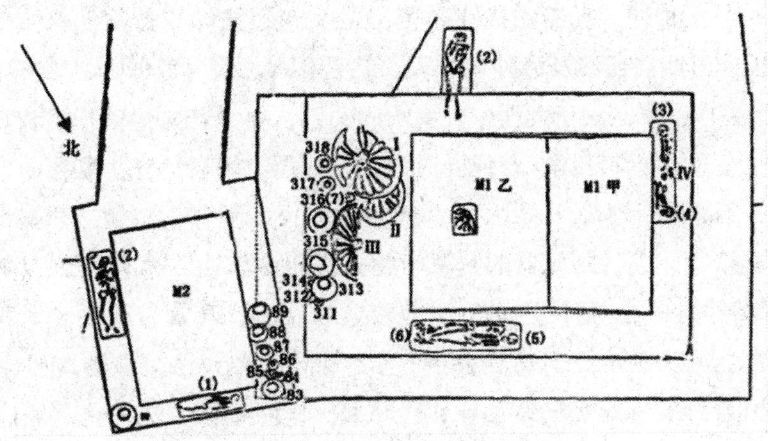

图 2.1　宝鸡茹家庄 1、2 号墓平面图

（引自《宝鸡強国墓地》）

以上所列強氏诸墓的年代从西周早期持续到西周中期，可见自西周早期始，強氏家族中妻妾间的等级地位已较为鲜明。妾与墓主同用一棺，表明她生前深受墓主宠爱，但却并不表示其身份地位与墓主相同，作为殉葬人与随葬的器物所蕴含的意义一样，其身份仍是很低微的。正妻则有独立的墓葬，且与其夫异穴合葬，表明了夫妇间地位的相对平等。妻妾间地位的确定使家庭内部的等级关系更加鲜明，《易》中的革卦："革，水火相息，二女同居，其志不相得曰革"，王弼注曰："二女同居而有水火之性，近而不相得也"，可见强化妻妾间的等级差异，是避免家庭纷争的必然要求。

（三）媵器铭文所见嫡妻与媵妾间的等级差异

嫡妻与妾间的等级差异在春秋时期媵器铭文中也多有体现。如：春秋早期的叔姬簠，其铭曰：

① 江瑜：《宝鸡茹家庄西周強人 1、2 号墓葬所表现的葬礼、葬者身份与两性关系问题》，载［美］林嘉琳、孙岩主编《性别研究与中国考古学》，科学出版社 2006 年版，第 105—122 页。

叔姬霝乍（迮）黄邦，曾侯乍（作）叔姬、邛嬭媵器𩰫彝，子子孙孙其永用之。（《集成》4598，图2.2）

乍，乃迮省，嫁也，适也。① 曾侯，曾国国君。曾国为姬姓国，为汉阳诸姬之一，与楚相邻。据器铭描述，曾国之女叔姬往嫁于黄邦，曾侯作器以媵之。但同时此器还涉及另外一个人，就是邛嬭，嬭为楚芈姓之芈本字，可见邛嬭为楚国女子。关于此器中二女子的关系，郭沫若先生曾指出叔姬嫁往黄邦、楚女邛嬭嫁往江国，曾侯同时为二女作器。杨树达先生则指出器用当有专属，不能以一器为二人用之②，而且据郭氏的解释，叔姬、邛嬭各适异国，并非嫁于一人，则此器的归属问题，实无法解决。由此推测叔姬、邛嬭应是嫁于同一人，杨树达先生认为叔姬为女君，邛嬭为其媵妾。其称叔姬邛嬭者，盖以妾媵统于女君也。③ 笔者赞同此种说法，该器应是主嫁国曾国的国君曾侯为其女叔姬及异姓媵邛嬭所作的媵器，这种主从顺序反映了女君与妾媵间等级地位的差别。又如春秋时期的许子妆簠，其铭曰：

隹（唯）正月初吉丁亥，许子妆择其吉金，用铸其[illegible]（簠），用媵孟姜、秦嬴，其子子孙孙永保用之。（《集成》4616，图2.3）

图2.2 叔姬簠铭文

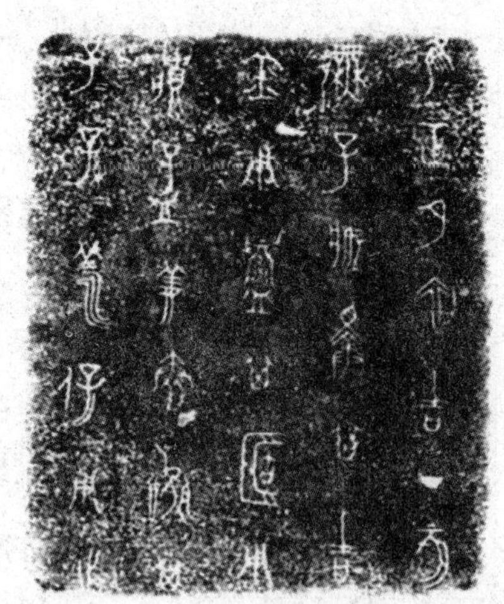

图2.3 许子妆簠铭文

① 郭沫若：《两周金文辞大系图录考释》，上海书店出版社1999年版，第165页。

② 杨树达：《积微居金文说》（增订本），中华书局2004年版，第54页。

③ 杨树达：《积微居金文说》（增订本），中华书局2004年版，第53页。

杨树达先生指出："许国姜姓，孟姜即许国之女，秦嬴则秦国之女子为孟姜之媵者也，此与叔姬邛嫿文例正同。"① 许子妆为主嫁女孟姜的父亲或长辈，铭中孟姜为嫡，秦嬴为媵，女君与妾媵的先后顺序明显，此器也是主嫁国父亲或长辈为主嫁女孟姜及陪媵秦嬴而作。

出土于淅川下寺 M8 中的叔芈潘妃媵簠②，其铭曰：

> 隹（唯）正月初吉丁亥，上鄀公择其吉金，铸叔芈、潘妃媵簠，其眉寿万年无期，子子孙孙永宝用之。（图 2.4）

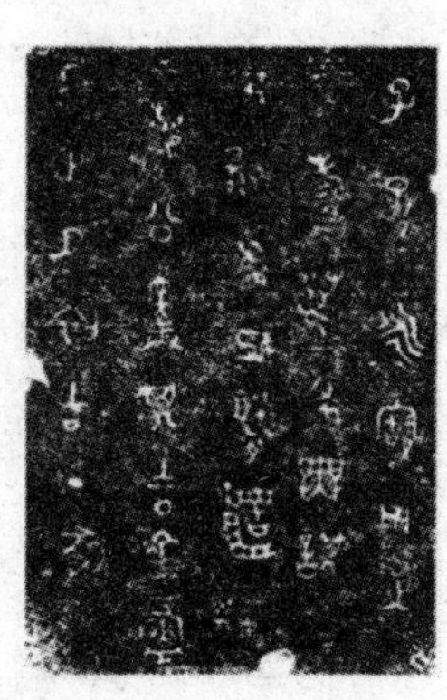

图 2.4 叔芈潘妃媵簠器形图及铭文

此墓的年代为春秋中期晚段。春秋时期有鄀国，允姓，都于商密，在今河南淅川县西南。《左传》僖公二十五年记载，秦晋伐鄀，鄀国降秦。而在文公五年，"鄀叛楚即秦，又贰于楚"，自此鄀迁都于湖北省宜城县东南九十里。而从文公十四年所载楚公子燮、子仪要挟楚庄王"如商密"，说明此时商密已为楚邑。"鄀"亦见于铜器铭文记载，金文中有上鄀、下鄀之分，李零先生认为商密为上鄀，下鄀是从上鄀分化，沿丹水西北迁，而昭王徙都之鄀乃上鄀南迁所形成的晚期之鄀③，由淅川下寺楚墓中出土上鄀公之器，表明李先生之说或可从。此器铭中之上鄀公应是芈姓楚人，其身份为楚上鄀之封君，潘妃为叔芈之媵。而 M8 所出之铜器铭文中，多

① 杨树达：《积微居金文说》（增订本），中华书局 2004 年版，第 53 页。
② 河南省文物研究所等：《淅川下寺春秋楚墓》，文物出版社 1991 年版，第 9 页。
③ 李零：《再论淅川下寺楚墓——读〈淅川下寺楚墓〉》，《文物》1996 年第 1 期。

言“楚叔之孙以邓”，说明墓主私名为“以邓”，其身份为“楚叔之孙”即楚王族后裔，推测以邓应是上鄀公，此器可能是上鄀公以邓为其女叔芈及陪媵潘妃所作的媵器，基于某种原因，没有随女陪嫁，而是留在了自己的墓中。

反之，即使作器者是陪媵者的长辈或父亲，也需遵守嫡先媵后的伦理[①]。如春秋早期的樊君鬲，其铭曰：

樊君乍（作）叔嬴、𪊨媵器宝鬲。（《集成》626，图2.5）

关于此器的受器者，陈槃认为是一个人，并指出樊国𪊨姓，“樊女字叔能（陈氏读嬴作能）而姓则𪊨也。𪊨，读为芈，楚之同姓国也。是又有𪊨姓之樊也”[②]，但“叔嬴𪊨”并不符合两周女性的称名习惯。[③] 1985年李学勤先生撰文指出铭文中的“叔嬴𪊨不是一个女子，而是两个，一个是叔嬴，一个是𪊨，后者即芈，只是没有记出她的字罢了”。[④] 笔者赞同李先生的看法，此器是樊君为叔嬴与𪊨所作的媵器，叔嬴为主嫁女，芈为陪媵。但作器者樊君到底是嬴姓还是芈姓呢？1978年信阳平桥春秋楚墓1号墓中出土了“樊夫人龙嬴”自作器多件[⑤]，说明墓主人是嫁到樊国的嬴姓女子，而根据两周“同姓不婚”的原则，樊国不可能是嬴姓，由此樊国应是芈姓，樊君即是陪媵𪊨的父亲或长辈。由此可见，此器虽是陪媵国所作的媵器，但𪊨仍然

图2.5 樊君鬲铭文

① 陈昭容：《两周婚姻关系中的“媵”与“媵器”——青铜器铭文中的性别、身份与角色研究之二》，《“中央研究院”历史语言研究所集刊》第七十七本第二分。

② 陈槃：《春秋大事表列国爵姓及存灭表撰异》，“中央研究院”历史语言研究所专刊之五十二，第551页。

③ 两周时期，家长为女儿作媵器，对女儿的称名一般都是父家族姓位于私名或女字之前，如姬寏母、许叔姬可母等，父家氏名位于女子私名后的情况目前在金文资料中鲜见。

④ 李学勤：《光山黄国墓的几个问题》，《考古与文物》1985年第2期。

⑤ 河南省博物馆、信阳地区文管会、信阳市文化局：《河南信阳市平桥春秋墓发掘简报》，《文物》1981年第1期。

不能逾越，其在媵器铭文中的次序仍要位于主嫁女叔嬴之后。

又如伯氏姒氏鼎，此器为夫妻二人共同所作，年代大约在西周晚期或春秋早期，其铭曰：

> 唯邓八月初吉，伯氏、姒氏乍（作）𡠦、嫚臭鍊鼎，其永宝用。（《集成》2643，图2.6）

邓国嫚姓，此器应为伯氏与夫人姒氏为出嫁女儿嫚臭所作媵器，嫚臭可能为𡠦的陪媵，因此其名位于𡠦之后。

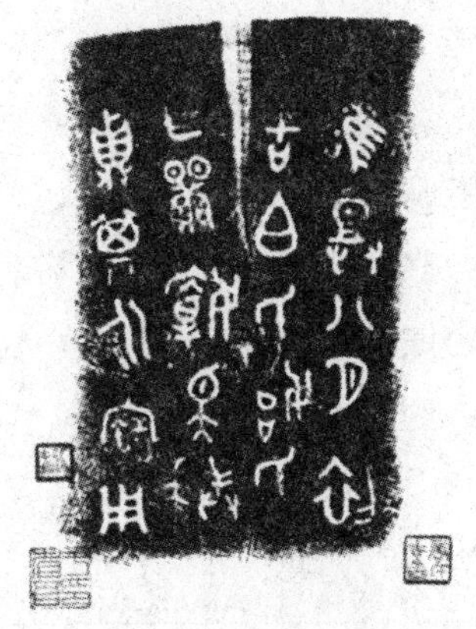

图2.6　伯氏姒氏鼎铭文

可见，即使是陪媵者父亲或长辈所作的媵器，陪媵女在其称谓次序上也不能逾越于主嫁女之前。由此说明女君与妾媵之间等级地位的森严以及媵妾身份的低微。

二、金文资料所见夫妇二位一体的性别观念

（一）夫妇共同作器

从西周中期开始，已出现夫妇共同作器的情况，表明“夫妇二位一体”性别观念的增强，如叔硕父鼎，其铭曰：

> 新宫叔硕父、监姬乍（作）宝鼎，其万年，子子孙孙永宝用。（《集成》2596，西周中期，图2.7）

由铭文可知，此器由新宫叔硕父与监姬共同所作，“新宫叔硕父”为男子名，“监姬”为女子名，“监”为父家氏名，“姬”为父家族姓[①]，其称名方式为“父家氏

图2.7　叔硕父鼎铭文

① 太宰南簋（《集成》4189）铭文曰：“南申伯仲再父大宰厥嗣，作其皇祖遅（夷）王、监伯障簋。”由铭文知器主“南”为夷王之孙、监伯之子，可见“监”氏姬姓。

名+父家族姓”，与“鲁姬”“齐姜”同。可见新宫叔硕父与监姬二人关系应为夫妇。

又如1973年出土于陕西省蓝田县草坪村的㝬叔信姬鼎（图2.8），此鼎口微敛，沿外折，腹较浅而微鼓，半蹄足，附耳。口沿下饰窃曲纹，足饰饕餮纹。从其形制与花纹判断，约为西周晚期时器①，在鼎内腹壁上刻有铭文，其铭曰：

图2.8　㝬叔信姬鼎器形

> 隹（唯）王正月初吉乙丑，㝬叔、信姬乍（作）宝鼎，其用享于文祖考，㝬叔眔信姬其赐寿耇，多宗永命，㝬叔信姬其万年子子孙孙永宝。（《集成》2767，《文物》1976年第1期，图2.9）

由铭文可知，此器的作器者为“㝬叔、信姬”，显然为一男一女，其关系应为夫妇。㝬，唐兰先生读为“胡”，认为属戎狄的一支②，其说甚确。铭中强调“㝬叔眔信姬其赐寿耇”，眔即逮字，为“以及”之义③，赐寿耇，为金文中的吉祥用语，铭中三次提到“㝬叔、信姬”，强调此器为二人共同制作并一起使用，说明夫妇关系在家族亲属关系中已处于中心地位。

夫妇除共同作祭器并强调传其子孙外，也一起为女儿制作媵器，如1978年出土于陕西武功县的㝬叔㝬姬簋④，其铭曰：

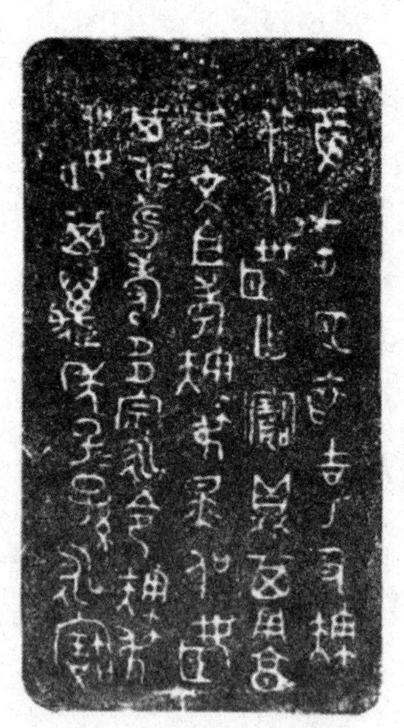

图2.9　㝬叔信姬鼎铭文

> 㝬叔、㝬姬乍（作）伯媿媵簋，用

① 尚志儒、樊维岳、吴梓林：《陕西蓝田县出土㝬叔鼎》，《文物》1976年第1期。

② 唐兰：《用青铜器铭文来研究西周史——综论宝鸡市近年发现的一批青铜器的重要历史价值》，《文物》1976年第6期。

③ 参陈絜《中子化盘别释》，《东南文化》2008年第5期。

④ 卢连成、罗英杰：《陕西武功县出土楚簋诸器》，《考古》1981年第2期。

享孝于其姑公，子子孙孙其万年，永宝用。（《集成》4064，图 2.10）

此器之“㝬叔”与上述㝬叔鼎之“㝬叔”应是同一个人[①]，由此“信姬”即“㝬姬”，“信”可能为其私名，㝬叔及夫人㝬姬共同为其长女伯媿作媵器，说明氏戎应为媿姓，而作此器的目的是使伯媿在夫家用来祭祀舅姑。

图 2.10　㝬叔㝬姬簋铭文

此外，也存在丈夫自作器或为妻子作器，但均强调为夫妇共同所有、宝用的情况，如西周晚期的翏生盨，其铭曰：

> 王征南淮夷，伐角、𨙸，伐桐、遹，翏生从，执讯折首，孚戎器，孚金，用作旅盨，用对剌（烈），翏生眔大妘，其百男、百女、千孙，其万年眉寿，永宝用。（《集成》4460，图 2.11）

图 2.11　翏生盨器形与铭文

① 卢连成、罗英杰：《陕西武功县出土楚簋诸器》，《考古》1981 年第 2 期。

此器为翏生从周厉王伐淮夷受赐后所作。翏或即蓼，蓼国见载于《左传》，桓公十一年记：“郧人君于蒲骚，将与随、绞、州、蓼伐楚师”，杜预注曰：“蓼国今义阳棘阳县东南湖阳城”，可见翏国可能为近楚的小国，臣服于周王朝，故此次从周厉王征伐南淮夷。角、㵒、桐、遹是四个独立的地名①，均属王征南淮夷的所伐地点。铭文记载翏生从王南征淮夷，取得了战争的胜利，除俘杀敌人外，还俘获了“戎器”及“金”，因此作器颂扬功业。“用对剌”，剌即“烈”，《尔雅·释诂》：“烈，业也”，“对烈”之义应与金文中常见的“对扬”相类。② 铭文最后强调“翏生眔大妘”，说明大妘应为翏生之妻，百男、百女、千孙为祈福语，表达了对多子多孙的追求。由此可见，此器虽是翏生所作，但为翏生、大妘夫妇共同所有。

又如西周晚期的遟父钟，其铭曰：

> 遟父乍（作）[illegible]齐姜龢林钟，用卲乃穆穆，丕显龙光，乃用祈匄多福，侯父眔齐万年眉寿，子子孙孙亡（无）疆，宝。（《集成》103，图 2.12）

图 2.12　遟父钟铭文

此器大概是遟父为其妻齐姜所作，但铭文中强调“侯父眔齐万年眉寿”，侯父即指遟父，“齐”概是“齐姜”的省称，可见此器的最终目的是夫妇二人共同所用。③

---

① 朱凤瀚：《由伯𢦚父簋铭再论周厉王征淮夷》，载中国古文字研究会等编《古文字研究》第二十七辑，中华书局 2008 年版，第 192—199 页。

② 马承源主编：《商周青铜器铭文选》（第三卷），文物出版社 1988 年版，第 290 页。

③ 另外，西周晚期的塱盨（《集成》4469），其上部铭文残，作器者与叔邦父、叔姞的关系难以确定。但铭文最后强调“用乍（作）宝盨，叔邦父、叔姞万年，子子孙孙永宝用”，似可表明叔邦父与叔姞为夫妻关系，此器也是叔邦父、叔姞二人共同宝有之器。

而且，在周人的观念中，认为无配偶之人无论是在经济生活上，还是在情感上，都是可怜的。《诗经·小雅·鸿雁》："爰及矜人，哀此鳏寡"。毛传曰："矜，怜也。老无妻曰鳏，偏丧曰寡。"郑笺云："鳏寡则哀之，孤独者收敛之，使有所依附。"西周中期的农卣，即反映了周王怜农孤苦，令伯骷操办其属下农婚配成家之事，其铭曰：

> 隹（唯）正月初吉甲午，王才（在）𨽍应。王窺令伯𦣞曰：毋卑农弋（特），使厥友妻农，廼稟厥帑厥小子，小大事毋有田，农三拜稽首。敢对扬王休，从。乍（作）宝彝。（《集成》5424，图2.13）

图2.13　农卣铭文

此约为穆王时器，"伯𦣞"为人名，亦见于1974年宝鸡茹家庄西周墓出土的伯𦣞方鼎，因此墓中同出多件"𢐗伯"之器，由此张亚初先生认为："伯𦣞"为"𢐗伯"之名①。农为本器的作器者，"弋"，杨树达先生认为"当读为特，忒貣二字皆从弋声，音与特同。"②《方言》卷六云："物无耦曰特"。《左传》昭公十四年亦云："收介特"，杜预注曰："介特，单身民也"。"稟"，《说文》云："赐穀也"，《汉书·礼乐志》云："天稟其性"，颜注曰："稟谓给授也"。"厥小子"，在此应指农。铭文的大意是伯𦣞的下

---

① 张亚初：《解放后出土的若干西周铜器铭文的补释》，载文化部文物局古文献研究室编《出土文献研究》，文物出版社1985年版，第107—120页。

② 杨树达：《积微居金文说》（增订本），中华书局2004年版，第106页。

属农，年纪很大了，还没有结婚。周王对此表示关切，故命令伯犅说："不要再让农过单身生活了，让你的僚友把女儿嫁给农，并且给他一笔财产"。

（二）夫妇祭祀对象相同

西周时期，不只夫妇二人共同作器用以祭祀祖先，即便是妻子与丈夫分开作器，他们可祭祀的对象也往往是相同的，姬寏母豆与师盄钟二器铭文所载内容，即是对此最好的例证。

姬寏母豆著录于北宋时刊行之《考古图》。该书称之为"齐豆"，言其于宋神宗熙宁年间得于扶风。其铭文曰：

> 姬寏母乍（作）大公、墉公、□公、鲁仲𩁹伯、孝公、静公豆，用祈眉寿，永命、多福，永宝用。（《考古图》5.15，《集成》4693，图2.14）

图2.14　姬寏母豆器形及铭文

从铭文可知作器者系姬寏母，姬为父家族姓，寏母为其私名。郭沫若曰："古人女子已嫁未嫁均称某母。王国维以为女字，谓女子字称某母，犹男子字称某父。今案某母当是女名，或省去母字……”①周代妇女的这种称名方式在金文中并不少见，如姬趛母（《集成》628—629）、姞曶母（《集成》2330）、姜林母（《集成》3571）等。此器是姬窦母为祭祀祖先所作的祭器，大公、墉公、□公、鲁仲害伯、孝公、静公为其所祀祖考名，“永命、多福”为祈福的吉祥用语。

师𡨦钟，1992年出土于陕西省扶风县召公乡巨良海家村②，为窖藏器物，与此器一起出土的还有铜甬钟2件与青铜爬龙1件。此钟甬中空，与腹腔相通，干旋齐备，旋上饰窃曲纹，其侧旁及正面饰阴刻重环纹，篆间饰斜角变形夔纹，鼓部饰双卷曲龙纹，右鼓有一鸾鸟，形制与纹饰具有西周晚期的特征。其钲间及上部有铭文，铭文风格与柞钟（《集成》133）、师臾钟（《集成》141）一致，亦带有西周晚期的特点，其文曰：

> 师𡨦自乍（作）朕皇祖大公、墉公、𢙧公、鲁仲害伯、孝公、朕烈考静□（公）宝龢钟，用喜侃前□□（文人），□（绾）绰永命，义子孙……。（《铭图》15266，图2.15）

图2.15　师𡨦钟及其铭文

① 郭沫若：《两周金文辞大系图录考释》，上海书店出版社1999年版，第178页。

② 高西省：《扶风巨良海家出土大型爬龙等青铜器》，《文物》1994年第2期。

由其铭文可知，作器者为师盂，师为职官名称，盂为人名，显然为男性。此器是师盂自作祭器，用以祭祀大公、墉公、㦰公、鲁仲害伯、孝公、静公等六世祖考。

师盂钟出土以后，吴镇烽、刘雨先后指出二器铭文所列诸公基本相同[①]，笔者亦认为二器为同一家族之祭器，由于所述父考同为静公，可见二作器者辈分相同。师盂钟为近年所出器物，铭文所述世系清晰，六世祖考分别为：大公、墉公、㦰公、鲁仲害伯、孝公、静公。姬寏母豆铭所记祖考大公、墉公、孝公、静公与师盂钟完全相同，唯第三代与第四代先祖存在缺误。笔者认为这是因为实器已佚，其铭文拓片摹本难免存在错漏之处所致。姬寏母豆铭文中第三代先祖名脱漏，仅存一"公"字，师盂钟铭之第三代先祖为㦰公，则脱漏之字应为"㦰"字。第四代先祖为鲁仲[illegible]伯，而师盂钟所述第四代祖先为鲁仲害伯。因此"[illegible]"字为宋人所错摹，应为"害"字。其中鲁为谥号，仲为排行，害为其私名，伯为敬称，这种称名方式与眉县杨家村出土逨盘[②]铭中的"惠仲盠父"相同。

关于二作器者间的关系，刘雨先生在《师盂钟与姬寏母豆》《两周曹国铜器考》中推断二人为兄妹或姐弟关系，同为姬姓，分别作器，祭祀同一系祖考。刘先生认为，由金文资料可知，西周女子有独立作器、祭祀祖先的权力。因此姬寏母自作器祭祀姬姓先人。而姓不同的人，其祖考世系亦必不同，既然师盂与姬寏母同祀一系祖考，则二人必为同姓，姬寏母很明显为姬姓之女，则师盂也应为姬姓，而根据西周同姓不婚的原则，二人不可能为夫妇关系，只能是兄妹或姐弟关系。

此种说法，笔者认为值得商榷。西周时期，妇女出嫁曰"归"，标志着其身份归属的变化，在周人的观念中，认为只有夫家才是女子的最终归宿，该女子嫁后已成为夫家家族成员。而根据周人"神不歆非类，民不祀

---

① 吴镇烽先生在《商周金文资料通鉴》（电子版）6159 姬寏母的备注中指出："1992 年 9 月陕西扶风县召公乡巨良海家村出土的师盂钟，所列诸公与此豆基本相同。"刘雨先生的观点见《师盂钟与姬寏母豆》，载中国古文字研究会编《古文字研究》第二十六辑，中华书局 2006 年版，第 165—171 页；《两周曹国铜器考》，《中原文物》2008 年第 2 期。

② 陕西省文物局、中华世纪坛艺术馆：《盛世吉金：陕西宝鸡眉县青铜器窖藏》，北京出版社 2003 年版。

非族"[①] 的原则，出嫁后妇女不太可能再去祭祀自己娘家的祖先。相反，妇女出嫁后参与夫家家族的祭祀，不但是其享有的权力，也是不可推卸的责任与义务。已有学者指出："从青铜器铭文中呈现的状况来看，不论是妇女主动制作祭器，或是被动的接受丈夫制作的祭器，都以祭祀夫家祖先为主。"[②]

由此，笔者认为，师𩛥与姬㝃母二人为兄妹或姐弟难以成立，应为夫妻关系，在此分别作器，所祭六世祖考为师𩛥的祖先。可见，夫妇之间祭祀对象完全相同，由此说明夫妇在家族祭祀中的地位与权力也是大致相同的，关于此一点，在本章第二节中将重点探讨。

（三）从金文中对祖先神的"合祭"看两性关系与地位

关于对周代祖先神的祭祀，陈昭容先生曾对《殷周金文集成》所收资料作过统计分析，并得出结论："相对于男性祖先，子孙作器祭祀女性祖先的比例明显的偏低……母亲的身份尽管与子女最亲，但受重视的程度仍不如隔代的男性祖辈，这显然是以男性为主导所反映的社会现象。"[③]其说有一定道理，作器的多少是祭祀频率的反映，表明了对祖先的重视程度，为祖、考作器的数量远远多于妣、母，说明周代祭祀系统中男性祖先神的地位远远高于女性祖先神。但除此之外，更能说明周代男、女祖先神间关系与地位差异的是金文中的合祭现象。

西周时期，祭祀中合祭对象与殷商相比发生了很大的变化。首先，祖考合祭的形式继续存在，反映了父权制家族内男性世系的传承，如现藏于故宫博物院的追簋，其铭曰：

> 追虔夙夕恤厥死事，天子多赐追休，追敢对天子覭扬，用乍（作）朕皇祖考尊簋，用享孝于前文人。用匄眉寿、永命，畯臣天子，霝（灵）冬（终），追其万年，子子孙孙永宝用。（《集成》4223，图2.16）

---

① 《左传·僖公十年》。

② 陈昭容：《周代妇女在祭祀中的地位——青铜器铭文中的性别、身份与角色研究（之一）》，载李贞德、梁其姿主编《妇女与社会》，中国大百科全书出版社2005年版，第1—43页。

③ 陈昭容：《周代妇女在祭祀中的地位——青铜器铭文中的性别、身份与角色研究（之一）》，载李贞德、梁其姿主编《妇女与社会》，中国大百科全书出版社2005年版，第1—43页。

此簋是西周中期器物。由铭文内容来看，追受到周王赏赐后，作祭祀祖考之器。又如出土于陕西扶风县强家村的师臾钟，其铭曰：

> 师臾肇乍（作）朕烈祖虢公、宄公、幽叔、朕皇考德叔大林钟，用喜侃前文人，用祈纯鲁、永命、用介眉寿无疆，师臾其万年，永宝用享。（《集成》141，图 2.17）

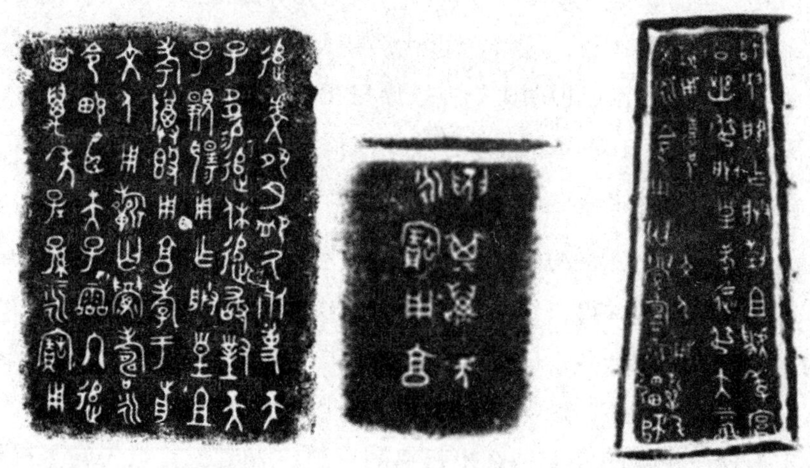

图 2.16　追簋铭文

图 2.17　师臾钟铭文

此约为西周晚期器，作器者为师臾，虢公、宄公、幽叔为其先祖名，德叔为其父考名。此钟是师臾为祭祀四世祖先而作。又如西周晚期的㝨簋，铭中曰：

> 㝨乍（作）皇祖益公、文公、武伯、皇考龏伯䵼彝，㝨其洍，万年无疆，霝（灵）终霝（灵）命，其子子孙永宝，用享孝于宗室。（《集成》4153，图 2.18）

由铭文内容来看，器主㝨作器的目的亦为祭祀四世祖考。

图 2.18　䀠簋铭文

殷商时期的诸兄合祭、诸母合祭、诸父合祭与诸妣合祭等祭祀方式已不再出现。西周早期，已出现以夫妇为单位的合祭，如现藏于台北震荣堂的姬凫母鼎，其铭曰：

姬凫母乍（作）鲁鼎，用旨隮（尊）氒（厥）公氒（厥）姊。（《铭图续》0153，图 2.19）

图 2.19　姬凫母鼎器形与铭文

铭文中涉及的人物共三位，姬凫母为作器者，“公”与“姊”为夫妻关系，袁国华先生认为此器是女子姬凫母为其双亡之姊与姊夫所作之祭祀用器①，

① 袁国华：《姬隽母温鼎初探》，载张光裕、黄德宽主编《古文字学论稿》，安徽大学出版社 2008 年版，第 246—255 页。

后黄国辉先生撰文指出姬凫母应是“公”的媵妾，她与其姊共同嫁给了“公”，在其姊死后以嫡娣的身份继承了其姊的位子，有较高的地位和权力，因此能作器祭祀其姊和“公”①，其说可从，姬凫母作器祭祀“公”与“姊”，表明把“公”与“姊”当作一个整体来看待，表明西周早期贵族家族内已出现夫妇二位一体的伦理观念。

而西周中期以后，祖妣合祭（表2.3）与父母合祭（表2.4）更为多见，如作册益卣（《集成》5427）铭之“用作大御于厥祖妣、父母、多神”。此类合祭方式到西周晚期逐渐增多。这种对祖先合祭的记载，亦见于文献资料。《诗经·周颂·丰年》曰：“为酒为醴，烝畀祖妣。”杨伯峻先生在注解《左传》时言：“春秋之世，以祖之匹配曰妣，易之爻辞、诗之雅、颂以及两周金文无不以祖妣连文。祖为祖父，妣为祖母。”② 被合祭者间关系的变化反映出主祭者性别观念的变迁，表明了夫妇二位一体观念的加强。

表2.3 金文中的祖妣合祭与祖妣考母合祭

器物	铭文	著录	年代	合祭类型
作册益卣	用作大御于厥祖妣、父母、多神	《集成》5427	西周中期	祖、考、妣、母合祭
家伯朿邛簋	用享用孝于其丕显皇祖文太子、皇妣太师氏姜、皇考武公、皇母武姜	《铭图》续0451—0452	春秋早期	
𬎼镈	用享孝于皇祖圣叔、皇妣圣姜、皇祖又成惠叔、皇妣又成惠姜、皇考蹐仲、皇母	《集成》0271	春秋中晚期	
叔尸钟	用享于皇祖、皇妣、皇母、皇考	《集成》0272—0278	春秋晚期	
陈逆簠	以享以孝于皇祖、皇妣、皇考、皇母	《集成》4629	战国早期	
𢦚方鼎	用作宝齍尊鼎，其用夙夜享孝文祖乙公、文妣日戊	《集成》2789	西周中期	祖、妣合祭
不其簋	用作朕皇祖公伯、孟姬尊簋	《集成》4328—4329	西周晚期	
訇簋	用作文祖乙伯、同姬尊簋	《集成》4321	西周晚期	

① 黄国辉：《略论“姬凫母温鼎”中的人物关系及婚姻制度》，《中国史研究》2010年第1期。

② 杨伯峻：《春秋左传注》（修订本），中华书局2005年版，第921页。

表 2.4 金文中的父母合祭

器物	铭文	著录	年代
师趛鬲	师趛作文考圣公、文母圣姬尊	《集成》0745	西周中期
卫鼎	卫作文考小仲、姜氏盂鼎	《集成》2616	西周中期
仲叡父簋	仲叡父作朕皇考遅伯、皇母遅姬尊簋	《集成》4102—4103	西周中期
师酉簋	用作朕文考乙伯、宄姬尊簋	《集成》4288—4291	西周中期
宰獸簋	用作烈祖幽仲、益姜宝尊簋	《铭图》5376—5377	西周中期
殹鼎	用作烈考、皇母尊鼎	《铭图》2427	西周中期
寰盘	用作朕皇考郑伯、郑姬宝盘	《集成》10172	西周晚期
伯頵父鼎	伯頵父作朕皇考屖伯、吴姬宝鼎	《集成》2649	西周晚期
諶鼎	諶肇作其皇考、皇母告比君鬻鼎	《集成》2680	西周晚期
史伯硕父鼎	史伯硕父作朕皇考釐仲、皇母泉母尊鼎	《集成》2777	西周晚期
趞鼎	用作朕皇考䅘伯、郑姬宝鼎	《集成》2815	西周晚期
颂鼎	用作朕皇考龚叔、皇母龚姒宝尊鼎	《集成》2827—2829	西周晚期
叔皮父簋	叔皮父作朕文公茀公，眔朕文母季姬宝簋	《集成》4090	西周晚期
膳夫梁其簋	膳夫梁其作朕皇考惠仲、皇母惠𡛤尊簋	《集成》4147—4151	西周晚期
伯康簋	伯康作宝簋，用鄉朋友，用饎王父、王母	《集成》4160—4161	西周晚期
蔡姞簋	蔡姞作皇兄尹叔尊鬻彝，尹叔用绥多福于皇考德尹、惠姬	《集成》4198	西周晚期
叔𣪘父簋	叔𣪘父作朕文母、烈考尊簋，子孙永宝用	《集成》3921—3922	西周晚期
邿𣪕簋	用追孝于其父母	《集成》4040	春秋早期
鲁伯悆盨	鲁伯悆用公𢽾，其肇作其皇孝、皇母旅盨簋	《集成》4458	春秋时期

由金文资料来看，祖先神在合祭中的位置，绝大多数都是妣位于祖后、母位于考后。而且在称谓上，有时在祖妣的称谓前只称“祖”而不称“妣”，在父母的称谓前只称“考”而不称“母”，甚至有的考、母谥号相同，兹举数例以作说明：

訇簋：……訇稽首，对扬天子休令，用乍（作）文祖乙伯、同姬尊簋……（《集成》4321，《文物》1960 年第 2 期，西周晚期）

不婴簋：……不婴拜稽首休，用乍（作）朕皇祖公伯、孟姬尊簋……（《集成》4328—4329，《文物》1981 年第 9 期，西周晚期）

卫鼎：卫乍（作）文考小仲、姜氏盂鼎，卫其万年，子子孙孙永宝用。（《集成》2616，《考古》1974 年第 1 期，西周中期）

伯頵父鼎：伯頵父乍（作）朕皇考屖伯、吴姬宝鼎，其万年，子子孙孙永宝用。（《集成》2649，西周晚期）

蔡姞簋：蔡姞乍（作）皇兄尹叔尊𩰫彝，尹叔用绥多福于皇考德尹、惠姬，用匄眉寿、绰绾彌厥生，霝（灵）冬（终），其万年无疆，子子孙孙，永宝用享。（《集成》4198，西周晚期）

膳夫梁其簋：膳夫梁其乍（作）朕皇考惠仲、皇母惠妀尊簋，用追享孝，用匄眉寿，眉寿无疆，百子千孙，永宝用享。（《集成》4147—4151，西周晚期）

颂簋：……用乍（作）朕皇考龚叔、皇母龚姒宝尊簋……（《集成》4332—4339，西周晚期）

寰鼎：……用乍（作）朕皇考郑伯、郑姬宝盘，寰其万年，子子孙孙永宝用。（《集成》10172，西周晚期）

对以上所举铜器铭文中对考、母的称名方式，杨树达先生在《六年琱生簋跋》中曾做过解释："我考幽伯幽姜，不云我母幽姜者，以夫统妻也。"而对于母亲的谥号与父相同的情况又曰："考为幽伯，母称幽姜，妻随其夫为称也。"①

关于这种女性祖先在与配偶并列受祀时，其称名位于男性配偶之后以

① 杨树达：《积微居金文说》（增订本），中华书局 2004 年版，第 246 页。

及与其夫同谥的现象①，陈昭容先生认为是受祭女性居于从属地位的反映②。笔者亦认为这表明了夫妻间因性别差异而造成的尊卑差别，相对于殷商，西周时期女性祖先神的独立性降低，在祭祀中的地位远远低于男性祖先神，反映了妻子对丈夫的依附关系增强，周代父权制家族内对父亲的心理认同远远超过了母亲。

但同时祖妣、考母并祀，说明他们已被当作一个整体来对待。苏联学者谢·亚·托卡列夫在论及非洲各民族的祖先崇拜时曾指出，“伴随个体家庭的分离而出，祖先崇拜则被赋予家庭形态”③，其表现除重视“近祖崇拜”外，也表现为以家庭为单位对祖先神进行祭祀。由此说明西周时期，存在于大家族中的一夫一妻的小家庭已逐渐凸显出独立性，在各种亲属关系中，夫妻关系已超越其他关系，得到周人的重视与尊重。

三、墓葬资料所见西周、春秋时期的两性关系与性别差异

（一）晋国墓地中异穴合葬墓所反映的两性关系与性别差异

西周时期，贵族夫妇间的埋葬方式有了新的变化。虽西周王陵尚未发现，但由目前所发掘的各诸侯国的墓地资料而知，一部分诸侯与夫人的埋葬已采用了异穴合葬的形式，如上文所述的宝鸡強氏墓地中強伯与夫人井姬即为异穴合葬。此外，在张家坡井叔墓地④、济阳刘台子西周墓⑤、浚县

---

① 由现有金文资料来看，对父母的祭祀一般都是“考”位于“母”前，但也有例外，如1981年出土于陕西省岐山县刘家村的叔䢅父簋，其铭曰：

叔䢅父作朕文母、烈考尊簋，子孙永宝用。（《集成》3921—3922，西周晚期）

由器铭可知，叔䢅父在作器祭祀祖先时，“文母”位于“烈考”前，表达了叔䢅父对母亲的崇敬与怀念之情，这种对母亲的情感可能超越了父亲，其原因可能是因为其母生前对其有特殊的恩宠，但内情已详不可考。

② 陈昭容：《周代妇女在祭祀中的地位——青铜器铭文中的性别、身份与角色研究（之一）》，载李贞德、梁其姿主编《妇女与社会》，中国大百科全书出版社2005年版，第1—43页。

③ ［苏］谢·亚·托卡列夫：《世界各民族历史上的宗教》，魏庆征译，中国社会科学出版社1985年版，第156页。

④ 中国社会科学院考古研究所沣西发掘队：《长安张家坡西周井叔墓发掘简报》，《考古》1986年第1期。

⑤ 德州行署文化局文物组、济阳县图书馆：《山东济阳刘台子西周早期墓发掘简报》，《文物》1981年第9期；德州地区文化局文物组、济阳县图书馆：《山东济阳刘台子西周墓地第二次发掘》，《文物》1985年第12期。

辛村卫国墓地[①]、西周倗国墓地[②]、随州叶家山曾国墓地[③]中，也均存在夫妇异穴合葬的现象。而关于西周时期的夫妇异穴合葬，以北赵晋侯墓地与天马—曲村晋国墓地最为完整与典型。

1. 北赵晋侯墓地的性别考察

晋侯墓地位于山西省曲沃县北赵村西南，地处天马—曲村遗址的中心地区，自1992年到2000年，北京大学考古系与山西省考古研究所联合对晋侯墓地进行了六次大规模的发掘[④]，共发现长方形竖穴墓一座（M102）、中字形大墓两座、甲字形大墓十六座（图2.20）。从墓地的发掘情况看，这些墓葬均为两两成对并列的异穴合葬墓。发掘者通过对墓中出土铜器铭文的分析以及墓主性别身份的鉴定，认为大墓的主人为历代晋侯与夫人，这些大墓为晋侯与夫人的异穴合葬墓。[⑤] 墓葬资料公布后，诸多学者撰文对各墓墓主、晋侯世系、相关青铜器、晋国礼俗文化等方面进行研究，目前已取得了一定的成果。此在前人研究成果的基础上，通过对比合葬双方的埋葬方式以及规格差异来探讨晋国上层贵族的性别关系与两性地位，以

---

① 中国社科院考古所：《浚县辛村》，科学出版社1964年版，第17、18页。

② 宋健忠、谢尧亭、田建文等：《山西绛县横水西周墓地》，《考古》2006年第7期；宋健忠、吉琨璋、田建文等：《山西绛县横水西周墓发掘简报》，《文物》2006年第8期。

③ 湖北省文物考古研究所、随州市博物馆：《湖北随州叶家山西周墓地发掘简报》，《文物》2011年第11期；湖北省文物考古研究所、随州市博物馆：《湖北随州叶家山西周墓地》，《考古》2012年第7期。

④ 北京大学考古系、山西省考古研究所：《1992年春天马—曲村遗址墓葬发掘报告》，《文物》1993年第3期；《天马—曲村遗址北赵晋侯墓地第二次发掘》，《文物》1994年第1期；《天马—曲村遗址北赵晋侯墓地第三次发掘》，《文物》1994年第8期；《天马—曲村遗址北赵晋侯墓地第四次发掘》，《文物》1994年第8期；《天马—曲村遗址北赵晋侯墓地第五次发掘》，《文物》1995年第7期；《天马—曲村遗址北赵晋侯墓地第六次发掘》，《文物》2001年第8期。

⑤ 目前北赵晋国墓地为晋侯墓地基本已为学术界的共识，但也有个别学者持不同意见，如刘克甫先生认为北赵晋国墓地并非晋侯墓，而是晋国大夫一级贵族的静谧之处。见刘克甫《"北赵晋国墓地即晋侯墓"一说质疑》，载上海博物馆编《晋侯墓地出土青铜器国际学术研讨会论文集》，上海书画出版社2002年版，第53—74页。

对西周时期的性别关系与两性差异有一大致的了解[①]。为了讨论的方便，兹将晋侯与夫人异穴合葬之情况列于表中（表 2.5）。

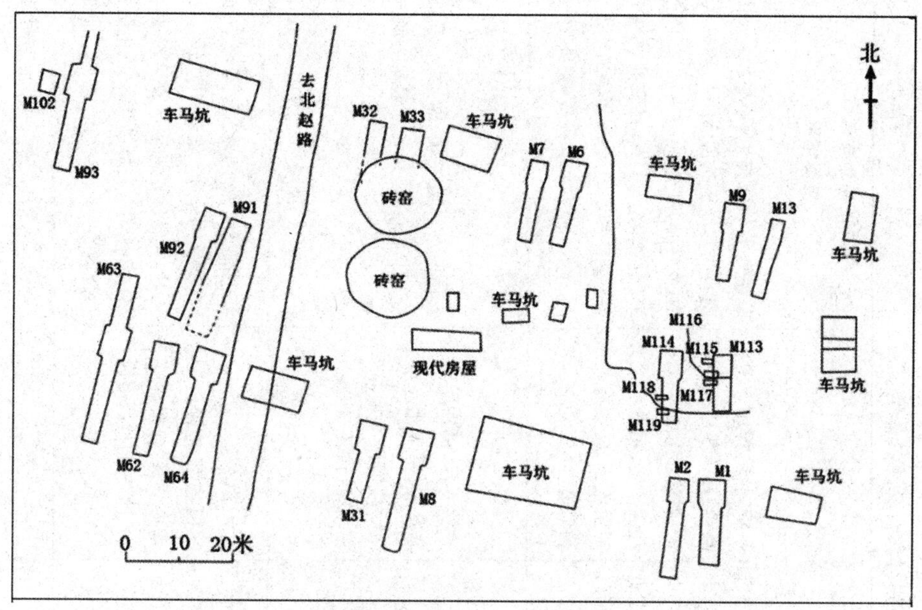

图 2.20 晋侯墓地平面图

（引自《天马—曲村遗址北赵晋侯墓地第六次发掘》）

① 在此要说明的是，晋国墓地所反映的情况并不能代表整个周王朝的情况，由于各地文化背景的迥异以及与周王朝关系亲疏远近的不同，各诸侯国的墓地制度、文化发展是不尽相同的，但由于晋国墓地保存相对完好，所蕴含的性别信息丰富，且“晋侯墓地所显示的文化现象虽不能说与周王室的文化内涵等同，但重要的文化制度应相近”（见张懋镕《晋侯墓地文化解读三题》，载氏著《古文字与青铜器论集》，科学出版社 2002 年版，第 69—74 页），因此对晋国墓地所作的性别分析对了解西周时期性别关系与两性差异是颇有裨益的，在讨论晋侯墓地所体现的性别差异与两性关系时，也会参照其他诸侯国墓地的情况。

表 2.5　晋侯夫妇异穴合葬墓具体情况

墓葬编号	年代	墓主身份	相对位置	墓主性别与葬式	墓葬形制	葬具	墓中殉葬随葬情况	资料出处
M114	西周早期晚段，昭王前后	晋侯燮父	西	仰身直肢，墓主身体上下都撒有大量朱砂	单墓道长方形竖穴土坑墓，墓葬方向 6°，墓室口小于底，墓道以其中点分为前后两断，靠近墓室的一段底部平缓，南半部呈斜坡状	一棺一椁，椁用方木块垒成，呈Ⅱ形，棺呈口形，整体髹黑漆，局部有红漆图案，棺盖板上有一层席痕，席上有丝织物痕迹	墓内殉车 1、殉狗 1、殉人 1。其中殉人骨架位于二层台下的殉人坑内，女性，仰身直肢，双手交叉于腹部，年龄 22—24 岁，仅随葬河蚌 1 件。随葬品遭到盗掘，但仍出土铜、陶、玉、金、原始瓷、骨等器 200 多件	《文物》2001 年第 8 期，第 4—21、55 页
M113		燮父夫人	东	仰身直肢，略向西倾斜，双臂在胸腹部交叉，而右臂叠压着左臂，大腿骨基本平置，而小腿骨则向东倾斜	单墓道长方形竖穴土坑墓，墓葬方向 6°，墓道与墓室口部等宽，墓道南半部呈斜坡状，靠近墓室的一段底部平缓	一棺一椁，椁室用柏木板垒成，呈Ⅱ形。棺室位于椁内中部偏北处，棺木腐朽成粉末	墓内殉车 1，其余铜、陶、玉蚌等器物共 144 件组，其中青铜器 8 鼎 6 簋	
M9	西周中期偏早，穆王前后	武侯宁族	西	男性，仰身直肢，双手捧腹	甲字形大墓，墓道窄于墓室，坡度前陡后缓，墓室底大于口	一棺二椁，椁顶南端有殉狗 1 只，外棺南端有成排海贝组成的配饰	墓中殉车 7 辆，陶器放于墓室东北角的木匣中，铜器放于棺椁之间，有礼器、乐器、兵器、车马器等，7 鼎。墓中还随葬玉石器以及海贝、龟甲、包金器等	《文物》1994 年第 1 期，第 4—28 页

续表

墓葬编号	年代	墓主身份	相对位置	墓主性别与葬式	墓葬形制	葬具	墓中殉葬随葬情况	资料出处
M13	西周中期偏早，穆王前后	武侯夫人晋姜	东	女性，仰身直肢，双手放腹上，头上有括发玉管	甲字形大墓，墓道长，而墓室狭小，墓室仅比墓道宽少许。墓道口西侧有一埋牛的祭祀坑。墓道底前坡后平，接于墓室中腰以上，墓室底略大于口	一棺一椁	椁顶放有装饰精美小车1辆，墓内随葬陶器、原始瓷器、铜器和漆器等。铜器为5鼎4簋。墓主头上有括发玉管，胸部放有玉牌和珠玑组成的两组胸佩，胸部及足部放置海贝，并有柄形器等玉石器	《文物》1994年第1期，第4—28页
M6	西周中期偏早	成侯服人或晋侯僰马	东	不详	甲字形大墓，墓道略窄于墓室，前部坡度大，后部略小，墓道底接于墓室中腰以上，墓室口底大小相等	一棺一椁，棺已被盗洞破坏，棺外原有棺环等铜饰件	随葬器物大部分被盗，残存器物有陶鬲、铜戈、铜銮铃等	《文物》1994年第1期，第4—28页
M7		成侯服人或晋侯僰马夫人	西	死者下肢直伸，上部已被盗洞破坏	甲字形大墓，墓道与墓室等宽，平面呈长条形，墓道及墓室皆口小底大，墓道底前陡后坡	一棺一椁，保存完好，棺前宽后窄	墓道底葬有精致小车1辆，棺内死者足下有海贝一堆，椁外东北二层台上，有陶鬲1件，椁内残存陶罐及玉鹰	

续表

墓葬编号	年代	墓主身份	相对位置	墓主性别与葬式	墓葬形制	葬具	墓中殉葬随葬情况	资料出处
M33	西周中期偏晚	晋厉侯福或晋侯喜父	东	骨架荡然无存，葬式不清	单墓道长方形竖穴土圹墓，墓向200°，墓道位于是南端，相接处没有转折，连为一体，墓室口、底大小基本相同	此墓因被盗椁室遭破坏，由残留板灰推断，椁室呈Ⅱ字形	该墓内至少随葬5辆车，大部分随葬物品被盗掘，尚存鼎2簋1，铜方壶1以及大量车马器、兵器、陶瓷器等	《文物》1995年第7期，第4—39页
M32	西周中期偏晚	晋厉侯福或晋侯喜父夫人	西	不详	不详	不详	此墓遭严重盗掘，目内残存铜鼎、簋等器物的碎片，车1辆，保存完好	《文物》1994年第8期，第22—33、68页
M91	西周晚期偏早	晋靖侯宜臼或晋侯对	东	头向南，面朝上，仰身，下身直肢，双手置于腹部，骨架上下均有朱砂	单墓道长方形竖穴土圹墓，墓向198°，墓道位于墓室南端，墓道尾部比墓室东西宽度略宽。平面略呈箕形，自南向北由陡渐缓。墓室平面呈长方形，口小底大，墓壁斜直	一椁双棺，椁室平面呈长方形，棺室位于椁室中部略偏北，外棺髹漆，内棺长方形，髹朱漆	殉车2辆，棺内大量的玉石器，棺椁间有青铜器、车马器、石器、兵器等。其中鼎7簋5，编钟7枚，石磬近20件	《文物》1995年第7期，第4—39页
M92	西周晚期偏早	晋靖侯宜臼或晋侯对夫人	西	头向南，面朝上，仰身，下身直肢，双手置于腹部，通身敷满朱砂	单墓道甲字形竖穴土圹墓，墓向199°，斜坡墓道位于墓室南端，平面略呈箕形。墓室平面为长方形，底略大于口	一椁双棺，椁室平面呈Ⅱ形，棺室因朽塌过甚，结构不明	棺内墓主身上由大量玉饰品，棺椁间出土青铜礼器8件，鼎、盨、壶各2，盘、盉各1件，椁室东南侧出土陶器4件及少量车马器，还有铜鱼、石圭、石鱼、蚌泡等饰品	《文物》1995年第7期，第4—39页

续表

墓葬编号	年代	墓主身份	相对位置	墓主性别与葬式	墓葬形制	葬具	墓中殉葬随葬情况	资料出处
M1	西周晚期中叶	鳌侯司徒或晋侯皏	东	尸骨无存，葬式不清	甲字形大墓，墓室在北，墓道向南，墓向188°，墓室平面近方形，竖穴土圹式，墓道为长方形斜坡式	一棺二椁，外椁置于墓室中部，由垫木、底板、边框和盖板构成，均为方木，内椁和棺因塌落盗扰情况不明	大部分随葬器物被盗，墓中仅发现少量陶器、铜器及玉石器	《文物》1993年第3期，第11—30页
M2		鳌侯或晋侯皏夫人	西	墓主葬式不清，根据残存下颌骨和髋骨特征分辨，墓主应为20岁左右的女性	甲字形大墓，墓室在北，墓道向南，墓向189°，墓室平面近方形，竖穴土圹式，墓道为长方形斜坡式，北部两壁略内敛	仅存椁痕，椁板板灰多呈浅黄色。椁室平面呈形，盖板东西向横置，底板南北向铺设	此墓亦被盗，出土有铜鼎1、铜手铲形器1以及玉璧、玉鸟等大量玉石器	
M8	西周晚期晚叶	晋献侯苏	东	死者尸骨保存极差，仅有几枚牙齿尚存，从骨痕看，骨架仰身直肢，曲臂放于胸上	平面较规整的甲字形大墓，坐北向南，墓向197°，墓道呈斜坡状，墓室平面呈长方形，墓口与墓底大小基本相等	一棺一椁，椁平面呈Ⅱ形，棺平面呈头端略窄的长方形，直接放置于椁板上，椁室两侧原缀有椁饰，均有大石戈2、小石戈和小铜鱼若干组成	此墓被盗。随葬大量玉器，还有金器，铜器有礼器、乐器、兵器、车马器等。铜礼器，包括兔尊、鼎、簋、方壶等，铜石乐器包括铜编钟、石编磬	《文物》1994年第1期，第4—28页
M31		献侯夫人	西	墓主人骨架已朽尽，仅在一件玉环上压印有隐约可见的几条肋骨痕	墓葬平面呈甲字形，墓室为长方形土坑竖穴式，墓道在墓室南端，为长方形斜坡式，墓口被后期扰土打破	一椁三棺	随葬铜器、陶器、玉石器等1000余件，铜器为3鼎2簋，大量的玉石器	《文物》1994年第8期，第22—33、68页

续表

墓葬编号	年代	墓主身份	相对位置	墓主性别与葬式	墓葬形制	葬具	墓中殉葬随葬情况	资料出处
M64	两周之际	晋侯邦父	东	人骨架头朝北,仰身直肢	带斜坡墓道的甲字形墓,墓向193°。墓道内与墓道两侧有祭祀坑近20个,坑内多殉马,墓室为长方形,口略小于底	一椁二棺,外棺外部髹漆彩绘,内棺内外均髹漆,外面还施以彩绘	玉覆面、金带饰等位于棺内,5鼎4簋,编钟8件,铜方壶2件	《文物》1994年第8期,第4—21页
M62		晋侯邦父夫人	中心	棺内人骨腐朽成末,仅存牙齿及少许肢骨,人骨架头朝北,仰身直肢	形制与64号墓基本相同,墓向192°,墓道斜坡状,南部有2个与墓葬方向一致的祭祀坑,坑内各殉马1匹	一椁二棺,棺位于椁室正中,髹漆彩绘	随葬器物主要有玉覆面1组,串饰3组。青铜器有3鼎4簋,壶、盘、匜、爵、尊、方彝、鼎形方盒各1	
M63		晋侯邦父次夫人	西	棺内人骨腐朽成末,头朝北,仰身直肢	南北两端带墓道的中字形墓,墓向193°,南墓道内有祭祀坑3个,墓室呈长方形,口略小于底	一椁二棺	鼎3簋2,壶2,爵、觯、方彝、盘、匜、鼎形方盒、筒形器各1。大量玉石器与玛瑙器	

续表

墓葬编号	年代	墓主身份	相对位置	墓主性别与葬式	墓葬形制	葬具	墓中殉葬随葬情况	资料出处
93号墓	春秋早期	晋文侯仇	东	双腿并直，头向北，仰身，双手放置情况不明，身体撒朱砂	双墓道中字形竖穴土圹墓，墓向15°，墓室呈长方形，墓底略大，椁室除积石外，均为木炭所围，椁盖上、底下亦铺设木炭	一椁双棺，外内棺均为长方形，南北向铺放，髹漆。棺外铺有数层棉麻类丝织物，其间撒大量朱砂	外棺盖上放置石戈5件，棺内墓主身上有大量玉饰品，青铜器鼎5簋6，壶2，盘、匜、甗各1，乐器有编钟与编磬等，兵器有镞、戈等	《文物》1995年第7期，第4—39页
102号墓		晋文侯仇夫人	西	女性。头向北，面微西侧，仰身，右手屈置腹部，左手置于腰际	长方形土圹竖穴墓，墓向15°	一椁双棺，椁室平面呈Ⅱ形，南北向放置，外棺平面呈Ħ形，内棺平面呈长方形，均南北向放置，未髹漆	鼎3簋4，盘、匜、壶各1，还有玉石器及陶器	

（1）异穴合葬双方相对位置的变化与两性关系

在晋侯墓地十九座异穴合葬墓中，晋侯与夫人墓位的东西排列有一定的规律，最早的两组墓M114、M113组和M9、M13组是男西女东，而其余各组则恰恰相反，自M6、M7组即晋侯服人夫妇墓始，异穴合葬的双方均为晋侯墓在东、夫人墓在西，这种情况一直持续到东周时期，并逐步成为定制。[①] 刘绪、徐天进先生指出男女墓位的变化也见于曲村墓地随葬青铜礼器的西周中型墓。由此推知，男女墓葬相对位置的变化当发生在西周中期[②]。其说可从。西周中期应是夫妇关系与性别观念发生变化的一个关键时期。这种变化应与礼制对夫妇关系的规定相关。虽西周礼制的若干规定，同时期的文献资料记载缺乏，但或许可从成书稍晚的东周礼书中窥其端倪。《礼记·礼器》曰："大明生于东，月生于西，此阴阳之分，夫妇之位也。"郑玄注曰："大明，日也"，以日月、阴阳象征夫妇，而东、西分别为夫妇之位。而且由《仪礼》之《特牲馈食礼》《少牢馈食礼》诸篇章的记载可知，在祭礼中夫妇的位置亦是"男东女西"。由此可见，自西周中期始，晋侯墓中"男东女西"或"男左女右"的位置与东周礼书中对男、女位置的记载是一致的。由此笔者认为，西周中期男女相对墓位的变化，应与此时期这种阴阳观念逐渐被周人所重视并采用有关。

"东""西"为绝对方位概念，这种方位的确定不因视点的转移而发生变化，而"左""右"则为相对概念，会随主体与视点的不同而发生变化。以墓主头向（或墓室相对于墓道的方向）为准，当异穴合葬双方位置由"男西女东"变为"男东女西"后，其相对位置也由"男右女左"变为

---

① 男东女西位置的确定在西周中期以后的晋侯夫妇墓中比较典型，在其他诸侯国国内，仍然存在着男西女东的现象，如河南浚县辛村卫国墓地中的M1（男）、M6（女）与M17（男）、M5（女）分别为两组异穴合葬墓，但其相对位置均为男西女东，两组墓葬的年代分别为西周早期与春秋早期或晚。李伯谦先生曾撰文指出这种夫妇位置的变化在有些国家较快，有些国家较慢。由此表明西周礼制对各个诸侯国的影响是不一样的。见李伯谦《从晋侯墓地看西周公墓墓地制度的几个问题》，《考古》1997年第11期。

② 刘绪、徐天进：《关于天马—曲村遗址晋国墓葬的几个问题》，载上海博物馆编《晋侯墓地出土青铜器国际学术研讨会论文集》，上海书画出版社2002版，第41—52页。

"男左女右"[①]，正如《尚书》孔传所云："东为左，西为右"；《礼记·杂记》孔疏亦曰："左为阳。阳、吉也……右为阴。阴、丧所尚也"。由此可见男左女右的性别方位礼制文化系从男东（阳）女西（阴）观念衍化而来[②]，不只体现在葬俗中，也表现在日常生活的方方面面，如"凡男拜，尚左手……凡女拜，尚右手"[③]；"男子行左，女子行右"[④]；"子生，男子设弧于门左，女子设帨于门右"[⑤]；等等。

有学者指出晋侯墓地中"男东（左）女西（右）"的位置直接反映了男尊女卑，意味着从西周中期贵族妇女社会地位的下降[⑥]。这种看法似显武断，笔者认为，西周时期，墓葬中男、女两性位置的确定虽与礼制对夫妇关系的规范相关，相对位置或许带有男尊女卑的意味，但这种位置规定与西周中期贵族妇女社会地位下降并没有必然的联系。在父权制社会，贵族阶层夫妻关系中丈夫的地位通常都是高于妻子的，西周早期亦如此，但西周早中期的M113夫妇组与M9夫妇组的墓葬位置却为男西女东，可见由"男西女东"转变为"男东女西"，并不是贵族妇女地位下降的表现，而且由上文所述，金文资料显示，西周中期夫妇二位一体观念逐渐增强，由此妻子取得与其夫相同的家族或社会地位，如果从这个角度讲西周中期贵族妇女的社会地位并不是下降的，由此仅仅从位置的变化就得出贵族妇女地位下降的结论是草率的。

---

① 在各组墓中，除M91、M92组外，其余各组墓葬中墓主的头向均与墓室方向相同，M91、M92组的墓穴方向虽与其他组一致，均为墓室在北，墓道在南，但墓主人的头向却并不像其他组一样朝北，而是朝南。这种现象不仅在晋侯墓是特例，在其他地方也属罕见。从商到周，凡是带一条墓道的甲字形墓，不论其方向是南北向还是东西向，墓主人的头向均与墓道相反，即墓道在南者，墓主人头向必向北；墓道在东者，墓主人头向必向西。为什么出现这种情况，李伯谦先生认为可能有其特殊的原因。参李伯谦《从晋侯墓地看西周公墓墓地制度的几个问题》，《考古》1997年第11期。在考古学上，对于没有墓道的墓葬来说，墓葬方向一般以墓主头向为准，但笔者认为，对带有一条墓道的墓来说，墓葬方向似以墓室相对于墓道的方向为准更为准确，因而M91、M92组夫妇墓的相对位置亦为男左女右。

② 龙福廷先生亦曾指出"男左女右"的方位礼制文化是由诸多传统文化因素转化形成的，见龙福廷《古代"左"、"右"方位礼制文化》，《南方文物》2000年第3期。

③ 《礼记·内则》。

④ 《荀子·号令》。

⑤ 《礼记·内则》。

⑥ 雍颖：《晋侯墓地性别、地位、礼制和葬仪分析》，载［美］林嘉琳、孙岩主编《性别研究与中国考古学》，科学出版社2006年版，第143—177页。

（2）由墓向与葬式看两性关系

虽自西周中期始，男、女相对墓位发生了一定的变化，但每组晋侯夫妇墓中在有些方面却是极其一致的。

首先，是异穴合葬双方的墓葬朝向，兹将已公布的资料分别列表于下（表2.6，墓号下是墓向）：

表2.6　晋侯夫妇异穴合葬墓墓向

晋侯	M114 6°	M9？	M6？	M33 200°	M91 198°	M1 188°	M8 197°	M64 193°	M93 15°
夫人	M113 6°	M13？	M7？	M32？	M92 199°	M2 189°	M31？	M62 192° M63 193°	M102 15°

由表2.6可知，资料完整的五组（M114、M91、M1、M64、M93）[①] 晋侯夫妇墓的墓葬朝向几乎完全一致，有的仅相差1°，但由于各墓墓向均由不同人员测定，因此这种细微之差可忽略不计。夫人墓M32、M31以及M6、M9两组晋侯夫妇墓的墓向发掘报告没有公布，但由晋侯墓地的平面图（图2.20）来看，这四组异穴合葬墓中合葬双方的墓向应是基本相同的。

其次，每组夫妇墓中墓主人的葬式也是基本一致的，兹将已发表的葬式清晰的各墓列表如下（表2.7）：

表2.7　晋侯夫妇葬式

晋侯	M114 仰身直肢	M9 仰身直肢，双手捧腹	M91 头向南，面朝上，仰身，下身直肢，双手置于腹部	M64 人骨架头朝北，仰身直肢	M93 双腿并直，头向北，仰身，双手放置情况不明
夫人	M113 仰身直肢，略向西斜	M13 仰身直肢，双手放腹上	M92 头向南，面朝上，仰身，下身直肢，双手置于腹部	M62 人骨架头朝北，仰身直肢 M63 头朝北，仰身直肢	M102 头向北，面微西侧，仰身，双手置于腹部

① 为了讨论的方便，在此仅列侯墓。

由表2.7可知，自M114墓组晋侯燮父夫妇至M93墓组文侯仇夫妇，各组墓葬葬式均为仰身直肢，可见仰身直肢葬在晋国为流行于整个西周时期的葬式，但值得注意的是，虽然头向、双手放置位置，各组墓葬间略有不同，但每组晋侯夫妇的葬式从头向、双手放置位置却是基本相同的，也看不出明显的尊卑差别。而无论墓葬方位的确定抑或死者葬式的安排，都是由生者来控制的，这反映了晋侯与夫人在埋葬时是被后人当作一个整体来看待的，这应是晋国社会中夫妇二位一体观念加强的真实反映。

（3）随葬品所体现的性别差异与两性关系

晋侯与夫人在随葬品等方面也存在一定的差异，已有诸多学者撰文论之①，在此不再详述，仅在前人研究成果基础上，将性别差异较明显的几方面罗列如下，并进一步分析其根源与所蕴含的社会文化意义：

其一，鼎数的差异。

商周时期，在各种随葬品中，青铜礼器的种类与数量往往是彰显墓主身份地位的标志之一，与殷商文化以觚、爵作为青铜礼器的基本组合不同的是，西周时期鼎、簋相配的礼器组合方式更为普遍，尤其是西周中期以后，用鼎制度流行，鼎数多少一般作为墓主身份高低的象征②。关于周代

---

① 曹玮：《关于晋侯墓随葬器用制度的思考》，载《远望集——陕西省考古研究所华诞四十周年纪念文集》（上册），陕西人民美术出版社1998年版，第294—301页；宋玲平：《晋系墓葬制度研究》，科学出版社2007年版，第163页；陈芳妹：《晋侯墓地青铜器所见性别研究的新线索》，载上海博物馆《晋侯墓地出土青铜器国际学术研讨会论文集》，上海书画出版社2002年版，第157—196页；雍颖：《晋侯夫妇墓之比较及晋国高级贵族妇女社会地位试析》，载上海博物馆《晋侯墓地出土青铜器国际学术研讨会论文集》，上海书画出版社2002年版，第197—208页；刘绪、徐天进：《关于天马—曲村遗址晋国墓葬的几个问题》，载上海博物馆《晋侯墓地出土青铜器国际学术研讨会论文集》，上海书画出版社2002年版，第41—52页；雍颖：《晋侯墓地性别、地位、礼制和葬仪分析》，载［美］林嘉琳、孙岩主编《性别研究与中国考古学》，科学出版社2006年版，第143—177页；黄翠梅：《晋侯墓葬用玉制度所显示的性别差异——以曲村和上马墓地为例》，载［美］林嘉琳、孙岩主编《性别研究与中国考古学》，科学出版社2006年版，第123—142页；林永昌：《西周时期晋国墓葬所见性别差异初探》，载北京大学中国考古学研究中心等编《古代文明》（第7卷），文物出版社2008年版，第109—158页。

② 俞伟超、高明先生指出，“在先秦古礼中，除鼎外，其它各种礼乐器也大都有其使用制度。其中，以鼎与簋的相配制度最为明确，因为这两种礼器，其一盛置牲肉，其一盛置黍稷，都是食之主，自然就把这二者作为标志贵族等级的主要礼器”。见《周代用鼎制度研究》（上），《北京大学学报（哲学社会科学版）》1978年第1期。

用鼎制度问题，以往学者已作了相应的探讨，并取得了一定的研究成果①。此在前人研究成果基础上，以历代晋侯与夫人墓葬中所出的鼎、簋为例，结合其他墓地资料，探讨晋侯墓地用鼎制度的发展演变，并进而分析用鼎制度中所存在的性别差异。为了探讨的方便，兹将历代晋侯与夫人墓葬中所出土的鼎、簋列表于下（表2.8）。

表2.8　晋侯夫妇随葬鼎、簋

墓葬编号	年代	墓主身份	用鼎数量
M114	西周早期晚段，昭王前后	晋侯燮父	被盗毁，不详
M113		燮父夫人	8鼎（从发表者看，至少有两种形制） 6簋（从发表者看，至少有两种形制） 具体用鼎簋数不详
M9	西周中期偏早，穆王前后	武侯宁族	7鼎②
M13		武侯夫人晋姜	5鼎4簋
M6	西周中期偏早	成侯服人或晋侯僰马	被盗，不详
M7		成侯服人或晋侯僰马夫人	被盗，不详
M33	西周中期偏晚	晋厉侯福或晋侯喜父	被盗，不详
M32		晋厉侯福或晋侯喜父夫人	被盗，不详
M91	西周晚期偏早	晋靖侯宜臼或晋侯对	7鼎5簋
M92		晋靖侯宜臼或晋侯对夫人	2鼎
M1	西周晚期中叶	釐侯司徒或晋侯㫁	被盗，不详
M2		釐侯司徒或晋侯㫁夫人	被盗，不详

① "列鼎"一词，典籍原意是列鼎而食，列为陈列之意，郭宝钧先生在《山彪镇与琉璃阁》一书中首次提出了"列鼎"的概念，指成套的形状花纹相似、大小相次的鼎。林沄先生认为"'列鼎'的首要标准是形制相若，而并不一定非得逐件大小相次。而且，还存在形制相若，大小相同的成组鼎"。朱凤瀚先生对此表示赞同，"表示身份的鼎数多少，应该以同一形制的成组的铜鼎（或陶鼎）为依据，没有这一标准随意选择凑成鼎数是不恰当的"，并进一步指出，从多数情况看，上述标准是符合当时实际情况的。参郭宝钧《山彪镇与琉璃阁》，科学出版社1959年版，第11页；林沄《周代用鼎制度商榷》，《史学集刊》1990年第3期；朱凤瀚《中国青铜器综论》，上海古籍出版社2009年版，第2112页。此外，详尽探讨周代用鼎制度的还有俞伟超、高明先生的《周代用鼎制度研究》（上、中、下），《北京大学学报（哲学社会科学版）》1978年第1、2期，1979年第1期；杜迺松：《从列鼎制度看"克己复礼"的反动性》，《考古》1976年第1期；宋建：《关于西周时期的用鼎问题》，《考古与文物》1983年第1期。

② 关于此墓随葬的鼎数，参朱凤瀚《关于北赵晋侯诸墓年代与墓主人的探讨》，载北京大学中国传统文化研究中心编《文化的馈赠——汉学研究国际会议论文集·考古卷》，北京大学出版社2000年版，第192—198页。

续表

墓葬编号	年代	墓主身份	用鼎数量
M8	西周晚期晚叶	晋献侯苏	被盗，不详
M31		献侯夫人	3 鼎（形制基本相同、大小相次） 2 簋（形制大小基本相同）
M64	两周之际	晋侯邦父	5 鼎（其中两件器形、铭文相同） 4 簋（形制、花纹相同）
M62		晋侯邦父夫人	3 鼎（大小相次） 4 簋（形制大小相同）
M63		晋侯邦父次夫人	3 鼎 2 簋
M93	春秋早期	晋文侯仇	5 鼎（形制、纹样相同，大小相次） 6 簋（形制、纹样、大小均相同）①
M102		晋文侯仇夫人	4 鼎（其中三件形制、纹样相同、大小相次） 5 簋（其中四件形制、纹样、大小均相同） 可见此墓用鼎簋数应为：3 鼎 4 簋

由以上列表可知，在十九座晋侯与夫人墓葬中，前几代晋侯与夫人的墓葬或被盗毁，如 M114、M6、M7、M33、M32、M1、M2、M8；或公布资料不全，如 M113、M9、M91，因此晋侯夫妇墓所用的鼎簋数量难以确知，如 M113 虽然随葬八鼎六簋，但根据发表的资料可知，鼎、簋分别至少有两种形制，而“列鼎”一般以形制相同为首要原则，因此此墓的列鼎数难以确知。又如 M91 出土七鼎五簋，但发掘简报并未提及这些鼎簋的形制，李朝远先生根据各有一件鼎、簋另置于椁室的东侧，从而认为这套鼎、簋可能是明器，指出此墓的鼎簋组合可能是六鼎四簋②。而且，令人费解的

① 此墓出土的明器中也有鼎一、簋一。

② 李朝远：《晋侯青铜鼎探识》，载上海博物馆编《晋侯墓地出土青铜器国际学术研讨会论文集》，上海书画出版社 2002 年版，第 431—445 页。

是，夫人墓 M92 中仅出土了两鼎，并没有簋出土[①]。在晋侯墓地早期的墓葬中，只有穆王中期的夫人墓 M13 出土了五鼎四簋，有学者据此认为晋国至迟自西周中期初始即已实行一定的鼎簋相配制度[②]。不只晋侯墓地如此，1974 年发掘的宝鸡茹家庄 M1 甲室，为㢘伯之妾兒的墓葬，此墓年代大约也在穆王之际，墓中出土了五鼎四簋，五鼎形制相同、大小相次，四簋形制、大小雷同[③]，这似表明宝鸡㢘氏在穆王时期已受到周人礼器制度的影响。由此可见，西周时期成熟的“列鼎”制度的产生应在穆王以前。

因前几代晋侯夫妇的墓葬多被盗毁，所以对于西周早中期晋侯夫妇用鼎制度的性别差异难以比较分析。其他墓地中西周早中期的夫妇异穴合葬墓，也多被盗毁，只有宝鸡茹家庄㢘氏 M1、M2 保存比较完整。M1 甲室为㢘伯之妾兒的墓葬，如上所述，此墓中出土有五鼎四簋，M1 乙室为㢘伯之墓，墓中出土八鼎五簋，M2 为㢘伯之妻井姬之墓，墓中出土六鼎五簋，但㢘伯与井姬墓中出土的鼎均有三种形制，簋有两种形制，因此这两座墓的“列鼎”究竟为几件，并不清楚。[④] 由此，西周早期是否已有严格的用鼎制度以及贵族夫妇在用鼎制度方面是否存在性别差异，依据现有资料是难以明确的。

---

① 李朝远先生认为，此墓下葬于其子已为侯时，所以其组合尚难成为标准。见李朝远《晋侯青铜鼎探识》，载上海博物馆编《晋侯墓地出土青铜器国际学术研讨会论文集》，上海书画出版社 2002 年版，第 435 页。

② 朱凤瀚：《中国青铜器综论》，上海古籍出版社 2009 年版，第 1478 页。

③ 卢连成、胡智生：《宝鸡㢘国墓地》，文物出版社 1988 年版。

④ 㢘伯墓中出土方鼎三、圆鼎四、鼎形温食器一，双半环耳簋四、双耳双环簋一，井姬墓中出土圆鼎五、方鼎一、双半环耳簋四、双耳双环簋一。俞伟超、高明先生认为㢘伯墓中出土的四件圆鼎与鼎形温食器是少牢五鼎，配四件双半环耳簋，㢘伯墓的鼎簋组合是“五鼎四簋”，井姬墓中的礼器组合亦为“五鼎四簋”，因而三室的用鼎规格基本相同。正如《礼记·玉藻》云：“夫人与君同庖”，“同庖”意味着同鼎同制，这说明茹家庄墓地出土青铜器的情况与文献所记载的夫妇用鼎相同是正相吻合的。但由下文所述西周晚期晋侯墓地的情况来看，晋侯墓用鼎数多于夫人墓，这与文献对夫妇用鼎相同的记载是不相同的，而且宝鸡㢘氏并非王畿内贵族，有可能属于尚未并入周王朝之土著民族，在随葬礼器方面虽已受到周王朝礼制的影响，但仍带有地域性的文化因素，因而对用鼎制度的实行可能是不严格的。㢘伯与井姬墓中的铜器组合是否如俞先生与高先生所说为五鼎四簋，还有进一步探讨的必要。参俞伟超、高明《周代用鼎制度研究》（中），《北京大学学报（哲学社会科学版）》1978 年第 2 期；朱凤瀚《中国青铜器综论》，上海古籍出版社 2009 年版，第 2113 页。

但自西周晚期始，晋侯墓地的用鼎制度与夫妇墓间的用鼎数量比值似有了一定的规律。M64 为侯墓，出土五鼎四簋，而 M62、M63 为夫人墓分别出三鼎四簋或三鼎两簋。M93 为春秋早期之侯墓，出土五鼎六簋，与之对应的夫人墓 M102 的用鼎簋数为三鼎四簋。夫人墓均与晋侯墓形成等差。不只晋侯墓，同一阶层间的这种性别差异，在其他诸侯国墓地中也如此，如上村岭虢国墓地 M2001 与 M2012，二墓异穴合葬，年代大致为春秋早期，由 M2001 墓中出土的铜器铭文，知墓主为虢季，对于其具体身份，发掘报告定为虢国国君，但有学者指出，此墓葬中的鼎簋组合为七鼎六簋，与 1957 年发掘的 M1052 虢国太子墓所出鼎簋数目相同，因此 M2001 墓主地位应与虢太子地位同，相当于虢国卿（春秋时大夫的最高级）①。M2012 墓主，应为女性墓，这两座墓的用鼎数分别为七鼎六簋与五鼎四簋②。贵族夫妇间用鼎制度的差异，应是“礼制”逐渐发展的结果，这直接反映了丈夫地位高于妻子，这是同一阶层的性别等差，是父权制与夫权制的必然要求。

其二，晋侯墓葬多随葬兵器，而这些随葬品均不见于夫人墓葬。

墓葬中是否随葬兵器，向来为墓主是否从事戎旅的象征，与殷商少许贵族妇女随葬青铜兵器有别，晋侯夫人墓中无一随葬兵器，而曲村墓地中的中小贵族和平民的墓葬，墓主经鉴定为女性的，也无随葬兵器的现象③。此外，在西周时期已发掘的其他诸侯国的墓地中，女性墓亦未发现有随葬

① 彭裕商：《三门峡虢季墓新考》，载山东大学东方考古研究中心编《东方考古》第 2 集，科学出版社 2005 年版，第 198—201 页。

② 其他贵族夫妇墓中的情况一般也如此，男性贵族随葬的鼎簋数是多于妻墓所出的，但也有例外，如 2005 年发掘的山西绛县横水西周墓 M1、M2，根据墓葬形制与出土青铜器铭文，这两座墓被认定为倗国国君倗伯（M2 墓主）与其妻毕姬（M1 墓主）的墓葬，墓葬年代大致在西周中期偏晚。但 M1 中出土了五鼎五簋（鼎簋的形制未完全公布），而 M2 中仅出土了三鼎一簋，明显毕姬所随葬的青铜器多于倗伯墓所出青铜器。出现这种情况的原因，朱凤瀚先生认为这主要缘于毕姬出身于周人之强宗毕氏，而倗伯以当时的少数族土著的狄人身份作为周人的附庸，故倗伯在随葬礼制方面采用了低于夫人的墓制与葬制。参宋健忠、谢尧亭、田建文等《山西绛县横水西周墓地》，《考古》2006 年第 7 期；宋健忠、吉琨璋、田建文等《山西绛县横水西周墓发掘简报》，《文物》2006 年第 8 期；朱凤瀚《中国青铜器综论》上海古籍出版社 2009 年版，第 1494 页。

③ 北京大学考古学系商周组、山西省考古研究所：《天马—曲村（1980—1989）》，科学出版社 2000 年版。

兵器者。这似表明西周时期，女性已被排斥在军旅之外。①

其三，礼乐器仅见于晋侯墓，不见于夫人墓。

这是否表明夫人无权享受礼乐呢？编钟等乐器为宗庙祭祖时所用之器，但西周时期贵族妇女尤其是家族内的宗妇应是有权力参与家族祭祀活动的②，金文资料显示，女性贵族也可以拥有乐器，如西周晚期的遅父钟（《集成》103），其铭曰，“遅父作[illegible]齐姜龢林钟”，可见此钟的器主为妇人齐姜，又如春秋时期的铸侯求钟（《集成》47），由其铭文“铸侯求作季姜媵钟”来看，此钟应是铸侯求为季姜所作的媵器。由此种种，如果说两周时期礼乐器与贵族妇女毫不相关，似乎难以讲通，而且值得注意的是，在1984年发掘的张家坡井叔墓地中，M163出土了两件编钟，而此墓的墓主经骨骼鉴定，为25—30岁的成年女性③。2004年发掘的山西绛县横水M1、M2为带斜坡墓道的竖穴土圹木椁墓，二墓异穴合葬，相距仅4米，由墓中随葬铜器铭文可知，M2墓主是倗伯，M1墓主为倗伯夫人毕姬，而在毕姬墓中，也出土了形制相同的铜甬钟五件。④

其四，关于墓内葬车、车马器与祔葬车马坑的问题。

墓葬资料显示，晋侯与夫人都可随葬车与车马器，但自西周晚期始，晋侯墓地中殉葬车马的习俗发生了变化，自M92始，除M64外，晋侯夫妇墓中极少葬车。晋侯墓中所葬之车，在大小与数量上均与其夫人有明显区

---

① 西周女性贵族随葬兵器的情况，也有个别发现。如1975在北京昌平白浮村发掘了三座西周墓葬（M1—M3），其中M2为西周中期墓葬，墓主人经骨骼鉴定为一中年女性，但在其墓葬中随葬有戈、戟、刀、矛等大量兵器。关于白浮墓葬的文化归属，学者大多通过其带有腰坑，且出土的带铃匕首、兽首短剑、有銎戈等具有北方青铜文化特征，认为白浮墓主可能与土著的北方民族有较密切的关系，并非姬姓周人，也有可能为燕国的殷遗民。参北京市文物管理处《北京地区的又一重要考古收获——昌平白浮西周木椁墓的新启示》，《考古》1976年第4期；韩金秋《白浮墓葬的微观分析与宏观比较》，载吉林大学边疆考古中心编《边疆考古研究》第7辑，科学出版社2008年版，第102—118页；朱凤瀚《中国青铜器综论》，上海古籍出版社2009年版，第1411页；韩建业《略论北京昌平白浮M2墓主人身份》，《中原文物》2011年第4期。另关于商周时期贵族妇女从事军旅之事，在本书的下编中有详细的探讨。

② 详见本章第二节所述。

③ 中国社会科学院考古研究所沣西发掘队：《长安张家坡西周井叔墓发掘简报》，《考古》1986年第1期。

④ 宋健忠、谢尧亭、田建文等：《山西绛县横水西周墓地》，《考古》2006年第7期；宋健忠、吉琨璋、田建文等：《山西绛县横水西周墓发掘简报》，《文物》2006年第8期。

别，晋侯都葬大车，数量往往多于夫人，其中 M114 殉车四辆、M9 殉车七辆、M33 至少殉车五辆，这些车大都拆散置于墓室或墓道内，而夫人墓所葬均为小车，且每位夫人只有 1 辆，这些小车均制作精美，装饰考究，有可能为夫人出行的交通工具。刘绪先生曾指出，这种小车的高度明显不宜驾马，而只能驾以羊、鹿等动物，并认为，这种小车很可能就是高级女性贵族专用的娱乐车①，似可备一说。

另外，即是关于祔葬车马坑的问题，在晋侯墓地中，每组晋侯夫妇墓的东北部都祔葬车马坑一座，其中最早的两组墓（M114 组、M9 组），夫人墓与车马坑邻近，其余七组墓皆为侯墓与车马坑相邻。刘绪、徐天进先生通过考证曲村墓地中祔葬车马坑的单独墓葬的墓主均为男性，从而推测晋国墓地中包括晋侯夫妇墓在内的异穴合葬墓共用之车马坑，均应是为丈夫所设，并由此认为女性贵族墓不单设车马坑已为当时的定制②。但笔者认为，西周时期祔葬车马坑，可能并没有明显的性别限制，女性贵族应是可以祔葬车马坑的。如 1981 年发掘的陕西长安县花园村 M15、M17，为昭、穆时期的墓葬，二墓相隔八米，均为南北朝向，墓葬形制与墓主人葬式都大致相同，应为异穴合葬墓。分别在二墓的正南方向 33、32 米处，祔葬车马坑一座。由墓葬出土器物来看，三件大小、花纹、造型、铭文内容完全相同的方鼎分别出于两座墓葬中，其中 M15 出土两件，M17 出土一件③，其铭曰：

> 隹（唯）八月辰才（在）乙亥，王才（在）葊京，王赐歸纨进金，肆奉对扬王休，用乍（作）父辛宝齍。亞[illegible]。（《铭图》2338，图 2.21）

① 刘绪、徐天进：《关于天马—曲村遗址晋国墓葬的几个问题》，载上海博物馆编《晋侯墓地出土青铜器国际学术研讨会论文集》，上海书画出版社 2002 年版，第 41—52 页。

② 刘绪、徐天进：《关于天马—曲村遗址晋国墓葬的几个问题》，载上海博物馆编《晋侯墓地出土青铜器国际学术研讨会论文集》，上海书画出版社 2002 年版，第 41—52 页。

③ 陕西省文物管理委员会：《西周镐京附近部分墓葬发掘简报》，《文物》1986 年第 1 期。

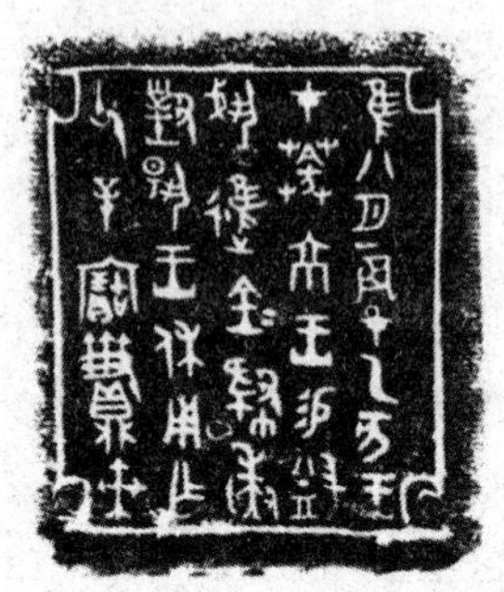

图 2.21　歸𢦏进鼎器形与铭文

铭末所署氏名“[illegible]”，此铭号习见于殷墟卜辞与商金文，属商人家族。可见二墓的墓主人应属商遗民①。二墓出土完全相同的器物说明墓主生前的亲密关系，李学勤先生认为二者应为兄弟关系②，但 M17 出土伯姜鼎一件，说明墓主身份有可能为妇人伯姜，根据祔葬车马坑的情况看，M17 墓主的身份地位略低于长花 M15 的墓主，而在异穴合葬墓中，夫人墓在葬具与葬制上也通常都稍逊一些。因此笔者认为，二墓主间也不能排除为夫妇关系的可能，此二墓也有可能为夫妇异穴合葬墓。如果这种推测成立的话，即可说明西周时期贵族妇女是可以祔葬车马坑的。

因西周中晚期祔葬车马坑材料匮乏，而关于贵族夫妇异穴合葬墓祔葬车马坑的情况更是寥寥无几，但春秋早期的一些墓葬也表明女性贵族墓是可以祔葬车马坑的。如上村岭虢国墓地 M2012，为春秋早期墓葬，与相距不远的 M2001 虢季墓为夫妇墓，二墓均设有单独的车马坑（图 2.22），M2001（虢季墓）的车马坑东距 M2001 六米，而其夫人之墓 M2012 的车马坑在此墓西北部 9.6 米处，③。此外，1992 年发掘的虢国墓地 M2013，墓主人可能为名曰“丑姜”的女性贵族，在此墓的南部也祔葬车马坑一座（图 2.22）。④

---

① 朱凤瀚：《商周家族形态研究》（增订本），天津古籍出版社 2004 年版，第 382 页。

② 李学勤：《论长安花园村两墓青铜器》，《文物》1986 年第 1 期。

③ 河南省文物考古研究所、三门峡市文物工作队：《三门峡虢国墓》，文物出版社 1999 年版，第 235—316 页。

④ 河南省文物考古研究所、三门峡市文物工作队：《三门峡虢国墓》，文物出版社 1999 年版，第 10 页；河南省文物考古研究所、三门峡市文物工作队：《三门峡虢国墓地 M2013 的发掘清理》，《文物》2000 年第 12 期。

由此可见，西周时期女性贵族应该是可以祔葬车马坑的。而且，晋侯墓地中车马坑的位置并没有随晋侯与夫人相对位置的变化而发生变化，这也说明这种车马坑应是为夫妇二人共同所有的。[①] 西周时期，祔葬车马坑是一种身份地位与政治权力的象征，夫妇共用车马坑表明晋侯夫人在晋国的权威与尊贵地位。

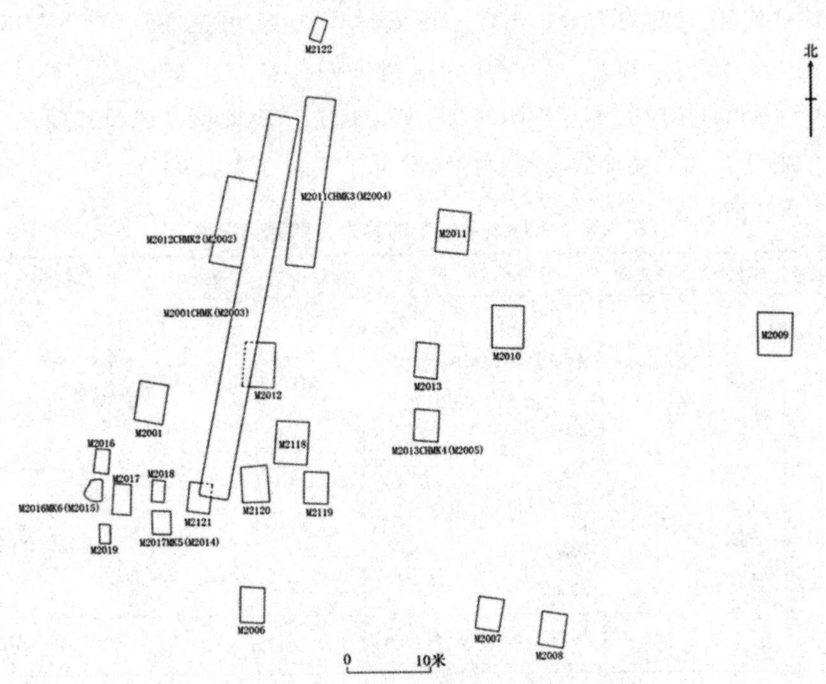

图 2. 22　三门峡虢国墓地墓葬与车马坑位置图

（引自《三门峡虢国墓》）

2. 曲村晋国墓地中的异穴合葬墓

东距天马—曲村晋侯墓地约 1200 米的曲村村北、村西及西北面是晋国的邦墓，即中小贵族与平民的墓葬，整个墓葬区东西长 800 米，南北宽约 600 米。1980—1989 年对天马—曲村进行的 6 次发掘中已发掘墓地面积

① 夫妇共用车马坑的情况还见于浚县辛村卫国墓地，M17（男）、M5（女）为夫妇异穴合葬墓，墓葬年代大致在春秋早期或稍晚，M17 在西，M5 在东，二墓相距 6 米，在 M17 东南约 42 米处，有大型车马坑一座；M1（男）、M6（女）为夫妇异穴合葬墓，M1 在东，M6 在西，二墓相距 6 米，在 M1 正西 15 米，设有一座大型车马坑，此二墓年代大致在西周早期。参郭宝钧《浚县辛村》，科学出版社 1964 年版，第 17—18 页。

13400 平方米，分为 12 个发掘区，即 I1—I4、J1—J4、K1—K4，清理西周、春秋时期墓葬 641 座、车马坑 6 座①。

曲村墓地中可以确定为夫妇异穴合葬墓的有四组，均为随葬铜礼器的长方形竖穴土圹墓，M5150、M5189 位于 I2 区的最北端，东西并列，相隔 3 米，M5189 的墓主为男性，30 岁左右，M5150 的墓主是女性，20 岁左右，距 M5150 西南约 8 米处还有一座马坑 M5160，可见 M5150、M5189 应为一组夫妇异穴合葬墓，M5160 为这组夫妇墓祔葬的车马坑。M6195 和 M6197、M6231 和 M6080、M6130 和 M6131 均位于 J4 区，成对并列，为了探讨的方便，兹将各异穴合葬墓的情况列于下表（表 2.9）

表 2.9　曲村族墓地中的异穴合葬墓情况表

墓葬编号	年代	墓葬方向	墓主性别、葬式	相对位置	葬具	随葬青铜礼器
M6195	西周早期偏早	东西向，墓向 90°	男性，30 岁左右，头向东，面微侧向北，仰身直肢，双手置于髋骨上	南	一椁一棺	3 鼎 2 簋，1 鬲，1 甗
M6197	西周早期偏早	东西向，墓向 90°	女性，25—30 岁，头向东，面微偏向南，仰身直肢，双手置于腹部	北	一椁一棺	2 鼎 2 簋，2 鬲
M6231	西周早期偏晚	南北向，墓向 355°	男性，35 岁左右，头向北，面微侧向西，仰身直肢，双手置于腹部	西	一椁一棺	2 鼎 2 簋，2 鬲，1 甗，1 爵，1 觯，1 尊，1 卣，1 壶
M6080	西周早期偏早	南北向，墓向 5°	女性，年龄 14—15 岁，头向北，面向上，仰身直肢	东	一椁一棺	2 鼎 2 簋，2 鬲
M6130	西周早期偏早	南北向，墓向 9°	男性，成年，头向北，面微侧向东，仰身直肢，双手交置于腹部	西	一椁一棺	1 鼎 1 簋，1 甗

① 北京大学考古学系商周组、山西省考古研究所：《天马—曲村（1980—1989）》（一至四册），科学出版社 2000 年版。

续表

墓葬编号	年代	墓葬方向	墓主性别、葬式	相对位置	葬具	随葬青铜礼器
M6131	西周早期偏早	南北向，墓向14°	女性，45岁左右，头向北，面微侧向西，仰身直肢，双手弯曲置于腹部	东	一椁一棺	1鼎1簋
M5189	西周晚期	南北向，墓向7°	男性，30岁左右，头向北，面向上，仰身直肢，双手分置于髋上	东	一椁一棺	2鼎2簋
M5150	西周晚期	南北向，墓向10°	女性，20岁左右，头向北，面向不清，仰身直肢，左手置于腹部	西	一椁二棺	1鼎，1簋，1盉，1盘

由表2.9可知，各墓组的墓葬方向大体一致，M6195和M6197墓组为东西向，男性墓在南，女性墓在北，其余三组墓葬方向均为南北向，M6231和M6080、M6130和M6131两组墓的年代均为西周早期，夫妇间的相对位置是男西女东，与晋侯墓地中最早的两组墓M114、M113组和M9、M13组一致，西周早期男女的相对位置是男西女东，在西周中期出现了变化，M5189与M5150的年代为西周晚期，已转变为男性墓在东侧，女性墓在西侧。而且值得注意的是，M6195和M6197、M6130和M6131两组墓的墓主均面微侧向配偶墓葬所在方向，可能与周人重视夫妇关系有关。

这四组墓中男性墓内均出土了铜兵器，主要有铜戈、铜矛、铜镞，以戈的数量最多，M6195出土铜戈7件，M6231出土铜戈8件，女性墓中未发现兵器。从随葬青铜礼器与鼎簋的情况而言，西周早期的三组异穴合葬墓中，男性墓随葬青铜礼器的总数与种类均多于其女性配偶，如M6231出土12件青铜礼器，分别为鼎2、簋2、鬲2、甗1、爵1，觯1，尊1，卣1，壶1，而其妻墓中只出土了两鼎、两簋和两件鬲。所用鼎簋的数量，除M6195为三鼎两簋，其女性配偶M6197为两鼎两簋外，其余两组墓夫妇所用鼎簋数量相同。而到了西周晚期的M5189与M5150墓组，男性墓随葬两鼎两簋，其女性配偶墓随葬一鼎一簋，用鼎制度出现了明显的性别等差。男性墓主对于其女性配偶在随葬青铜礼器总量的优势到鼎簋数量的明显差别，是西周时期用鼎制度的渐趋成熟的直接体现，即以鼎簋为核心的礼器组合作为墓主身份地位的象征方面起着越来越重要的作用。

这四组夫妇异穴合葬墓的墓主，应属晋国的中小贵族阶层，朱凤瀚先生认为这些墓的墓主人应是这些墓组所属家族内的族长与其配偶一类①，其说可从，其随葬青铜礼器方面的差异，表明了在晋国一般贵族家族内，夫妇间存在的性别等差。在曲村墓地中，除这四组铜器墓外，在小型墓葬中未发现明显的夫妇异穴合葬墓，可见夫妇异穴合葬是贵族阶层所采用的葬俗，并未流行于平民阶层。

综而述之，晋侯墓地中最早的一位国君为晋侯燮父（M114 墓主人），其年代约为西周早期晚段，大约为昭王前后；最晚的一位晋侯为晋文侯仇（M93 墓主人），其时代已步入春秋早期，可见天马—曲村晋侯墓地的持续年代大概为西周早期晚段至春秋时期，而曲村墓地中 M6195 和 M6197、M6130 和 M6131 两组夫妇异穴合葬墓的年代均为西周早期偏早，这说明晋国墓地中的夫妇异穴合葬是约流行于整个西周时期的埋葬习俗。《礼记·檀弓上》载鲁大夫季武子在论及合葬时曰："合葬，非古也。自周公以来未之有改也"，是说合葬是从周公时开始的，同样在《礼记·檀弓上》还记载道："舜葬于苍梧之野，盖三妃未之从也。季武子曰：'周公盖祔'。"郑玄注曰："祔，谓合葬，合葬自周公以来。"虽然合葬是否确实始于周公还有待于探讨，但由晋侯墓地的起始时间来看，西周早期存在异穴合葬墓是无可辩驳的。2012 年发掘的随州叶家山曾国墓地中也发现了异穴合葬墓，由现公布的资料来看，M65 与 M2、M28 与 M27 两组异穴合葬墓位于墓地的中间地带，M65、M2 分别为曾侯谏与其夫人的墓葬，年代可能在康王时期②，由此也说明西周时期的夫妇合葬制度至少在康王时已存在，可

---

① 朱凤瀚：《中国青铜器综论》，上海古籍出版社 2009 年版，第 1474 页。

② 湖北省文物考古研究所、随州市博物馆：《湖北随州叶家山西周墓地发掘简报》，《文物》2011 年第 11 期；湖北省文物考古研究所、随州市博物馆：《湖北随州叶家山西周墓地》，《考古》2012 年第 7 期；湖北省文物考古研究所、随州市博物馆：《湖北随州叶家山 M65 发掘简报》，《江汉考古》2011 年第 3 期；湖北省文物考古研究所、随州市博物馆：《湖北随州叶家山 M28 发掘报告》，《江汉考古》2013 年第 4 期。

见文献的记载与墓葬资料大致是相合的。

在天马—曲村晋国墓地中，晋侯与夫人共用之墓葬区，与一般贵族平民之墓葬区在空间上拉开明显的距离，两墓地一东一西，相距1200米，这种情况与殷墟王陵十分相似但亦有显著区别。历代商王的墓地位于殷墟侯家庄西北岗王陵西区，与其他家族成员的墓地是截然分开的，但在殷商王陵西区除少许士卒、婢妾的陪葬墓外，并没有发现历代商王配偶之墓葬。而晋侯与夫人在其专用墓葬区内两两异穴合葬，与殷商时期商王独用王陵西区、法定配偶排斥在外相区别，这除表明严格的一夫一妻制已确立外，也凸显了作为嫡妻的夫人与晋侯一样，拥有超越其他社会成员的权力与地位。晋侯与夫人随葬品方面的差异则体现了父权制社会下贵族夫妇间的性别等差。

每组晋侯与夫人的墓葬中诸多方面都是大致相同的，尤其是异穴合葬双方的葬式、墓葬的朝向等都达到了近乎惊人的一致，可见埋葬者是把他们作为一个整体来看待的，这是夫妇二位一体性别观念在墓葬制度中的真实反映，也说明晋侯与夫人在晋邦中位于同一等级，女性取得了与其夫同等的家族或社会地位，这是夫妇关系强化的重要表现。从而也反映出西周时期的两性关系乃至家族形态、家族秩序相比于殷商发生了根本的变化。

（二）春秋时期墓葬所见两性关系与性别差异

春秋时期，人们希望死后与配偶合葬的愿望亦越发强烈，如《诗经·唐风·葛生》曰：

> 夏之日，冬之夜。百岁之后，归于其居。冬之夜，夏之日。百岁之后，归于其室。

郑笺云：“居，坟墓也”，又曰：“室犹冢圹。”诗中反映了人们希望夫妇死后合葬在一起的愿望。又如《诗经·王风·大车》载曰：

> 大车槛槛，毳衣如菼。岂不尔思？畏子不敢。
> 大车哼哼，毳衣如璊。岂不尔思？畏子不奔。
> 榖则异室，死则同穴。谓予不信，有如皦日。

毛传：“榖，生也”，指活着。异室，不得同居一室。此诗描述了一对被迫离异的夫妻同车而行，妻子鼓励丈夫与她逃往别处，并自誓绝不改嫁[①]。“同穴”指死后合葬一个墓穴，朱熹《诗集传》曰：“生不得相奔以同室，庶几死得合葬以同穴而已”，反映了夫妻间希望长相厮守、死后同穴合葬的愿望。

可见，东周时期，性别观念进一步发展，以夫妻关系作为生活轴心或中心点的观念更加强化[②]，这在此时期的埋葬方式上也有反映。

1. 贵族夫妇异穴合葬的新形式

春秋时期，夫妇异穴合葬的形式更为流行。在淅川下寺、河南南阳、登封告成、辉县琉璃阁、河南信阳平桥、侯马上马、临猗程村、山东沂水、长清仙人台等地[③]均发现了夫妇异穴合葬墓，值得注意的是，此时的异穴合葬形式相比于西周时期有了一些变化，如 1978 年在河南信阳五星公社发现的两座土圹竖穴墓，其编号分别为 M1 与 M2[④]，与其他异穴合葬墓不同的是，这两座墓之间没有丝毫的距离，而是紧密并列在一起，甚至有互相连接的部分，M2 南壁破坏了 M1 的北壁，表明 M1 埋葬的年代早于 M2。M1 土圹长 4. 4、宽 3. 4、深 5. 2 米，方向北偏东 85°。墓底中部偏北处置一棺，棺与骨架皆朽，仅存半枚牙齿，在死者的头部发现玉玦一、玉

---

① 高亨：《诗经今注》，上海古籍出版社 1980 年版，第 104 页。

② 春秋时期的性别关系除夫妇二位一体性别观念增强外，还有两个重要的特点，其一是“以妾为妻”的现象，这与夫妇二位一体性别观念的加强并不是互相矛盾的，但鉴于贵族阶层的“以妾为妻”现象对于政治所产生的重要影响，因而把它放入下编中讨论。其二，春秋性别关系的开放也是此时的一个重要特征，详见本章下文。

③ 河南省文物研究所、河南省丹江库区考古发掘队、淅川县博物馆：《淅川下寺春秋楚墓》，文物出版社 1991 年版；郑州大学历史学院考古系、河南省文化管理局南水北调文物保护办公室、南阳市文物考古研究所：《河南南阳市程庄墓地东周墓葬发掘简报》，《考古》2008 年第 5 期；郑州市文物考古研究院、登封市文物管理局：《河南登封告成春秋墓发掘简报》，《文物》2009 年第 9 期；郭宝钧：《山彪镇与琉璃阁》，科学出版社 1959 年版；河南省博物馆、信阳地区文管会、信阳市文化局：《河南信阳市平桥春秋墓发掘简报》，《文物》1981 年第 1 期；山西省考古研究所：《山西长治市分水岭古墓的清理》，《考古学报》1957 年第 1 期；山西省考古研究所：《上马墓地》，文物出版社 1994 年版；中国社会科学院考古研究所、山西省考古研究所、运城市文物局等：《临猗程村墓地》，中国大百科全书出版社 2003 年版；山东省文物考古研究所、沂水县文物管理站：《山东沂水刘家店子春秋墓发掘简报》，《文物》1984 年第 9 期；山东大学考古系：《山东长清县仙人台周代墓地》，《考古》1998 年第 9 期；山东大学历史文化学院考古系：《长清仙人台五号墓发掘简报》，《文物》1998 年第 9 期。

④ 河南省博物馆、信阳地区文管会、信阳市文化局：《河南信阳市平桥春秋墓发掘简报》，《文物》1981 年第 1 期。

片饰物三片。此墓中的随葬器物均放在墓室南壁高40厘米的生土二层台上，有铜鬲、铜壶、铜盆、铜盘、铜匜以及玉器和陶器。鬲、壶、盘、匜皆铸有铭文，其铭文相同，均为：

樊夫人龙嬴，用其吉金，自乍（作）行鬲。（《集成》675，图2.23）

樊夫人龙嬴为女子名，“樊”为夫家氏名，“夫人”为尊称，“龙”为父家氏名，“嬴”为父家族姓。此墓中出土樊夫人龙嬴自作器多件，说明她很可能是此墓的墓主，墓葬中同出之铜盆所铸铭文与其余器物不同，为：

樊君夔用其吉金，自乍（作）宝盆。（《集成》10329，图2.24）

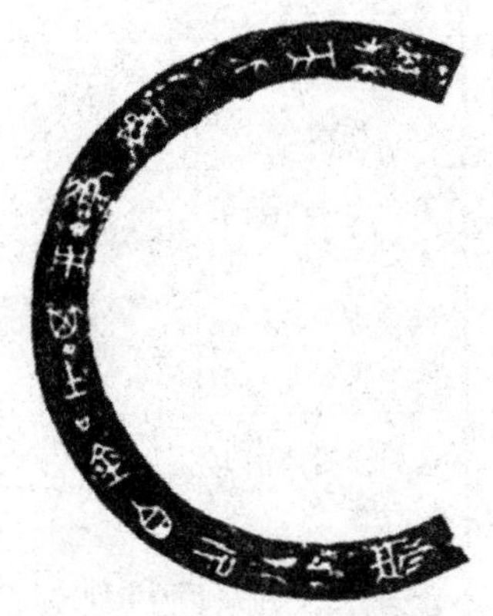

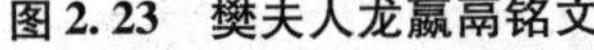

图2.23 樊夫人龙嬴鬲铭文

图2.24 樊君夔盆铭文

由铭文可知，此器为樊君自作器，推测樊君应为龙嬴之夫。两周时期，丈夫的器物在妻子墓葬中出现的情况并不罕见，如宝鸡䠒氏墓地中，䠒伯所作器物即随葬在夫人井姬墓中，叶家山曾国墓地中，曾侯谏所作器物亦出现在夫人媿氏墓中。[①] M2除随葬铜鼎、铜壶、铜盘、铜匜等青铜礼器外，还随葬铜锛、铜削、铜刻刀等男子通常使用的青铜工具。因此M2墓主应为樊君。M1与M2应为夫妇异穴合葬墓，墓葬年代大约在春秋早期。

① 卢连成、胡智生：《宝鸡䠒国墓地》，文物出版社1988年版，第292、368页；湖北省文物考古研究所、随州市博物馆：《湖北随州叶家山西周墓地》，《考古》2012年第7期。

2. 平民阶层的异穴合葬墓

河南南阳程庄墓地①位于程庄与安子营两村之间的农田中，面积近60000平方米，2007年，郑州大学历史学院考古系与南阳市文物考古研究所对墓地进行了发掘，发现东周时期墓葬近百座，这些墓葬分布密集，间距大多在1—3米左右，相互之间没有打破或叠压现象，其形制均为长方形土坑竖穴墓。发掘报告依据随葬的陶器组合，把东周时期的65座典型墓葬分为四组，A组墓共35座，主要以鬲、盂、豆、罐或鬲、壶、豆、罐为组合，年代为春秋时期。在A组墓中发现夫妇异穴合葬墓两组，即M17、M18与M48、M49。为了探讨的方便，将这两组墓葬的情况列于下表（表2.10）。

表2.10　南阳程庄夫妇异穴合葬墓

墓葬编号	方向	二墓间距	墓葬形制、规模	葬具	墓主性别、年龄、葬式	随葬品
M17	180°	2米	长方形土坑竖穴墓，墓口长2.14米、宽1.11—1.16米、深0.9米	一棺	男性，年龄约35—55岁，仰身直肢，双手放于腹上	陶罐1件、壶1件、豆2件、鬲1件
M18	170°		长方形土坑竖穴墓，墓口长2.3—2.33米、宽1.2—1.26米、深1米	一棺一椁	女性，年龄约35—55岁，仰身直肢，双手放于腹上	陶壶1件、鬲1件、豆2件、盂1件
M48	242°	1.05米	长方形土坑竖穴墓，墓口长1.8米、宽0.76—0.84米、深1米	一棺	女性，年龄14—18岁，仰身直肢	陶壶1件、陶鬲1件、陶豆1件、陶壶1件
M49	246°		长方形土坑竖穴墓，墓口长1.92米、宽0.6—0.7米、深0.64米，墓壁一侧底部中间挖有方形小龛	一棺	男性，年龄约25岁左右，仰身直肢，双手放于腹上	陶罐3件、陶豆2件

① 郑州大学历史学院考古系、河南省文物管理局南水北调文物保护办公室、南阳市文物考古研究所：《河南南阳市程庄墓地东周墓葬发掘简报》，《考古》2008年第5期。

由表2.10可知，M17、M18间距2米，M48、M49相隔1米左右，反映了每组墓主间的亲密关系。而且每组墓葬形制相同，大小相近，墓的深度也大致相等，葬具也基本相同，墓主性别鉴定均为一男一女，且年龄相仿，葬式都为仰身直肢葬，随葬品的数量与种类也相差无几，说明他们生前可能为夫妻关系，死后以“异穴合葬”的形式埋葬于家族墓地中。

上述所举两组墓葬均规模较小，葬具简单，属于小型墓，随葬品中未发现青铜器，仅随葬几件陶器，说明墓主人身份较低下，应为平民阶层。这两组墓为平民阶层的夫妇异穴合葬墓。

由上文所述，西周时期，夫妇异穴合葬是贵族阶层流行的埋葬方式，平民阶层中并未发现夫妇异穴合葬现象，南阳程庄墓地各墓之间没有打破或叠压现象，说明墓地是经过统一管理的，因此这两组春秋时期“夫妇异穴合葬”墓的出现并不是偶然的，应是贵族“夫妇异穴合葬”埋葬方式对平民阶层影响的结果。

3. 夫妇同穴合葬墓

（1）黄君孟夫妇墓

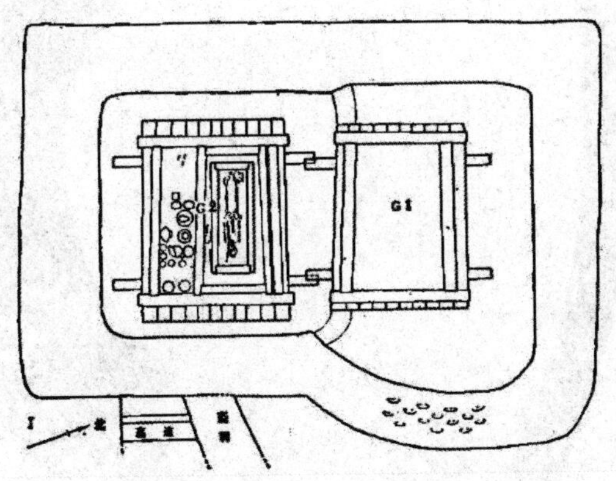

图2.25　黄君孟夫妇平面图

（引自《春秋早期黄君孟夫妇墓发掘简报》）

1983年在河南光山县宝相寺发现了一座长方形土坑竖穴墓，东壁偏南有一条墓道，墓上原有高约七八米的封土。墓坑口大底小，在墓的坑底呈东西向并列放置着两座木椁G1与G2，G2所处的南半部比G1所处的北半部低70厘米，此墓从形制上，似可称之为同穴异椁合葬墓[①]（图2.25）。G1、G2均包含二椁一棺，G1的内椁和棺木遭到破坏，G2棺内人骨保存完好，经鉴定为一40岁左右的女性。G1与G2两椁中均随葬大量铜器，在G1墓葬中出土的器物上，均铸有铭文，其文曰：

> 黄君孟自乍（作）行器，子子孙孙则永寍（祜）宯（福）。（《集成》9963，图2.26）

G2墓中共出土有铭文铜器二十二件，其中铜𬬻两件，器形完全相同，直口微侈，束颈折肩，在其颈下肩部铸有铭文。其文曰：

> 黄子乍（作）黄夫人孟姬行器，则永祜寍（福），霝（𬬻）。（《集成》9966，图2.27）

图2.26　黄君孟𬬻铭文

图2.27　黄子𬬻铭文

从而可知，G1与G2墓主应分别为黄君孟与夫人孟姬。从两墓中出土器物的形制与纹饰分析，这两座墓的年代大约在春秋早期晚段。

① 河南信阳地区文管会、光山县文管会：《春秋早期黄君孟夫妇墓发掘简报》，《考古》1984年第4期。

从黄君孟夫妇墓葬的形制来看，放置夫人孟姬之椁G2的南半部比放置黄君孟G1的北半部低70厘米。在两外椁的底下，东西两端各有一根垫木，G1的两根垫木的南端正好压在G2两根垫木的北端上，相叠的长度为26厘米。墓葬形制中的这种安排，有可能是埋葬时故意为之，带有一定的特殊意义。[①] 从性别角度分析，春秋时期，是男权地位逐渐上升，妇女被限制的时期，男尊女卑的观念正在发展并逐渐被强化，反映在墓葬中，很可能带有男尊女卑的意味，是黄君孟与其夫人生前地位的反映。

（2）安阳后冈合葬墓

在河南安阳后冈发现的M26[②]（图2.28），为同一墓坑内埋葬两具尸骨的同穴合葬墓，此墓的年代可能为春秋早期。此墓墓坑呈方形，长、宽皆2.9米，深3.6米。墓坑内有一方形木椁，长、宽皆2.08米，高0.7米。椁内并列两棺，两棺内分别随葬陶盆一件。发掘报告虽未公布墓主的性别，但推测此墓应是平民阶层的夫妇同穴合葬墓。

（3）上马同穴合葬墓

在侯马市南约一公里的上马村，也发现了同穴合葬墓。该墓编号M1028（图2.29），位于Ⅰ区北部，墓葬壁直底平，形制规整。底部东西并列两个长方形坑，两坑间距0.67米。西坑，长1.90米、宽0.55米、深0.4米；东坑，长1.70米、宽0.51米、深0.40米。在两坑内各置一棺，均仅贴四壁，已朽，结构不清。棺内各置人骨一具，西坑人骨头部已碎，头北面上，仰身直肢，无随葬品，为一男性；东坑人骨上臂骨朽失，头北面上，仰身直肢，口含玉玦，为一女性。[③] 因墓中除玉玦外，未出随葬品，因而难以准确推定墓葬的具体年代，发掘报告根据墓圹形制，估计其年代

---

① 发掘者指出："由于G1和G2所在的墓底不在一个水平面上，G1的东墓壁呈圆弧形，有半圆形脚窝，和G2的东墓壁又不在一条直线上，G1和G2的青膏泥之间有一段宽1.5厘米的黄泥痕迹，因此，也不能排除此墓是两次挖掘的可能。"如果为两次挖掘，则构建椁室G2的年代应稍早于G1。但即便如此，从此长方形竖穴墓有一条墓道及墓上封土，以及G1和G2并列放置于坑底部来看，此墓也实为一座同穴异椁合葬墓。参河南信阳地区文管会、光山县文管会《春秋早期黄君孟夫妇墓发掘简报》，《考古》1984年第4期。

② 中国科学院考古研究所安阳发掘队：《1971年安阳后冈发掘简报》，《考古》1972年第3期。

③ 山西省考古研究所：《上马墓地》，文物出版社1994年版，第236页。

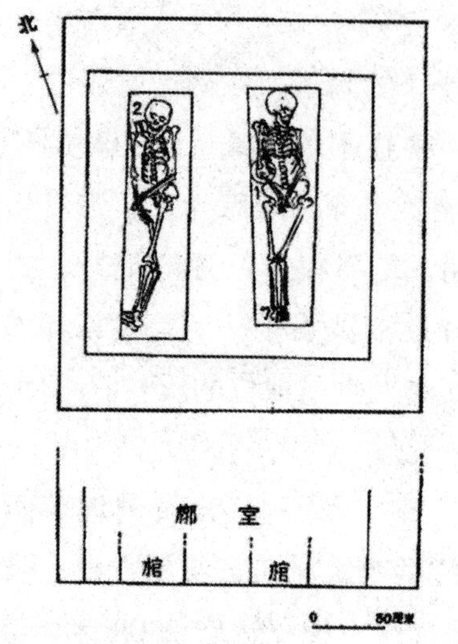

图 2. 28　安阳后冈合葬墓平、剖面图

（引自《1971 年安阳后冈发掘简报》）

图 2. 29　上马 M1028 平面图

（引自《上马墓地》）

不会晚到春秋战国之际。二墓主性别明确，为一男一女，很可能是夫妻关系，而由此墓的形制与随葬品分析，墓主身份似应为平民阶层。此墓为平民阶层的夫妇同穴合葬墓。

综上所述，春秋时期，夫妇异穴合葬墓的逐渐增多，夫妇同穴合葬墓的出现，尤其是贵族阶层夫妇同穴合葬墓的出现①，体现了周人对夫妻关系的重视，标志着夫妇二位一体观念的逐渐强化。虽然西周、春秋前期小家庭仍未独立出家族，作为社会的基本组织形式存在，但当条件具备时，夫妇二位一体的性别观念的发展必将促进家族的解体，使家庭—两性关系的形式成为社会的细胞。

四、《诗经·国风》所见性别关系的开放性

（一）婚姻礼法对两性关系的约束

春秋时期，婚姻礼法已成为社会文化生活的重要组成部分，“父母之

① 夫妇同穴合葬在殷商时期已有零星发现，但这些合葬墓的葬具都非常简单，不是没有随葬器物，就是随葬品鲜少，这说明墓主的身份是非常低微的，这种合葬应是下层民众的随意合葬，带有很大的偶然性，似不具备礼制上的意义，因为礼制的相关规定通常是从上层贵族开始实行，逐渐波及下层平民的。春秋早期，黄君孟夫妇同穴合葬墓的发现，表明夫妇合葬在礼制上的发展。

命、媒妁之言”已是缔结婚姻关系的必要途径。这见载于《诗经·卫风·氓》，其文中曰：

> 氓之蚩蚩，抱布贸丝。匪来贸丝，来即我谋。送子涉淇，至于顿丘。
> 匪我愆期，子无良媒。将子无怒，秋以为期。

氓，朱熹《诗集传》曰：“氓，民也。盖男子不知其谁何之称也”。马瑞辰《通释》亦云：“诗当与男子不相识之初，则称氓。约与婚姻，则称子”。布，布匹。贸，交换。谋划，指商量婚事。愆，错过、拖延。将，请也。“秋以为期”，即是以秋天为婚期。王先谦《集疏》曰：“按此氓欲为近期，故妇言非我故欲过会合之期，因子尚无善媒耳。将子无怨，秋以为期可乎？初念尚知待媒，虽有成约，犹欲以礼自处也。妇欲待媒而氓怒”。虽然与氓私订终身在先，但妇人执着地守礼待媒而嫁，表明规范两性关系的婚姻礼法此时已成为社会上普遍认同的原则。

对于媒妁之言的强调，亦见于《诗经·豳风·伐柯》，其文中曰：

> 伐柯如何？匪斧不克。取妻如何？匪媒不得。
> 伐柯伐柯，其则不远。我观之子，笾豆有践。

伐，砍也。柯，斧柄。匪，同“非”。克，能够。郑笺云：“伐柯之道，唯斧乃能之。此以类求其类也”。诗中用砍伐离不开斧柄来比喻娶妻少不了媒人，说明媒人在男方与女方缔结婚姻关系时是必不可缺的。《诗经·齐风·南山》亦曰：

> 蓺麻如之何？衡从其亩。取妻如之何？必告父母。既曰告止，曷又鞠止？
> 析薪如之何？匪斧不克。取妻如之何？匪媒不得。既曰得止，曷又极止？

蓺，古艺字，种植之义。郑笺云：“此言析薪必待斧乃能也，取妻必待媒而得也。……树麻当必先耕治其田然后树之，以言人君取妻必先议于父母”，对“父母之命、媒妁之言”的强调一方面反映了婚姻礼法的逐渐规范，同时也说明青年男女的婚姻自由已受到家庭与社会的限制。

这在《郑风·将仲子》中有更为具体的表现，其文中曰：

将仲子兮！无逾我里，无折我树杞。岂敢爱之？畏我父母。仲可怀也，父母之言，亦可畏也！

将仲子兮！无逾我墙，无折我树桑。岂敢爱之？畏我诸兄。仲可怀也，诸兄之言，亦可畏也！

将仲子兮！无逾我园，无折我树檀。岂敢爱之？畏人之多言。仲可怀也，人之多言，亦可畏也！

将，请也。仲子，男子之字也，仲为男子的排行，子是对男子的美称。逾，跳过、翻越。“里”，指古代的基层单位，古代二十五家为里，凡里皆有墙。“园”，毛传曰：“所以树木也”，应指种树木和果树的场所。[①] 徐常吉《传说会纂》：“由踰里而墙而园，仲之来也以渐而迫也。由父母而诸兄而众人，女之畏也以渐而远也”。[②] 诗中描述了女主人公劝其情人仲子不要越过里墙与院墙来与自己私会。对于诗中的“父母之言”“兄弟之言”“人之多言”，晁福林先生认为这三者似乎代表着家庭、家族和社会三个层次。[③] 这即指出了两性结合的婚姻不仅是个人甚至家庭之事，以“父母之命、媒妁之言”为基本条件的婚姻礼法在家族与社会层面上也已成为规范两性关系、约束男女行为的道德伦理。

（二）性别关系的开放性

1. 男、女间的自由交往

春秋时期，虽然婚姻礼法在很大程度上已规范着两性间的关系，但男女间的交往仍是较为自由的。如《郑风·有女同车》曰：

有女同车，颜如舜华。将翱将翔，佩玉琼琚。彼美孟姜，洵美且都。

有女同车，颜如舜英。将翱将翔，佩玉将将。彼美孟姜，德音不忘。

舜，木名，又名木槿。华，古花字。舜华是形容女子的美貌。翱翔，为遨

---

① 程俊英、蒋见元：《诗经注析》，中华书局2006年版，第223页。

② 见《钦定诗经传说汇纂》。

③ 晁福林：《上博简〈诗论〉与〈诗·郑风·将仲子〉的几个问题》，《南都学刊（人文社会科学学报）》2004年第6期。

游之意，指两个人下车出游。德音，朱熹《诗集传》："德音不忘，言其贤也"，于省吾先生则认为此处的"德音"并不是指好声誉，而应改作"德言"，"即《周礼·九嫔》所说的妇德、妇言。这是说孟姜之德与言令人怀念不忘，并不是说孟姜有什么样的'德音'（令闻）使人不忘。"[①] 其说可从。这首诗描写了一个贵族男子与一个姜姓的贵族美女同车而行，为其美貌与德言所折服，因而作这首诗来赞扬她。由此可见春秋初期，在贵族阶层中亦并没有严格的性别隔离制度，男女间的交往亦是较为自由的。

而不拘泥于"父母之命、媒妁之言"的男女私会行为在春秋时期也并不罕见。如《诗经·邶风·静女》，其文中曰：

静女其姝，俟我于城隅。爱而不见，搔首踟蹰。

"静女其姝"，毛传曰："静，贞静也。姝，色美也"。俟，等待。城隅，指城角。不见，朱熹《诗集传》曰："不见者，期而不至也"。踟蹰，徘徊。此句诗是说一贞静美丽的女子在城角与本诗作者约会，然而当男子到了约会地点，姑娘却顽皮地藏了起来。

《诗经·卫风·木瓜》亦是一首男女间互相赠送礼物定情的恋歌，其文曰：

投我以木瓜，报之以琼琚。匪报也，永以为好也。
投我以木桃，报之以琼瑶。匪报也，永以为好也。
投我以木李，报之以琼玖。匪报也，永以为好也。

投，郑笺云："犹掷也"，此为赠送之意。报，报答，回赠。"木瓜"，又名楙，落叶灌木，果实形如黄金瓜，亦可供赏玩。"木桃""木李"学者一般认为分别指桃子和李子。但马瑞辰《通释》则考证木桃与木李并不是指桃

---

① 于省吾：《泽螺居诗经新证、泽螺居楚辞新证》，中华书局 2003 年版，第 132 页。

子和李子，它们与木瓜三者异名而同类。[①] 琼，美玉。琼琚、琼瑶、琼玖均指佩玉。朱熹《诗集传》："言人有赠我以微物，我当报之以重宝，而犹未足以为报也，但欲其长以为好而不忘耳。疑亦男女相赠答之辞"，有学者指出"好"为爱之意，报之以重物是为了表达其爱慕之诚，以永结情好。[②]

又如《诗经·鄘风·桑中》，其文曰：

爰采唐矣？沬之乡矣。云谁之思？美孟姜矣。期我乎桑中，要我乎上宫，送我乎淇之上矣。

爰采麦矣？沬之北矣。云谁之思？美孟弋矣。期我乎桑中，要我乎上宫，送我乎淇之上矣。

爰采葑矣？沬之东矣。云谁之思？美孟庸矣。期我乎桑中，要我乎上宫，送我乎淇之上矣。

"孟姜""孟弋""孟庸"均为女子名，不是确指姓为"姜""弋""庸"的三个女子，而是泛称，正如清人许伯政《诗深》云："诗中孟庸、孟弋及齐姜、宋子之类，犹世人所称美者曰西子耳"，在此应均为作者心上人的代称。"桑中"，卫地名，姚际恒《诗经通论》："即桑之中。古卫地多桑，故云然"。杨任之《诗经探源》曰："桑，卫地桑林之社。卫为殷的故地，殷社曰桑林，殷人以桑树当神，在社的前后方广为种植，称桑林，为男女聚会的场所"。上宫，马瑞辰《毛诗传笺通释》曰："桑中为地名，则上宫亦为室名"，赵岐《章句》曰："上宫，楼也"，有学者指出，"上宫，城角楼。因其处幽静，所以便成了这姑娘私会之地"。"淇"，卫国水名，陈奂《传疏》曰："淇之上，即淇水口也。从濮阳（今河南省滑县东北）之南，送至黎阳淇口也（今河南省）"。对于这首诗的主旨，闻一多曾言："桑中，思会诗也"，其说至确，这首诗描写了一位男子在采集时，思念情

① "传以木瓜为楙瓜，而下二章'木桃'、'木李'无他释，盖以木桃、木李即木瓜别种耳。《尔雅》：'楙，木瓜。'字通作楸，《说文》'楸，冬桃'即《尔雅》'旄，冬桃'也。《尔雅》既曰'楙，木瓜'又曰'旄，冬桃'，盖广异名，楙与旄皆楸之假借。木瓜一名冬桃，犹诗木瓜又名木桃也。《埤雅》云：'江左故老视其实如小瓜而有鼻，食之津润不木者，谓之木瓜。圆而小于木瓜，食之酸涩而木者，谓之木桃。木李大如木桃，似木瓜而无鼻，其品又小'。亦谓三者异名而同类"。见马瑞辰《毛诗传笺通释》，中华书局1989年版，第224—225页。

② 程俊英、蒋见元：《诗经注析》，中华书局2006年版，第191—192页。

人，想起情人曾与之在桑中、上宫约会，并在分别时把他送至淇水口上。

《汉书·地理志》曰："故邶、鄘、卫三国之诗相与同风"。邶、鄘、卫三风之中所言之事皆卫事，卫为殷商旧地，而郑国地处河南中部，郑卫之诗的一个显著特点就是情诗多，《礼记·乐记》："郑卫之音，乱世之音也，比于慢矣。桑间濮上之音，亡国之音也；其政散、其民流，诬上行私而不可止也"。关于郑卫情诗多的原因，魏源《诗古微》认为与郑卫所处的地理环境以及商业发展水平有关[①]，其说有一定的道理。但除郑、卫之音外，《国风》中其他地区的乐歌对于两性关系的描述也不少见，如《召南·野有死麕》：

> 野有死麕，白茅包之。有女怀春，吉士诱之。
> 林有朴樕，野有死鹿。白茅纯束，有女如玉。
> 舒而脱脱兮！无感我帨兮！无使尨也吠！

麕，兽名，鹿的一种，《说文》："麕，麞也。籀文作麕。"白茅，指一种洁白柔滑的草。吉，善也；士，男子的通称，王先谦《集疏》曰："吉士，犹言善士，男子之美称"。"诱"，毛传曰："道也"，郑笺云："吉士使媒人道成之"。但欧阳修《诗本义》认为在此应为"挑诱"之义，这种看法得到一些现代学者的认同。[②] 笔者亦认为"诱"在此为引诱、挑诱之义较妥，"媒礼之道"的引申应为汉儒的附会。这首乐歌的大意是一位猎人在郊外丛林遇见了一位美丽的少女，就把猎来的小鹿、砍来的木柴用洁白的茅草捆起来作为礼物送给少女，向其表达爱慕之情，少女把猎人引到家中相会。

---

① 魏源《诗古微》曰："郑卫皆以弱小介强大之间，一迫于狄，一迫于伯。民岁受兵而风俗淫佚甲诸国者何？曰：三河为天下之都会，卫都河内，郑都河南，故齐晋图伯争曹卫，晋楚图伯争宋郑，战国纵横争韩魏。曹灭于宋，郑灭于韩，卫河北故墟入赵，河内故墟入魏，皆异名同实，据天下之中，河山之会，商旅之所走集也。商旅集则货财盛，货财盛则声色辏。《史记·货殖传》：'中山地薄人众，犹有沙邱纣淫地余民，民俗儇急，仰机利而食。丈夫相聚游戏，悲歌慨慷，休则作巧奸治，多美物。女子则鸣瑟跕屣，游媚富贵，入后宫，遍诸侯。此谓河北之卫也。'又曰：'赵女郑姬，设形容，揳鸣瑟，揄长袂，蹑利屣，目挑心招，出不远千里者，奔富贵也。赵邯郸故卫地，此谓河北之卫，与郑同俗也。宋音燕女溺志，使宋风而存，亦必与郑卫相等。'盖古时河北之妹邦、邯郸，河南之溱洧、曹濮，其声色薮泽乎？"

② 高亨《诗经今注》与程俊英、蒋见元《诗经注析》均赞同欧阳氏所说。

又如《齐风·东方之日》其文中曰：

东方之日兮，彼姝者子，在我室兮。在我室兮，履我即兮。
东方之月兮，彼姝者子，在我闼兮。在我闼兮，履我发兮。

东方之日，指白天。“姝”，美丽，“子”，为女子，“彼姝者子”指一位美丽的女子。履，踩踏，即，就也。朱熹《诗集传》曰：“言此女蹑我之迹而相就也”。闼，夹室也，寝室左右的小屋，此言女子已进入密室。[①]此诗中描述了女子到情人家中幽会并留宿的情景。

陈风虽以巫风盛行为其典型特征[②]，但反映两性关系的情诗也并不少见，如《陈风·东门之杨》曰：

东门之杨，其叶牂牂。昏以为期，明星煌煌。
东门之杨，其叶肺肺。昏以为期，明星晢晢。

牂牂，茂盛貌。煌煌，指明亮的样子。毛传曰：肺肺，犹牂牂也。晢晢，犹煌煌也。朱熹《诗集传》：“此亦男女期会而有负约不至者、故因其所见以起兴也”。诗中描述了情人约定黄昏时期会于东门，一方久久不来，另一方焦急等待的情景。又如《陈风·东门之池》：

东门之池，可以沤麻，彼美叔姬，可与晤歌。
东门之池，可以沤纻，彼美叔姬，可与晤语。
东门之池，可以沤菅。彼美叔姬，可与晤言。

池，毛传曰：城池也。马瑞辰《通释》则认为此处的东门之池并非指城池，而是位于东门内的池。沤麻，毛传曰：“沤，柔也”，郑笺云：于池中柔麻，使可缉绩作衣服。晤歌，郑笺云：“晤，犹对也”，即是相对而歌。朱熹《诗集传》曰：“此亦男女会遇之词。盖因其会遇之地，所见之物、以起兴也”。

---

① 高亨：《诗经今注》，中华书局1980年版，第131页。

② 据《汉书·地理志》载：“陈国，今淮阳之地。陈本太昊之虚，周武王封舜后妫满于陈，是为胡公，妻以元女大姬。妇人尊贵，好祭祀，用史巫，故其俗巫鬼。陈诗曰：‘坎其击鼓，宛丘之下；亡冬亡夏，值其鹭羽’，此其风也。”

综上所述，邶、鄘、卫三国为殷墟旧地，郑国所在地为今河南新郑，陈国所在地在今淮阳，齐国在今山东一带，“召南”的地望据孙作云先生考证，其北限应在终南山，其南限似达到蜀地的长江。[①] 因此，《国风》所反映的两性关系不只局限于天下的中心河南地区，而是涉及南至湖北、东至山东的广泛地域范围。由此可见，春秋时期，在相当广泛的地域内，无论是贵族，还是平民，男女间的交往并未严格受到礼法的限制和约束，两性关系是较为自由开放的。

2. 性别关系开放之根源

对于春秋时期性别关系种种表现之根源，一些学者认为是礼崩乐坏的结果。这好像是说礼乐实行较好、礼法对贵族约束较严格的西周时期，非婚性关系是不存在的。但情况并非如此，《国语·周语》载曰：“恭王游于泾上，密康公从，有三女奔之。”注曰：“奔，不由媒氏也”，即是说无媒而婚。藏于国家博物馆的邓公簋盖则记述了贵族妇女改嫁的事实：

图 2.30　邓公簋盖铭文

隹（唯）登（邓）九月初吉，不故屯夫人诒（以）乍（迮）登（邓）公，用为屯夫人訡尊敦。（《集成》4055，西周晚期，图 2.30）

不故疑即薄姑，《汉书·地理志》：“殷末有薄姑氏为诸侯，至周成王时，薄姑氏与四国共作乱，成王灭之，以封师尚父”，此时薄姑可能为齐国属地，郭沫若先生认为其地望在今山东省博兴县东北地区。[②] “乍”，乃

① 孙作云：《从读史的方面谈谈“诗经”的时代和地域性》，《历史教学》1957 年第 3 期。

② 郭沫若：《两周金文辞大系图录考释》，上海书店出版社 1999 年版，第 177 页。

"迮"省，嫁也，适也。[1]"邓"为先秦古国名，嫚姓，据徐少华先生考证，今湖北省襄樊市西北十余里的古邓城遗址应是西周以来的邓国故都。[2]此器铭文内容记述了薄姑的夫人嫁于邓公为妻，邓公为其作器并记载此事，这说明西周时期贵族妇女再嫁不受限制。

由以上二例，似可窥知西周时期的性别关系也是较为自由的，只不过由于西周文献资料较少，金文又大多记载册命颂扬之事，涉及性别关系的资料寥寥无几，因而才给人以错觉。

对于"礼崩乐坏"，晁福林先生曾指出，春秋时期"礼"仍在社会文化乃至政治外交等领域中居于重要地位，其破坏主要体现在此时期诸侯和大夫的僭越，用孔子的话来说便是"礼乐征伐自诸侯出""自大夫出"以及"陪臣执国命"等现象[3]，可见"礼崩乐坏"仅仅是相对而言，并不是指后世意义上规范两性关系的礼法与人伦的破坏。而且即使在恪守周礼的鲁国[4]，贵族阶层的"通""奔"现象也并不逊于其他诸侯国[5]，性别关系也是非常自由的。这也说明春秋时期"礼"的破坏并不是此时期性别关系存在状态的根本原因。对此，童书业先生曾指出：

> 春秋时代的许多"非礼"的男女关系，从前人都说这是那时候礼教衰微的表现。其实，春秋时期的人是最讲究礼教的，他们和她们之间所以会有那许多"非礼"的关系，与其说是礼教衰微的结果，不如说是他们离开古代近牵于血族婚与群婚的习惯的表现，所以对于男女间关系看得不很严重。[6]

对于童先生之观点，笔者表示赞同。春秋时期，虽然婚姻礼仪已成为社会文化生活的重要组成部分，但毕竟此时去原始社会未远，原始风俗尚有一

---

① 郭沫若：《两周金文辞大系图录考释》，上海书店出版社 1999 年版，第 165 页。

② 徐少华：《邓国铜器及其历史地理与文化》，《华夏考古》1996 年第 1 期。

③ 晁福林：《春秋时期礼的发展与社会观念的变迁》，《北京师范大学学报（社会科学版）》1994 年第 5 期。

④ 《左传》昭公二年载："晋侯使韩宣子来聘，且告为政，而来见，礼也。观书于大史氏，见易、象与春秋，曰：'周礼尽在鲁矣，吾乃今知周公之德与周之所以王也。'"

⑤ 详参第六章第一节。

⑥ 童书业：《中国上古的婚姻与恋爱》，载氏著《童书业史籍考证论集》，中华书局 2005 年版，第 343—376 页。

定的存留。《周礼·地官·媒氏》："媒氏，掌万民之判。……仲春之月，令会男女，于是时也，奔者不禁。若无故而不用令者，罚之。司男女之无夫家者而会之"。这说明国家虽已有了主管男女婚配的媒官，但在特殊情况下，国家为了人口的需要，也让未婚的适龄男女在特定的节日自由恋爱，野合成婚。如《郑风·溱洧》载曰：

> 溱与洧，方涣涣兮。士与女，方秉兰兮。女曰："观乎?"士曰："既且。""且往观乎！洧之外，洵訏且乐。"维士与女，伊其相谑，赠之以勺药。
>
> 溱与洧，浏其清矣。士与女，殷其盈矣。女曰："观乎?"士曰："既且。""且往观乎！洧之外，洵訏且乐。"维士与女，伊其相谑，赠之以勺药。

朱熹《诗集传》曰："郑国之俗，三月上巳之辰，采兰水上，以祓除不祥。……于是士女相与戏谑，且以芍药相赠，而结恩情之后也。"这首诗描述了郑国三月上巳节青年男女在溱水与洧水两旁相聚相乐、互诉衷肠的场面。又《郑风·萚兮》亦曰：

> 萚兮萚兮，风吹其女。叔兮伯兮，倡予和女。
>
> 萚兮萚兮，风其漂女。叔兮伯兮，倡予要女。

学者认为"这首诗可能也是当仲春'会男女'的集体歌唱曲。称叔称伯，显然是女子带头唱起来，男子跟着应和的。而且不止两个人，而是一群男女的合唱"。[①] 对于郑国在上巳节男女私会的习俗，《吕氏春秋·本生》篇高诱注亦云："郑国淫辟，男女私会于溱、洧之上，有洵訏之乐，勺药之和。"

不只郑国，在其他诸侯国中，这种"会男女"的遗风流俗也存在。如《左传》庄公二十三年记，"夏，公如齐观社"，传曰："非礼也"，后被曹刿谏止。为什么庄公想去齐观看祭社被认为是不合礼法呢？因为观社并非

---

① 程俊英、蒋见元：《诗经注析》，中华书局2006年版，第242页。

单纯地观看祀社神，"如齐观社，实为观女人"。[①] 据《墨子·明鬼》记载："燕之有祖，当齐之社稷，宋之有桑林，楚之有云梦也，此男女之所属而观也"，"属"，孙诒让《墨子间诂》引《周礼·州长》郑玄注云："属犹合也，聚也"。在祭社神后，会举行规模盛大的聚会活动，让男女间自由结合。祖、桑林、云梦均为聚会男女的场所或地名。由此可见，这种社祭之后聚会男女的原始风俗在齐、宋、楚、燕等诸侯国中也有一定的存留。

这种在特定的节日令会男女的风俗应是氏族时代原始婚俗的残余反映，在原始时代男女间的自由结合可能并不拘泥于特定的时间，也即无所谓"奔""不奔""禁""不禁"之说。可见正是在这些流风遗俗的影响下，此时期人们的贞节观念较为淡漠，非婚性关系也得以存在。但这种性别关系尤其是贵族阶层的性别关系，对政治常常产生直接的影响，对此，将在本书的第六章第一节中详述。

第二节　西周、春秋时期两性关系对家族形态与家族制度的影响

由上述文献、墓葬以及铜器铭文等资料可以确知，西周时期，一夫一妻多妾的婚姻制度已建立，嫡妻与妾间等级鲜明，夫妇二位一体的性别观念也不断发展，在各种亲属关系中，夫妻关系已超越其他关系，得到周人的重视与尊重。这种两性关系模式均对家族形态、家族制度产生了直接的影响。

一、两性关系对家族秩序的影响——宗子与宗妇的共治

在夫妇二位一体性别观念的影响下，家族内的女性成员以其夫所处的宗法地位为标杆，亦被纳入家族内的宗法体系之中，在家族内出现了宗子与宗妇共治的局面，宗妇不只与宗子称谓相同，亦可称"君"，而且宗妇在家族内部拥有仅次于宗子的地位，并有管理家族内部事务的权力与职责。

---

① 俞正燮：《癸巳类稿·燕祖齐社义》，载于石等校点《俞正燮全集》，黄山书社 2005 年版，第 69 页。

（一）宗妇与宗子称谓相同——宗妇亦称“君”

关于两周时期宗子在家族中的地位与权力问题，前人已有详细考证，在此毋庸赘言。而宗子之妻——宗妇[①]在夫妇同体观念的影响下在家族中也有较大的权力。首先反映在称谓上，宗妇亦称“君”。

西周早期的作册睘尊与作册睘卣，为同时所作，均为昭王时器。二器虽繁简不同，但所记为同一事，在此将二器铭文抄录于下：

> 作册睘尊：才（在）庐，君令余乍（作）册睘安尸伯，尸伯賓（宾）用贝、布，用乍（作）朕文考日癸旅宝。𠁊。（《集成》5989，图2.31）
>
> 作册睘卣：隹（唯）十又九年，王才（在）庐，王姜令乍（作）册睘安尸伯，尸伯宾（傧）睘贝、布，扬王姜休，用乍（作）文考癸宝尊彝。（《集成》5407，图2.32）

图 2.31　作册睘尊铭文

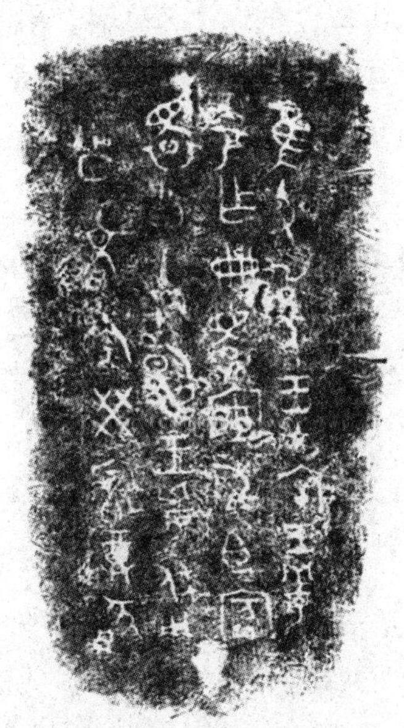

图 2.32　作册睘卣铭文

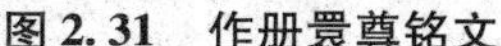

① 宗妇指宗子之妻，《礼记·内则》：“適子、庶子，衹事宗子、宗妇”，孔颖达疏曰：“宗妇，谓大宗子之妇”，但宗有大小，大宗与小宗里面又有很多不同的等级层次，每一独立的等级层次都可以称为一宗，一宗之内，自有一宗之宗子，也有一宗之宗妇，因此，宗妇之称不必拘泥于宗之大小，而大、小宗也是相对而言。参张桂光《金文语词考释二则》之“说‘宗子宗妇’”，载张光裕、黄德宽主编《古文字学论稿》，安徽大学出版社2008年版，第127—131页。

由二器铭文对勘可知，二器铭文内容完全相同，作册睘尊的“君”即是作册睘卣中的王姜。王姜为周王之妻，王族的宗妇。王后称君的实例亦见于以下铭文记载：

公姞鬲：隹（唯）十又二月既生霸，子仲渔𡡇池，天君蔑公姞曆，事（使）赐公姞鱼三百，拜𩒨（稽）首，对扬天君休，用乍（作）齍鼎。（《集成》753，西周中期，图2.33）

尹姞鬲：穆公乍（作）尹姞宗室于繇休，隹（唯）六月既生霸乙卯，休天君弗望穆公圣粦明𩑋事先王，各于尹姞宗室繇休，君蔑尹姞曆，赐玉五品、马四匹、拜𩒨（稽）首，对扬天君休，用乍（作）宝齍。（《集成》754，西周中期，图2.34）

季姬方尊：隹（唯）八月初吉庚辰，君命宰茀赐𠦪季姬畋臣于空桑，厥师夫曰丁，以厥友廿又五家折（誓），赐厥田，以生（牲）马十又四匹、牛六十又九𣪕、羊三百又八十又五𣪕，禾二𩰫（廩）。其对扬王母休，用乍（作）宝隮彝，其万［年子孙］永宝用。（《文物》2003年第9期，西周中期，图2.35）

图2.33　公姞鬲铭文

图2.34　尹姞鬲铭文

图 2.35　季姬方尊铭文

据陈梦家先生考证，公姞鬲与尹姞鬲中的“天君”是同一个人，乃周王之后。而季姬方尊铭文中，由季姬“对扬王母休”可知，“君”应指季姬的母亲，当时的王后。

除王后外，普通贵族家族内的宗妇也称作“君”，如晋姜鼎铭（《集成》2826）之“余唯嗣朕先姑君晋邦”，郭沫若先生指出：“‘君晋邦’者，君谓女君。《礼记·玉藻》曰：‘君命屈狄。’郑玄注曰：‘君，女君也。’古者以嫡妃为君。”[①] 可见晋姜对晋国的职责，承自先姑。西周早期的遱尊，其铭曰：

> 隹（唯）仲义父于入（纳）噩（鄂）侯于盩城，徣兄臣于宋白（伯）。公姒乎（呼）遱（疑）逆仲氏于侃。丁卯，遱（疑）至告。姒赏贝，扬皇君休，用乍（作）父乙宝尊彝。（《铭图续》792，图2.36）

铭文中遱为作器者，身份为家臣，“公姒”即“公”之配偶，姒姓，也是铭文中的“皇君”，身份为家族的宗妇。

① 郭沫若：《两周金文辞大系图录考释》，上海书店出版社 1999 年版，第 229 页。

图 2.36　遣尊器形与铭文

铭文中遣为作器者，身份为家臣，“公姒”即“公”之配偶，姒姓，也是铭文中的“皇君”，身份为家族的宗妇。

又如春秋时期的子叔嬴内（芮）君盆，其铭曰：

> 子叔嬴内（芮）君乍（作）宝器，子孙永用。（《集成》10331，图 2.37）

子叔嬴为女子名，其中“子”为亲称，叔为排行，嬴为母家族姓，这种称名方式为“子”+排行+母家族姓。[①] 芮，为姬姓国，即子叔嬴所嫁之国，称其为君，说明她应为宗族的宗妇。以下两例，似也可作为宗妇称“君”的实例，其铭分别为：

> [囗昆]君鼎：[囗昆]君妇媿霝乍（作）旅尊鼎，其万年永宝用。（《集成》2502，春秋早期，图 2.38）
>
> 邛君妇龢壶：邛（江）君妇龢乍（作）其壶，子孙孙永宝用之。（《集成》9639，春秋时期，图 2.39）

---

① 参李仲操《两周金文中的妇女称谓》，载中国古文字研究会等编《古文字研究》第十八辑，中华书局 1992 年版，第 398—405 页；曹定云《周代金文中的女子称谓类型研究》，《考古》1999 年第 6 期；汪中文《两周金文所见周代女子名号条例（修订稿）》，载中国古文字研究会等编《古文字研究》第二十三辑，中华书局 2002 年版，第 78—85 页；陈絜《商周姓氏制度研究》，商务印书馆 2007 年版，第 320 页。

图 2. 37　子叔嬴内（芮）君盆铭文

图 2. 38　⿴囗昆君鼎铭文

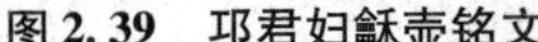

图 2. 39　邛君妇龢壶铭文

“𡨦君妇媿霝”与“邛（江）君妇龢”，均为人名，此种称名方式为夫家氏名+尊称“君”+亲称“妇”+名或字构成。妇媿霝与妇龢均被称为“君”，说明她们应为宗族的宗妇。正如陈絜撰文指出，“其实金文资料中称君者并无性别限制，尽管男性称君不乏其例，甚至可以说是常态，但两周女性尤其是宗妇称君，亦不足为怪”。[①]

除金文资料外，宗妇称君，也见于文献记载。《左传》隐公三年，“夏，君氏卒。——声子也”。又如文公四年，记载了齐姜出嫁，鲁国不以上卿逆，文中曰：

> 逆妇姜于齐，卿不行，非礼也。君子是以知出姜之不允于鲁也，曰：“贵聘而贱逆之，君而卑之，立而废之，弃信而坏其主，在国必乱，在家必亡。不允宜哉！诗曰：‘畏天之威，于时保之’，敬主之谓也。”

“君而卑之”之“君”指嫁入鲁国的妇姜，杨伯峻注曰：“君谓小君，国君之妻曰小君”，又曰：“主，内主也。夫人，公宫内之主，而卑之、废之，故曰‘坏其主’”。[②] 可见宗妇的称谓与宗君一致，夫人作为诸侯国的宗妇，亦称“君”。

宗妇与宗君称谓的相同，表明了宗妇与宗君在家族中处于同一等级。宗妇在家族中的尊贵地位也见之于文献记载。《礼记·曾子问》载孔子曰：“宗子虽七十，无无主妇；非宗子，虽无主妇可也。”郑玄注曰：“族人之妇，不可无统”。由此可见，在宗法制度下，由嫡长子担任的宗子掌握着家族中的主祭权与其他族权，即使年已七十，也不能没有主妇，因为祭祖必须由主妇陪同，宗族中的妇女，也必须由宗妇统领。《礼记·丧服小记》：“宗子母在为妻禫”。郑玄注曰：“宗子之妻，尊也。”禫是期满除丧从吉的祭祀。行之于直系亲属。如果母亲在世，就不能为亡妻举行禫记，只有宗子例外。因为既称宗子则其父已亡，其母告老，宗子之妻伴同宗子

---

① 陈絜：《琱生诸器铭文综合研究》，载朱凤瀚主编《新出金文与西周历史》，上海古籍出版社2011年版，第82—105页。

② 杨伯峻：《春秋左传注》（修订本），中华书局2005年版，第533—534页。

上承宗庙，下统宗族，宗子之妻的地位也相当尊贵，她的死也是宗族的巨大变故，所以即使宗子的母亲尚在，宗子也要为她举行禫祭。由此可见宗妇在家族中的特殊地位，从而也说明宗族秩序亦是建立在两性关系基础上的。

（二）宗妇在家族中的地位与职责

1. 宗妇治理家国的责任

宗妇作为宗族中的女君，肩负着管理宗族的责任，如1975年出土于山西长治市长子县景义村的螨鼎，其铭曰：

> 隹（唯）三月初吉，螨来遘于妊氏，妊氏令螨事保氒（厥）家，因付氒（厥）祖仆二家，螨拜䭫（稽）首曰：休朕皇君弗忘氒（厥）宝臣，对扬，用乍（作）宝尊。（《集成》2765，图2.40）

图2.40　螨鼎铭文

此器为西周昭王时器[①]。遘，会也。妊氏，显然为女性，可能为这个宗族的宗妇，令螨事保厥家，即是命令家臣管理家族内部事务。由此可见，作为宗妇的妊氏在家族中有较高的地位，对家族内部事务有处理权与决定权。

近年来陆续公布"爯"所作器6件，分别为簋4、盨1、鼎1，2006年吴振武先生率先公布了一件爯簋铭文，后张懋镕先生对在西安某收藏家处所见的爯盨（又名遣伯盨）进行了考释，吴镇烽《铭图》收录了这两件器物，分别编号为5213、5666，还收录了另一件爯簋，编号为5214[②]，2005年国家博物馆亦入藏了爯簋2件，爯鼎1件[③]，上述器物除著录于《铭图》5214的爯簋外，其余诸器铭文完全相同，其铭曰：

---

① 王进先：《山西长子县发现西周铜器》，《文物》1979年第9期。

② 吴振武：《新见西周爯簋铭文释读》，《史学集刊》2006年第2期；张懋镕：《遣伯盨铭考释》，载氏著《古文字与青铜器论集》（第三辑），科学出版社2010年版，第49—54页。

③ 翟胜利：《中国国家博物馆近藏爯鼎、爯簋试析》，《中国国家博物馆馆刊》2016年第3期。

遣白（伯）乍（作）爯宗彝，其用夙夜享卲文神，用禱旂（祈）眉寿。朕文考其巠遣姬、遣伯之德言，其競余一子，朕文考其用乍厥身，念爯𢦏（哉）！亡匄（害）！（《铭图》5213，图2.41、图2.42）

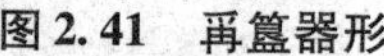

图2.41　爯簋器形

图2.42　爯簋铭文

遣为族氏名号，遣伯为人名，其身份应为遣族内的宗族长，遣姬为姬姓女子嫁于遣氏者，因为冠以夫氏，所以称遣姬，遣伯、遣姬应为夫妇关系，其身份可能为宗子和宗妇。爯，为受器者，即本器的器主，很可能为遣氏家族内的家臣。此器可能作于遣伯册命爯任家臣之时，因爯父亲去世，爯继父职效命于遣氏家族，因而遣伯赏赐宗彝以示恩宠。而由爯父生前即遵循遣姬、遣伯之德言使爯强干，让爯为继承家臣之职做准备来看，爯所在家族可能世代服役于遣氏家族，铭文中宗妇遣姬次序位于宗子遣伯之前，表明了宗妇支配家臣处理家族事务的权力①。

1967年出土于陕西省长安县新旺村的逋盂，此器出土时一件铜匜放置在盂内，似为窖藏器物。从此器的形制、纹饰以及铭文字体来看，制作年代当为西周中期②，其铭文亦反映了宗妇处理家族内部事务之事，其铭曰：

隹（唯）正月初吉，君在雍既宫，命逋事于述土，𨻰諆格訇，司寮女、寮奚、逯，莱天君事，逋事鼻（毕），逋敢对扬，用乍（作）

① 拙作《爯簋铭文与西周宗妇地位》，载朱凤瀚主编《新出金文与西周历史》，上海古籍出版社2011年版，第286—291页。

② 陕西省博物馆：《陕西长安沣西出土的逋盂》，《考古》1977年第1期。

文祖已公尊盂，其永宝用。（《集成》10321，图 2.43）

图 2.43 遹盂器形与铭文

君、天君为同一个人，指周王之后。述，即“遂”字。郑玄在《礼记·王制》与《礼记·月令》注中云：“远郊之外曰遂。”可见，述土应指郊外。雍，为地名。“既宫”，既同即，就也。金文册命或言“即立（位）”，或言“既立（位）”，都是就位之意。此处“既宫”应与“既大室”同义，并非指宫名。①遹，为人名，即本器的作器者，传世有小臣遹鼎（《集成》2581），其铭曰：“小臣遹即事于西，休中易遹鼎，扬中皇，作宝”。两器中的“遹”应为同一个人，他担任的官职为小臣。諆为地名，令鼎（《集成》2803）铭曰：“王大藉农于諆田”。可见諆地为王行藉田之地。“隮”，黄盛璋先生认为其义同“缀”，为连接的意思。䣊即郚字，也是地名。“隮諆格䣊”意思是从諆地到郚地的意思。② 寮女、寮奚均为女性奴隶，《说文》：“寮，官也”，《周礼·春官·叙官》：“奚四人”，郑玄注曰：“奚，女奴也”。寮女、寮奚可能均为周王室驱使的官奴，寮女的地位可能高于寮奚。“逯”字亦见于大克鼎（《集成》2836）铭，“赐女井、逯、人、藉”，井、逯、人、藉均为奴隶。“桒”字，黄盛璋先生认为其用法与乖伯簋铭之“乃祖克桒先王，异自他邦”相同，为奉事意，其说可从。铭文大

① 黄盛璋：《遹盂新考》，《人文杂志》1982 年第 5 期。

② 黄盛璋：《遹盂新考》，《人文杂志》1982 年第 5 期。

意是说，天君来到雍地，即大位后，命令小臣逋到郊外，从諆地到郜地，去监督、视察、管理这一带奴隶的服役。天君为周王之后，也即王族的宗妇，此器记载了王后对王室内部事务的管理。

宗妇在家族内的地位与权力亦见载于琱生簋与琱生尊。两件琱生簋（即五年之器与六年之器）为传世之器，即旧称之召伯虎簋，形制、纹饰、大小相同。五年之器现藏于美国耶鲁大学博物馆，六年之器现存中国国家博物馆。过去对这两件器物的铭文多分开讨论，直至1979年林沄先生首次提出二器铭文所载为一事①后，多位学者在研究时都把二器铭文联读，使铭文所载内容逐渐明朗。② 但仍有许多问题尚未解决，尤其学术界对于铭文所载人物的身份及人物间的关系尚存不同看法。两件琱生尊于2006年在陕西扶风县五郡村出土③，二器形制、大小、纹饰、铭文均基本相同。琱生尊出土后，学术界再次掀起了对琱生诸器铭文所载内容讨论的热潮，诸多学者把三器铭文联读，来进一步分析器铭所载西周史实。④ 但有些问题仍是存在一定分歧的。为了讨论的方便，现将两件琱生簋及琱生尊的铭文分别抄录如下：

---

① 林沄：《琱生簋新释》，载中华书局编辑部编《古文字研究》第三辑，中华书局1980年版，第120—135页。

② 李学勤：《青铜器与周原遗址》，《西北大学学报（哲学社会科学版）》1981年第2期；朱凤瀚：《琱生簋铭新探》，《中华文史论丛》1989年第1期；王玉哲：《琱生簋铭新探跋》，《中华文史论丛》1989年第1期；斯维至：《关于召伯虎簋的考释及"仆庸土田"问题》，载四川大学历史系编《徐仲舒先生九十寿辰纪念文集》，巴蜀书社1990年版；王人聪：《琱生簋铭"仆庸土田"辨析》，《考古》1994年第5期；方述鑫：《召伯虎簋铭文新释》，《考古与文物》1997年第1期；连劭名：《周生簋铭文所见史实考述》，《考古与文物》2000年第6期；沈长云：《琱生簋铭"仆庸土田"新释》，载安徽大学古文字研究室编《古文字研究》第二十二辑，中华书局2000年版，第73—78页；刘桓：《五年琱生簋、六年琱生簋铭文补释》，《故宫博物院院刊》2003年第3期。

③ 宝鸡市考古研究所、扶风县博物馆：《陕西扶风五郡西村西周青铜器窖藏发掘简报》，《文物》2007年第8期。

④ 林沄：《琱生尊与琱生簋的联读》，载中国古文字研究会等编《古文字研究》第二十七辑，中华书局2008年版，第206—211页；吴镇烽：《琱生尊铭文的几点考释》，《考古与文物》2007年第5期；李学勤：《琱生诸器铭文联读研究》，《文物》2007年第5期。王占奎：《琱生三器铭文考释》，《考古与文物》2007年第5期；王泽文：《对琱生诸器人物关系的认识》，《中国史研究》2007年第4期；王辉：《琱生三器考释》，《考古学报》2008年第1期；陈昭容等：《新出青铜器〈琱生尊〉及传世〈琱生簋〉对读——西周时期大宅门土地纠纷协调事件始末》，《古今论衡》2007年第16期；陈絜：《琱生诸器铭文综合研究》，载朱凤瀚主编《新出金文与西周历史》，上海古籍出版社2011年版，第106—167页。

五年琱生簋：隹（唯）五年正月己丑，琱生有事，召来合事。余献，妇氏以壶，告曰："以君氏令，曰'余老止。公仆庸土田多误，弋（式）伯氏从许，公宕其三，女（汝）则宕其贰，公宕其贰，女（汝）则宕其一。'"余惠于君氏大章。报妇氏帛束、璜。召伯虎曰："余既讯，㕣我考我母令，余弗敢乱，余或至我考我母令。"琱生则堇圭。（《集成》4292，图 2.44）

六年琱生簋：隹（唯）六年四月甲子，王才（在）葊。召白（伯）虎告曰："余告庆！"曰："公氒（厥）禀贝，用狱误，为白（伯）又（有）祇又（有）成，亦我考幽白（伯）、幽姜令。余告庆，余以邑讯有司，余典勿敢封。今余既讯，又（有）司曰：'㕣命'。今余既一名典，献白（伯）氏，则报璧。"琱生对扬朕宗君其休，用乍（作）朕剌（烈）且（祖）召公尝簋，其万年子子孙孙宝用享于宗。（《集成》4293，图 2.45）

五年琱生尊：隹（唯）五年九月初吉，召姜以琱生戠五㝴、壶两，以君氏命曰："余老止。我仆庸土田，多柔，弋（式）许，勿使散亡。余宕其三，汝宕其二。其兄公，其弟乃。余惠大璋、报妇氏帛束、璜一。有司眔登两辟。琱生对扬朕宗君休，用作召公䵼簋（盧）。用祈通禄得屯霝终，子孙永宝用世享。其又敢乱兹命，曰：女（汝）事召人，公则明亟。"（《文物》2007 年第 7 期，图 2.46）

图 2.44 五年琱生簋铭文

图 2.45 六年琱生簋铭文

图 2.46　五年琱生尊铭文

琱生诸器约为西周孝王时器。[①] 关于三件器物的成器时间与铭文连读的顺序，林沄先生指出："两件琱生簋器形与花纹一致，应是同时所铸的成对彝器，所记是一场讼事的全过程。都是六年四月所铸，而五年正月则是铭文追述往事的年月。琱生尊乃是五年九月先已铸造，主要是为了记录对调解讼事起决定性作用的君氏之命"[②]。笔者赞同林先生的观点，由三器铭文联读可知，五年琱生簋所述事实应是分阶段的。此事的起因是在五年正月的"琱生有事，召来合事"，其中"事"之具体所指，诸家存异。李学勤认为指祭祀[③]，朱凤瀚认为指铭文中提到的"公仆庸土田多諫"，即琱生与其他贵族在土田附庸问题上所发生的狱讼之事[④]，此从朱先生所说。但这场田产纠纷并没有马上解决，"余献，妇氏以壶"，过去多连读为"余献妇

① 两件琱生簋的年代，以往学者多认为铭文中所提到的召伯虎为《史记·周本纪》所载厉宣时期的重臣召穆公，所以把器物定为厉、宣时期。但是王世民等先生在《西周青铜器分期断代研究》一书中指出，"从器形和纹饰考察，它们不能晚至宣王时期，从双耳的鸟头造型、分解的兽面纹以及铭文所涉及的内容而论，宜定为西周中期"，在 2004 年出版的《西周铜器断代》中，陈梦家先生将两件琱生簋定为孝王时器，并指出"二器作解散了的大兽面，与共、懿时代的吴方彝、师遽方彝相近，早于师嫠簋上的小兽面带"。琱生尊出土后，吴镇烽先生在对其铭文考释时，也指出琱生诸器应定在孝王时期。参王世民、陈公柔、张长寿《西周青铜器分期断代研究》，文物出版社 1999 年版，第 101 页；陈梦家《西周铜器断代》，中华书局 2004 年版，第 235 页。

② 林沄：《琱生尊与琱生簋的联读》，载中国古文字研究会等编《古文字研究》第二十七辑，中华书局 2008 年版，第 206—211 页。

③ 李学勤：《琱生诸器铭文联读研究》，《文物》2007 年第 8 期。

④ 朱凤瀚：《琱生簋与琱生尊的综合考释》，载氏编《新出金文与西周历史》，上海古籍出版社 2011 年版，第 71—81 页。

氏以壶”，认为是琱生送壶给妇氏，林沄先生指出此处“献”应为致飨之义[1]，台湾学者陈美兰也指出在金文与先秦文献中这种“献＋人＋（以）＋物”的句式，非常罕见[2]，因此应在“献”字后断句。“余献”之“余”指琱生，“献”即琱生设宴招待。“妇氏以壶”与五年琱生尊所载“召姜以琱生戵五帋、壶两”应为同一事，前一个“以”或即文献中的“贻”，在此应为赠送、给予之义。帋字从巾从寻，《周礼·地官·媒氏》注云：“八尺曰寻，倍寻曰长”。吴镇烽先生认为帋在此为量词，因为经常丈量布帛，故增巾旁，五帋为四丈[3]。“戵”字未见于字书著录，李学勤先生认为其从“威”声，明母月部，当读为并母月部的“币”，即行礼用的帛[4]，此句即是说妇氏送给琱生行礼用的帛和两件壶，并向琱生传达君氏的命令，由五年琱生尊铭文来看，这已经是发生在五年九月之事了。“以君氏命曰：‘余老止。公仆庸土田多柔，戈伯氏从许，公宕其三，汝则宕其贰，公宕其贰，汝则宕其一’”，“柔”，诸家均认为即“柔”字，当读为“扰”，有烦乱、纠葛之义。“许”，李学勤先生认为读为“诉”[5]，义近于陈诉、诉讼。“伯氏”，指召伯虎。此句铭文大意为妇氏传达君氏的遗命，对琱生说，我老了，召氏宗族关于仆庸、土田问题与其他贵族多有纷争，召伯虎应当随顺你进行诉讼，如果公室对这些讼事承当三分责任，你就为之承当二分，如果公室承当二分，你就应当为之承当一分。召伯虎正是遵照君氏的命令处理此事，即六年琱生簋所载“亦我考幽伯幽姜令”，使“有司”作了有利于琱生的判决。

关于铭文所载主要人物身份及其相互间关系，尤其是“妇氏”“君氏”等人物与召伯虎的关系，是学术界聚讼已久的问题。对此，大致有两种观点，一种认为妇氏即召姜，为召伯虎的妻子，君氏为召伯虎的母亲，即六年琱生簋中的“幽姜”。另一种观点则认为“妇氏”为召伯虎的母亲，即

---

① 林沄：《琱生尊与琱生簋的联读》，载中国古文字研究会等编《古文字研究》第二十七辑，中华书局2008年版，第206—211页。

② 陈美兰：《说琱生器两种“以”字的用法》，载张光裕、黄德宽主编《古文字学论稿》，安徽大学出版社2008年版，第300—314页。

③ 吴镇烽：《琱生尊铭文的几点考释》，《考古与文物》2007年第5期。

④ 李学勤：《琱生诸器铭文联读研究》，《文物》2007年第8期。

⑤ 李学勤：《琱生诸器铭文联读研究》，《文物》2007年第8期。

五年琱生尊中的“召姜”、六年琱生簋中的“幽姜”；“君氏”为召伯虎的父亲，即六年琱生簋中的“幽伯”。笔者在此大致赞同后一种说法。“妇氏”即是“召姜”，为姜姓之女嫁于召氏宗族者，身份为召伯虎的母亲，召氏宗族的上一代宗妇，死后谥号幽姜，在五年九月至六年四月之间去世。“君氏”为召伯虎的父亲，由五年簋铭中召伯虎称其父君氏为“我考”而知，君氏在五年九月时已去世，谥号幽伯，妇氏所谓“君氏”命，实是遗命。召伯虎在此事处理完毕后，琱生对扬宗君休，应是扬召伯虎之休，朱凤瀚曾指出，“器主所对扬休之人，必是于器主有恩惠者”①，其说至确，对于这场关于附庸土田的狱讼，直接起作用的毕竟是召伯虎，因而琱生献玉璧向召伯虎表示感谢，并作器“扬宗君休”。

由琱生诸器铭文可知，在处理小宗琱生与其他贵族关于附庸土田的纠纷时，“妇氏”作为召氏宗族的上一代宗妇在其中起了关键的作用。虽然召伯虎为这场纷争的主持者，但琱生并没有直接向他求助，而是通过召伯虎之母“召姜”求援，“召姜”向召伯虎传达“君氏”的遗命，但在“君氏”去世的情况下，召姜可能并非仅仅是传命者，而且最后召伯虎言遵循“我考我母令”，说明母亲“召姜”的命令亦是不可违背的，此中孝道因素固然起了一定的作用，但其根源应在于宗妇在家族中拥有较高的地位以及对家族事务有较强的影响力。而且事后琱生作器追述此事，丝毫没有避讳，说明宗妇涉及此类事件在当时应是非常普遍的现象。

据金文资料显示，宗妇不仅有管理家族内部事务的权力与责任，而且在王家或诸侯家族内部，还设有听命于宗妇的职官——宰，如西周中期晚段的蔡簋，其铭中曰：

> ……旦，王各庙即立（位），宰曶入右蔡，立中廷。王乎（呼）史尤册令蔡。王若曰：蔡，昔先王既令女（汝）乍（作）宰，……从司王家外内，毋敢又（有）不闻，司百工，出入姜氏令……（《集成》4340，图2.47）

① 朱凤瀚：《琱生簋铭新探》，《中华文史论丛》1989年第1期。

据陈梦家先生考证，此乃懿王时器①。姜氏，应指王后，为王族的宗妇。刘启益则认为她应是懿王后妃王伯姜②。蔡为王族中的“宰”，所掌管的具体职事是“司王家内外”“司百工”，即具体管理王族中的内部事务，由铭中所述“出入姜氏令”，可见作为“宰”的蔡是听命于王后姜氏的。

更能直接说明宗妇与宰隶属关系的是邢姜太宰巳簋，该器1974年出土于内蒙古哲里木盟扎鲁特旗巴雅尔吐胡硕③，其铭文曰：

> 井（邢）姜大（太）宰巳，铸其宝簋，子子孙孙，永宝用享。（《集成》3896，图2.48）

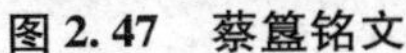

图2.47　蔡簋铭文

图2.48　邢姜太宰巳簋铭文

作器者为“邢姜太宰巳”，即“邢姜之太宰巳”之谓。从称呼上已表明，太宰巳直接隶属于邢姜。邢姜为春秋时期邢国国君的夫人，姜姓，因嫁给邢侯，故称邢姜。大宰，即太宰。邢姜太宰巳簋中的太宰，其职掌应与蔡簋中的宰相同，即在邢姜的呼令下管理家族内部事务。《周礼·天官·内宰》曰：“内宰掌书版图之法，以治王内之政令，均其稍食，分其人民以居之，以阴礼教六宫，以阴礼教九嫔，以妇职之法教九御，

① 陈梦家：《西周铜器断代》，中华书局2004年版，第194页。

② 刘启益：《西周金文所见的周王后妃》，《考古与文物》1980年第4期。

③ 李殿福：《巳簋初释》，《社会科学战线》1980年第3期。

使各有属。”可见两周时期，宗妇不只对家族事务有管理权，还有可供驱使的职官。

2. 主管家族经济事务

在宗妇对家族事务的治理中，最显著的一点即是对家族经济事务的管理，如现藏于故宫博物院的次尊、次卣，为西周中期器物，二器铭文完全相同：

> 隹（唯）二月初吉丁卯，公姞令次司田人，次蔑曆，赐马、赐裘，对扬公姞休，用乍（作）宝彝。（次卣，《集成》5405；次尊，《集成》5994，图2.49）

公姞当为某公之配偶，是为宗妇。次，为其家臣。田人，指依附于家族内的农业人口①。器铭记载宗妇命令家臣“司田人”，即管理家族内的仆庸种田，并进行赏赐之事。可见宗妇有主管家族经济事务的权力。

2003年发表的季姬方尊（图2.50），据传1946年出土于洛阳北窑西周贵族墓，该器喇叭形口，方唇，腹部下垂呈方形，腹面饰饕餮纹，器身四角有扉棱，圈足较高，铭文铸于内底，共8行，约80字②。其铭曰：

图2.49 次尊铭文

图2.50 季姬方尊器形

> 隹（唯）八月初吉庚辰，君命宰茀赐季姬畋臣于空桑，厥师夫曰丁，以厥友廿又五家折（誓），赐厥田，以生（牲）马十又四匹、牛六十又九欸、羊三百又八十又五欸，禾二𤰈（廩）。其对扬王母休，用

① 陈絜：《西周金文“佃人”身份考》，《华夏考古》2012年第1期。

② 蔡运章、张应桥：《季姬方尊铭文及其重要价值》，《文物》2003年第9期。

乍（作）宝障彝，其万［年子孙］永宝用。（《文物》2003年第9期，西周中期，图2.51）

图2.51　季姬方尊铭文

从形制与纹饰上看，该器大约为西周穆王时器。其中的“君”，即“女君”，其义与作册睘尊（《集成》5989）中的“君”相同，指周王之后。“宰茀”，指管理王室内部事务的官吏，其中“宰”是职官名，茀为私名。𫝊，为地名。𫝊季姬，为周王室排行第四的女儿嫁与𫝊氏者。畋字，李学勤先生认为从“田”从“又”，即《说文》中的“佃”字，畋臣为从事农业之臣。李先生并指出，这里的佃臣与其他材料中脱离土地的奴隶性质的臣是不一样的①。师，为长的意思，“丁”为其名。“友”，指其亲族成员②。此句的意思是说名丁的佃臣之长率领其亲族成员25家。赐字以后均为王后赐予𫝊季姬的财物。厥田，为佃臣所有的田地。䝨，即牛羊的单位③。同时被赐的还有佃臣所拥有的14匹马、69头牛、385只羊以及2廪禾。“王母”，皇母，即指铭文中的“君”。此铭文大意是说，王后命令宰茀赏赐女儿𫝊季姬一个包括土地、民人以及若干生产资料的生产单位，其性质可能为𫝊季姬的食邑。因此𫝊季姬感念其母的赏赐，故作此器以纪念恩赐的荣宠。由此可见，王后作为王族宗妇有支配王室财产的权力。

3. 宴飨家族成员

除治理家国、管理家族经济事务外，宗妇还要统率宗族中的妇女、助

① 李学勤：《季姬方尊研究》，《中国史研究》2003年第4期。

② 朱凤瀚：《商周家族形态研究》（增订本），天津古籍出版社2004年版，第293页。

③ 李学勤：《季姬方尊研究》，《中国史研究》2003年第4期。

理祭祀并宴飨家族中的亲属成员，以加强本家族成员间的团结，强化宗族观念。现藏于上海博物馆的叔㚤簋，为西周晚期时器，其铭曰：

> 叔㚤乍（作）宝尊簋，眔仲氏万年，用侃喜百生（姓）、朋友眔子妇，子孙永宝，用夙夜享孝于宗室。（《集成》4137，图2.52）

叔㚤为女子名，为该器的作器者，“叔”为排行，“㚤”① 为父家族姓，“眔仲氏万年”，眔即逮字，为“以及”之义②，“仲氏”应为叔㚤的丈夫，“万年”为金文中常见的吉祥用语，可见此器虽是叔㚤的自作器，但铭文中强调与其夫仲氏共同所有。“百生”即“百姓”，在周代铜器铭文中，百姓亦写作百生，指众多个家族的族长③。铭文中的百姓应指各小宗的宗族长。金文中“朋友”的具体身份，朱凤瀚先生曾作过考证，他认为西周器铭中的“友”所指称的范围是包括同胞兄弟、从父兄弟、从祖兄弟等兄弟辈的族人④，其说可从。“子妇”在此应指他们的儿子、妻子。“侃喜”之“侃”为喜乐之意，于省吾先生认为：“金文衎叚侃为之”⑤，“侃”即是“衎”字。《诗经·商颂·那》：“衎我烈祖”。毛传曰：“衎，乐也”。“侃喜”在金文中亦写作“喜侃”，如1974年扶风县

图2.52　叔㚤簋铭文

---

① “凡女姓之字，金文皆从女作……弋姓之弋，金文作㚤，今诗美孟弋矣，《穀梁传》葬我小君定弋，皆作弋字”，见王国维《观堂集林》之“鬼方昆夷玁狁考”，中华书局2006年版，第591页；陈磐认为“㚤”即是“姒”，“‘姒’，旧籍或作‘弋’，或作‘㚤’，或作‘似’，或作‘苡’，或作‘以’”，并考证春秋时期有曾、斟灌为㚤姓国。参陈槃《春秋大事表列国爵姓及存灭表撰异》，《“中央研究院”历史语言研究所专刊》之五十二，第599、1239页。

② 陈絜：《中子化盘铭文别释》，《东南文化》2008年第5期。

③ 张政烺：《古代中国的十进制氏族组织》，载《张政烺文史论集》，中华书局2004年版，第277—313页。

④ 朱凤瀚：《商周家族形态研究》（增订本），天津古籍出版社2004年版，第292—297页。

⑤ 于省吾：《泽螺居诗经新证》卷上，中华书局1982年版，第226页。

强家村出土的师臾钟铭曰：“用喜侃前文人”①。

由对器铭的综合分析，可知作器者叔妣的身份为宗妇，她作此器的目的是用于宗庙祭祀祖先，并宴飨、喜乐家族内成员。又如春秋时期的叔家父簠，其铭曰：

> 叔家父乍（作）仲姬匡，用盛稻粱，用速先后诸兄，用祈眉考无疆，哲德不忘，孙子之贶。（《集成》4615，图2.53）

该器为叔家父为妻子仲姬所作，仲姬应为家族中的宗妇。《诗经·小雅·伐木》：“既有肥羜，以速诸父。宁适不来，微我弗顾。于粲洒扫，陈馈八簋。既有肥牡，以速诸舅。宁适不来，微我有咎。”郑笺云：“速，召也。”孔颖达疏曰：“既有肥羜之羊，以召朋友、诸父而燕之”，可见“速”为招待、宴请之义。“诸兄”，即兄弟，指家族中的同辈亲属。“先后”，《集解》引孟康云：兄弟妻相谓先后。

图2.53　叔家父簠铭文

《索隐》云：“即今妯娌也”。《尔雅·释亲》亦曰：“长妇谓稚妇为娣妇，娣妇谓长妇为姒妇”。郭璞注曰：“今相呼先后，或云妯娌”。杨树达先生认为作此器的目的是“召其妯娌也”。② 其说可从，笔者认为叔家父作此器给妻子仲姬，其目的在于让仲姬宴请家族中的同辈兄弟及其妻子，以加强家族成员间的团结。

此外，出土于山东仙人台邿国贵族墓地的邿召簠③，为春秋早期时器，器铭也表明了宗妇宴飨家族成员的职责，其铭曰：

> 邿召乍（作）为其旅簠，用实稻粱，用飤诸母诸兄，使受福，毋

① 吴镇烽、雒忠如：《陕西省扶风县强家村出土的西周铜器》，《文物》1975年第8期。

② 杨树达：《积微居金文说》（增订本），中华书局2004年版，第78页。

③ 山东大学考古系：《山东长清县仙人台周代墓地》，《考古》1998年第9期。

又（有）疆。（《铭图》5925，图2.54）

图2.54 郜召簠图形及铭文

郜为古国名，召为作器者私名。旛，从㫃，金文中稻字亦写作“旛”①，由其铭文所述作器目的为“用实稻粱，用飤诸母诸兄”，可知此器为食器，且出土时器内尚有黄色粟类黏糕性食物可证。“诸母诸兄”指家族中亲属成员，其辞例与曾子仲宣鼎（《集成》2737）铭之“用飨其诸父诸兄”相同。关于西周铭文中的“诸父”，朱凤瀚先生曾指出应指宗子的父辈，如伯父、叔父等，他们是家族中诸小宗的宗族长；“诸兄”是指宗子的同辈亲属。② 关于此铭中“诸母”的身份，笔者认为应是指作器者的母辈亲属，各小宗宗族长之妇。由此可见郜召身份应为宗子，即宗族长，显然为男性，但据发掘者鉴定，出土此器的M3墓主为女性。有学者因此指出，此器是郜召为其母所作③。此种看法似可商榷，笔者认为M3墓主为郜召之妻，此器虽是郜召的自作器，但很有可能平时也由其妻使用，用来宴享家族中亲属成员，因此出土于其墓中。

由于宗法制度的存在，宗妇与宗子共同处于家族权力的顶端，宗妇甚至也掌握着家族成员的命运。据文献记载，鲁国声伯之母曾因妯娌宗妇穆姜的缘故而被出。《左传》成公十一年记“声伯之母不聘”，杨伯峻注曰：

---

① 容庚：《金文编》，中华书局1985年版，第501页。

② 朱凤瀚：《商周家族形态研究》（增订本），天津古籍出版社2004年版，第300页。

③ 任相宏：《山东长清县仙人台周代墓地及相关问题初探》，《考古》1998年第9期。

"不聘，不行媒聘之礼"[1]，《礼记·内则》曰："聘则为妻"，不聘则为妾，因此穆姜说，"吾不以妾为姒"，导致妇人生声伯而被出。穆姜为鲁宣公夫人，声伯之父叔肸是鲁宣公的同胞弟弟，因此声伯之母与穆姜为妯娌关系，声伯之母仅仅因为妯娌穆姜的一句话而被休弃，可见宗妇对家族内的成员的权力。

二、两性关系对祭祀制度的影响——宗子宗妇主祭、小宗夫妇助祭

两性关系的变化亦对家族内的祭祀制度产生了影响。两周时期，家族内的祭祀活动逐渐与夫妇二位一体的伦理观念相结合。《礼记·祭统》云："既内自尽，又外求助，昏礼是也。故国君取夫人之辞曰：'请君之玉女与寡人共有敝邑，事宗庙社稷。'此求助之本也。夫祭也者，必夫妇亲之。所以备内外之官也，官备则具备"。是说祭祀活动，一定要有夫妇共同参与，这样才能使内外的事宜皆备，所用器具才会完备。又《礼记·哀公问》："大昏，万世之嗣也，内以治宗庙之礼，足以配天地之神明"。郑玄注曰："宗庙之礼，祭宗庙也；夫妇配天地，有日月之象焉"，可见在家族祭祀中是亦以夫妇关系为主轴的。由此决定宗子与宗妇为宗庙祭祀中的主祭者，而族人与族人之妇为助祭者，但宗子与宗妇、族人与族人之妇在祭祀中也存在一定的权力与地位差异，这是同一阶层性别差异在祭祀领域中的体现。

（一）宗子与宗妇——家族祭祀中的主祭者

由上文论述可知，自西周中期始，已出现夫妇共同作器祭祀祖先的现象，这说明家族祭祀已与夫妇二位一体的伦理观念相结合。即便是分开作器，夫妇的祭祀对象也往往是相同的，尤其师寏与姬寏母分别作器祭祀世系完全相同的六代祖考，说明他们应分别为宗族的宗子和宗妇。朱凤瀚先生曾指出："殷商时期，诸妇的祭祀对象主要有两类，一为夫家的上一代近亲，即其夫的父、母，也即妇的舅姑。二是家族中其他有地位的女性先

① 杨伯峻：《春秋左传注》（修订本），中华书局2005年版，第852页。

人。”[①] 由现有资料来看，商代金文中记载妇女作器祭祀先祖的例子鲜少，卜辞中诸妇祭祀先公先王的情况也并不多见，这说明商代妇女的祭祀对象似乎是受一定限制的。而姬寏母作器祭祀六世祖考，说明西周时期宗妇在家族内的祭祀地位要高于殷商时期的贵族妇女，对于西周女性在祭祀中身份、地位相对商晚期发生变化的原因，朱先生指出与周人宗法制度的渐成熟，渐与家庭伦理观念相结合有直接关系[②]，笔者对此表示赞同，正是在夫妇二位一体的伦理观念影响下，作为宗子之妻的宗妇也是家族祭祀中的主祭者，拥有祭祀于宗庙的权力，她在家族祭祀中的地位是仅次于宗子的。

宗子与宗妇作为主祭者，共同参与家族祭祀的情景在文献资料中有更为详尽的记载。《诗经·小雅·楚茨》描绘了宗子与宗妇在家族祭祀中共同主祭的场面，现将其文摘录于下：

> 楚楚者茨，言抽其棘。自昔何为？我蓺黍稷。我黍与与，我稷翼翼。我仓既盈，我庾维亿。以酒为食，以享以祀，以妥以侑，以介景福。
>
> ……君妇莫莫，为豆孔庶。为宾为客，献酬交错。……
>
> ……工祝致告：徂赉孝孙。苾芬孝祀，神嗜饮食。……
>
> 礼仪既备，钟鼓既戒。孝孙徂位。工祝致告：“神具醉止。”皇尸载起，鼓钟送尸，神保聿归。诸宰君妇，废彻不迟。诸父兄弟，备言燕私。
>
> 乐具入奏，以绥后禄。尔殽既将，莫怨具庆。既醉既饱，小大稽首。神嗜饮食，使君寿考。孔惠孔时，维其尽之。子子孙孙，勿替引之。

由其歌中所咏，可知参加这种家族内祭祖活动的男性成员有“孝孙”，即宗子，家族长，也是祭祀祖先的主祭者；“诸父”指主祭者的父辈，如伯父、叔父等，然不主祭，所以是属大宗宗子下的诸小宗；还有“兄弟”，即宗子的同辈亲属，如同父兄弟，从祖兄弟等[③]，即诗中的“为宾为客”

---

① 朱凤瀚：《论商周女性祭祀》，载张国刚主编《中国社会历史评论》（第一卷），天津古籍出版社1999年版，第129—135页。

② 朱凤瀚：《论商周女性祭祀》，载张国刚主编《中国社会历史评论》（第一卷），天津古籍出版社1999年版，第129—135页。

③ 朱凤瀚：《商周家族形态研究》（增订本），天津古籍出版社2004年版，第300页。

中的“宾客”。家族中参加这种祭祀的女性只有“君妇”，郑笺云：“君妇，谓后也。凡嫡妻称君妇，事舅姑之称也”，可见“君妇”指宗子的妻子，即宗族的宗妇。宗妇与宗子一起主持家族祭祀，在祭祖仪式中起着辅助其夫的作用，虽地位低于宗子，但高于家族内的其他成员。

宗子与宗妇共同参与家族祭祀，在成书稍晚的《仪礼》之《少牢馈食礼》《特牲馈食礼》等篇章中也有反映，“主妇缅、笄、宵衣，立于房中，南面”，郑玄注曰：“王妇、主人之妻，虽姑犹存，犹使之主祭祀。”[①] 可见宗妇与宗子一起参与祭祀祖先的活动，均为家族祭祀的主人。自准备祭品开始，宗子与宗妇即共同参与祭祀活动，且有一定的分工，“夙兴，主人服如初，立于门外东方，南面，视侧杀。主妇视饎，爨于西堂下”。贾公颜疏曰：“论祭日夙兴，主人主妇陈设及行位之事”。[②] 而且在宾客之长给尸献酒的活动中，宗子与宗妇先要互相敬酒，高愈云：“未献宾而主人主妇亲相致爵者，盖夫妇和而后家道成”[③]。虽然《仪礼》所述祭祖时宗子、宗妇的具体仪节未必与史实完全符合，但可以肯定的是，宗妇助宗子主祭应是西周时期已存在的。而宗子与宗妇共同主祭正是夫妇关系为家庭关系的核心、家族秩序的基础在宗教祭祀领域中的表现。

但宗子与宗妇在祭祖活动中的地位亦是有差别的。刘源先生曾指出，宗子为家族祭祀的主持者，包括宗妇在内的族人均在其统属之下，他不仅主持祭祖过程中的重要仪式，而且在家族中他是直接从祖先那接受赐福的唯一人选。[④] 男性宗族长在家族祭祀中具有主导地位是父权制与宗法制的必然要求。宗妇作为宗子之妻，虽是家族祭祀的女主人，但在祭祀中的职责主要是协助宗子，所从事的事务如上引《诗经·小雅·楚茨》所言，是从房中取豆、笾等物进献室中请神、尸享用。说明家族祭祀中已存在一定的性别差异，但性别差异亦受其他因素制约。由家族成员在祭祖仪式中的位次来看，宗妇地位虽低于宗子，但高于家族内的其他男性成员，如《仪礼·特牲馈食礼》所言，“主妇洗爵于房，酌，亚献尸。……宾三献如初”，可见尸

---

① 《仪礼·特牲馈食礼》。
② 《仪礼·特牲馈食礼》。
③ 胡培翚：《仪礼正义》卷三十五。
④ 刘源：《商周祭祖礼研究》，商务印书馆 2004 年版，第 347—348 页。

饭后，与祭者给尸献酒时，主妇排在主人之后，其他家族成员之前。而且在给尸献酒后，家族成员间互相献酒的过程中，宾客在给主人敬酒后，也要给主妇敬酒，然后家族成员才按长幼尊卑等依次接受主人的献酒。

（二）族人与族人之妇——家族祭祀中的助祭者

家族祭祀中，大宗宗子与宗妇主祭，小宗夫妇则助祭，这见载于虘钟[①]铭文：

> 隹（唯）正月初吉丁亥，虘乍（作）宝钟，用追孝于己伯，用享大宗，用乐好宾，虘眔蔡姬永宝，用卲大宗。（《集成》88，图2.55）

图2.55 虘钟器形及铭文拓片

此器的年代，朱凤瀚先生认为应为西周中期偏晚，[②] 其说可从。虘，为作器者，与大师虘簋（《集成》4251）铭中的虘应为同一个人。虘所作编钟共传世五枚，分属两套，在其他编钟中，虘亦写作“𢼸”。[③] “追孝于己

① 此钟现藏于日本京都泉屋博古馆，圆甬中空与体腔相通，无衡，右鼓发音部位有圆涡纹，篆间饰斜格云纹，中鼓与舞上饰以云纹，通高约44.9、铣间27厘米。

② 朱凤瀚：《中国青铜器综论》，上海古籍出版社2009年版，第363页。

③ 与此器同属一套的另三器铭文内容基本相同，在《集成》中的著录号分别为89、90、91，另一件𢼸钟（《集成》92），形制与其他四件类似，但钲部已无乳刺，右鼓发音部位亦改作以鸟纹为标记，铭文在甬上、钲部中间与右边及右鼓。对此，陈梦家先生指出，“铭文在右上边的一行，字是横行的，与其他各行之作直行者不同。……其铸铭的地位尚未确定有定式，其形制是较早的。此等有长铭之钟……是此时期新出之事物”。其铭曰：“首敢对扬天子丕显休，用作朕文考釐伯龢林钟，𢼸眔蔡姬永宝”。参朱凤瀚《中国青铜器综论》，上海古籍出版社2009年版，第363页；陈梦家《西周铜器断代》，中华书局2004年版，第191、192页。

伯"，"追孝"为祭祀之义[1]，在金文中习见，如瘨钟（《集成》246）铭之"用追孝于高祖辛公、文祖乙公、皇考丁公"。"己伯"，为所祭祖先名。[2]"用享大宗"，说明虘身份应为小宗，"享"，祭祀之义，但此句的意思并非为祭祀大宗，而是说虘要用此器助祭于大宗。由此器铭文可知，虘作器的目的不只是为了祭祀祖先己伯，而且还要用于助享于大宗并宴飨宾客，而虘在表示他作此钟的目的后，强调他与配偶蔡姬共同宝爱此器，并进一步强调用来"卲"大宗，"卲"之义亦为祭祀。由此可见，蔡姬与其夫叡一样，应该也是参与助享大宗的祭祀活动的。

又如春秋晚期的陈逆簠，其铭文亦反映了小宗夫妇助祭于大宗的情景，其铭曰：

> 隹（唯）王正月初吉丁亥，少子陈逆曰：余陈桓子之裔孙，余寅事齐侯，懽卹宗家，择厥吉金，以乍（作）厥元配季姜之祥器，铸兹宝簠，以享以孝于大宗皇祖、皇妣、皇考、皇母，祚永令（命），眉寿万年，子子孙孙永宝用。（《集成》4629，图 2.56）

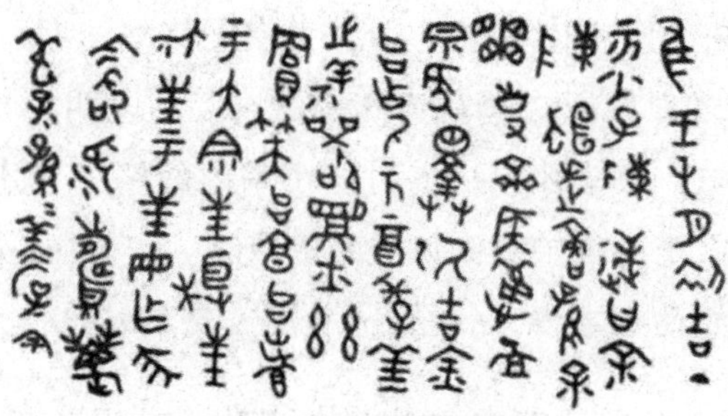

图 2.56　陈逆簠铭文

陈逆是该器的作器者，其名亦见载于《左传》哀公十四年[3]，杜预注曰："陈逆，子行，陈氏宗也"，而当时陈氏大宗的宗子是陈成子恒。可见陈逆为小宗。"以作元配季姜之祥器"，说明此器是陈逆为其妻季姜所作，"以

① 《诗经·大雅·文王有声》曰："遹追来孝"，"遹""来"均为语气词，古语称孝顺已死的祖先为追孝，即祭祀。参高亨《诗经今注》，上海古籍出版社 1980 年版，第 398 页。

② 马承源先生认为"己是虘之父考的庙号，即叡钟所载'朕文考釐伯'"。见马承源主编《商周青铜器铭文选》（第三卷），文物出版社 1988 年版，第 268 页。

③ 《左传》哀公十四年载："子我夕，陈逆杀人，逢之，遂执以人"。

享以孝于大宗皇祖、皇妣、皇考、皇母”，“享”“孝”，均为祭祀之义[①]，可见此器的用途是用来祭祀大宗的“皇祖、皇妣、皇考、皇母”等祖先神。但《礼记·曲礼》曰：“支子不祭，祭必告于宗子”，陈逆作为小宗并没有主祭权，因此此器的用途应是在大宗祭祀“皇祖、皇妣、皇考、皇母”时作为助祭之用。陈逆作给妻子之器同时也要用来助享于大宗，可见在大宗祭祀时，其妻季姜应也是参与的。

由以上二器铭文，表明家族内除宗妇外，小宗宗子之妇也有权力参与家族内的祭祖活动。此外，关于小宗夫妇在家族祭祖活动中的情况，在东周礼书中也有论及。如《礼记·内则》曰：

> 適子庶子，祗事宗子宗妇，虽富贵，不敢以富贵入宗子之家；虽众车徒，舍于外，以寡约入。子弟犹归器，衣服、裘衾、车马则必献其上，而后敢服其次也。若非所献，则不敢以入于宗子之门，不敢以贵富加于父兄宗族。若富，则二牲，献其贤者于宗子，夫妇皆齐而宗敬焉。终事而后敢私祭。

孔颖达疏曰：“夫妇皆齐而宗敬焉者，大宗子将祭之时，小宗夫妇皆斋戒以助祭于大宗，以加敬焉，谓敬事大宗之祭”，说明在对大宗的助祭中，小宗夫妇都要参加，事毕才可从事自己小宗内的祭祀，这既是宗法精神的体现，也说明了祭祀礼仪中对夫妇关系的重视。

关于小宗夫妇助祭之事，《礼记·礼器》亦曰：

> 大庙之内敬矣：君亲牵牲，大夫赞币而从。君亲制祭，夫人荐盎。君亲割牲，夫人荐酒。卿大夫从君，命妇从夫人，洞洞乎其敬也，属属乎其忠也，勿勿乎其欲其飨之也！

“君”指诸侯国的国君，在其国内为同族人的大宗，“夫人”即为宗妇，“卿大夫”相对为小宗，“命妇”应指卿大夫夫人，即小宗宗子之妇，“赞”，其

---

① 《广雅·释言》：“享，祀也”，又《诗经·周颂·载见》：“率见昭考，以享以孝，以介眉寿”，马瑞辰《通释》，“按《尔雅·释诂》：‘享，孝也’……是孝与享同义，故享祀亦曰孝祀。此诗‘以享以孝’，犹潜诗‘以享以祀’，借二字同义，合言之则曰享孝”。参马瑞辰《毛诗传笺通释》，中华书局1989年版，第1085、1086页。

义为“助”。由此可见，在太庙里祭祖时，宗子与宗妇为主祭者，而小宗与其妻均有参与祭祀的权力，但处于助祭的地位，分别协助宗子与宗妇完成祭祀仪式。又如《礼记·明堂位》所述鲁国国君在太庙中祭祀周公时：

> 君卷冕立于阼，夫人副袆立于房中。君肉袒迎牲于门，夫人荐豆笾，卿大夫赞君，命妇赞夫人，各扬其职。

“君”与“夫人”为宗子与宗妇，“卿大夫”“命妇”则分别为小宗夫妇，文中反映的内容与上述相同。

但族人夫妇在家族祭祀中也是存在一定性别差异的，这在《仪礼》之《特牲馈食礼》中有相关的记述：“主人洗爵，献长兄弟于阼阶上，如宾仪。洗，献众兄弟，如众宾仪。洗，献内兄弟于房中，如献众兄弟之仪”①，描述了祀后家族成员依次接受主人献酒的情景，其位次反映了他们在家族中的地位高低。首先男性族人依其次序接受主人献酒，反映了他们之间的宗法等级地位，而且他们接受献酒在“阼阶上”。最后接受主人献酒的是“内兄弟”，应指族人之妇，由最后接受主人献酒似说明她们在祭祀中的地位低于男性族人，而且其地点为“在房中”，可见在祭祖仪式中似乎已有了“男外女内”的性别规定。

（三）从作器角度看性别差异与两性地位

金文资料中，屡见丈夫作器给妻子用以祭祀的记载，兹举数例以作说明：

> 叔噩父簋：叔噩父乍（作）鸾姬旅簋，其夙夜用享孝于皇君，其万年永宝用。（《集成》4056，西周晚期）
>
> 伯偈父簋：伯偈父乍（作）姬麋宝簋，用夙夜享于宗室，子子孙永宝用。（《集成》3995，西周晚期）
>
> 伯百父簋：伯百父乍（作）周姜宝簋，用夙夕享，用祈万寿。（《集成》3920，西周中期）

如上文所述，金文中的“享”为祭祀之意。“夙夜用享孝于皇君”“夙夜

① 《仪礼·特牲馈食礼》。

享于宗室”“用夙夕享”均为勤于家族祭祀的意思。由此可见，上述三器均为丈夫为妻子作器，其目的为让妻子用此器勤于宗庙祭祀。而妻子之所以有参与祭祀的权力，当与上引所谓夫妇相合“以治宗庙之礼”有关，只是父权宗法社会中，夫为祭祀之主导，作器物要由夫主持。

丈夫除作器给妻子用于祭祀外，其自作器亦常为妻子使用，因而两周时期，丈夫所作器物常在其妻的墓中出现，如宝鸡𢐗氏墓地中，分别在𢐗伯和夫人井姬的墓中，出土了两件器形、纹饰、铭文完全相同的𢐗伯双耳双环簋①，其铭曰：

𢐗伯乍（作）旅用鼎簋。（《集成》3616）

可见此二器均为𢐗伯生前同时为自己铸作的两件食器，其中一件为夫人陪葬，表明此器生前可能由夫人井姬使用。在晋侯墓地中，晋侯所作器物亦常出现于其妻墓中，如异穴合葬墓 M91、M92 被学界推定为晋侯对夫妇之墓，在夫人墓 M92 中，出土晋侯对所作鼎一件，鼎口微敛，附耳，腹壁微圆凸，圜底，三兽蹄形足，颈部饰重环纹一周，腹内壁铸有铭文（图 2.57）②，其铭曰：

图 2.57　晋侯对鼎器形及铭文

① 卢连成、胡智生：《宝鸡𢐗国墓地》，文物出版社 1988 年版，第 292、368 页。

② 北京大学考古系、山西省考古研究所：《天马—曲村遗址北赵晋侯墓地第五次发掘》，《文物》1995 年第 7 期。

隹（唯）九月初吉庚寅，晋侯对乍（作）铸尊鼎，其万年眉寿永宝用。

晋侯对鼎出土于其夫人墓中，亦说明此器是夫人生前使用或宝爱的器物。

又如1978年在河南信阳五星公社发现的春秋早期的樊夫人龙嬴与樊君夔夫妇异穴合葬墓，在樊夫人龙嬴的墓中有自作器多件，但也有其夫所作盆一件①，其铭曰：

樊君夔用其吉金，自乍（作）宝盆。（《集成》10329）

而樊君所作之器物出土于夫人墓中，说明此器亦是由夫人龙嬴生前使用的。

现藏于日本东京书道博物馆的楷侯簋盖铭文则记载了楷侯指令妻子作器之事，其铭曰：

楷侯乍（作）姜氏宝𬇙彝，方使姜氏乍（作）宝簋，用永皇方身，用乍（作）文母楷妊宝簋，方其日受宔。（《集成》4139，西周早期，图2.58）

此器的作器者是楷侯，名方。姜氏为楷侯的配偶，楷妊为楷侯的母亲。李学勤先生认为楷侯即是䔲簋②铭中的楷侯，有可能为第二或第三代楷君③。此器铭文也反映了楷侯指令妻子姜氏作簋，用以祭祀母亲之事。

而在金文中，妻子为丈夫作器的情况则不多见，且大都为丈夫死后为祭祀丈夫所作，如叔皮父簋，其铭曰：

隹（唯）二月初吉，乍（作）铸叔皮父尊簋，其妻子用享孝于叔皮父，子子孙孙宝，皇万年永用。（《集成》4127，图2.59）

---

① 河南省博物馆、信阳地区文管会、信阳市文化局：《河南信阳市平桥春秋墓发掘简报》，《文物》1981年第1期。

② 著录于 The Glorious Traditions of Chinese Bronzes，pl. 28，Asia Civilizations Museum，Singapore，2000.

③ 李学勤：《䔲簋铭文考释》，《故宫博物院院刊》2001年第1期。

图 2.58　楷侯簋盖铭文

图 2.59　叔皮父簋铭文

《说文》："享，献也"，"金文享、鄉两字用法不同，享孝字用于鬼神，鄉食字用于生人"[①]，由此可知叔皮父已亡故，作此器目的是其妻子用来祭祀叔皮父。新出现的妇𢓊尊，为西周早期时器，其铭曰：

妇𢓊乍（作）辟日己鬱障（尊）彝。（《铭图续》785，图 2.60）

妇𢓊为器主名，"辟"，《尔雅·释诂》云："君也"，金文中妇女多称其夫为"辟"，可见日己盖为妇𢓊故去的丈夫。此器是妇𢓊为亡夫日己作器。

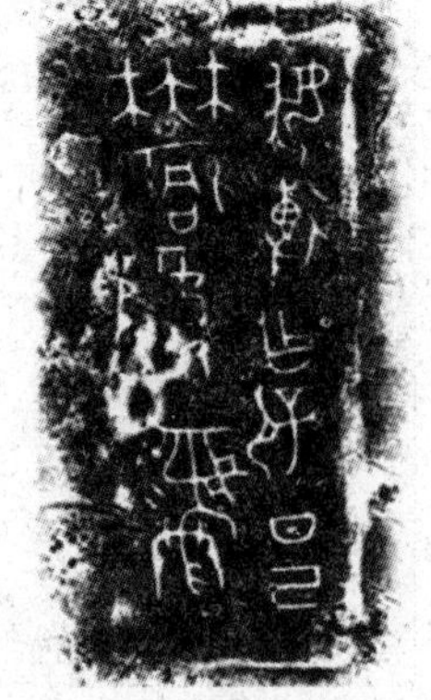

图 2.60　妇𢓊尊器形与铭文

① 周法高：《金文诂林》，香港中文大学出版社 1974 年版，第 3540、3541 页。

又如1981年出土于陕西省长安县花园村M17的伯姜鼎[①]，其铭文曰：

> 隹（唯）正月既生霸庚申，王才（在）𦍃京溼宫，天子洀宔伯姜，赐贝百朋，伯姜对扬天子休，用乍（作）宝尊彝，用夙夜明享于卲伯日庚，天子万年百世，子子孙孙受厥纯鲁，伯姜日受天子鲁休。（《集成》2791，《文物》1986年第1期，图2.61）

李学勤先生把此器定为穆王时期[②]。𦍃京即丰京，溼宫，为宫名，唐兰先生认为“溼”当通“隰”。《诗经·邶风·简兮》：“山有榛，隰有苓”。朱熹《诗集传》曰：“下湿曰隰”。洀字，在铜器铭文中仅见于此，《说文》：“洀，从水戌声”，黄盛璋先生认为其可能为蔑历之蔑[③]，李学勤先生则认为其可能读为恤[④]，此暂从李说。宔，金文中常见，郭沫若认为当是休之异文[⑤]，但多数学者均释为宁，结合铭文内容，洀宔应为赞美矜恤之义，“赐贝百朋”，是说伯姜被赏赐一百朋贝。西周金文中赐贝之事记载颇多，但百朋之赐，在金文中非常罕见，是目前所见赏赐货币的最高数，除此器外，尚见于荣簋与𡔞方鼎[⑥]。由伯姜受赐百朋，可见其地位的尊贵以及所受到的荣宠。卲伯日庚可能为伯姜已故的丈夫。“明享”在金文中常见，于省吾先生说：“明享即盟享，指祭祀言。《释

图2.61　伯姜鼎铭文

① 陕西省文物管理委员会：《西周镐京附近部分墓葬发掘简报》，《文物》1986年第1期。
② 李学勤：《论长安花园村两墓青铜器》，《文物》1986年第1期。
③ 黄盛璋：《长安镐京地区西周墓新出土铜器群初探》，《文物》1986年第1期。
④ 李学勤：《论长安花园村两墓青铜器》，《文物》1986年第1期。
⑤ 郭沫若：《两周金文辞大系考释》，上海书店出版社1999年版，第4页。
⑥ 杜迺松：《荣簋铭文考释及其意义》，《故宫博物院院刊》1982年第3期。

名》：'盟者，明也，告其事于神明也。'陈肪簋'弃鬼禩神'，言敬祭鬼神也。"[①] 此铭记载伯姜受到周王的赞美，并受赐百朋，为已故丈夫邵伯日庚作祭器。

现藏于湖北襄阳地区博物馆的孟姬㴯簋铭文也反映了妇女为亡夫作祭器之事，其铭曰：

> 孟姬㴯自乍（作）餴簋，其用追孝于其辟君武公，孟姬其子孙永宝。（《集成》4071，图 2.62）

图 2.62　孟姬㴯簋铭文

此器年代为西周晚期，孟姬㴯为女子名，孟为排行，姬为父家族姓，㴯应为其私名，"追孝"如上所述，在金文中为祭祀之义。"辟君武公"应为孟姬㴯去世的丈夫，武为其谥号。此器是孟姬㴯的自作器，其作器目的是祭祀亡夫武公，并传其子孙。

综上所述，家族祭祀中是存在性别差异的。丈夫给妻子作祭器，一方面表明丈夫对妻子的财产赐予，另一方面则要求妻子用此器来祭祀祖先，说明妻子在家族祭祀中的地位与权力是受其夫支配的。而妻子为丈夫作器的情况则较为少见，且大都是为了祭祀亡夫所作。

三、两性关系对继承制度的影响——嫡长子继承制

西周时期嫡妾制的确立，对继承制度也产生了直接的影响，使"嫡长子继承制"得以确立。王国维在《殷周制度论》中曰："欲观周之所以定天下，必自其制度始矣，周人制度之大异于商者，一曰立子立嫡之制，由是而生宗法与丧服之制，并由是而有封建子弟之制"。王国维先生所提出的周人"立子立嫡之制"的观点，是令人信服的。

---

① 于省吾：《双剑誃群经新证》《双剑誃诸子新证》，上海书店出版社 1999 年版，第 90、91 页。

（一）嫡长子继承制的确立

关于嫡长子继承制的具体内容，在文献资料中有一定的反映。如《公羊传》隐公元年记载曰："立嫡以长不以贤，立子以贵不以长"，何休注："嫡，谓嫡夫人之子，尊无与嫡，故以齿。子谓左右媵及侄娣之子，位有贵贱，又防其同时而生，故以贵也。礼，嫡夫人无子立右媵，右媵无子立左媵，左媵无子立嫡侄娣，嫡侄娣无子立右媵侄娣，右媵侄娣无子立左媵侄娣，质家亲亲先立娣，文家尊尊先立侄"。其大意是说选取继承人时要遵循"子以母贵"的原则，嫡夫人的长子为首选，如果嫡夫人无子而要立媵妾或侄娣之子，也应选取其贵者。

而对于王后无嫡的继承情况，《左传》中还有如下记载：

> 大子死，有母弟，则立之；无，则立长。年均择贤，义均则卜，古之道也。（襄公三十一年）
>
> 昔先王之命曰："王后无適，则择立长，年均以德，德均以卜。"王不立爱，公卿无私，古之制也。（昭公二十六年）

上述所反映的内容大致相似，所说的也是在嫡长子死后补充的继承办法。在嫡长子死后，同样根据"子以母贵"的原则，要立其同母之弟，如果是在嫡妻无嗣的情况下，继承人的首要人选应为众妾所生儿子中年纪最长者，如果年纪差不多，则要选择品性贤良及有德行之人。

《左传》对继承制的追述与《公羊传》的差异在于，在嫡妻无嗣的情况下，立妾之子的决定因素是诸子的年龄还是众妾的地位。对于此，西周时期资料鲜少反映，而春秋时期各诸侯国中又条件复杂，国君与卿大夫家族的废立受多种因素的影响，因而对此难以详考。二者所述继承制的相同之处，则在于嫡庶继承制是建立在妻妾等级差异的基础上，嫡妻所生之子按其年龄长幼拥有先后继承权，只有在嫡妻无嗣的情况下，庶子才成为可供考虑的继承人选。由文献所载资料来看，这种说法是正确的，武王的即位就是如此。

以往学者多认为，武王为文王次子，即位并非为嫡长子继承，并由此推定周初并没有确立嫡长子继承制，直至周公制礼，嫡长子继承制始确立。但由文献记载可知，武王继位即是遵循的“大子死，有母弟，则立之”[①] 的原则。《史记·管蔡世家》关于此段公案的文献记载如下：

> 武王同母兄弟十人。母曰太姒，文王正妃也。其长子曰伯邑考，次曰武王发，次曰管叔鲜，次曰周公旦，次曰蔡叔度，次曰曹叔振铎，次曰成叔武，次曰霍叔处，次曰康叔封，次曰冄季载。冄季载最少，同母昆弟十人，唯发、旦贤，左右辅文王，故文王舍伯邑考而以发为太子，及文王崩而发立，是为武王。伯邑考既已前卒矣。

据司马氏言，文王是因为次子发贤德，遂舍伯邑考而立武王。但后又说“伯邑考既已前卒”，好像是说伯邑考死亡时间在发立为太子到即位之间。对于武王即位之事，《礼记·檀弓上》也有记载，“昔者文王舍伯邑考而立武王，微子舍其孙腯而立衍也”，对此，崔述评论说：“按《檀弓》此章乃辨立孙立子之异，以下文舍其孙腯例之，则文当云：舍伯邑考之子而立武王，或记偶脱之子二字，亦未可知。”[②] 崔述之说应是可信服的。而且由《帝王世纪》记载，伯邑考的死亡时间应是很早的：

> 囚文王，文王之长子曰伯邑考。质于殷，为纣御，纣烹为羹赐文王曰：“圣人当不食其子羹”。文王食之，纣曰：“谁谓西伯圣者，食其子羹尚不知也。”

武王在伯邑考死后而立并非为“文王舍伯邑考”，也没有违背“立嫡以长不以贤”的继承原则，《史记》所言有一定的脱误。武王在嫡长子伯邑考

---

① 《左传》襄公三十一年。

② 《考信录》之“丰镐考信录”卷二之“武王上”。

死后以“母弟”身份继立，这说明至少在西周立国时，嫡长子继承制已确立。①

对于西周嫡长子继承制，我们也可以求诸周初金文。1979 年河北元氏西张村西周墓中出土青铜礼器十件：鼎一、甗一、簋一、尊一、盘一、盉一、卣二、爵二，其中鼎、簋、尊、卣均铸有铭文，由铭文可知，鼎的作器者是攸，也是此墓的墓主，其身份为軝侯之臣，两件卣与尊是攸之兄叔趞父为攸所作，簋是臣谏所制。② 上述诸器中，年代最早者为臣谏簋，其铭曰：

图 2.63 臣谏簋铭文

> 隹（唯）戎大出于軝，井（邢）侯搏戎，征令臣谏以□□亚旅处于軝，（从）王□□，（臣）谏曰：拜手䭫（稽）首，臣谏□亡，母弟引𩫖（庸）又（有）长子□，余弇皇辟侯，令𦥑服，作朕皇文考宝尊，隹（唯）用□康令于皇辟侯，匄□□。（《集成》4237，《考古》1979 年第 1 期，图 2.63）

此器的成器年代，李学勤、唐云明先生推定约为成康之际③，其说可从。軝，在此为地名，与此器同出之叔趞父卣（《集成》5429）铭中有“軝

① 关于周公摄政或称王的问题，学术界历来存在争议。有学者据文献记载认为武王死后，周公称王，此为兄终弟及，并非为严格的嫡长子继承制。但近年来已有学者相继撰文指出，载周公称王的史料均成于战国时期，据西周时期的文献与较可靠的东周史料反映，周公并没有称王。如《逸周书·作洛解》：“周公立，相天子”，孔晁注曰：“立，谓为宰摄政也”。《左传》定公四年载，“周公相王室以甲天下”。西周晚期金文中凡历数周王世系者，如扶风庄白出土之墙盘与眉县杨家村新近出土之逨盘铭文，确实未有将周公计入王系的。而且 2005 年入藏国家博物馆的柞伯鼎为周公后人所作，其铭中曰“在乃圣祖周公𦞅又共于周邦”，铭文中讲到的周公，完全是大臣的身份，没有曾经称王的迹象。可见，周公并未称王，西周初，嫡长子继承制是被严格执行的。参朱凤瀚《〈召诰〉、〈洛诰〉、何尊与成周》，《历史研究》2006 年第 1 期；李学勤《从柞伯鼎铭谈“世俘”文例》，《江海学刊》2007 年第 5 期。

② 河北省文物管理处：《河北元氏县西张村的西周遗址和墓葬》，《考古》1979 年第 1 期。

③ 李学勤、唐云明：《元氏铜器与西周的邢国》，《考古》1979 年第 1 期。

侯”一词，说明此地可能为一个封国，但未见于文献记载，李学勤、唐云明先生认为“軝”应读为泜，由地处泜水流域而得名[①]，沈长云先生则进一步指出，这个軝国很可能属于黄帝之后的己姓国家，周王朝建立后，臣服于周，在一段时间内受到周王室的礼遇并具有相对的独立性。[②] 邢国为周公之子的封国，《左传》僖公二十四年，“凡、蒋、邢、茅、胙、祭，周公之胤也”，《汉书·王莽传》：“成王广封周公庶子，六子皆有茅土”，可见邢国的初封应在成王时，此铭中的邢侯可能为第一代邢侯，即麦尊（《集成》6015）铭中的“井侯”，由此器铭文来看，邢的始封应在河北邢台一带，与軝相距不远。“征”即“延”，在卜辞中亦常见，为副词，有连绵、继续之义，应为进一步之引申。[③] 臣谏，为此器的作器者，“亚旅”，为职官名，见载于《尚书·牧誓》，“司徒、司马、司空、亚旅、师氏”，孔传曰：“亚、次，旅、众也，众大夫，其位次为卿”，由其位次在三有司之下，师氏之上来看，其地位当不低。[④] “征令臣谏以□□亚旅处于軝”，即是说邢侯命令臣谏率亚旅出居于軝，谏当为邢侯之臣，身份应当是卿，亚旅则为在他之下的众大夫。“母弟”指同母之弟[⑤]。“引”应为谏母弟之名，𩫏即庸，义为乃，“长子”后一字已漶泐，应为人名。弅字亦见于毛公鼎（《集成》2841），在此孳乳为佚（媵），《方言》：“托也”，为送、托付之义。此铭文大意为，戎人大举出于軝地，邢侯对戎作战，命臣谏率领……亚旅居于軝……臣谏禀告邢侯曰：向您行礼。我的儿子（?）已经死了，胞弟引则有长子名……我把他托交给您，向您学习政事[⑥]。

与此器同出的叔趯父卣、尊为叔趯父为其弟攸所作，李学勤、唐云明先生推定叔趯父与臣谏为同一个人，臣谏簋作于谏受命处軝之时，卣、尊

---

① 李学勤、唐云明：《元氏铜器与西周的邢国》，《考古》1979 年第 1 期。

② 沈长云：《元氏铜器铭文补说》，载杨文山等主编《邢台历史文化论丛》，河北人民出版社 1990 年版，第 106—117 页。

③ 赵诚：《甲骨文虚词探索》，载中国古文字研究会等编《古文字研究》第十五辑，中华书局 1986 年版，第 277—302 页。

④ 张亚初、刘雨：《西周金文官制研究》，中华书局 2004 年版，第 16 页。

⑤ 《公羊传》隐公七年，“母弟称弟，母兄称兄”，何休注曰：“母弟，同母弟。母兄，同母兄”。关于“母弟”的讨论，详见下文。

⑥ 关于此铭文大意的解释，参李学勤、唐云明《元氏铜器与西周的邢国》，《考古》1979 年第 1 期。

则作于他的暮年。其说得到诸家的赞同①。叔䟒父卣铭文②曰：

> 叔䟒父曰："余考（老），不克御事，隹（唯）女（汝）焂𠭯（其）敬辥（嬖）乃身，毋尚为小子，余覞（兄）为女（汝）兹小鬱彝，女（汝）𠭯（其）用鄉乃辟軝侯，逆㝩出内事（使）人。烏（呜）虖（呼），敬𢦏（哉）！兹小彝妹吹，见余，唯用諆（其）䛊偪女（汝）。"（《集成》5429·1，图2.64）

图2.64　叔䟒父卣铭文

"考"，《说文》："老也"。段玉裁注曰："凡言寿考者，此字之本义也。""御"为治理之义，此句铭文大意为"我年老不能处理政事"。"毋尚为小子"，由下句铭文可知，此是对叔䟒父之弟焂而言，由此李、唐二先生认为焂为叔䟒父之幼弟。沈长云先生则进一步推测本铭中的"焂"与臣谏簋铭中的"母弟引"是同一个人，"焂与引也是一字一名。引者长也，焂与修古文同字，亦长也。"③笔者对于沈先生所说表示认同，但由臣谏簋铭所载引或焂已有长子能继承臣谏、跟随邢侯来看，说明其长子已成年或将近成年，则叔䟒父作此器时，焂的年龄不会太小，只不过对于其兄臣谏来说，年纪轻一些罢了。在此说

① 沈长云：《元氏铜器铭文补说》，载杨文山等主编《邢台历史文化论丛》，河北人民出版社1990年版，第106—117页；尚志儒：《西周金文中的井国》，《文博》1993年第3期。关于卣与尊的年代，李学勤、唐云明先生推测为康王时（甚至更晚一些），焂鼎的年代也不会早于康昭之际，并推测此墓的年代应在昭王时期，其说可从。

② 叔䟒父所作卣共两件，形制与花纹均同，只是大小有别。大卣通高26.5厘米、口径11.5—13.8厘米、腹深16.5厘米。小卣通高22.3厘米，口径9.8—11.7厘米，腹深13厘米。在两件卣的盖内及腹底均铸有八行铭文，文字内容完全相同，只是每行字数不尽相同，个别字的写法也略有差异，此为小卣盖内铭文。参河北省文物管理处《河北元氏县西张村的西周遗址和墓葬》，《考古》1979年第1期。

③ 沈长云：《元氏铜器铭文补说》，载杨文山等主编《邢台历史文化论丛》，河北人民出版社1990年版，第106—117页。

攸“毋尚为小子”，实则与周人的说话方式有关。[①] 鬱，即郁金香，用以和鬯酒。《周礼·春官》：“鬱人掌裸器，凡祭祀、宾客，和鬱鬯以实彝而陈之。”“小鬱彝”即是指叔䞣父为攸所作的这一对卣。“辟”，其义为君，軧侯，軧国之君，说明攸为軧侯之臣。“妹”，李、唐文认为应读为“末”，“吹”，疑读为“隳”，毁弃，“妹吹”即不要毁坏，其说可从。偪，《方言》以为其义为“满”，隹（唯）用諆（其）䢔偪女，在此引申为用此小鬱彝斟满香酒招待你的意思。“䢔”，《说文》所无，但西周铭文中多见，如士上卣（《集成》5421）铭之“唯王大龠于宗周，䢔饔蒿京年”，䡅伯𠭯簋（《集成》4169）铭之“唯王伐逨鱼，䢔伐淖黑”，杨树达先生认为其义应与经传中的“遂”字相同，用于两事之间，起承接作用[②]，其说可从，此铭中前一部分叔䞣父叮嘱攸用此器宴享軧侯、招待使臣，最后则强调叔䞣父用此器来斟满香酒招待攸，因而“䢔”在此作为两事之间的承接词，似也可讲通。

由二器铭文综合研究可知，臣谏为邢侯重臣，在跟随邢侯与戎作战后，奉邢侯之命率亚旅出居于軧。而当时西周实行的世族世官制度，王朝与各诸侯国中的职官常常来自于世族，且世代相传。因此谏在邢国的官职势必要有人继承。根据嫡长子继承制，谏的嫡长子为最佳人选，但谏没有子嗣，因而他派母弟的长子继承自己在邢国的官职。这与周公仕于王庭，其长子伯禽代为封鲁是相似的，只不过在人选的安排上却恰恰相反。在把母弟之长子推荐给邢侯后，谏与其家族（包括母弟引或攸）徙居軧国，谏原为邢侯重臣，且出居軧国是为了抵御戎人的入侵，由此谏及其家族在軧国势必拥有较高的地位，除谏本人在軧国为官外，其母弟攸也应为軧侯之臣。当谏年老时，谏家族与軧国政事势必托付给母弟攸，即攸为谏在軧国

① 《尚书·康诰》载周公称康叔，“朕其弟，小子封”；《尚书·大诰》说成王为“幼冲人”“冲人”，但据古本《竹书纪年》记载，武王死时54岁，成王为其长子，年纪不可能太小。《尚书·金縢》载周公自称“予小子”，可见“小子”实为西周时期晚辈相对于长辈、幼者相对于长者常用的称呼。

② 杨树达：《积微居金文说》（增订本），中华书局2004年版，第94页。

内的继承人。谏在选取自己的继承人时，对“母弟”“长子”① 的强调，亦表明西周初期，嫡长子继承制已确立。

（二）嫡长子继承制与周之宗法

对于什么是宗法的问题。以往学者多认为嫡长子继承制为宗法的核心和标志，无嫡长子继承制就无宗法。但近年来已得到一些学者的批评，认为嫡长子继承制并非为宗法的必然标志，宗法制的实质在于宗族成员间的等级差别之原则，宗法即是维护宗子在本宗族内的至尊地位之法②。其说可从，笔者也认为嫡长子继承制为宗法核心的说法有以偏概全之感，但如果说嫡长子继承制是周代宗法所产生的基础应是大致不错的。

关于周代宗法最详细的记载，见于《礼记·大传》：

> 别子为祖，继别为宗。继祢者为小宗。有百世不迁之宗，有五世则迁之宗。百世不迁者，别子之后也；宗其继别子之所自出者，百世不迁者也，宗其继高祖者，五世则迁者也。

对此段文献记载所体现的宗法精神，金景芳先生作了详细的解释与说明，现摘录于下：

> “别子”之所以称“别”，就是表明他同君统相区别，自立宗统。“别子”则为这一宗的始祖。……继别为宗，就是继承别子自成一宗。在这个宗里也实行嫡长子继承制。在宗法中有大宗、小宗之分也是由嫡长子继承制中发生的。继别子的嫡长子叫宗子。这个由别子的嫡长子世代相袭的宗，就是“百世不迁”的大宗。大宗的宗子是统率全族的，在宗族中享有最大的权力。“继祢者为小宗”，祢是先父之称，别子的嫡长子以外的诸子，是不能继别的。诸子之子就更不能继别，只能继祢，即

---

① 著录于吴式芬《捃古录金文》2.1.51 的鱼伯卣，其铭曰：“鱼伯彭长子[illegible]作宝尊彝”，“长子”之义应同于臣谏簋铭中之“长子”，此器为西周早期时器，亦可表明西周早期嫡长子继承制的存在。

② 朱凤瀚：《商周家族形态研究》（增订本），天津古籍出版社 2004 年版，第 553 页；吴浩坤：《西周和春秋时代宗法制度的几个问题》，《复旦学报》1984 年第 1 期；钱杭：《宗法制度史研究中的几个基本问题》，《史林》1987 年第 2 期；钱宗范：《中国古代宗法制度的存在形式和发展阶段》，《玉林师范学院学报》1998 年第 1 期。

继诸子，叫小宗。在小宗中也是实行嫡长子继承制。嫡长子以外的诸子不继祢，他们要尊称继祢的为宗子。而这个宗子又要尊称继别的为宗子。为区别这两个宗子，则称继别的为大宗，称继祢的为小宗。①

《礼记》所载自有其时代局限性，不可能完全反映西周春秋时期的宗法制，对其不合理之处，学者们已相继指出②；因而金景芳先生据此所作的阐发也并非完全准确，但金先生根据《礼记》所载而言明的嫡长子继承制是周代家族内划分大、小宗的标准应是确切的。嫡长子继承制并非为宗法的核心，但却是周代家族内宗法关系产生的基础。西周时期，正是基于嫡长子继承制的确立，才产生所谓的大、小宗之别，宗子与庶子的区分，以及大宗统治小宗，宗子对家族的绝对统治。关于由嫡长子继承制的确立以至形成的家族统治之法我们似可大致概括为：

在家族内，大、小宗之别是预设的，嫡长子继位为大宗，地位尊贵，庶子没有继承权为小宗，大宗中分出的小宗又有小宗之分，大宗、小宗间的区分是相对的，这种由于血缘地位差异而形成的大、小宗之别使家族成员间存在严格的等级差别③，形成层层统属关系，使家族秩序得以规范有序。宗子即家族长享有家族的统治权，由于二位一体的性别观念，宗妇在宗族内也与宗子处于同一等级，这在上文已详述。

同时，这种由嫡长子继承制所产生的大、小宗之分又与周人的政治理念相结合，使宗统与君统相统一，成为周人政治中有效的统治方式。《诗经·大雅·公刘》："君之宗之"，毛传曰："为之君，为之大宗也"，是说公刘即是氏族中的大宗，又是周邦之政治首领。赵伯雄先生据此认为在公

---

① 金景芳：《中国奴隶社会史》，上海人民出版社1983年版，第147—148页。

② 吴浩坤先生指出《礼记》所论的宗法有两点不可信，"其一，谓'天子、诸侯'绝宗不可信，其二，谓'小宗五世则迁也不可信'"。参吴浩坤《西周和春秋时代宗法制度的几个问题》，《复旦学报》1984年第1期。赵伯雄先生也指出君统与宗统实为合一的，而《礼记》所述的迁与不迁的宗法规则，实为后人杜撰。参赵伯雄《周代国家形态研究》，湖南教育出版社1990年版，第85页。

③ 朱凤瀚先生指出："宗族内的宗族秩序、宗法关系主要体现在作为宗族长的宗子与诸弟（以及庶兄）的关系上……宗子作为嫡长子对其胞弟与庶兄弟是为大宗，其弟之长子对己之胞弟与庶兄弟又各为宗子……"见朱凤瀚《商周家族形态研究》（增订本），天津古籍出版社2004年版，第298页。

刘时代，周人的早期国家政权已出现是有道理的。[①] 又《诗经·大雅·文王》："文王孙子，本支百世"，朱熹《诗集传》曰："本，宗子也。支，庶子也。……维文王孙子，则使本宗百世为天子，支庶百世为诸侯"。即是嫡长子继位为天子，也是同姓诸侯之大宗，庶子为诸侯，是为小宗，而在诸侯国内，则亦有嫡庶之分与大、小宗之别，嫡长子继位为诸侯，是为大宗，庶子为卿大夫，是为小宗。这就使宗法制亦与分封制结合起来，使天子、诸侯、卿大夫等各级政权形成宗法上的层层统属关系，所谓"天子建国，诸侯立家，大夫有贰宗，士有隶子弟，庶人、工、商、各有分亲，皆有等衰"[②]。

对于嫡长子继承制在周代的历史作用，《吕氏春秋·慎势》追述曰：

> 故先王之法：立天子，不使诸侯疑焉；立诸侯，不使大夫疑焉；立嫡子，不使庶孽疑焉。疑生争，争生乱。是故诸侯失位则天下乱，大夫无等则朝廷乱，妻妾不分则家室乱，適孽无别则宗族乱。

可见，作为形成大、小宗间差别之基础的嫡长子继承制，不只是确立家族秩序的一种重要的家族制度，同时，也是周代行之有效的一种政治制度。

四、妻妾间的等级差异与"母弟"的地位

妻妾等级差异的确立，其影响不只直接体现在继承方面，还体现在对"母弟"的重视。由于妻分嫡庶，子也相应有了嫡庶之分，母弟由于同为嫡出，更得到重视。《尚书·牧誓》载周武王谴责帝辛之罪是"昏弃厥肆祀弗答，昏弃厥遗王父母弟不迪"，孔颖达疏曰："母弟谓同母之弟，同母尚弃，别生者必弃矣，举尊亲以见卑疏也"，可见同母弟得到重视，一方面是因为血缘关系，另一方面则是由于同样出自地位尊贵的嫡母，母弟在家族内或政治上的地位是高于异母弟的。

（一）建母弟，藩屏周

母弟的特殊地位在周初分封时即有体现，关于周初的分封，见载于

---

① 赵伯雄：《周代国家形态研究》，湖南教育出版社1990年版，第83页。

② 《左传·桓公二年》。

《左传》，昭公二十六年载“昔武王克殷，成王靖四方，康王息民，并建母弟，以蕃屏周，亦曰：吾无专享文武之功”。昭公九年记“文、武、成、康之封建母弟”。

对于周初“建母弟蕃屏周”之事，童书业先生在考“周初封建”时曾说：

> 盖武王克殷，大功未集，即有封建之国，为数亦必不多。成、康时封建大国亦不能甚多，盖诸重要封国皆周公所建也。所封建者盖主要为王“母弟”，然则亦不限于此，且除同姓外尚有异姓，益有承认原有之部落为封国者。[①]

童先生之说大致可从，周初封建的虽然并不都是母弟，但东周人在追述西周初年的分封时，尤为强调“封建母弟”，这大概是因为在分封的诸国中，“母弟之封”所占有的分量是最重的。

文、武、成、康四代，除康王母弟不见于记载外，其余三王母弟均有封国。其中虢国为文王母弟之封，《国语·晋语四》载文王“孝友二虢，而惠慈二蔡，刑于大姒，比于诸弟。”韦昭注：善兄弟曰友。二虢，文王弟虢仲、虢叔。《左传》僖公五年记：“虢仲、虢叔，王季之穆也，为文王卿士，勋在王室，藏于盟府。”杜预注曰：虢仲、虢叔，王季之子，文王之母弟，仲、叔皆国君字。孔颖达疏引贾逵曰：“虢仲封东虢，制是也。虢叔封西虢，虢公是也。”据文献记载，东虢所在的“制”在今河南荥阳一带[②]，又有学者考证，汉代的平咷城可能为东虢的故都[③]。此地地势险要，《国语·郑语》曾载史伯纵论天下形势时说，“虢叔恃势，郐仲恃险”，虢叔所封之地为连接东西南北的交通枢纽，历来为兵家必争之地。西虢的始封地，据文献记载应在今陕西宝鸡一带[④]，紧邻丰、镐，为西北地区进

---

① 童书业：《春秋左传研究》，中华书局2006年版，第33页。

② 《左传》隐公元年：“制，严邑也，虢叔死焉”，杜预注曰：“虢叔，东虢君也。……虢国，今荥阳县。”

③ 任伟：《西周封国考疑》，社会科学文献出版社2004年版，第228页。

④ 《汉书·地理志》弘农郡下曰：“西虢在雍州”；《史记·周本纪》：“宣王不修籍于千亩，虢文公谏曰：‘不可’”。正义：“《括地志》云：‘虢故城在岐州陈仓县东四十里’”；《太平寰宇记》卷三十“风翔府”：“风翔府虢县……古虢国之地，即周文王弟虢叔所封，是曰西虢”。

入关中的必经之地，周文王建西虢于此，很明显是为控制西方的戎狄入侵，以拱卫丰镐。①

唐为成王弟叔虞所封，《左传》昭公十五年载，“叔父唐叔，成王之母弟也”，定公四年载，“分唐叔以大路、密须之鼓、阙巩、沽洗，怀姓九宗，职官五正，命以唐诰而封于夏虚，启以夏政，疆以戎索”，由此可见，唐叔所封之唐为夏墟，是周王畿西北部重要的战略点和屏障，唐叔被分封于此的重要使命是“疆以戎索”，以稳定周王朝西北部的统治。关于唐的具体地望，因文献记载各异，目前学术界尚无统一看法。② 叔虞之子燮父时唐改封为晋，《史记·晋世家》曰：“唐叔子燮，是为晋侯”，今本《竹书纪年》亦载，康王九年“唐迁于晋，作宫而美，王使人让之”。但关于唐、晋是迁都抑或改称，学术界存在争议。20 世纪 90 年代，考古工作者发掘了位于天马—曲村的晋侯墓，在此墓地中所发现的最早一代晋侯为燮父，并没有发现唐叔虞之墓，但这也并未平息关于唐、晋是否迁都的争论。2007 年，覞公簋发表，朱凤瀚先生据铭文“王令唐伯侯于晋”，推定“燮父所居晋国都邑‘晋’，并不在唐叔所封之‘唐’旧地，而是其新迁之都”③，此说得到大多数学者的赞同。

武王的兄弟受封者最多，《左传》昭公二十八年记：“昔武王克商，光

---

① 1974 年 12 月，扶风黄堆乡强家村以西 300 米的强家沟西崖上，发现西周铜器窖藏，出土铜器七件，其中五件有铭，且多与旧传世铜器中的师望簋相关。朱凤瀚先生通过对此组器物的研究，考证虢季氏家族世系为：虢季易父——师（宄公）——师望（幽叔）——即（德叔）——师丞，并指出虢季氏为虢叔之后，实出西虢，王室东迁后，虢叔氏（西虢）东迁至今陕县，上村岭虢国墓出有虢季氏器，亦证明虢季氏与虢叔氏本为同宗。参朱凤瀚《商周家族形态研究》（增订本），天津古籍出版社 2004 年版，第 359 页。

② 以往对于晋国始封之唐地，有太原说、临汾说、翼城说、乡宁说、夏县说、霍县说等看法。《史记·晋世家》载：“唐叔虞者，周武王子而成王弟……武王崩，成王立，唐有乱，周公诛灭唐……于是遂封叔虞于唐，唐在河、汾之东，方百里，故曰唐叔虞”。《史记·郑世家》裴骃集解引服虔曰：“大夏在汾、浍之间。”李伯谦先生据此认为唐地应在“河、汾之东”与“汾、浍”之间，晋侯墓地发现后，在认定唐、晋迁都说没有依据的情况下，曾一度认为翼城即为唐地，后覞公簋发表后，李先生又改变了看法，指出要寻找唐都“不妨在临汾市尧都区的庞社遗址作些工作”。参李伯谦《天马—曲村遗址发掘与晋国始封地的推定》，载北京大学考古系编《迎接二十一世纪的中国考古学国际学术讨论会论文集》，科学出版社 1998 年版，第 225—234 页；《晋侯墓地发掘与研究》，载上海博物馆编《晋侯墓地出土青铜器国际学术研讨会论文集》，上海书画出版社 2002 年版，第 29—40 页；《覞公簋与晋国早期历史若干问题的再认识》，《中原文物》2009 年第 1 期。

③ 朱凤瀚：《覞公簋与唐伯侯于晋》，《考古》2007 年第 3 期。

有天下，其兄弟之国者十有五人，姬姓之国者四十人。”据《史记·管蔡世家》记载，武王有同母兄弟十人，其行辈次序依次是：伯邑考、武王发、管叔鲜、周公旦、蔡叔度、曹叔振铎、成叔武、霍叔处、康叔封、冉季载。除长兄伯邑考早死，“其后不知所封”[①] 外，其余八人均有封国。

周公因在王朝为官，长子伯禽代为封鲁，《诗经·鲁颂·閟宫》载曰：“王曰叔父，建尔元子，俾侯于鲁，大启尔宇，为周室辅”，鲁地为周公东征后新征服的东夷“奄”的所在地，伯禽封鲁的目的是为了镇抚东方，以为王室之屏障，鲁国的重要地位自无须赘言。

其他母弟所封之国也大多为战略要地。管叔、蔡叔所封之处为三监重地[②]，其目的是为加强对殷贵族的控制，后管叔、蔡叔发生叛乱，周公平三监、诛武庚后，此地又分封给康叔，《书序》曰：“武王崩、三监叛，周公诛之，尽以其地封弟康叔，号曰孟侯。以夹辅周室”。

霍为霍叔处的封国，《左传》哀公四年，“袭梁及霍”，杜预注曰：“梁南有霍阳山”，杨伯峻先生考证梁在今河南临汝县西，霍在梁之西南，离临汝县稍远。[③]《逸周书·作雒解》曰：“建霍叔于殷”，可见霍之初封，也为殷商故地，后在周公平定三监后，又改封至山西霍县。

曹叔振铎所封之曹在今山东定陶，《通志·氏族略》载，“曹氏，叔振铎，文王子，而武王弟也。武王克商，封之于陶丘，今广济定陶县也”，《汉书·地理志》济阴郡定陶亦曰，“故曹国，周武王弟叔振铎所封”，其地在济水之南，是个很重要的交通要地。

成叔武所封之成，《元和郡县图志》谓濮州雷泽县本汉成阳县，古郕伯国，其地望在曹国东北，即今山东菏泽县，也是东方重要的战略要地。[④]

---

① 《史记·管蔡世家》。

② 管为文王三子叔鲜的封国，其故城在今河南省郑州市，春秋前已绝封。参陈槃《春秋大事表列国爵姓及存灭表撰异》，“中央研究院”历史语言研究所专刊之五十二，第642—643页。蔡为武王弟叔度所封，“原来应该在祭，‘祭’、‘蔡’古音同，通用，祭在今河南荥阳西北（从朱右曾《逸周书集训校释》之说），正在管的西北，在敖山以南，靠近大河，是十分重要的战略要地，后来周公之子就封在这里。如果武王不在此建立前进的桥头堡，盟津（在管、祭之西）就不可能成为大会诸侯的地方。武王把管叔、蔡叔分封于管、祭，是一个很重要的战略步骤。”见杨宽《西周史》，人民出版社2003年版，第126页。

③ 杨伯峻：《春秋左传注》（修订本），中华书局2005年版，第1626页。

④ 杨宽：《西周史》，人民出版社2003年版，第126页。

幼弟冉季载因年少，在武王时未受封，其与康叔均为周公所封，《史记·管蔡世家》云："武王既崩，成王少，周公旦专王室，封季载于冉。"冉即聃，江永《春秋地理考实》据《国语·周语中》谓聃之亡由郑姬，郑有聃伯，以为当在河南开封境。

除母弟受封外，武王之庶弟也被封往外地，《左传》僖公二十四年载曰：

> 昔周公弔二叔之不咸，故封建亲戚，以藩屏周。管、蔡、郕、霍、鲁、卫、毛、聃、郜、雍、曹、滕、毕、原、酆、郇，文之昭也。邘、晋、应、韩，武之穆也。凡、蒋、邢、茅、胙、祭，周公之胤也。

由此可见，毛、郜、雍、滕、毕、原、酆、郇等应为武王异母弟之封，兹将其所封之地逐一列之。

毛所封者为毛叔郑，《逸周书·克殷》载，武王克殷后，在殷都举行社祭时"毛叔郑奉明水，卫叔封傅礼"。在西周初年，毛公也在朝中任职，其封地可能在王畿内，毛公鼎、毛公敦盖均出于扶风，"似可推知毛公采邑西周时在扶风"。①

郜所封者具体人名不详，亦应为文王庶子。《左传》桓公二年："取郜大鼎于宋"，杜预注曰："济阴城武县东南有北郜城"，可见郜的地望在今山东成武东南一带。

雍，据《通志·氏族略》记载，为文王第十三子雍伯受封之国。《左传》僖公二十年杜注："雍国在河内山阳县西"，即今河南省修武县西，沁阳县北。

滕，亦为文王之子的封国。《世本》曰："滕，错叔绣，周文王子，居滕"，滕在今山东滕县。

毕即毕公高之封，《尚书·顾命》正义引《世本》曰："毕氏，文王庶子"，毕公为王朝卿士，为周初王室之辅弼重臣，《顾命·书序》曰："成王将崩，命召公、毕公率诸侯相康王，作顾命"。关于毕的地望，大致有两种说法，杜预《左传集解》曰："毕在长安县西北"，杜佑《通典》

---

① 杨伯峻：《春秋左传注》（修订本），中华书局2005年版，第421页。

则认为毕在咸阳县，据陈槃先生考证，上述各地即今西安、咸阳市以北一带可能均属毕公封地。①

原，为文王庶子原公之封地。《尚书·君奭》正义引皇甫谧云：“文王之子一十六国……原公名豊，是其一也”。今河南济源西北的原乡一般被认为是原国的初封之地。

酆，亦作豊，《姓纂》引《世本》云：“酆为文王第十七子酆侯之邑”。《左传》僖公二十四年杜注认为“丰国在始平鄠县东也”，但杨宽先生持反对意见，认为“文王之子所封的酆，不可能就是文王所建都的丰及附近地区”②，据其所考，丰国应即《续汉书·郡国志》所载之南阳郡析县丰乡城，今陕西山阳。其说可从。

郇，亦为武王异母弟之封。《诗经·曹风·下泉》云：“四国有王，郇伯劳之”，郇伯即郇侯，郑笺云：“郇侯，文王之子，为州伯，有治诸侯之功”。关于郇的地望，杜预《左传集解》曰：“河东解县西北有郇城”，《括地志》亦载：“郇伯故城在解县西南四里”，解县即今山西临猗南。

综上所述可知，文、武、成王母弟所分封之国，不是戎狄蛮夷势力强大地区，如伯禽所封之鲁、唐叔所封之唐；就是殷商残余势力盘踞的地区，如管、蔡、霍、卫，抑或为重要的交通要地，如文王母弟虢仲所封之东虢、武王母弟所封之曹、成。而且所封者多为大国，地域辽阔，在分封时也受王厚赐，如鲁国被分赐“殷民六族”，卫国被分赐“殷民七族”，唐国被分赐“怀姓九宗，职官五正”。而武王诸异母弟，除毕、毛二公为王朝卿士，所封之地在王畿附近外，其余所封之国均为小国，且从战略位置上来看，远远比不上同母弟所封之国。这既表明了在周初以开疆扩土和屏藩王室为目的的分封中，诸异母弟的待遇与政治地位是低于同母弟的；也说明了在周初的统治中，对母弟的倚重远远超过异母弟。这应是妻妾嫡庶制所产生的“子以母贵”的观念对周人的政治统治思想中渗透的结果。

---

① 陈槃：《春秋大事表列国爵姓及存灭表撰异》，“中央研究院”历史语言研究所专刊之五十二，第656—660页。

② 杨宽：《西周史》，上海人民出版社2003年版，第127页。《诗经·大雅·文王有声》：“作邑于丰”，《广雅》云：“沣水，源出鄠县南山丰谷，北流经长安县西，又北至咸阳县境，入渭”，可见鄠县附近之酆为文王旧都。

（二）凡称弟，皆母弟

在《春秋》中，“弟”甚至成为“母弟”的专称。此可以证之于《左传》与《公羊传》，在此仅举几例，以作说明。

1.《春秋》隐公七年，“齐侯使其弟年来聘”，《公羊传》云：“其称弟何？母弟称弟，母兄称兄。”

2.《春秋》定公十一年，“宋公之弟辰及仲佗、石彄、公子地自陈入于萧以叛。”辰在同年《左传》中称为“母弟辰”，“公子地”亦如经之所称。辰为宋景公之同母弟，故称辰弟。而公子地，为景公之庶母弟，辰之庶兄，因此经称“公子地”，而不称弟。

3.《春秋》昭公元年，“夏，秦伯之弟鍼出奔晋”。《左传》：“秦后子有宠于桓，如二君于景”，杜预注曰：“后子，秦桓公子，景公母弟鍼也”。《公羊》传曰：“有千乘之国，而不能容其母弟，故君子谓其出奔也”。

4.《春秋》宣公十七年记载：“冬十有一月壬午，公弟叔肸卒”。《左传》：“冬，公弟叔肸卒，公母弟也。凡大子之母弟，公在曰公子，不在曰弟。凡称弟，皆母弟也。”

可见，在《春秋》中，只有同母之弟才称弟，正如杨伯峻先生所言：“考之全经，有虽母弟而不称弟者，但无非母弟而称弟者”①。对于同母弟与异母弟间的这种在称呼上的严格区分，历来解释众多。如何休《解诂》云：“母弟，同母弟，母兄，同母兄。不言同母，言母弟者，若谓不如为如矣，齐人语也。分别同母者，春秋变周之文，从殷之质，质家亲亲，明当亲厚，异于群公子也”，公羊学家把“母弟称弟”的现象与儒家“质文说”② 联系在一起，认为春秋“变周文从殷质”，微言大义自与本书主旨无

① 杨伯峻：《春秋左传注》（修订本），中华书局2005年版，第775页。

② “质文说”源于孔子，《论语·雍也》：“质胜文则野，文胜质则史”，“质”指事物的原始本质，“文”指礼乐文化，后这种“文质说”进一步发展，并被儒家用以解释朝代特色与王朝更替，董仲舒《春秋繁露·三代改制质文》：“王者以制，一商一夏，一质一文。商质者主天，夏文者主地……主天，法商而王，其道佚阳，亲亲而多仁朴，故立嗣予子，笃母弟，妾以子贵。……主地，法夏而王，其地进阴，尊尊而多义节。故立嗣于孙，笃世子，妾不以子称贵号。……主天，法质而王，其道佚阳，亲亲而多挚爱……主地法文而王，其道进阴，尊尊而多礼文……故四法如四时然，终而复始，穷则反本”。即是说王朝是按照一质一文的顺序向前发展，夏代为文，商代为质，西周代商为文，则春秋为应继商为质。

关，暂不详论，其所表达的主要意思我们似可理解为，殷商时期兄弟间互相亲厚，存在“兄终弟及”制，而春秋时期的这种“母弟称弟”现象与殷商文化是相似的。关于殷商时期的兄弟间的关系及“兄终弟及”制上文已详述，而且殷商资料对于兄弟是否同母并无明确的反映，因此公羊学家所说难免给人以牵强附会之感。

笔者认为，周代的“母弟称弟”最初应是源于妻妾间的等级差别。顾炎武《日知录》曾引程子言，“礼文有立嫡子，同母弟之说，盖谓嫡耳，非以同母弟为加亲也。若以同母弟为加亲，则知有母不知有父，是禽兽也。”① 程子所言“母弟称弟”诱因于嫡庶制是有道理的，周人对于母弟的强调起初应只是对于嫡长子而言，因为母弟亦为嫡出，地位较其他庶兄弟更为尊贵，也是嫡长子之后首选的继承人，因此周人对母弟加以强调，成器于成康之际的臣谏簋铭文中即有“母弟”之词可为此提供佐证。这种基于嫡庶制而产生的重“母弟”观念应是《春秋》中“母弟称弟”的根本原因。

然而春秋时期，也存在许多庶子即位为君的情况，妾生之子即位为国君后基本也是遵循“母弟称弟”，如鲁宣公之母敬嬴为文公妾②，宣公即位后称母弟叔肸为弟③。对此，清代学者黄式三解释为：

> 春秋书同母之兄弟，重宗法也。礼曰，别子为祖，继别为宗，公子之公，为其士大夫之庶者，宗其士大夫之嫡者。则嫡子同母之弟，谓之别子，其后宜立大宗也。……君既由庶子而立，于是君之母兄、母弟亦称别子，其后亦立大宗也。故曰春秋书同母之兄弟，重宗法也。④

黄式三从宗法的角度来解析“同母称兄弟”，他认为嫡子的同母兄弟为别子，其后是要立大宗的，而由庶子即位的国君的母弟，其后也是要立大宗的，因而书“同母兄弟”是重宗法。但有一个问题即除母弟外，嫡长子或

---

① 《日知录》卷四之“母弟称弟”。

② 据《左传》文公四年、十八年记载，文公夫人为齐女哀姜，亦曰出姜，生子恶及视，恶与视被杀，哀姜不得不返回齐国。

③ 《左传》宣公十七年。

④ 《春秋释》卷一之“释兄弟”。

国君的其他庶弟难道不是别子，其后不立大宗吗？《仪礼·丧服》曰："诸侯之子称公子，公子不得祢先君，公子之子称公孙，公孙不得祖诸侯，此自卑别于尊者也"，清人程瑶田《宗法表》附注："诸侯之公子自卑别于尊，称别子"。可见别子应是相当于嗣君而言，是指除嫡长子之外的儿子，既包括嫡出也包括庶出，其后都是要立大宗的。同样，国君不只同母弟、其他异母弟也应是立大宗的。笔者认为之所以即位的国君称其母弟为弟，也应从等级地位的角度加以考虑。国君即位前虽为庶子，但其即位后，身份发生了改变，则其母与同母兄弟的地位亦发生相应的改变。《公羊传》隐公元年："桓何以贵？母贵也。母贵则子何以贵？子以母贵。母以子贵。"因而国君同母兄弟地位亦高于异母兄弟，以"同母弟称弟"来区别于其他兄弟。

除嫡子或国君"母弟称弟"是基于等级地位的考虑外，同母、异母间血缘关系的亲疏亦是一决定因素。"同母互相加亲"并非"知有母不知有父"，因而这种同母互相加亲的现象也并非像有些学者所言，为母系社会的遗俗。[①] 对于这种母弟称弟的现象，我们似可用现代人类学的方法稍作阐述。美国人类学者玛格瑞·沃尔夫在其著作《台湾乡村妇女与家庭》中提出了"子宫家庭"（the uterine family）的概念，指妇女在父系体制内部，在实践中构建出的、包括她自己与所生子女而构成的家庭。这种家庭没有正式的结构，它是由成员间的感情和忠诚联系起来的，同时在实践中又是真实的。[②] 虽然"子宫家庭"概念所产生的历史背景与我们的研究对象存在着很大的差异，但它所提出的这种从性别的视角来研究亲属制度与家族关系的方法值得我们重视和借鉴。春秋时期，这种"同母称弟"的现象与此相类，由于妻妾众多，因而在父权制家族内兄弟间亦以同母不同母来区

① 牟润孙先生认为"母弟称弟"为母系社会之遗俗，"'厚于同母，薄于父之枝叶'，'以同母不同为亲疏'，'异母兄弟不谓之兄弟'，'知有母而不知有父'，皆母系时代之现象，而母兄称兄，母弟称弟，均为母系之遗俗。当夫春秋时，已不存知有母而不知有父之俗，而犹以同母不同母别亲疏，犹以同母者为兄弟，故春秋如此书之，公羊更以此明亲亲之义"。见牟润孙《春秋时代母系遗俗公羊证义》，载氏著《注史斋丛稿》，中华书局 1987 年版，第 1—42 页。

② Wolf，Margery. Women and The family in Rural Taiwan，Stanford：Stanford University Press，1972. 对此概念的翻译引李霞《女性主义人类学与汉人亲属制度研究》，《妇女研究论丛》2002 年第 5 期。

别亲疏。孔疏曾云："母弟之宠，异于众弟，盖缘自然之情，以养母氏之志。公在虽俱称公子，其兄为君则特称弟，殊而异之，亲而睦之，以隆友于之恩，亦以奖为人弟之敬，成相亲之益也。"其说是有道理的，同母间更加亲近亦是自然亲情使然，而在这其中，母亲作为维系兄弟间感情的中介也起了重要的作用。如《左传》襄公十四年、二十六年记，卫国发生孙文子之乱，卫献公战败后奔齐，想让母弟子鲜谋复君位，遭到了子鲜的拒绝，"敬姒强命之。对曰：'君无信，臣惧不免。'敬姒曰：'虽然，以吾故也。'许诺"。可见子鲜是在母亲敬姒的命令下，答应为其兄献公在卫国谋复君位。

综上所述，本章所论西周、春秋时期家族内的性别差异与两性关系，可得出如下认识：

1. 西周立国前，已基本确立了一夫一妻多妾的婚姻制度。立国后，贵族阶层嫡妻与妾间的等级地位更加森严，这有效地避免了家庭内的纷争。嫡妻与夫处于同一阶层，妾地位低下，但夫妻间亦在作器、随葬品等方面存在性别等差，这是父权制与夫权制的必然要求。

2. 贵族阶层夫妇异穴合葬墓始现于西周早期，自西周中期始，出现夫妇共同作器的情况，对祖先神的合祭亦以夫妇为单位，这是夫妻关系强化、夫妇二位一体性别观念增强的重要表征，说明西周时期，存在于大家族中的一夫一妻小家庭已逐渐凸显出独立性，在各种亲属关系中，夫妻关系已超越其他关系，得到周人的重视与尊重。

3. 春秋时期的两性关系主要体现在三点：其一，以夫妻关系作为生活轴心或中心点的观念更加强化，夫妇二位一体的性别观念进一步发展；其二，虽然贵族阶层妻妾间的差异依然为礼法所强调，但"以妾为妻"的现象多有出现；其三，以"父母之命、媒妁之言"为基本条件的婚姻礼法基本形成，但是两性关系是较为自由开放的，这并不是"礼崩乐坏"的结果，而是原始婚俗的残余反映。

4. 在夫妇二位一体性别观念的影响下，家族内的女性成员以其夫所处的宗法地位为标杆，亦被纳入家族内的宗法体系之中，在家族内出现了宗子与宗妇共治的局面，宗妇不只与宗子称谓相同，亦可称"君"，而且宗妇在家族内部拥有仅次于宗子的地位，并有支配家族财产、命令家臣管理家族内部事务的权力与职责，同时还要统领宗族中的妇女、襄理祭祀并宴飨招待家族中的亲属成员，以加强本家族成员间的团结。

5. 家族内的祭祀活动逐渐与夫妇二位一体的伦理观念相结合，在家族内部形成了妇助夫主祭的制度，宗子与宗妇为宗庙祭祀中的主祭者，作为宗子之妻的宗妇拥有祭祀于宗庙的权力，其在家族祭祀中的地位是仅次于宗子的，高于其他男性家族成员。而族人与族人之妇为助祭者，但宗子与宗妇、族人与族人之妇在祭祀中也存在一定的权力与地位差异，主要体现在妻子在家族祭祀中的地位与权力是受其夫支配的。这是同一阶层性别差异在祭祀领域中的体现。

6. 西周时期的继承制度是嫡长子继承制，它是建立在鲜明嫡妾制的基础上，主要表现为嫡长子生而拥有优先继承王位的权力，如果在嫡长子死后，同样根据“子以母贵”的原则，要立其同母之弟，如果是在嫡妻无嗣的情况下，继承人选才会考虑妾生之子。

7. 西周时期，大、小宗的区分是建立在嫡长子继承制基础上，嫡长子继位为大宗，地位尊贵，庶子没有继承权为小宗，大宗中分出的小宗又有大、小宗之分，这种由于血缘地位差异而形成的大、小宗之别使家族成员间存在严格的等级差别，使家族秩序得以规范有序。而且这种由嫡长子继承制所产生的大、小宗之分又与周人的政治理念相结合，使宗统与君统相统一，可见嫡长子继承制，不只是确立家族秩序的一种重要的家族制度，同时，也是周代行之有效的一种政治制度。

8. 嫡妾制的影响还体现在对“母弟”的重视。由于妻分嫡庶，子也相应有了嫡庶之分，母弟由于同为嫡出，更得到重视，主要体现在两个方面：其一，在周初分封中，异母弟的待遇与政治地位显然低于同母弟，说明在西周初期的政治统治中，对母弟的倚重远远超过异母弟。这应是妻妾嫡庶制所产生的“子以母贵”的观念对周人的政治统治思想中渗透的结果。其二，《春秋》中只有同母弟称弟，这主要是基于等级地位的考虑，另外，同母、异母间血缘关系的亲疏亦是一决定因素。

第三章　战国时期两性关系的发展与小家庭的独立

在前两章中，主要探讨的是殷商与西周、春秋家族内的两性关系与性别差异以及两性关系对家族形态与家族制度的影响，但春秋战国之际，情况发生了变化，在政治因素与经济因素的推动下，贵族家族与平民家族逐渐解体，小家庭渐趋脱离于家族之外。[①] 由此本章对两性关系的探讨，其重点也由家族转移到了家庭。

第一节　战国时期的夫妇关系

一、文献资料所见夫妻关系

春秋战国之际，宗族逐渐解体，小家庭独立。一夫一妻的小家庭脱离家族，作为独立的单位在社会上存在。社会基本组织结构的变化也对两性关系产生了直接的影响，使夫妻间的关系完全超越父子关系，在家族亲属关系中居于最重要的地位。《孟子·梁惠王上》曰："故推恩足以保四海，不推恩无以保妻子"，以"四海"之广对"妻子"之私。《孟子·离娄下》亦指出"好货财，私妻子，不顾父母之养"是不孝顺父母的情况之一，从

① 朱凤瀚先生在《商周家族形态研究》中指出，"贵族家族组织的形态及其演变主要取决于政治因素，包括适应于贵族阶级本身争取政治利益与经济利益的需要、国家政权对贵族家族的依赖、家族成员在政治上对宗族关系的依赖等；而庶民阶层家族形态及其演变则主要决定于经济的因素，包括生产工具为代表的生产力水平以及统治阶层的经济政策"。见《商周家族形态研究》（增订本），天津古籍出版社 2004 年版，第 552 页。

而说明这种夫妻间经济一体而与父母异财的现象在当时可能并不鲜见。又《荀子·性恶》篇中假托尧、舜的对话，指出“妻子具而孝衰于亲”的社会现象在战国时期已非常普遍。由此表明夫妇关系已成为最重要的家庭关系，妻子之亲已甚于父母，更不要说是兄弟了。

这在云梦睡虎地秦简[1]中也有类似的反映：

> 可（何）谓“家罪”？父子同居，杀伤父臣妾、畜产及盗之，父已死，或告，勿听，是胃（谓）“家罪”。……（《睡虎地秦墓竹简·法律答问》108）

“父子同居”说明父子间可能同户籍或居住在一起[2]，即是所谓的主干家庭，但由此条竹简所载儿子盗窃父亲财物、杀伤父亲臣妾的相关法律规定，说明在主干家庭中父子间在财物上可能已有一定的区分。又如：

> “父盗子，不为盗”，今叚（假）父盗叚（假）子，可（何）论？当为盗。（《法律答问》19）

上引竹简是说如果父亲盗窃儿子，将如何惩罚父亲，这也说明父子间在经济上可能已经有一定的区分，因此才有“父盗子”之说，而相反，由《法律答问》中所载对夫妻关系的诸条文，则表明夫妇间在经济上大多是一体的：

> 夫盗千钱，妻所匿三百，可（何）以论妻？妻智（知）夫盗而匿之，当以为盗；不智（知），当收。（《法律答问》14）
>
> 夫盗三百钱，告妻，妻与共饮食之，可（何）以论妻？非前谋殹（也），当为收；其前谋，同罪。夫盗二百钱，妻所匿百一十，可（何）以论妻？妻智（知）夫盗，以百一十为盗，弗智（知），为守臧（赃）。（《法律答问》16）

这两条竹简是关于如何处理夫妻关系的条文，其内容是说丈夫把偷窃来的

---

① 睡虎地秦墓竹简整理小组：《睡虎地秦墓竹简》，文物出版社2001年版。

② 参沈家本《历代刑法考》之“同居考”，中华书局1985年版。

钱财交给妻子藏匿后，妻子是否要受到处罚。从而可见夫妻间经济关系的紧密，又如：

> “夫有罪，妻先告，不收。”妻賸（媵）臣妾、衣器当收不当？不当收。（《法律答问》170）
>
> 妻有罪以收，妻賸（媵）臣妾、衣器当收。且畀夫？畀夫。（《法律答问》171）

上引第一条简文是说，丈夫有罪，妻子告发后，妻子的陪嫁品不被没收。第二条简文则是说妻子获罪被收后，其陪嫁品归丈夫所有，有学者认为这两条简文反映了女子对家庭财产没有占有权①，但从另一方面来讲，夫妻间一方有罪后，对另一方是否能获得妻子陪嫁品的规定恰恰体现了夫妻间为一个经济实体。

二、夫妇合葬制度渐趋成熟

（一）夫妇异穴合葬的流行

战国时期，夫妇异穴合葬依然是主要的合葬方式，在河南郑州、南阳市程庄、淮阳马鞍冢、长治分水岭、山西侯马牛家村、上马、山东淄博、邯郸、陕县后川、辉县琉璃阁、湖北荆门、安徽潜山彭岭等地②均发现了

---

① 马汝军：《战国时期夫妻关系浅论》，《烟台师范学院学报（哲社版）》1998 年第 4 期。

② 郑州市文物考古研究所：《郑州市市政工程总公司战国墓葬发掘简报》，《中原文物》2006 年第 3 期；郑州大学历史学院考古系、河南省文物管理局南水北调办公室、南阳市文物考古研究所：《河南南阳市程庄墓地东周墓葬发掘简报》，《考古》2008 年第 5 期；河南省文物研究所、周口地区文化局文物科：《河南淮阳马鞍冢楚墓发掘简报》，《文物》1984 年第 10 期；山西省考古研究所：《山西长治市分水岭古墓的清理》，《考古学报》1957 年第 1 期；山西省文物管理委员会、山西省考古研究所：《山西长治分水岭战国墓第二次发掘》，《考古》1964 年第 3 期；山西省文物工作委员会晋东南工作组、山西省长治市博物馆：《长治分水岭 269、270 号东周墓》，《考古学报》1974 年第 2 期；湖北省荆沙铁路考古队包山墓地整理小组：《荆门市包山楚墓发掘简报》，《文物》1988 年第 5 期；北京大学、河北省文化局邯郸考古发掘队：《1957 年邯郸发掘简报》，《考古》1959 年第 10 期；山西省文管会侯马工作站：《侯马地区东周、两汉、唐、元墓葬发掘简报》，《文物》1959 年第 6 期；山西省考古研究所：《上马墓地》，文物出版社 1994 年版；淄博市淄博区文物局：《山东淄博市临淄区国家村战国墓》，《考古》2007 年第 8 期；郭宝钧：《山彪镇与琉璃阁》，科学出版社 1959 年版；中国社会科学院考古研究所：《陕县东周秦汉墓》，科学出版社 1994 年版；安徽省文物考古研究所、潜山县文物管理所：《安徽潜山彭岭战国西汉墓》，《考古学报》2006 年第 2 期。

夫妇异穴合葬墓，而且在各墓地中异穴合葬所占的比例也越来越大，如1958年邯郸西部所发掘的32座战国墓中，发现有6座夫妇异穴合葬墓[①]；山西省考古所于1955年、1959—1961年两次对长治分水岭进行了发掘，共发现战国墓28座，其中夫妇异穴合葬墓8座[②]；1992年在安徽潜山彭岭发掘的19座战国墓中，夫妇异穴合葬墓8座[③]。2004年发掘的郑州市政工程总公司战国墓葬群，这些墓葬的年代均在战国中期到晚期，由其墓葬分布图（图3.1）可知，墓葬分布排列有序，朝向均有规律，墓葬间距相当稠密，墓间间距平均在2—4米，且没有一例同期相互打破关系，表明墓葬的排列有一定的规则，推测此地可能为一个家族的族墓地。在墓地中，有一些墓葬成对排列，在空间分布上符合异穴合葬的条件，如M43与M44，M46与M48，M50与M52，M47与M49，M53与M56，M42与M40，M21与M427，M31与M32等组墓葬，而根据对有骨架的墓进行鉴定，发现大部分两座相近的墓墓主人性别为一男一女[④]，可见这些两两相邻、成对分布的墓葬为夫妇异穴合葬墓，它们在墓葬中所占的比例甚至达到一半以上。

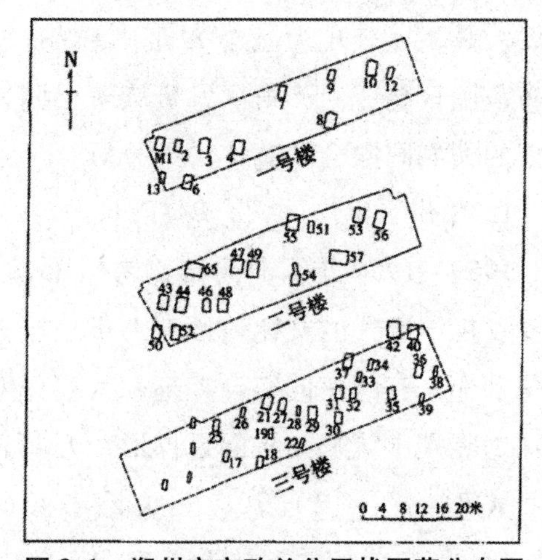

图3.1　郑州市市政总公司战国墓分布图

（引自《郑州市市政工程总公司战国墓发掘简报》）

综上所述可见，夫妇“异穴合葬”作为夫妇合葬的主要形式，在战国

① 北京大学、河北省文化局邯郸考古发掘队：《1957年邯郸发掘简报》，《考古》1959年第10期。

② 山西省考古研究所：《山西长治市分水岭古墓的清理》，《考古学报》1957年第1期；山西省文物管理委员会、山西省考古研究所：《山西长治分水岭战国墓第二次发掘》，《考古》1964年第3期。

③ 安徽省文物考古研究所、潜山县文物管理所：《安徽潜山彭岭战国西汉墓》，《考古学报》2006年第2期。

④ 郑州市文物考古研究所：《郑州市市政工程总公司战国墓葬发掘简报》，《中原文物》2006年第3期。

时期已成为一种流行的丧葬习俗。

（二）夫妇同穴合葬的发展

此时期夫妇的埋葬方式也出现了一个新的特点，即夫妇同穴合葬墓的发展，其主要表现为三个方面：首先，夫妇同穴合葬的形式多样；其次，分布范围日趋广泛；再次，贵族阶层同穴合葬墓逐渐增多。下面选择几个典型的夫妇同穴合葬墓作详细分析。

1. 郑州二里岗同穴合葬墓

1953—1954 年，河南文物考古部门对郑州二里岗遗址进行了发掘[①]，主要发现了商代的文化遗址与大量战国时期的墓葬，在已发掘的两百多座战国墓中，有两座同穴合葬墓，其墓葬编号分别为 M272 与 M421。这两座墓均为竖穴土坑墓，平面近梯形，方向为南北向，人头向北。

M271（图 3.2）墓口北头长 2.46 米、南头长 2.34 米，东西两壁长 2.6 米。墓中二棺并列放于墓室中，棺内人骨架皆仰身直肢，唯东面的一具两足相合。在靠近人头骨的北壁上，各有壁龛一个，略呈平底半圆形。两壁龛中均放置陶壶一件、陶碗两件。东边骨架的身旁，放有铜环、骨环、铜簧等随葬品。西边骨架身旁有铜带钩与铜环各一件，在口内还含有碎玉片。墓内四周有高出墓地 0.47 米的二层台，应为椁室，椁室中间没有明显的分界，发掘者推测二棺可能用了一个椁室。因此此墓大概为同椁异棺合葬墓。

M421（图 3.3）亦为同穴合葬墓，墓口北头长 3.4 米，南头长 3.14 米，东西两壁长 2.98 米。形制与 M271 略有不同的是，两具人骨架各有各的椁室，在两椁室的中间有一道南北的二层台，将两椁室隔开，东边比西边稍短。此墓应为同穴异椁合葬墓。墓东边的尸骨葬式为仰身直肢，双足相合；西边的一具为仰身屈肢，二墓主随葬陶器相同，均为鼎、豆、壶各一件，此墓中不设壁龛，两名墓主人随葬的陶器，皆放置在各人头前的二层台上，东边椁室墓主人骨架旁有铁带钩一件，西边人骨架旁有骨筒二件，人骨架口中均含有碎玉片。

---

① 河南省文化局文物工作队：《郑州二里岗》，科学出版社 1959 年版，第 53—55 页。

由两座墓的墓葬规模与随葬品来看，两座墓的墓主人身份似为中小贵族，墓中两具骨架位置并列，各自均有随葬品。而且主要随葬品相同，由此说明二合葬者间的地位相对平等。这两座墓应为下层贵族的夫妇同穴合葬墓。

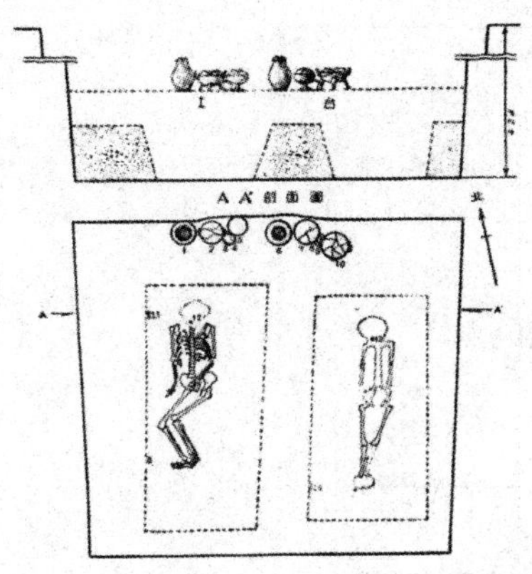

图 3.2　二里岗 M271 平、剖面图

（引自《郑州二里岗》）

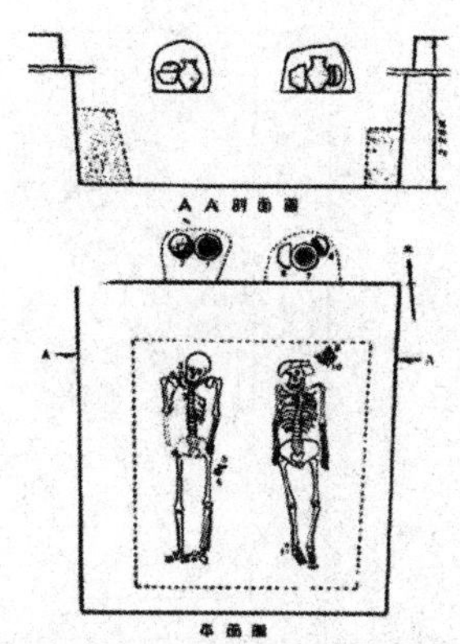

图 3.3　二里岗 M421 平、剖面图

（引自《郑州二里岗》）

2. 曲阜同穴合葬墓

鲁国为西周初年周公之子伯禽的封国，国都曲阜城在今山东曲阜县境内。20 世纪 70 年代在对曲阜鲁国故城的钻探中，发现了四处墓地，基本分布在城西，包括“望父台”墓地、药圃墓地、县城西北角墓地、“斗鸡台”墓地，这些墓地的年代自西周初年延续到战国时期，根据发掘资料，这些墓葬又可分为属于当地原居民的甲组墓和属于周人的乙组墓。在甲组墓中，西周时期已出现夫妇异穴合葬墓（如 M301 和 M302），至春秋后期夫妇异穴合葬墓逐渐增多。乙组墓中，在西周时期并未见明显的夫妇异穴合葬墓，但在春秋末战国初期，出现了夫妇同穴合葬墓，即位于“望父台”墓地中的 M4（图 3.4），此墓年代约为战国早期，方向 15°，墓圹口底大小基本一致，墓底东西长 4.1 米、南北长 3.45 米、深 2.6 米，墓口深 0.8 米。圹内埋两人，各有棺椁，中间有熟土隔梁，四周有熟土二层台。棺椁都已腐朽，据板灰痕迹测定，东椁长 2.35 米、宽 1.25 米，西椁大于东椁，长 2.88 米、宽 1.6 米，棺大小形制不清。墓主人头都向北，骨架散乱，难以分辨具体葬式。此墓经过盗扰，西侧棺中有陶壶、骨簪、铜泡和铁带钩，头东侧有动物残骸；东侧棺中剩余随葬品有铜件、玉环、残碎陶器和骨簪，还有一串未扰绕乱的水晶玉髓串饰，放在棺内左足前，身的西侧也有一小动物的骨骸。① 经初步观察西边的似为男性、东边的似为女性，此墓可能是贵族阶层的夫妻合葬墓。

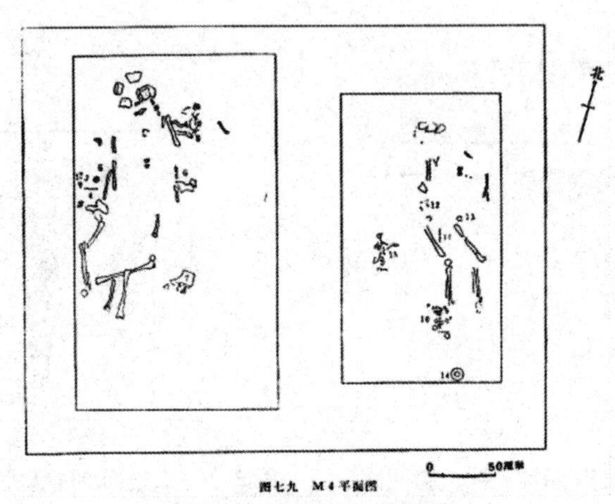

图 3.4　曲阜 M4 平面图

（引自《曲阜鲁国故城》）

3. 江陵雨台山同椁异棺合葬墓

1975 年底到 1976 年初在江陵雨台山清理发掘了五百余座楚墓，其中 M463、M483 为同椁异棺合葬墓，二墓形制基本相同，年代均为战国中期。下面以 M463 为例，对墓葬内的具体情况作一详细的说明。M463（图 3.5）为长方形宽深坑墓，墓葬方向为 120°，椁室平面呈Ⅱ形，长 230 厘米、宽 164 厘米、残高 50 厘米，椁盖板已腐朽，椁室内并列两具带有楚墓典型特征的悬底弧形棺，东边一具棺长 172 厘米、宽 50 厘米、残高 42 厘米。东边一具棺长 172 厘米、宽 53 厘米、残高 44 厘米。两棺相距 45 厘米，人骨架均腐朽，葬式不

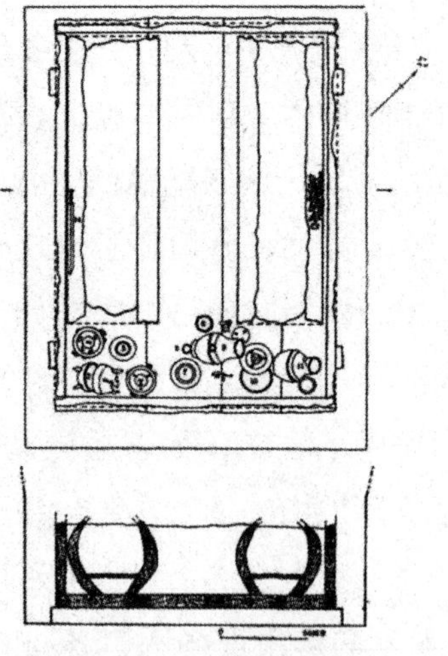

图 3.5　江陵雨台山 M463 平、剖面图

（引自《江陵雨台山楚墓》）

① 山东省文物考古研究所等：《曲阜鲁国故城》，齐鲁书社 1982 年版，第 127—128 页。

明，随葬品中的陶鼎、敦、壶、罐、勺、匜、铜带钩、玉环均放置在椁室南端空隙处，铜剑放置在西侧墓主棺西侧的墙板上，铜铃放置在东侧墓主棺东侧的墙板上。[①] 笔者推测，此应为夫妇同椁异棺合葬墓，西侧墓主似为男性、东侧墓主似为女性。

4. 山西侯马合葬墓

1959年在侯马市南面的乔村与凤城两村之间靠北、正对浍河北岸之地，发掘了两座墓葬，编号分别为M26与M27[②]（图3.6），其年代大约在战国晚期，这两座墓紧紧联在一起，四周有壕沟[③]围绕，构成一个整体，在壕沟中发现四名殉葬者。M26、M27位于墓坑中间，二墓相隔不逾2米，M26在南，墓中随葬器物达数十件，除铜印、石片及兽骨外，绝大部分为灰陶明器；M27在北，随葬品只有一件错金的铁带钩和残坏的玛瑙杯。二墓主葬式相同，头都向东，仰身直肢，双手相交，搭在腹部。笔者推测，M26与M27墓主可能为夫妻关系。

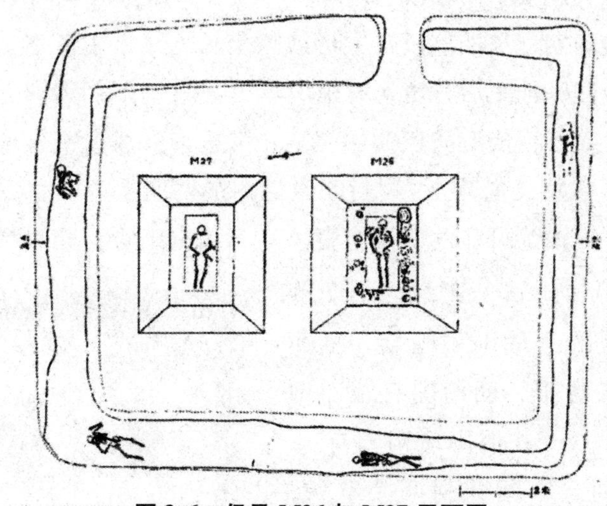

图3.6 侯马M26与M27平面图

（引自《侯马东周殉人墓》）

① 湖北省荆州地区博物馆：《江陵雨台山楚墓》，文物出版社1984年版，第44—45页。

② 山西省文物管理委员会、山西省考古研究所：《侯马东周殉人墓》，《文物》1960年第8—9期。

③ 墓葬四周的壕沟，考古学界习惯称其为“围墓沟”，参文物编辑委员会编《文物考古工作三十年（1949—1979）》，文物出版社1979年版，第61页；俞伟超《方形周沟墓与秦文化的关系》，《中国历史博物馆馆刊》1993年第2期。

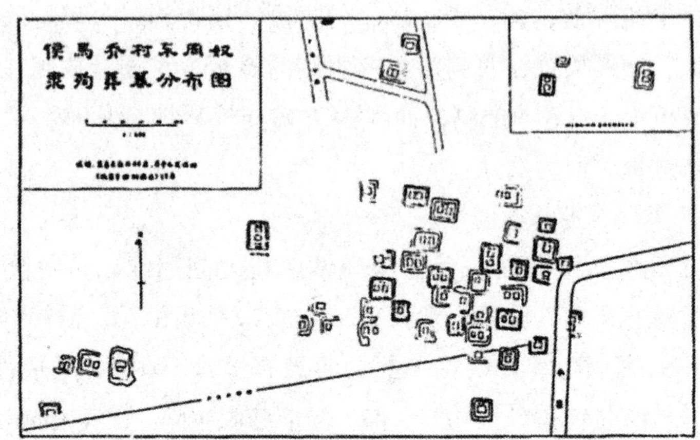

图 3.7　侯马乔村秦人围墓沟小墓墓地图

（引自《方形周沟墓与秦文化的关系》）

1969 年以来，又在乔村地区发现几十余座战国墓，它们多是二墓并列，四周围有一道狭窄而较浅、内埋殉葬奴隶的围墓沟（图 3.7）。这批墓葬分为早、晚两期，早期墓呈正方形或略呈长方形，主墓室口大底小，土圹竖穴较深，四壁加工后光滑，有棺、椁等葬具，围墓沟内埋有奴隶。晚期墓葬的主室墓已变成有棺椁的洞室墓，围墓沟又浅又窄，成了象征性的东西，也不再有奴隶殉葬了。[①] 封闭区域内的两座墓葬，墓主间肯定是有亲密关系的，而最为可能的即是夫妻关系。如位于浍河北岸台地上的二号墓[②]（图 3.8），应属上述中的早期墓葬，具体年代约为战国中晚期，墓葬整体平面呈长方形，四周围有壕沟构成一个封闭墓区，在周围壕沟内有 18 个殉葬的尸骨。中间并列两个墓坑，相距 2 米。东部的墓坑较大，木棺、木椁与墓主尸骨尽毁，由残存遗迹看，墓主头向北，面向上，直身，胸部有

图 3.8　侯马乔村二号墓平面图

（引自《侯马战国奴隶殉葬墓的发掘——奴隶制度的罪证》）

① 文物编辑委员会编：《文物考古工作三十年（1949—1979）》，文物出版社 1979 年版。

② 山西省文物工作委员会写作小组：《侯马战国奴隶殉葬墓的发掘——奴隶制度的罪证》，《文物》1972 年第 1 期。

错银铜带钩一件，推测墓主性别为男性。西部的墓坑类似，只不过比较浅、小，腰间有玛瑙环一件，脚部有错金铁带钩一件，推测墓主性别为女性。由墓葬形制与随葬品来看，墓主身份应为贵族，此墓也应是贵族夫妇的合葬墓。

战国时期这种以壕沟围绕构筑封闭墓区、在墓区内两墓坑并列相排的合葬形式在其他地区似并不多见。俞伟超先生认为其应为秦人的葬俗，渊源可能在于西北地区的卡约文化。侯马地区的这些墓葬应是占领侯马后的秦人墓。① 笔者赞同俞先生的观点，壕沟在墓地中的主要作用是作为夫妇葬地的界沟，战国时期，家族组织虽逐渐瓦解，但家族观念的影响难以完全消失殆尽，甚至一直发挥着重要的作用，表现在埋葬制度上即是同一宗族内具有亲缘关系的成员仍然埋入同一墓地，但通过对夫妇墓围以壕沟，表明墓地中已有了对以夫妇为单位的小家庭的明显区分，这显然是夫妇关系加强与小家庭独立在埋葬方式上的反映。这种合葬方式相比于西周、春秋时期单纯的异穴合葬又向前发展了一步，应处于从夫妇异穴合葬向夫妇同穴合葬的过渡阶段。

5. 秦人双洞室合葬墓

2001 年 5 月，周原博物馆在法门镇庄白村刘家组抢救性地发掘了一座战国晚期的秦人墓葬，编号为 2001 刘家 M1（图 3. 9）。此墓为带有墓道的竖穴双墓室合葬墓，在墓道西壁设有南、北两个洞室，两洞室洞口间距 93 厘米，北洞室编号为 A，南洞室编号为 B。两墓室均由封门、壁槽、壁龛、枕木槽等结构组成，在墓室中部内各置一棺。A 洞室内棺长 2. 07 米、东端宽 0. 9 米、西端宽 0. 8 米，高不详。棺内骨架一具，除部分肢骨保存完整外，其余骨骼均已朽为黄色粉状，头向西，面上，仰身屈肢。在头骨西侧出土一件铜带钩、棺内底板有一件铜镞。在墓主人头部右上方的壁龛内，放有陶罐、陶壶、陶鼎各 1 件。B 室内棺略小于 A 室，长 2 米、西端宽 0. 74 米、东端宽 0. 64 米，高不详。棺内骨架一具，仅上、下肢保存较好，

① 在春秋、战国时期的列国墓葬中，秦国之墓往往在墓外挖出围墓沟。在秦公、秦王陵园的外围，都有一道平面作长方形或略呈方形的围墓沟。参俞伟超《方形周沟墓与秦文化的关系》，《中国历史博物馆馆刊》1993 年第 2 期。

其余部分已朽为橘黄色粉末，头向西，面上，曲肢，胫腓骨后曲，脚跟压于臀下。棺内随葬陶纺轮一件，在墓主头部左上方的壁龛内，放置陶壶、陶鼎各一件。[①] 由二洞室的葬具、随葬品等情况综合分析，笔者推测，A室墓主应为男性，B室墓主应为女性，这座墓应是夫妇同穴分室合葬墓。

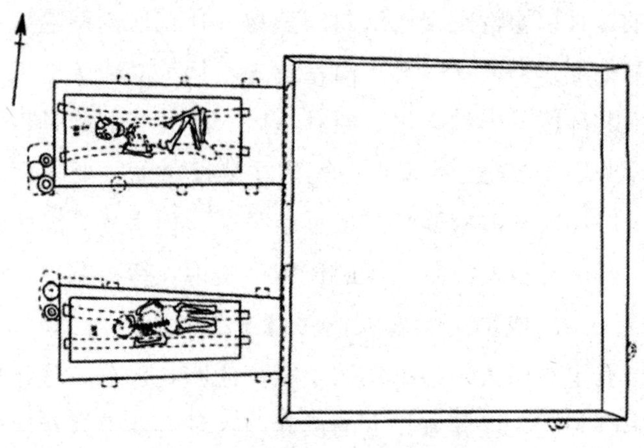

图 3.9　2001 刘家 M1 平面图

（引自《扶风刘家发现战国双洞室墓》）

这种双洞室合葬的形式与战国时期的其他同穴合葬墓相比，较为特殊，应是新出现的合葬形式，与洞室墓的出现有着直接的关系。据学者考证，洞室墓始见于战国中期的秦墓，最早出现洞室墓的地区是西安地区和大荔地区，随着秦文化的影响，洞室墓在其他地区也相继出现。[②] 这种洞室墓与土坑竖穴墓相比在形制上更为复杂，不只为同穴同室或同穴异室合葬提供了新的契机，也为“二次埋葬”即先死先埋、后死者再行埋入提供了方便。

综上所述可知，战国时期，夫妇异穴合葬墓在各地大量出现，夫妇同穴合葬墓也逐渐增多，且形制多样，有同穴异椁合葬、同椁异棺合葬、同穴分室合葬等方式，主要分布地区有中原地区、鲁、楚、秦等地，从而说明夫妇合葬制度已渐趋成熟，这是当时社会组织形态与家庭观念在墓葬制度上的重要反映。由于家族组织的解体，其在商周时期作为社会基层单位的重大的功能与作用也逐渐消失，伴随着一夫一妻的小家庭的逐渐独立，

① 周原博物馆：《扶风刘家发现战国双洞室墓》，《文博》2003 年第 2 期。

② 滕铭予：《论关中秦墓中洞室墓的年代》，《华夏考古》1993 年第 2 期。

夫妇关系得到强化，正确处理夫妇关系亦已成为协调社会秩序、家庭秩序的主要内容。

第二节　性别分工——男耕女织

对于庶民家族而言，生产力的发展促进了家族的解体，使小家庭从家族中独立出来，成为直接隶属于国家的农民，《商君书·境内》："四境之内，丈夫女子皆有名于上，生者著，死者削"。而在社会的基本单位由家族向小家庭的转变过程中，性别分工也起了重要的作用。

男耕女织的性别分工在西周以前，并无文献可考。但在《诗经》的部分篇章中，有一定的涉及，如《诗经·豳风·七月》为西周后期讲农业生产的篇章，现择其重点摘录于下：

> 七月流火，九月授衣。一之日觱发，二之日栗烈。无衣无褐，何以卒岁？三之日于耜，四之日举趾。同我妇子，馌彼南亩，田畯至喜。
>
> 七月流火，九月授衣。春日载阳，有鸣仓庚。女执懿筐，遵彼微行，爰求柔桑。春日迟迟，采蘩祁祁。女心伤悲，殆及公子同归。……

朱熹《诗集传》曰："于耜，言往修田器也，举趾，举足而耕也"，由诗中所咏，可知这种耕作是在劝农之官——田畯的监督下进行的，显然这种生产为家族内的集体耕耘，而家族内的女性成员，除承担送饭等辅助性工作外，更重要的是从事纺织工作，有学者指出"九月授衣"，即是以家族长的口吻告诫家族内的妇女要在寒季来临之前授冬衣给男子[①]。可见西周时期，男女间已有了明确的性别分工，只不过这种分工还是在家族内进行的，分为男性成员一起从事的工作与女性成员一起从事的工作。

春秋战国之际，生产力的发展使渔猎与采集经济退出了历史的舞台，农业与丝织成为支撑社会经济的两大命脉，由此男耕女织的性别分工模式也确定下来，《墨子·非乐上》："农夫早出暮入，耕稼树艺，多聚菽粟，

---

① 朱凤瀚：《商周家族形态研究》（增订本），天津古籍出版社2004年版，第419页。

此其分事也；妇人夙兴夜寐，纺绩织纴，多治麻丝葛绪，捆布縿，此其分事也”。《集韵》：“捆，织也”，“捆布縿”指织布帛[①]，其言农夫的职事是耕种，妇女的职事是纺织。《韩非子·难二》：“丈夫尽于耕农，妇人力于织纴，则入多”，进一步指出农夫与妇女应致力于耕织，各守其分，竭其所能，就会获得丰收，并有所积蓄。战国时期，男耕女织的性别分工显然已是存在于小家庭中的，即“夫在耕耘、妻在机杼”[②]，这种耕织结合的小生产模式在《孟子·尽心上》中也有更为典型的反映：“五亩之宅，树墙下以桑，匹妇蚕之，则老者足以衣帛矣。五母鸡，二母彘，无失其时，老者足以无失肉矣。百亩之田，匹夫耕之，八口之家足以无饥矣”，可见“匹妇”之蚕织、“匹夫”之耕作，为家庭成员的衣食来源。而且男耕女织的性别分工也不限于小农家庭，一些中小官员的妻子亦会做些织纫或手工以补贴家用。如《韩非子·外储说右上》载吴起的妻子织的布比规定的狭窄而被吴起所出。

男耕女织的性别分工作为个体家庭自然分工的普遍形式，是小农经济存在的必要条件，在一家一户内的，以男女分工为基础的耕织结合的小生产，使平民阶层在家庭内可以直接获得基本的生产资料和生活资料，尤其是衣食等生存之本，《吕氏春秋·上农》：“是故丈夫不织而衣，妇人不耕而食，男女贸功，以长（以）生，此圣人之制也”[③]，“贸”，易也，是说夫妻间通过交换产品，而维持家庭的生存发展。而且耕织间的交换并不仅限于小家庭内部，男耕女织间的性别分工在整个社会生产领域来说，也具有社会生产分工和社会产品交换的性质，《孟子·滕文公下》：“子不通功易事，以羡补不足，则农有余粟，女有余布；子如通之，则梓匠轮舆，皆得食于子”，“羡”，余也，其大意是说如果不通过交换各行业的产品，用多余的来弥补不够的，就会使农民有多余的米、妇女有多余的布；相反，如果互通有无，那么木匠、车工就都能得到吃的，说明男耕女织的性别分工也具有重要的社会意义，即所谓“农有常业，女有常事。一农不耕，民

① 吴毓江：《墨子校注》，中华书局1993年版，第393页。

② 《尉缭子·治本》。

③ 陈奇猷：《吕氏春秋新校释》，上海古籍出版社2002年版，第1719、1725页。

有为之饥也。一女不织，民有为之寒也”[①]。

而且“男耕女织”性别分工的社会意义，还体现在它们均是当时各国国家财政收入的来源之一，《孟子·尽心下》载，“有布缕之征，粟米之征，力役之征。君子用其一，缓其二。用其二而民有殍，用其三而父子离”，“粟米”之征即对农夫而言，征收谷米作为赋税；“布缕之征”则是针对妇女的赋税，指征收布帛。又《管子·山国轨》载曰：“桓公问管子曰：‘某乡女胜事者终岁绩，其功业若干？以功业直时而櫎之，终岁，人己衣被之后，余衣若干？别群轨，相壤宜’”，说明当时妇女的纺绩工作已被列入国运的调查中，可见“女织”与“男耕”一样，不但是家庭经济的重要支柱，也是国家财政收入的主要来源，因而受到统治者的重视。

综上所述，在当时的历史条件下，男耕女织的性别分工是符合历史发展趋势与生产力水平的，妇女在生产中也占有重要的地位，因此性别分工本身并不存在女性社会地位低下与被控制的问题，相反却是一个积极的因素，更能促进社会经济的发展。而同时，家庭内男耕女织的性别分工使夫妻双方形成互相依存的关系，尤其在核心家庭中，夫妇双方都要承担一定的家庭负担，家中夫妇任何一方的空缺，都对经济活动的延续造成困难，由此夫妻双方在生产中必须同甘共苦，相互依存，从而使家庭结构更加稳定。

第三节　调整两性关系的伦理道德

家族组织的逐渐解体，使一夫一妻的小家庭成为独立的生产、生活单位。这种小家庭作为社会组织的基本细胞，不但在政治上是各国君主政权立国的基础，而且在经济上也是国家的赋税来源，其稳定直接影响到国家政治的稳定与社会的发展，因此为了确保以夫妇为单位的小家庭的稳定，维护夫妇家庭关系的伦理道德观念逐渐定型。

---

① 《管子·揆度》。

一、婚姻礼法、以别男女

为了夫妇关系的稳定，避免婚外性关系对家庭的冲击，婚姻礼法被加以强调，这在东周礼书中有诸多体现，《大戴礼记·盛德》：

> 凡淫乱生于男女无别，夫妇无义。昏礼享聘者，所以别男女，明夫妇之义也。故有淫乱之狱，则饰昏礼享聘也。

赵东玉先生曾指出，周代“男女有别”包括方方面面的内容，而“男女有别”的礼节规则，是为了引导、鼓励两性的差别，从而塑造出更具内涵的两性角色①。但此处所探讨的婚姻礼法所禁止的“男女无别”似主要是指男女间不受约束的自由交往，以及在此基础上所产生的“淫、奔”行为。这种行为的存在使夫妇陷于“无义”的状态，为礼法所不容，因此为了防止淫乱行为的发生，必须强调婚姻之礼。

《礼记·经解》曰：

> 婚姻之礼，所以明男女之别也。夫礼禁乱之所由生，犹防止水之所自来也。……故婚姻之礼废，则夫妇之道苦，而淫辟之罪多矣。

是说婚姻之礼对于维护夫妇关系、禁止淫乱发生起着至关重要的作用。

通过“父母之命”“媒妁之言”等婚姻礼法对两性关系加以规范，这在东周尤其是战国典籍中有诸多记载：

> 《管子·形势解》：“妇人之求夫家也，必用媒而后家事成”。
>
> 《战国策·燕策》：“处女无媒，老且不嫁，舍媒而自衒，弊而不售。”
>
> 《礼记·坊记》：“子云：‘……故男女无媒不交，无币不相见，恐男女之无别也。’”
>
> 《礼记·曲礼》：男女非有行媒，不相知名；非有受币，不交不亲。

---

① 赵东玉：《周代“男女有别”和“夫妇有别”的方方面面》，《孔子研究》2002年第2期。

由此可见男女间的成婚要经过父母的允许与媒人的撮合，所谓“男不自专娶。女不自专嫁，必由父母，须媒妁何？远耻防淫泆也”①。

而两性间不守婚姻之礼的结合难以获得社会的认可，且会受到鄙视和唾弃，《孟子·滕文公下》：“丈夫生而愿为之有室，女子生而愿为之有家；父母之心，人皆有之。不待父母之命，媒妁之言，钻穴隙相窥，逾墙相从，则父母国人皆贱之。”孟子并进一步指出，男子即使无妻独处，也不能作有悖于婚姻礼仪的事，“逾东家墙而搂其处子，则得妻；不搂，则不得妻；则将搂之乎？”②

对于女子来说，如果无媒而奔则会遭到耻笑，《管子·形势解》曰：“求夫家而不用媒，则丑耻而人不信也。故曰：‘自媒之女，丑而不信’”。而且淫奔之女在婚姻内的利益与地位也得不到应有的保障，《礼记·内则》：“聘则为妻，奔则为妾”。如《左传》成公十一年，“声伯之母不聘”。穆姜就因为声伯之母没有行媒聘之礼，而说“吾不以妾为姒”，以至于“生声伯而出之”。

而婚姻关系一旦确立，夫妇双方仍要规范自己的言行，从而维持“男有家、女有室，无相渎”③ 的正常性别秩序。

二、男外女内、性别隔离

强调“男女之别”，防止“淫”“通”行为发生，除强调婚姻礼法外，另一条有效的途径即是加强性别隔离。《礼记·曲礼》曰：“男女不杂坐，不同椸枷，不同巾栉，不亲授。”郑玄注曰：“皆为重别，防淫乱。”由此可见，“男女之别”是通过“男女授受不亲”④ 来限制两性活动的时间与场合，从而阻断男女间的接触，防止婚外性关系的发生。

为了避免家庭内男、女成员间有悖于道德人伦的私情产生，性别隔离成为家庭成员间相处所必须恪守的规则。《礼记·内则》曰：“七年，男女不同席、不共食。”自孩童七岁起，男女间就要分开坐卧与吃饭。到成年

① 《白虎通·嫁娶》。
② 《孟子·告子》。
③ 《左传》桓公十八年。
④ 《孟子·离娄上》。

后，性别隔离更加森严，“姑、姊、妹、女子子已嫁而反，兄弟弗与同席而坐，弗与同器而食”[①]，郑玄注曰：“女子十年而不出，嫁及成人，可以出矣，犹不与男子共席而坐，亦远别也”。《左传》僖公二十二年载，“郑文夫人芈氏、姜氏劳楚子于柯泽，楚子使师缙示之俘馘。君子曰：‘妇人送迎不出门，见兄弟不逾阈’”，即是说血缘至亲的兄妹、姐弟之间也要保持一定的距离，则没有血缘关系的异性家族成员间的相处则更要小心翼翼了，尤其是关系敏感的叔嫂以及儿子与庶母之间。《礼记·杂记》：“叔不抚嫂，嫂不抚叔”，《礼记·曲礼》亦曰：“嫂叔不通问，诸母不漱裳”，郑玄注：通问，谓相称谢也。叔嫂间不只不能直接接触，而且在丧服上叔嫂间亦无服，《礼记·檀弓》：“叔嫂之无服也，盖推而远之也”，何平叔云：“夫男女相为服，不有骨肉之亲，则有尊卑之异。嫂叔亲非骨肉，不异尊卑，恐有混交之失，推使无服也。”《孟子·离娄上》亦曰：“嫂溺，援之以手者，权也”，可见为了防止淫通行为的发生，叔、嫂间已存在严格的界限，这种界限同样存在于儿子与庶母之间，“诸母不漱裳”，郑玄注曰：“诸母，庶母也”，指父之诸妾，裳，指下身的衣服，是说不能让庶母洗自己的下身衣服，其用意亦为“重别防淫乱也”。

为了防止男女间的接触，限制男性与女性活动空间的礼法出现，《礼记·内则》曰：

> 男不言内，女不言外，非祭非丧，不相授器。其相授，则女受以篚。其无篚，则皆坐，奠之而后取之。外内不共井，不共湢浴，不通寝席，不通乞假。男女不通衣裳，内言不出，外言不入。男子入内，不啸不指，夜行以烛，无烛则止。女子出门，必拥蔽其面，夜行以烛，无烛则止。道路，男子由右，女子由左。

孔颖达疏曰：“此经论男子、女子殊别之宜。”即使夫妇间也要严格遵守“男外女内”的原则，“礼始于谨夫妇，为宫室，辨外内，男子居外，女子居内。”[②] 并在“男外女内”空间隔离的基础上，对男性与女性所从事的事

① 《礼记·曲礼》。
② 《礼记·内则》。

务也有了更为严格的区分，《周易·家人》：“女正位乎内，男正位乎外，男女正，天地之大义也”，孔颖达疏曰：“家人之道，必须女主于内，男主于外，然后家道乃立”。是说在家庭内“男主内、女主外”的性别分工是家庭秩序稳定的必要条件。《礼记·曲礼》亦曰：外言不入于梱，内言不出于梱。郑玄注：外言内言，男女之职也。不出入者，不以相问也。梱，门限也。孔颖达疏：男职在于官政，不得令妇人预之。女职谓织纴，男子不得滥预。

由此为了使男子与女子更好地从事自己的本职工作，自幼年起即在完全隔绝的空间内接受内容完全不同的教育。《礼记·内则》曰：

> 男子十年，出就外传，居宿于外，学书计。衣不帛襦袴。十有三年，学乐，诵诗，舞勺。成童，舞象，学射御。二十而冠，始学礼，可以衣裘帛，舞大夏，惇行孝弟，博学不教，内尔不出。三十而有室，始理男事，博学无方，孙友视志。四十始仕，方物出谋发虑，道合则服从，不可则去。五十命为大夫，服官政。七十致事。
>
> 女子十年不出。姆教婉、娩、听从、执麻枲、治丝茧，织纴组紃，学女事，以共衣服。观于祭祀，纳酒浆、笾豆、菹醢，礼相助奠。

是说男子十岁以后，就要出外就学，在外面居住，学习诗、书、礼、乐、射御，长大后则要“理男事”“服官政”。而女子十岁以后，以不出闺门为原则，在傅姆的教导下学习织纴女红、助祀之礼，并要懂得婉娩听从，长大后的主要职责是“主中馈”。①　在礼法上对于男职、女职的严格区分，使男、女两性性别角色的差异被进一步强调。

三、男尊女卑、夫主妻从

此时期，为了维护家庭秩序的稳定，在夫妇关系中强调“男尊女卑”“夫主妻从”，《礼记·郊特牲》曰：

> ……男帅女，女从男，夫妇之义由此始也。妇人，从人者也，幼从

---

① 《周易·家人》：“无攸遂，在中馈”。

父兄，嫁从夫，夫死从子。夫也者，夫也。夫也者，以知帅人者也。

是说丈夫在家庭中居于绝对统治的地位，妻妾必须服从丈夫，即所谓“以顺为正，妾妇之道也”[①]。对于夫妇间的相处模式与角色定位，在《荀子·君道》中有更为具体的记载：

请问为人夫？曰：致功而不流，致临而有辨。请问为人妻？曰：夫有礼，则柔从听侍，夫无礼，则恐惧而自竦也。此道也，偏立则乱，俱立而治，其足以稽矣。

刘师培认为“功”字乃“和”字之讹，“不流”指无流淫之行。“变”，《韩诗外传》作“别”，指夫妇有别。[②] 其大意是说做丈夫的应该和气而无淫乱行为，而妻子应该绝对服从丈夫，丈夫有礼的时候要顺从他，而无礼的时候也不能反抗。

除儒家外，法家也认为在家庭关系中妻子应该顺从丈夫，《韩非子·扬权》：“夫妻持政，子无适从”，注曰：“夫唱妇随者，礼之正也，今夫妻争持政，故子不知所从也”，而且在法家眼中，这种夫妇关系的相处模式不只是小家庭内部的秩序，更是直接影响到国家统治的稳定，《韩非子·忠孝》：“臣事君，子事父，妻事夫，三者顺，则天下治，三者逆，则天下乱”。

而由双方在婚姻关系中的权利与义务来看，丈夫的地位也远远高于妻子。在婚姻关系中的妇女一般没有主动离婚的权利，而且在礼法上强调妇人的从一而终，《周易·恒》象曰：“妇人贞吉，从一而终”，《礼记·郊特牲》：“信，妇德也。壹与之齐，终身不改，故夫死不嫁”。而对于男子来说，则有可以休妻的“七出之条”，《大戴礼记·本命》：

妇有七去：不顺父母去，无子去，淫去，妒去，有恶疾去，多言去，盗窃去。不顺父母去，为其逆德也；无子，为其绝世也；淫，为其乱族也；妒，为其乱家也；有恶疾，为其不可与共粢盛也；口多言，为其离亲也；盗窃，为其反义也。

---

① 《孟子·滕文公下》。

② 王先谦：《荀子集解》，中华书局1988年版，第232、233页；梁启雄：《荀子简释》，中华书局1983年版，第160页。

《孔子家语·本命解》称此七条为“七出”，即“不顺父母，出；无子，出；淫辟，出；恶疾，出；妒忌，出；多口舌，出；盗窃，出”。《公羊传》庄公二十七年何休注：“妇人有七弃”。由其内容来看，“七去”“七弃”或“七出”完全是出于男子的立场制定，使婚姻关系维持或结束的权力完全掌握在男子手中，女子在婚姻关系中完全处于被动的地位，无法决定自己在家庭中的去留问题，虽然妇人亦有所谓的“三不去：有所取，无所归，不去；与更三年丧，不去；前贫贱，后富贵，不去”，《公羊传》庄公二十七年何休注：“当更三年丧不去，不忘恩也；贱取贵不去，不背德也；无所归不去，无穷穷也”，这虽对男子的任意出妻起到了一定的约束作用，但却不能从根本上改变女性在婚姻家庭中的不利地位。

夫妇间的地位差异，还体现在祭礼与服制上。《礼记·曲礼》曰：“父不祭子，夫不祭妻”，顾炎武《日知录》曰：“不但名分有所不当，而以尊临卑，则死者之神亦必不安，故其祭则使人代之。然则为平日四时之祭，若在丧，则祥、禫之祭未尝不行”①，可见正是因为夫的地位尊于妻，因此不对妻行四时之祭。但由于夫妇间的亲密关系，在一方死后，另一方为之有服。《仪礼·丧服》所规定的夫妇间的服制为：丈夫死后，妻子为其服斩衰②三年。妻子死后，丈夫则为其齐衰③一年。夫妻间不只为对方服制的等级存在差异，而且时间长短也不同，这集中体现了夫妇关系的不平等，《丧服·传曰》：“夫，至尊也”，“妇人有三从之义，无专用之道。故未嫁从父，既嫁从夫，夫死从子……夫者，妻之天也”，贾公彦疏释妻所以为夫斩衰三年，亦曰：“以其在家天父、出则天夫，又妇人有三从之义，在

---

① 顾炎武著，黄汝成集释：《日知录集释》（外七种）之卷六“父不祭子夫不祭妻”，上海古籍出版社1985年版，第477页。

② 据东周礼书记载，先秦五种丧服名为“斩衰、齐衰、大功、小功、缌麻”，按其先后顺序依次递轻，斩衰，又曰“斩衰裳”，是最重的一重服制，郑玄注：“凡服，上曰衰，下曰裳”。所谓“斩衰裳”是说丧服裁割后不缝边，保留痕迹，贾公颜疏曰：“言斩衰裳者，谓斩三升布以为衰裳，不言裁割而言斩者，取痛甚之义”，服斩衰者，丧期为三年。此种服制主要是子女为父、妻妾为夫、臣为君、诸侯为天子所服，因为被服者相对于服者来说，地位至尊，而父亦为长子服斩衰三年，因为嫡长子继先祖之正体，又将代替自己为宗庙主。

③ 齐衰，为仅次于斩衰的一种服制，《仪礼·丧服》传曰：“齐者何？缉也”，是说丧服的毛边要缝齐。按其服丧期限的长短，分为齐衰三年，齐衰一年（一年服制中又有有无削杖之别，分称为齐衰杖期与齐衰不杖期），齐衰三个月。

家从父、出嫁从夫、夫死从子，是其男尊女卑之义，故云夫至尊同之于君父也”。夫妇间的尊卑差异还体现在子女为父母服制的差异上。[①] 父亲死后，子要为父亲服斩衰三年，但对于母亲死后的服制，则分为几种情况：一是如果母亲被出，嫡长子则不再为其母亲服丧，因为嫡长子“与尊者为一体，不敢服其私亲也”，而如果是其余庶子的母亲被出，则仍然要为母亲齐衰一年。二是父亲去世后，母亲又去世的，子为母亲服齐衰三年；三是父亲尚在，母亲死亡，则为母亲服齐衰一年，传曰：何以期也？屈也。至尊在，不敢伸其私尊也。《大戴礼记·本命》：“资于事父以事母而爱同，天无二日，国无二君，家无二尊，以治之也。父在为母齐衰期，见无二尊也。”对父母服制的差异，集中体现了夫妇间的尊卑不同，也说明在个体家庭中父家长拥有绝对的权力。

四、妻妾之别、家室有序

为了维护家庭秩序的稳定，除调整夫妻关系外，更重要的是调整妻妾间的关系。《吕氏春秋·慎势》曰：“是故诸侯失位则天下乱，大夫无等则朝廷乱，妻妾不分则家室乱，適孽无别则宗族乱”，即是说妻妾不分往往是造成家室动乱的原因之一，这种观念在战国典籍中有诸多反映：

> 《管子·君臣下》：“内有疑妻之妾，此宫乱也。庶有疑嫡之子，此家乱也。”
>
> 《慎子·德立》：“……立正妻不使群妻疑，立嫡子不使庶孽疑，疑则两动，动则两争。”
>
> 《韩非子·亡征》：“后妻贱而婢妾贵，太子卑而庶子尊，相室轻而典谒重，如此则内外乖，内外乖者可亡也”。

因为妻妾相争本身不只会造成家室的纷争，而统治者妻妾地位的变化亦常

① “女子子在室”与“子嫁反在父之室”为父所服与子相同，“女子子在室”指已许嫁但尚未出嫁的女儿，因其已成人，“亦得为父服斩也”，“子嫁反在父之室”指女子已出嫁但被夫家所出返家，其亦为父亲服斩衰三年。而女子出嫁后，则不再为其父母斩衰三年，而是齐衰不杖期一年，因为女子出嫁从夫，“夫者妻之天也，妇人不贰斩者，犹曰不贰天也，妇人不能贰尊也”。而男子不论结婚与否，其对本宗亲属的服制均不发生任何变化。这也体现了夫妇间的地位差异。

常直接影响继承制，“以妾为妻”不可避免会使嫡长子的地位受到威胁，所谓“主妾无等，必危嫡子”[①]，这亦是导致家族动乱甚至国家灭亡的诱因之一，因而为了维护家庭秩序乃至社会秩序的稳定，一则“诸侯无专立妾以为妻，士庶人无专弃妻”[②]，二则要严明妻妾间的尊卑次序。

对于妻妾间严格的地位差别，在东周礼书中有具体的体现。《礼记·内则》：“妻不在，妾御莫敢当”，孔颖达疏曰：“此明妾与適妻尊卑相降之等。……非但不敢当女君之御日，纵令自当君之御日，犹不敢当夕而往”。在东周礼书中，妾称夫为君，称嫡妻为女君，杨天宇先生言“不敢称其夫为君，同于人臣”[③]，妾称嫡妻为女君，同样体现了妾与嫡妻的尊卑等级。而由于妻妾尊卑有异，丈夫对待她们的态度亦不同。《礼记·内则》曰：

> 妻将生子，及月辰，居侧室。夫使人日再问之，作而自问之。妻不敢见，使姆衣服而对。……妾将生子，及月辰，夫使人日一问之。

以上是说妻子将要生孩子时，到了临产的月份，就要搬出燕寝，住在侧院房间，丈夫派人每天问候两回，还要亲自去问候，而对于妾则只每天派人问候一次，这体现了丈夫对妻与妾不同的重视程度。而妻妾对于其夫的态度亦是不同的，《战国策·齐策》载邹忌讽齐王纳谏，以家事喻国政时曰：“吾妻之美我者，私我也，妾之美我者，畏我也”，高诱注曰：“私，爱也”，说明妻子称赞他是因为偏爱他，而妾称赞他则是因为惧怕他。

除以上所述外，妻妾间的等级差别亦体现在服制上。《礼记·丧服小记》：“士大夫不得祔于诸侯，祔于诸祖父之为士大夫者，其妻祔于诸祖姑，妾祔于妾祖姑”。而《仪礼·丧服》规定，妾为“女君”的服制为齐衰不杖期，《丧服·传》曰：“妾之事女君，与妇之事舅姑等”，孔颖达疏曰：“妇之事舅姑亦期，故云等”，而嫡妻对于妾的服制在经传中却未见于记载，说明嫡妻于妾可能无服，二者对比直接体现了嫡妻与妾间等级差异的森严。《仪礼·丧服》规定，公妾、大夫之妾为其子的服制也是齐衰不

---

① 《韩非子·爱臣》。

② 《管子·大匡》。

③ 杨天宇：《仪礼译注》，上海古籍出版社 2004 年版，第 301 页。

杖期，“何以期也？妾不得体君，为其子得遂也”，郑玄注曰：“此言二妾不得从于女君，尊降其子也，女君与君一体，唯为长子三年”，由此可见，妾为其子不降低丧服等级是因为她与君（其夫）不算一体，没有嫡妻地位尊贵，因而能够顺其子的本服而服期。而对于妾的地位，《礼记·丧服小记》：“慈母与妾母，不世祭也”，郑玄注曰：“以其非正也，春秋传曰，于子祭，于孙止”，可见正是因为妾不是堪与夫匹配的地位尊贵的嫡妻，因而无庙，在其孙时已不被祭祀。

综而述之，婚姻礼法对“淫”“通”等行为的限制，对于家庭的稳固与社会的发展起到了极其重要的作用，顾颉刚先生指出：“到了战国时期，社会变化愈急……男女间的关系也严肃了，女子固然还是被压迫者，但在男子方面，除了正名定分的妻、妾之外，也不许乱跟女子交接了……”① 而夫妻关系中男尊女卑、夫主妻从、妻贵妾贱的倡导，亦使得两性关系更加规范有序，从而更有利于国家的稳定。但另一方面，对性别关系的种种规定在某种程度上讲，也不过是诸子对两性关系模式的期望与理想，在实际生活中，有的难以完全贯彻实行，尤其对于平民阶层而言，由于经济条件的限制，妇女在家庭生产中也发挥着重要的作用，因而并不是毫无行动的自由，也没有完全处于被动的支配地位，夫妇关系是较为平等的。但诸种“男尊女卑”“男外女内”“夫主妻从”的伦理观念对秦汉以降的中古社会带来了深远的影响，是后世性别观念的肇始与发端。

本章对于战国时期两性关系的发展与社会组织结构的演变所作的探讨，其基本观点归纳如下：

1. 春秋战国之际，随着宗族的解体与一夫一妻小家庭的独立，夫妇关系得到强化，已超越父子关系，在家族亲属关系中居于最重要的地位，由此正确处理夫妇关系亦成为协调社会秩序、家庭秩序的主要内容。

2. 战国时期，夫妇合葬制度日趋成熟，主要表现在两个方面：第一，夫妇“异穴合葬”作为夫妇合葬的主要形式，在战国时期已成为一种流行的丧葬习俗。第二，夫妇同穴合葬墓逐渐增多、形制多样，有同穴异椁合

① 顾颉刚：《由“烝”、“报”等婚姻方式看社会制度的变迁》，《文史》第14辑，中华书局1982年版。

葬、同椁异棺合葬、同穴分室合葬等方式，主要分布地区有中原地区、鲁、楚、秦等地，这是当时社会组织形态与家庭观念在墓葬制度上的重要反映。

3. 庶民阶层男耕女织的性别分工，是小农经济存在的必要条件，这种个体家庭自然分工的普遍形式，促进了家族的解体与一夫一妻小家庭的独立，亦使夫妻双方形成互相依存的关系，尤其在核心家庭中，夫妇双方都要承担一定的家庭负担，家中夫妇任何一方的空缺，都对经济活动的延续造成困难，由此夫妻双方在生产中必须同甘共苦，相互依存，从而使家庭结构更加稳定。

4. 为了确保一夫一妻小家庭的稳定，维护夫妇家庭关系的伦理道德观念逐渐定型，主要表现在如下几个方面：第一，强调“父母之命”“媒妁之言”等婚姻礼法，以防止淫乱的发生；第二，“男外女内”的性别隔离阻断了男女间的接触，防止了婚外性关系的发生，在“男外女内”空间隔离的基础上，男性与女性所从事的事务也有了更为严格的区分，使男、女两性性别角色的差异被进一步强调；第三，在婚姻关系中强调“男尊女卑”“妻尊妾卑”“夫主妻从”。

上编结语

现将上文所论，关于商周时期家族内性别差异与两性关系的基本观点概括如下，以作本部分小结：

一、殷商时期贵族阶层夫妻分葬、在祭祀祖先时亦为祖妣、考母分祭，种种材料显示，殷人对于夫妇关系似并不看重，夫妇二位一体的性别观念亦相当薄弱。殷商时期贵族阶层中嫡妾制显然是存在的，周祭中的入祀典的“法定配偶”，生前应为商王的嫡妻，但武乙之前所实行的未必是严格的一夫一妻（正妻）制，可能是一夫一妻（正妻）或一夫多妻（正妻）相结合的制度。自武乙始至帝辛，皆为一个法定配偶，似表明到商末，严格的一夫一妻制始确立。平民阶层在埋葬方式上，大多数亦夫妻分葬，但殷商时期平民阶层的婚姻形态应为一夫一妻制，由于经济条件的限制，夫妻间的地位相对比较平等。这种松散的两性关系模式对家族形态、家族制度都产生了直接的影响：

1. 在家族秩序上：即是男性族长的独尊，族长诸妻在家族内似并不具备超越其他家族成员的权力，其地位是远远无法与丈夫匹配的，她们与家族内的男性成员一样，亦为家族或社会事务的承担者，性别差异是不明显的。这也使殷商贵族妇女拥有一定的独立性。

2. 在祭祀制度上：尚未形成妇助夫主祭的制度，男性的宗族长独自掌握着家族内的主祭权，他既可以为家族成员的趋吉避祸而祭祀祖先神，亦可以命令家族内的男、女成员从事祭祀活动，但族长之妇未取得与族长相类的主祭地位，其在家族祭祀中的权力可能与其他家族内的成员没有太大的区别。

3. 在继承制度上：殷商贵族阶层诸妻间的嫡庶之分，决定诸妻所生诸子间也有了嫡庶等级差别，继承王位的资格仅限于正妻所生之子，但此时并未确立嫡长子继承制，由此，凡王之嫡子均有权继承王位，王位亦允许在同为正妻所生的亲兄弟间传承，但殷商继承制的实质为父死子继，即弟虽然继兄位，但仍把能继位看作父亲给予的权力，将自已视为父亲的继承人。

4. 在宗法上：宗法制的实质在于维护家族成员间等级差别之原则，宗法即是维护宗子在本家族内的至尊地位之法①。殷商时期贵族家族内已存在宗法，族长在家族内拥有至高无上的权力，家族内亦有了直系与旁系的区分，“重直系轻旁系”，但直旁系的产生不是预设的，嫡妾制的存在与嫡长子继承制的尚未产生使嫡出“诸子与诸弟”均有继承的资格，兄弟先后为王的情况并不鲜见，但究竟谁为直系，则要等后王即位后决定，其父始确立为直系，其母入祭祀典。由此，这种直系与旁系间的等级关系可能远远不如周代在嫡长子继承制基础上所产生的大、小宗间那样鲜明。

二、西周时期，两性关系相比于殷商发生了显著的变化。立国前，已经基本确立了一夫一妻多妾的婚姻制度。而且在家族亲属关系中，婚姻关系已经超越了原始的血缘关系，夫妻之情已甚于兄弟之亲。西周立国后，一夫一妻制完全确立，妻妾间等级地位越发森严。尤其自西周中期始，夫妇二位一体的性别观念不断发展，金文资料显示，西周中期，夫妇共同作器且死后亦被合祭；在上层贵族的埋葬方式上也呈现出与殷商不同的特色，贵族夫妇异穴合葬墓开始逐渐出现。由此可见，西周时期两性关系不只是自然秩序，更被作为社会秩序加以强调，夫妻关系相比于家族内的其他亲属关系更得到重视与尊重。此时，两性关系对家族制度与家族形态产生了直接的影响，主要表现在：

1. 在家族秩序上：是宗子与宗妇的共治。夫妇二位一体的伦理观念使家族中的女性成员亦被纳入到宗法体系中，其在家族中的等级地位受其夫地位的支配。由此在家族内出现了宗子与宗妇共同统治的局面，作为宗子之妻的宗妇在家族内拥有仅次于宗子的地位与管理家族内部事务的权力，她以女君的姿态出现，受到家族内外的尊敬。她有辅佐宗子、治理家国的责任，并有供其驱使的职官；她主管家族内部经济、政治事务，统领宗族

① 朱凤瀚：《商周家族形态研究》（增订本），天津古籍出版社2004年版，第553页。

中的妇女并襄理祭祀；同时也时常赏赐家臣、宴飨招待家族中的亲属成员，以加强本家族成员间的团结。

2. 在祭祀制度上：主要表现为祭祀活动逐渐与夫妇二位一体的伦理观念相结合，形成了宗子、宗妇主祭，小宗夫妇助祭的制度。但宗子与宗妇在祭祀中也存在一定的权力与地位差异，这是同一阶层性别差异在祭祀领域中的体现。宗子在家族祭祀中具有主导地位，这是父权制与宗法制的必然要求，而宗妇在家族祭祀中的职责主要是协助宗子。

而且在金文中屡见丈夫作祭器赠与妻子的记载，在考古发掘中，丈夫所作器物也屡屡在妻子墓中出土，而妻子为丈夫作器的情况则不多见，且大都是丈夫死后为祭祀丈夫所作。丈夫为妻子作器以及赠器给妻子使用既表明了对妻子的财产赐予，也说明妻子在家族祭祀中的地位与权力是受其夫支配的。

3. 在继承制上，嫡长子继承制已确立，嫡长子生而具有继承王位或族长之位的权力，如果嫡长子死亡，则“母弟”在其兄死后有优先继承的权力，而且母弟在家族内与政治上的地位是高于庶弟的，周人对于“母弟”的重视和强调，维护的也是嫡庶之别。只有在嫡妻无嗣的情况下，妾生庶子才成为可供考虑的继承人选。

4. 在宗法上：在嫡长子继承制基础上，亦产生了所谓的大、小宗之别，嫡长子继位为大宗，地位尊贵，对家族有绝对的统治权，庶子没有继承权为小宗，大宗中分出的小宗又有大、小宗之分，大宗、小宗间的区分是相对的，这种由于嫡庶制而产生的大小宗间存在严格的统属关系与森严的等级差别。同时，夫妇二位一体性别观念发展后，对于家族形成了一个前所未有的离心力，对小家庭利益的注重，冲淡了家族内的血缘纽带，亦强化了这种大、小宗间的差别。西周时期的家族即是这样一个囊括大宗与若干小宗的层层统属的组织形态。

三、春秋时期，夫妇二位一体的性别观念仍是不断加强的，但据文献记载，春秋时期贵族阶层“以妾为妻”的现象大量存在，以“父母之命、媒妁之言”为基本条件的婚姻礼法已成为缔结婚姻关系的必要途径，对两性关系有一定的规范作用，但由于原始婚俗的影响，性别关系仍是较为自由开放的，此时期两性关系与性别差异对东周社会的影响，主要体现在以下两个方面：

1. 在家族秩序上：自西周至春秋前期，虽然夫妇关系不断强化，但一夫一妻的小家庭尚不具备独立于家族之外的条件，对贵族阶层来讲在于政治因素；对于庶民阶层来说，其根源则在于西周、春秋前期的生产力与生产方式相比于殷商没有本质的变化。因此春秋前期，在家族秩序方面相比于西周时期没有发生根本的变化。宗子与宗妇在家族中处于统治地位，宗妇拥有对家族内部事务管理的权力与职责，在家族祭祀中亦是宗子与宗妇主祭，小宗夫妇助祭等。

2. 在继承制度上：妻妾间等级关系的松动、贵族阶层的以妾为妻，使妾生之子即位成为可能，使嫡长子继承制遭到破坏。

四、战国时期，家族组织解体，以一夫一妻为主的小家庭，作为生产与生活的单位，走上了历史的舞台，由此夫妻关系已成为最重要的家庭关系，表现在墓葬制度上，即是夫妇合葬制度渐趋成熟，在各墓地中夫妇异穴合葬墓所占的比例越来越大，贵族阶层的夫妇同穴合葬墓也逐渐出现，且形式多样。

庶民阶层小家庭内男耕女织的性别分工使夫妻双方形成互相依存的关系，尤其在核心家庭中，夫妇双方都要承担一定的家庭负担，家庭中夫妇任何一方的空缺，都对经济活动的延续造成困难，由此夫妻双方在生产中必须同甘共苦，相互依存，从而使家庭结构更加稳定。

此时期，调整两性关系的道德观念逐渐定型，主要表现在以下几个方面：

1. 对婚姻礼法加以强调，避免了婚外性关系对家庭的冲击，有利于家庭乃至社会的稳定。

2. 男外女内、男女有别的思想观念发展，限制了男女间的自由交往，在“男外女内”空间隔离的基础上，对男性与女性所从事的事务也有了更为严格的区分，使男、女两性性别角色的差异被进一步强调。

3. 在夫妻关系中强调“男尊女卑”“夫主妻从”，丈夫在家庭中居于绝对统治的地位，妻妾必须服从丈夫，丈夫有出妻的权力，妇人在婚姻关系中却要从一而终。妻妾间则强调“妻尊妾卑”，即妻妾间存在森严的等级差别，妾称夫为君，称嫡妻为女君，夫与嫡妻二位一体，妾在婚姻关系中的地位则甚为低下。

以上所述对两性关系的种种规定在某种程度上讲，也不过是诸子对两性关系模式的期望与理想，在实际生活中，有的难以完全贯彻实行，尤其对于平民阶层而言，由于经济条件的限制，妇女在家庭生产中也发挥着重要的作用，因而并不是毫无行动的自由，也没有完全处于被动的支配地位。但诸种调整两性关系的伦理观念对秦汉以降的中古社会带来了深远的影响，是后世性别观念的肇始与发端。

下　编

商周时期已是父权制社会，在王位、君位和卿大夫爵位世袭上已遵循的是父系世系，这种世系的特征是不涉及男性的配偶和以配偶为关系人的亲属，也不涉及女性后裔。实行这种继承制的结果是男性贵族取得国家以及宗族内的统治权。但是此时期女性贵族在政治甚至军事上仍然发挥着重要的作用，而贵族妇女对政治的参与程度、方式亦直接受当时两性关系的影响，在殷商、西周、春秋、战国各个历史阶段呈现出不同的特点。尤其在东周时期，由于特殊的历史环境，性别关系本身甚至直接对政治发生影响。

在对殷商、西周进行探讨时，主要着眼于女性贵族对政治的参与，但其目的并不仅局限于描述殷商、西周时期贵族妇女的政治地位，而是以贵族妇女对政治的参与程度和方式为切入点，通过对比男性贵族在政治生活中的各种表现及对政治的影响，从而分析殷商、西周政治生活中的性别差异，并探讨女性贵族对政治的参与程度与两性关系之间的关系。而对于东周部分，则主要从性别关系对家国政治的影响入手，不只关注女性贵族参政在多大程度上受两性关系的影响，更要看性别关系与政治是如何相互作用，进而分析政治领域中性别差异逐渐深化的历史因由。

第四章　殷商时期政治领域中的性别差异

第一节　殷商战争中的性别差异与“王妇领兵”

殷商时期的生产方式与国家形态无疑决定了战争是政治生活最为重要的表现内容。对于战争在商代社会的重要地位，刘钊先生在其《卜辞所见殷代的军事活动》一文中曾指出，“祭祀与战争是构成中国早期国家形态的一个基本特征”，而且“殷代的战争既是政治的延续，又是半掠夺经济的外部表现”。[①] 与政治、经济都密切相关的战争，在殷商时期也呈现出与后世不同的典型特征，其中最显著的一点即是王妇对战争领域的参与。

战争的男性化特征不容置疑，商王作为最高统治者，除拥有军事的绝对指挥权外，还经常亲自带兵参战，如：

(1) 辛亥卜，争贞：勿隹（唯）王往伐𢀛方。

贞：勿隹（唯）王往伐𢀛方，下上弗若。不我其受祐。(《合集》6220，宾)

(2) 癸亥王卜，贞：旬无𡆥。在十月又一，王征人方（《英》2524，宾)

(3) 乙卯卜，㱿贞：王叀（唯）土方征。(《合集》6443，宾)

(4) 贞：王勿隹（唯）土方征。(《合集》6444，宾)

---

① 刘钊：《卜辞所见殷代的军事活动》，载中国古文字研究会等编《古文字研究》第十六辑，中华书局1989年版，第67—140页。

以上几条均为宾组卜辞，是关于商王武丁征伐𢀛方、人方、土方的占卜。商王除亲自征伐外，也经常命令强宗之首领率其族军或王朝常设军参战。以武丁朝为例，受王命征伐的主要有望乘、𠂤、雀、侯告等男性贵族。卜辞有载：

（5）贞：叀（唯）𠂤伐𢀛方。（《合集》6298，宾）

（6）贞：王叀（唯）侯告比征尸。六月。

贞：王勿隹（唯）侯告比。（《合集》6460正，宾）

（7）辛巳卜，㱿贞：乎（呼）雀伐[illegible]。

辛巳卜，㱿贞：勿乎（呼）雀伐[illegible]。（《合集》6959，宾）

（8）贞：王比望乘伐下危。（《合集》6507，宾）

以商王为首的男性贵族为平定方国的叛乱、稳定商王朝的统治发挥了至关重要的作用。但商代的贵族妇女在战争中的作用也不可忽视，其中最典型的是武丁之配妇好、妇井等领兵作战的现象。据卜辞记载，作为武丁法定配偶之一的妇好参与战争是比较频繁的，经常作为军事行动的最高统帅独自领兵，如：

（9）辛巳卜，争贞：今𡆥王登人，乎（呼）妇好伐土方，受㞢（有）佑。（《合集》6412，宾）

这条卜辞是问，商王征集兵员，命令妇好独自领兵，征伐土方，能否取得神灵的保佑。此外，还有一条卜辞，即：

（10）辛巳卜，贞：登妇好三千，登旅万，乎（呼）伐……（《英》150正，宾）

此条卜辞是贞问，征集妇好统率的三千人，旅万人，命令妇好去征伐某方。有时因为对手的强大或战争的危急，往往派不止一人统率军队作战。如：

（11）壬申卜，争贞：令妇好比沚[illegible]伐[illegible]方，受有祐。（《合集》6479正，宾）

（12）贞：王令妇好比侯告伐尸。

辛未卜，争贞：妇好其比沚[illegible]伐[illegible]方，王自东[illegible]伐[illegible]，陷于妇好立。（《合集》6480，宾）

林沄先生认为“比”为亲密联合之意[①]，李宗焜先生认为是辅助、支援的意思[②]，在此赞同林先生所说。上述卜辞中的“妇好比侯告伐尸”“妇好比沚[illegible]伐[illegible]方”分别是指商王命令妇好与侯告联合征伐尸方，与沚[illegible]联合伐[illegible]方，在文辞中妇好与侯告、沚[illegible]的地位是对等的，看不出有什么主从之别。可见在商王心目中，妇好在战争中的地位与作用与其他男性军事统帅没有区别。在第二条卜辞中，东[illegible]与“[illegible]”均为地名。“立”，《说文》曰：“住也”，古通驻，“妇好立”指妇好驻军之处。此条卜辞大意是说商王武丁命令妇好与沚[illegible]联合征伐[illegible]方，同时武丁自己从东[illegible]去攻打巴方在[illegible]地的驻军，把溃败的敌军歼灭在妇好埋伏之处。

除王卜辞外，非王卜辞中也有妇好参战的记载。花园庄东地甲骨中的“子”曾为妇好的出征而占卜，如：

> （13）辛未卜，丁隹（唯）子（令）从白或伐卲。（《花东》275.3）
> 辛未卜，丁隹（唯）多□从白或伐卲。（《花东》275.4）
> （14）辛未卜，丁隹（唯）好令比伯或伐卲。（《花东》237.6）
> （15）辛未卜，伯或爯册隹（唯）丁令自征卲。（《花东》449.1）
> 辛未卜，丁弗其比伯或伐卲。（《花东》449.2）

以上这三版卜辞，内容均为伐卲之事，当为同时所卜。“卲”，方国名。“唯”字，在卜辞中有使宾语前置的作用。关于花东甲骨中的“丁”，目前学术界尚无统一的看法，陈剑先生认为“丁”应指商王武丁。[③] 但也有一些学者持不同意见。[④] 关于“丁”的具体身份，还有待进一步探讨。好即妇好的省称，伯或为人名，伯为爵称，或为私名。“爯册”一词在卜辞中习

① 林沄：《甲骨文中的商代方国联盟》，载四川大学历史系古文字研究室编《古文字研究》第六辑，中华书局1981年版，第67—92页。

② 李宗焜：《卜辞中的“望乘”——兼释“比”的辞意》，载陈昭容主编《古文字与古代史》（第一辑），“中央研究院”历史语言研究所2007年版，第117—138页。

③ 陈剑：《说花园庄东地甲骨卜辞的“丁”——附：释“速”》，《故宫博物院院刊》2004年第4期；李学勤先生在其文《关于花园庄东地卜辞所谓“丁”的一点看法》中赞同陈剑的意见，见《故宫博物院院刊》2004年第5期。

④ 朱凤瀚先生认为丁在商王朝中可能担负重要职务，与H3卜辞、乙种卜辞占卜主体之贵族所在家族为一个大的宗亲集团的三个分支。见《读安阳殷墟花园庄出土的非王卜辞》，载王宇信等主编《2004年安阳殷商文明国际学术研讨会论文集》，社会科学文献出版社2004年版，第211—219页。

见，多与征发出兵有关，于省吾先生认为“爯”与“称”为古今字，“册”经典通用为“策”，为册命之义，“爯册”即称述册命[①]。据此可知，《花东》449条卜辞是关于丁是否支援伯或出战的占卜。这几条卜辞说明卲方与商王朝处于敌对的状态，故商王朝决定对其征伐，由此对军事统帅人选问题进行占卜，卜问是由花东甲骨主人“子”、多□、妇好支援伯或征伐卲方，还是由丁亲自与伯或一同带兵出战。由此可见，妇好与花东主人“子”、多□、丁、伯或等男性贵族一样，均为军事统帅选择的对象。

而且卜辞记载，妇好还曾去追捕逃亡的人：

(16) 贞：乎（呼）妇逸，其㞢（有）得。

(17) 贞：乎（呼）妇逸，亡（无）得。（《合集》2652正，宾）

“逸”指逃亡的俘虏，虽然卜辞中无“妇好”之名，但同版其他卜辞均为妇好之贞，因此本辞中的“妇”当指妇好[②]，此条卜辞是贞问妇好奉商王之命去追捕逃逸的人会不会有所获得。

甚至在妇好死后，也受到与祖先神一样的匄求之祭，如：

(18) 庚子卜，㱿贞：勾舌方于好？（《合集》6153，典宾，图4.1）

图4.1　《合集》6153

① 于省吾主编：《甲骨文字诂林》，中华书局1996年版，第3138、3139页。

② 李宗焜：《妇好在武丁王朝的角色》，载氏编《古文字与古代史》（第三辑），“中央研究院”历史语言研究所2012年版，第79—106页。

王宇信先生认为此条卜辞中的“好”为人名，很有可能指武丁之配妇好。[①]“匄𢀛方”是乞求战胜𢀛方。据卜辞资料推断，𢀛方被灭于武丁晚期，此时与𢀛方作战时，妇好可能已经死亡，在此对妇好行匄求之祭，以祷告与𢀛方战争的胜利，这很可能与妇好生前对殷商军事的影响有关。

妇好在武丁朝的政治军事地位，亦为其墓葬中出土器物所验证。殷墟小屯5号墓，被确定为商王武丁之配妇好的墓葬。[②] 墓中除出土大量彰显墓主地位与财富的青铜礼器、玉器外，亦出土了大量的兵器，其中铜戈91件，铜镞57件，铜钺4件，最大的一件铜钺，长39.5厘米，重9公斤。目前殷墟发现铜钺的墓葬共有十几座，除花园庄54号墓出土7件铜钺，其中一件长40.5厘米、重5.95千克，可以和妇好墓出土之铜钺相媲美外，其余墓葬中出土的铜钺无论是在数量上还是大小长度上均逊于妇好墓。[③]另外，山东益都苏埠屯一号墓[④]为四条墓道的大墓，据发掘者推定，此墓墓主身份可能为仅次于商王的方伯之类的人物，在此墓中也出土了两件铜钺，均体形巨大，两面透雕作张口怒目的人面形。一件长31.8厘米、刃宽35.8厘米、肩宽30.7厘米；另一件长32.7厘米、刃宽34.5厘米、肩宽23.3厘米。其大小重量亦无法与妇好墓出土之铜钺相比。关于铜钺的特殊意义，林沄先生曾指出，商周时期，斧钺不仅是一种兵器，更是军事统帅权的象征。[⑤] 由此可见妇好在武丁时期特殊的军事地位与权力。

除妇好外，商王武丁的另一配偶妇井除管理农业外，也曾带兵出征。如：

(19) 甲辰…叀（唯）妇井伐龙。(《合集》6584，宾)

(20) 贞，勿乎（呼）妇井伐龙方。(《合集》6585正，宾)

辞（19）、辞（20）是关于是否命令妇井带兵征伐龙方的占卜。

此外，妇井还从事田猎活动，如：

---

① 王宇信、张永山、杨升南：《试论殷墟五号墓的“妇好”》，《考古学报》1977年第2期。

② 中国社会科学院考古研究所：《殷墟妇好墓》，文物出版社1980年版。

③ 刘一曼：《论安阳殷墟墓葬青铜武器的组合》，《考古》2002年第3期；中国社会科学院安阳考古工作队：《河南安阳花园庄54号商代墓葬》，《考古》2004年第1期。

④ 山东省博物馆：《山东益都苏埠屯第一号奴隶殉葬墓》，《文物》1972年第8期。

⑤ 林沄：《说王》，《考古》1965年第6期。

（21）贞，乎（呼）妇井田于仌。

乎（呼）妇（井田）于仌。（《合集》10968，宾）

“仌”为地名。辞（21）是卜问是否命令妇井去仌地田猎。关于商代田猎的性质与作用，姚孝遂先生曾指出，殷商时期的田猎活动除获取猎物以供祭祀、贡纳以及日常生活外，与军事行动亦有着直接的关系，主要表现在三个方面：其一，通过狩猎活动以教民习战，训练士卒。其二，行军途中行田猎之事，以补充食用。其三，由于殷商与“多方”杂处，在田猎的过程中，经常与敌人发生冲突，甚至引发战争。[①] 可见殷商时期，田猎活动并非单纯武力获取猎物的行为，其本身与战争有着密切的关系，是殷商贵族的统治方式之一。[②]

但应指出的是，妇好、妇井等王妇虽然可以直接领兵参战，但在甲骨刻辞中，却并没有她们呼令其他男性贵族的记载，这似可表明王妇并没有支配其他男性贵族的权力。关于妇好与其他男性贵族的政治地位，下版卜辞似可说明一些情况：

（22）壬子卜，子以妇好入于。子乎（呼）多宁见于妇好，𢼄紤八。

壬子卜，子以妇好入于。子乎（呼）多（御）正见于妇好，𢼄紤十，往爨。

壬子卜，子以妇好入于𪉷，𢼄紤三，往爨。（《花东》37）

上版卜辞中的占卜主体“子”，应指贵族家族的族长，但关于其具体身份，

① 姚孝遂：《商代的俘虏》，载吉林大学古文字研究室编《古文字研究》第一辑，中华书局1979年版，第237—390页；《甲骨刻辞狩猎考》，载四川大学历史系古文字研究室编《古文字研究》第六辑，中华书局1981年版，第34—66页。

② 卜辞中也有妇好进行田猎活动的记载，如：

贞，不其擒。

其……不其擒。

妇好……五十，在[illegible]。（《合集》10794，宾）

学术界目前尚有不同看法。[①]“见”其义应为“献”，此版卜辞的大意是占卜“子”是否带领妇好进入𢦏地，以及是否命令其属下向妇好进献礼物。“子以妇好”，朱凤瀚先生指出：“殷墟卜辞中的‘某以某人’，从事何事，前一‘某’地位通常高于后一‘某’。”[②] 由此可见，妇好作为武丁配偶，其政治地位似乎在男性贵族“子”之下，这表明王妇在政治权力系统中的地位似是远远无法与王相配的。

除王妇直接领兵外，关于贵族妇女涉及军旅之事，卜辞中还有如下记载：

> (23) 王（占）曰：㞢（有）咎，其㞢（有）来媗（艱）。迄至九日辛卯，允㞢（有）来媗（艱）自北，蚁妻妾告曰，土方侵我田十人。(《合集》6057 反，宾，图 4.2)

此条卜辞的大意是说灾难来自北方，蚁妻妾告土方入侵其田，劫掠走了十

---

① 刘一曼、曹定云先生在认为花东卜辞中频繁出现的“祖乙”为同期王卜辞中的“祖乙”(仲丁之子、祖辛之父)、“祖甲”为祖乙之子沃甲的基础上，推测“子”可能是沃甲的后人。朱凤瀚先生根据“子”所领率的家族已有较大的规模与较强的实力，从而认为其不可能为时王之子，“特别是此位‘子’能‘以妇好’，故其在行辈上似不会低于时王武丁，是武丁的较远亲，从父或从兄弟辈，应为再从或再从以上。”刘源先生指出花东卜辞中“祭祀祖甲的时间一般要比祭祀祖乙早一日”，这种祭祀程序有悖于商王祭祖的常规，从而认为“祖乙、祖甲不会是王卜辞中的祖乙和羌甲”，而“‘子’很可能是王室分衍出来的重要一族”。李学勤先生认为卜辞中的“多子”是对大臣或诸侯一类人物的称呼，“花园庄东地 H3 卜辞中的‘子’，子组卜辞中的‘子’，由于出于都邑范围内，推定为朝中大臣，应是合宜的”。姚萱认为花东中的“子”应为武丁之子，杨升南先生则明确指出花东中的“子”为武丁太子孝己，韩江苏亦持相同观点。参刘一曼、曹定云《殷墟花园庄东地甲骨卜辞选释与初步研究》，《考古学报》1999 年第 3 期；刘一曼、曹定云《论殷墟花园庄东地甲骨卜辞中的“子”》，载王宇信、宋镇豪主编《纪念殷墟甲骨文发现一百周年国际学术研讨会论文集》，社会科学文献出版社 2003 年版，第 439—447 页；朱凤瀚《读安阳殷墟花园庄东出土的非王卜辞》，载王宇信等主编《2004 年安阳殷商文明国际学术研讨会论文集》，社会科学文献出版社 2004 年版，第 201—210 页；刘源《花园庄卜辞中有关祭祀的两个问题》，载张政烺先生九十华诞纪念文集编委会编《揖芬集——张政烺先生九十华诞纪念文集》，社会科学文献出版社 2002 年版，第 175—180 页；李学勤《花园庄东地卜辞中的“子”》，载河南博物院编《河南省博物院落成暨河南省博物馆建馆七十周年纪念论文集》，中州古籍出版社 1998 年版，第 123—125 页；姚萱《试论花东子卜辞中的“子”当为武丁之子》，《故宫博物院院刊》2005 年第 6 期；杨升南《殷墟花东 H3 卜辞“子”的主人是武丁太子孝己》，载王宇信等主编《2004 年安阳殷商文明国际学术研讨会论文集》，社会科学文献出版社 2004 年版，第 201—210 页；韩江苏《殷墟花东 H3 卜辞主人“子”研究》，线装书局 2007 年版。

② 朱凤瀚：《读安阳殷墟花园庄东出土的非王卜辞》，载王宇信等主编《2004 年安阳殷商文明国际学术研讨会论文集》，社会科学文献出版社 2004 年版，第 211—219 页。

人。“妻”是对女性配偶之亲称，奴妻妾为女子名，其中奴为夫家的氏族名号，妾为其私名。[①] 奴妻妾向商王汇报土方入侵之事，说明她在奴氏中也承担着军政事务。由此可见，殷商时期贵族妇女涉及军旅之事并非仅限于王族中的“王妇领兵”，在其他族氏中贵族妇女也参与军政事务。

至于平民阶层，殷商时期男性无疑是战争中的主力军，这已得到考古资料的证实。殷墟西区发掘的若干商人家族墓地[②]，小墓中有很多都随葬青铜兵器，由“人骨鉴定表明，凡出兵器的墓中人架皆为男性”[③] 可见，在商人平民成年男子中，战士占了相当大的比例，他们应是商王国军队的主要成分。但殷代平民墓葬中也有少数女性随葬武器的情况，如：

图 4.2　《合集》6057 反

1958—1961 年殷墟发掘的墓葬中[④]，发掘者采回的人骨架中有九名女性，其中两名女性以铜戈随葬。

1983—1986 年安阳刘家庄殷代墓葬[⑤] M5 墓主为女性，无左臂。随葬有兵器铜戈，还有陶觚、陶爵、陶豆。笔者推测，此墓主身体很有可能是在战争中致残的。

由此说明在特殊的情况下平民女性也可能直接投入战争。

---

① 参朱凤瀚《武丁时期商王国北部与西北部之边患与政治地理——再读有关边患的武丁大版牛胛骨卜辞》，收入《中国国家博物馆馆藏文物研究丛书·甲骨卷》，上海古籍出版社 2007 年版，第 269—281 页。

② 中国社会科学院考古研究所安阳工作队：《1969—1977 年殷墟西区墓葬发掘报告》，《考古学报》1979 年第 1 期。

③ 中国社会科学院考古研究所安阳工作队：《1980—1982 年安阳苗圃北地遗址发掘简报》，《考古学报》1979 年第 1 期。

④ 中国社会科学院考古所编：《殷墟发掘报告》，文物出版社 1987 年版，第 210 页。

⑤ 安阳市文物工作队：《1983—1986 年安阳刘家庄殷代墓葬发掘报告》，《华夏考古》1997 年第 2 期。

第二节 政治领域性别差异之根源与两性关系

妇好、妇井、奺妻妥等贵族妇女对战争的参与，体现了她们的政治权力，也说明妇女的军事才能是不亚于男性的。而且妇好、妇井等王妇领兵作战并非情势危急、战事严重之下被迫发生的应急行为，而是一种经常性的行为，为当时社会观念所认同。由卜辞可知，商王派妇好出战与呼令其他男性贵族出征没有区别，很多时候命令她与其他男性贵族一同作战。这种王配统率军队出征，负有军事职责、拥有军事权力的现象，是殷商时期政治领域的一大特色，为后世难以想象。

文献中亦有对殷商妇女干政的记载，仅限于帝辛之妃妲己，《尚书·牧誓》《史记》《国语》《左传》《楚辞》对此均有述及，《尚书·牧誓》载周武王征伐商，在牧野誓师诸侯时言及商纣王罪状："王曰：'古人有言曰：'牝鸡无晨。牝鸡之晨，唯家之索。'今商王受，惟妇人言是用……"文献资料中虽没有明确记载妲己具体的参政行为，但"从牝鸡之晨"可见妲己在帝辛朝的政治能量是相当大的。

武丁朝为殷商中期，帝辛为亡国之君，关于殷商妇女参政的记载只限于这两个时期。对其他王的后妃，并没有提及。而且武丁后妃多达几十位，但涉及军事的只有妇好、妇井两位王妇。出现这种情况，笔者认为是资料的残缺所致。文献资料对此时期的记载显然是相当有限的，而甲骨文作为殷商贵族主要是殷商王室的占卜记录，其所记的内容是有一定局限性的。而且"考古材料的发现从来都带有偶然性，今日所见的甲骨绝非全部。研究上古史，在文字记录烂断不全的情况下，我们只能征其有，不能断其无"。[①] 应该说，贵族妇女拥有在不同层次上参与政治、军事权力的现象很可能存在于整个殷商时期。

对这种贵族妇女参与政治、军事的现象，一些学者在探讨其根源时解释为"母系社会的遗存"，孟世凯先生在其《妇井与井方》一文中曾对这

---

① 张政烺：《妇好略说》，《考古》1983 年第 6 期。

种看法提出质疑，他指出："这种说法从社会发展史的视角来看是没有错的，但这种遗迹就具体历史人物来看，未免太多了些，因为从商周直到清代都出现过一些有作为或祸国殃民的后妃。何况商距母系氏族社会已有数千年，见卜辞中有王室诸妇活动的记载，就归之于母系遗迹，有简单化之嫌。"① 这种说法是有一定道理的，但孟世凯先生认为出现这种情况的原因在于"殷商时期神权支配王权，而殷商时期从宗教信仰上来说是男女平等的，因此从社会生活中来说当然也是男女平等"。笔者认为，这只不过是性别差异在宗教与政治领域中的两种表现，宗教祭祀中的性别差异并非造成政治领域性别地位的原因。

在本书第一章中，我们通过分析史实，已知殷商时期王族家族内秩序为男性的族长处于独尊的地位，男、女（包括族长之妻）成员均为家族事务的承担者，家族内的性别差异是不明显的。而政治权力秩序与政治领域中的性别差异，在某种程度上可以说是家族秩序与家族事务中性别差异的延伸。赵东玉先生在论及先秦性别角色时，曾指出："随着个别家庭在社会生活中占据了控制权，一些男性军事和政治首长手中握有的权力持续膨胀，而同时社会也还没有提供一个稳定有效的机制来代理他所拥有的庞大权力，于是他就顺理成章地将手中权力分配给自己的妻室，随之就出现了妇为夫之助手甚而兼备不少男子所拥有的军事指挥官、土地拥有者等角色。商代的'诸妇'就是其典型的代表。"② 其关于殷商国家结构与政治形态的估计虽有一定的偏颇之处，但对殷商政治领域中性别差异存在原因的推测是有一定合理性的。

殷商时期，虽然在政治组织形式上已具备了"早期国家"的形态，但完善的管理机构尚未建立，"家国同构"③ 的政治组织形式，决定了商王不只是国家的统治者，还是作为王朝统治核心的子姓商族的族长，其对这两

---

① 孟世凯：《妇井与井方》，载南开大学历史系先秦史研究室编《王玉哲先生八十寿辰纪念文集》，南开大学出版社 1994 年版，第 108—123 页。

② 赵东玉：《先秦时期性别角色的形成及其规律》，《光明日报》2007 年 3 月 30 日。

③ 从本质来讲，家族与国家并不是同一性质的社会组织。宗法关系、血缘关系可以行之于家族，但不能行于国家，国家是非血缘的。因而文中的"家国同构"概念并不是说统治国家像统治家族一样，而主要是指商周统治者利用家族血缘关系强化了国家上层统治阶层，使之成为统治之基础，下文中所运用的"家国同构"概念，意义与此处相同。

者的管理往往交织在一起，在国家管理人员亦即官员的安排上，即会习惯地把自己家族的成员或亲信奴仆放在关键的岗位上。[①] 作为商王配偶的王妇无疑是其最亲近信赖之人，其在商王的呼令下除从事家族事务外，也组织向商王的进贡，甚至率兵征伐。但由于殷商时期并没有夫妇二位一体的性别观念，因而商王诸妇（包括所谓法定配偶在内）之政治权力均是无法与商王匹配的，在甲骨刻辞中虽屡见妇好、妇井被商王命令统率军队出征，却并未见她们呼令其他男性贵族的记载，这表明王妇与商王在政治权力系统中并没有处于同一层次。而商王诸妇所从事的政治活动与男性臣属毫无二致，使商王与王妇的关系，除夫妻关系外，也表现为君臣关系。胡厚宣先生在其《殷代封建制度考》一文中言及“诸妇”时亦云“或命之祭祀，或命之征伐，往来出入于朝野之间，以供王之驱使，无异亲信之使臣也”[②]，可谓贴切。

因此在政治领域，殷商并没有对男、女两性的行为进行严格的规范，即认为政治应该是由男性主导，而女性应该被排斥在政治、军事之外。王妇及其他贵族妇女从事家族、政治事务，对维护商王朝的统治与家族的运转显然是有积极作用的。同时也使殷商时期贵族妇女不只拥有广阔的社会生活空间，而且拥有较高的权力与地位。但贵族妇女对军政事务[③]的参与，不可避免也会带来一些不利影响。如甲骨刻辞显示，妇好早死，而且生前疾病缠身[④]，这可能与其戎马一生的经历有关。从卜辞中对诸妇生育的占

---

① 参沈长云《古代中国政治组织的产生及其模式》，《史学理论研究》1998 年第 2 期。

② 胡厚宣：《殷代封建制度考》，载氏著《甲骨学商史论丛（初集）》，河北教育出版社 2002 年版，第 19—81 页。

③ 如上文所述，卜辞中涉及军旅之事的只有妇好、妇井、収妻妥这三位贵族妇女，但由于资料记载的局限，殷商时期从事军旅之事的贵族妇女可能远远不止这几位。

④ 关于妇好的死亡时间，学术界目前大致有三种看法：《殷墟妇好墓》一书认为妇好死于武丁晚期；王宇信先生认为妇好死于武丁晚期的前叶；曹定云与郑慧生先生认为妇好死于武丁中后期。详见王宇信《试论殷墟五号墓的“妇好”》，《考古学报》1977 年第 2 期；曹定云《“妇好”、“孝己”关系考证——从妇好墓“司母辛”铭文谈起》，《中原文物》1993 年第 3 期；郑慧生《妇好论》，《南方文物》1994 年第 2 期。在此笔者赞同第一种观点，即妇好可能死于武丁晚期前叶，而且卜辞记载，妇好患有齿疾、鼻疾、腹疾等多种疾病，武丁也曾多次为妇好之疾病求佑，如：

贞，妇好不延疾身。（《合集》13711，宾）

妇好其延疾身。（《合集》13713，宾）

即是占卜妇好的疾病会不会延缠不愈。

卜，可知孕产死亡仍是妇女生命的主要威胁。[①] 在殷商医疗条件低下，人口缺少的情况下，妇女对军事等事务的参与，不利于保护妇女的生育能力，从而保证人口增长，进而扩大家族乃至国家的势力。因此王妇领兵的现象在历史发展的长河中注定是昙花一现，当生产力有了进一步的提高，父权制家族不断完善，政治管理机构日趋完备时，贵族妇女也就逐渐退出了军事舞台。

西部的周人取代殷商，面对远远多于周人的商人，在统治方式上采取了分封制和世族世官制度，而这些官吏均由男性来充任，由此很多政治军事事务已不需要贵族妇女亲力亲为，但并不是说西周时期的女性贵族完全被隔离于政治事务之外，在新的历史条件下，其参与方式与内容有了新的内涵，主要表现为王后以周王代表者与辅助者的身份参与政治，这将在下文中详述。

本章所论殷商政治领域中的性别差异与两性关系，其基本观点可归纳如下：

1. 商代的贵族妇女在军事活动中发挥着重要的作用，商王武丁之配妇好、妇井常领兵参战，尤其妇好不只作为军事行动的最高统帅独自领兵，亦与其他男性贵族共同率兵出战。

2. 殷商时期参与军事活动的贵族妇女并不仅限于王妇，在其他族氏中贵族妇女也参与军政事务。

3. 特殊的情况下平民女性也可能直接投入战争。

4. 妇好、妇井等王妇虽然可以直接领兵参战，但并没有支配其他男性贵族的权力，她们在政治权力系统中的地位似是远远无法与王相配的。

5. 殷商贵族妇女参与政治、军事的现象，并非“母系社会的遗存”，其根源在于“家国同构”的政治组织形式与当时并不完善的管理机构，因而商王及贵族将自己的权力分配给自己的妻子或亲随代行。

---

① 宋镇豪：《商代的疾患医疗与卫生保健》，《历史研究》2004 年第 2 期。

第五章　西周时期政治领域中的性别差异

第一节　从“周室三母”看先周时期政治领域中的性别差异

《诗经·大雅》中的周人史诗中，在歌颂周人创业建国的历史时，都侧重于男性祖先的功业：公刘修后稷之业、务耕种、行地宜、由部迁豳；太王徙居岐下、俾立宫室；王季德行美好、继承发展；文王作邑于丰、四方来附；武王牧野伐商、迁都镐京①。《诗经·大雅·下武》曰：“下武维周，世有哲王”，郑笺云：“下，犹后也。哲，智也。后人能继承先祖者，维有周家最大，世世益有明智之王。”可见，在周民族的发展壮大以及周朝建立的过程中，男性领导者起了主要的作用。周人对女性祖先的追述，除女性始祖姜嫄外，见于记载的还有太姜、太任、太姒，刘向所撰《古列女传》称之为“周室三母”②。由文献资料可知，“周室三母”所处的时代为公元前11世纪到公元前10世纪，正为周族发展壮大的关键时期，因此对“周室三母”的研究不仅对于理解性别因素在周族崛起中所起的作用颇有裨益，而且能进一步分析西周政治领域中性别差异与两性地位的渊源。

“周室三母”的第一位为太姜，《诗经·大雅·绵》曰：

古公亶父，来朝走马。率西水浒，至于岐下。爰及姜女，聿来胥宇。

① 见《诗经·大雅》中的《文王》《大明》《绵》《皇矣》《公刘》等篇章。

② 刘向：《古列女传·母仪传》。

周原膴膴，堇荼如饴。爰始爰谋，爰契我龟：曰止曰时，筑室于兹。

姜女，指古公亶父之妻太姜。胥，观察之义。宇，指居处，即建房的地址。郑笺云："爰于及与聿，自也。于是与其妃大姜自来相可居者，著大姜之贤知也"。诗中描述古公亶父由豳迁往岐阳周原时与妻子太姜一起考察新址，指派主管官吏营建宗庙，以及热烈而紧张的筑城等劳动生活场景。《诗经·鲁颂·閟宫》曰："后稷之孙，实维大王。居岐之阳，实始翦商。"《毛序》曰："文王之兴，本由大王也。"太王迁岐为周民族发展的关键事件，自此结束了"窜于戎狄之间"的局面，周的经济、军事力量都得到了大力发展，奠定了灭商大业的基础。从诗中所咏可知太姜亲自参与了为新都选址这一重大的政治活动。刘向《古列女传》中述及此事时曰："贞顺率导，靡有过失，太王谋事迁徙，必与太姜"。[①] 由此可见，太姜对政治的影响是不可忽视的。

除太姜外，太任对周族的发展也是有卓越贡献的。刘向《列女传》曰："太任者，文王之母挚妊氏中女也。王季娶为妃，太任之性端一诚庄，推德之行。……"《诗经·大雅·大明》亦载其"乃及王季，维德之行"。郑笺云：挚国中女曰大任，从殷商之畿内，嫁为妇于周之京，配王季，而与之共行仁义之德。太任嫁入周后，辅弼王季行德政[②]，周民族在此时期不断开拓疆域、扩张军事，实力得到迅猛发展。

文王作为周王朝的肇始之君[③]，其妻太姒在周王朝的建立中也发挥着重要的作用。《诗经·大雅·思齐》："思齐大任，文王之母。思媚周姜，京室之妇。大姒嗣徽音，则百斯男。"朱熹《诗集传》曰："此诗亦歌文王之德，而推本言之。上有圣母，所以成之者远，内百贤妃，所以助之者

---

① 刘向：《古列女传·母仪传》。

② 关于《诗经》早期作品中的"德"，并非单纯为对个体的人格的赞美，而是对其事业成就的歌颂，也包括武力征伐在内的政治方略。见姚敏《论大武乐章》，《社会科学战线》1991 年第 2 期；姚小鸥、郑丽娟《大雅·皇矣与文王之德考辨》，《中州学刊》2007 年第 2 期。

③ 在周人的观念中，周王朝的建立始自文王。关于文王受命称王的论述见晁福林《从上博简〈诗论〉看文王"受命"及孔子的天道观》，《北京师范大学学报（社会科学版）》2006 年第 2 期；王晖：《周文王受命称王考》，《陕西师范大学学报（哲学社会科学版）》2002 年第 4 期；于凯、黄爱梅《周人"天命"观念中"先王"的位置及作用》，《社会科学战线》2001 年第 3 期。

深。”但太姒之“贤”，并非单纯为后世理解中的贤淑良德[①]，其对文王的“助”，除指对家族内部事务的治理外，也包括对国家政治事务的参与。《清华简·程寤》[②] 载曰：

> 隹王元祀贞（正）月既生魄，大（太）姒梦见商廷隹（惟）棘，廼小子发取周廷梓树于厥间，化为松柏棫柞。寤惊，告王。王弗敢占，诏太子发，卑（俾）灵名凶，祓。祝忻祓王，巫率祓大（太）姒，宗丁祓大（太）子发。敝（币）告宗方（祊）社稷，祈于六末山川，攻于商神，望、承（烝），占于明堂。王及大（太）子发并拜吉梦，受商命于皇上帝。……

商廷，指商王居住的庭院。棘，《说文》：“小枣丛生者也”，或认为是一种酸枣树[③]，“商廷惟棘”是说商王的庭院长满了荆棘。巫，《说文》：“巫，祝也，女能事无形，以舞降神者也。像人两袖舞行，与工同意”，《国语·楚语下》亦曰：“在男曰觋，在女曰巫”，巫在周代可能指女性的巫师。祝也是宗教性质的官。《礼记·曲礼》：“天子建天官，先六大，曰大宰、大宗、大史、大祝、大士、大卜，典司六典”，顾颉刚先生认为大宗主宗庙祭祀，大祝主向神祷告[④]，“祝”也见载于周初金文，如禽簋（《集成》4041）铭之“王伐奄侯，周公某（谋），禽祝”，禽，指周公长子伯禽，祝即伯禽之官名。宗，传世文献中有“宗伯”“宗人”“祝宗”的记载，《左传》文公二年，“于是夏公弗忌为宗伯”，杜预注曰：宗伯，掌宗庙昭穆之礼，据《周礼》载，小宗伯掌建国之神位，大灾及执事祷辞于上下神示。顾栋高认为，“春秋时多祝、宗并称，则诸侯之宗人当《周礼》小宗伯之

---

① 赵东玉先生在其文《试论“周室三母”》中指出，“三母贤良淑德，严于律己，善于教子的品德构成了中国传统母亲的内在品质，可以说三母是中国贤妻良母的最早典范”，见《大连教育学院学报》2008 年第 1 期。

② 李学勤主编：《清华大学藏战国竹简（壹）》，中西书局 2010 年版，第 135—141 页；《逸周书·程寤》所记载内容与《清华简·程寤》大致相同，其文曰：“文王去商在程，正月既生魄，大姒梦见商之王庭产棘，小子发取周庭之梓树于阙间，化为松柏棫柞，寤惊，以告文王，文王乃召太子发占之于明堂。王及太子发并拜吉梦，受商之大命于皇天上帝”，黄怀信、张懋镕、田旭东：《逸周书汇校集注》，上海古籍出版社 2007 年版，第 183 页。

③ 程俊英、蒋见元：《诗经注析》，中华书局 2006 年版，第 82 页。

④ 顾颉刚：《周公制礼的传说与周官一书的出现》，《文史》第六辑，中华书局 1979 年版。

职也”[①]，可见周代的宗也是掌宗庙祭祀之官。忻、率、丁应分别为祝、巫、宗之名，由地位很高的祝来为文王祓除灾祸、由宗为太子发禳祓，由女性的巫来为太姒进行祓祭，表明了文王、太子发、太姒在周初家国政治中不同的地位，但周人受天命代商源于太姒的吉梦，则反映了太姒作为文王之妻亦谋划政事，而且在周王朝建立中起着重要的作用。又《论语·泰伯》篇：舜有臣五人而天下治，武王曰：“予有乱臣十人。”孔子曰：“有妇人焉，九人而已。”《说文》：“乱，治也”，治臣即指治国之臣。郑玄注曰：十人谓周公旦、召公奭、太公望、毕公、荣公、太颠、闳夭、散宜生、南宫括，其一人谓文母。文母即指文王之妃太姒。[②] 太姒作为武王之母，其身份并非为“臣”，但在此与其他男性贵族共同列于“乱臣”之中，说明其在西周立国前后所起的政治作用与其他男性贵族是相似的。

“周室三母”对周族的影响与贡献除以上所述的直接参政外，还表现在通过政治婚姻建立了周人与其他族姓的政治同盟。古公亶父之妻太姜出自姜姓，《史记·周本纪》记载曰：“周后稷，名弃，其母有邰氏女，曰姜原。”姜姓族即为姬周的母族，姬姓周族通过与姜姓等族的累世联姻，不仅促进了姬姓族与异族间的文化交流，而且通过婚姻关系相联合为部落，形成了周民族的雏形[③]。到王季、文王时，又与殷商联姻，《诗经·大雅·大明》曰：

> 挚仲氏任，自彼殷商。来嫁于周，曰嫔于京。乃及王季，维德之行。大任有身，生此文王。
>
> 天监在下，有命既集。文王初载，天作之合。在洽之阳，在渭之涘。文王嘉止，大邦有子。
>
> 大邦有子，俔天之妹。文定厥祥，亲迎于渭。造舟为梁，不显其光。
>
> 有命自天，命此文王，于周于京。缵女维莘，长子维行，笃生武王。

王季之妻太任是挚国君主的次女，文王之妻太姒为莘国国君的长女，挚国与莘国均为殷商属国。王季与太任、文王与太姒的结合，不只缓和了与殷

① 顾栋高：《春秋大事表》，中华书局 1993 年版，第 1063 页。

② 另一种说法认为子无臣母之仪，其中的妇人指武王之妃邑姜，见朱熹《四书章句集注》，中华书局 1983 年版，第 107 页。

③ 朱凤瀚：《商周家族形态研究》（增订本），天津古籍出版社 2004 年版，第 234 页。

商的关系，也使周民族争取到了政治的同盟，而且这种“西夷高攀诸夏”[①]的政治联姻扩大了周族在东方的影响，为武王时的牧野伐商铺平了道路。

综上所述可知，“周室三母”对周的贡献不只在于生育和教化出了王季、文王、武王等能够建功立业的君王圣人，而且在周民族发展壮大的过程中，在政治上起着相当重要的作用，一方面通过联姻，建立了周族与其他部族的政治联盟，另一方面，通过对政治的直接参与，为周民族的崛起作出了自己的贡献。由此可见，在先周时期，政治领域中的性别差异是不明显的，贵族妇女并没有被限制在政治之外。

第二节　金文资料所见西周王后对政治的参与

《尚书·牧誓》载周武王征伐商，在牧野誓师时言及商纣王罪状，王曰：“古人有言曰：‘牝鸡无晨。牝鸡之晨，唯家之索。’今商王受，惟妇人言是用……”“晨”即晨鸣，“索”，《尔雅·释诂》上篇训为“尽”，即破灭、败记之义；孔颖达疏曰：“以此牝鸡之鸣喻妇人知外事……妇人不当执政，以别内外之分。”有学者据此认为这反映了周人的妇女价值观是“牝鸡无晨”型[②]，但《牧誓》成书年代为战国时期[③]，其对妇女干政的态度不可避免地受战国时期思想观念的影响，因此牧野伐商时，周武王是否以鸡的雌雄分工不同来比喻男女在政治领域中的性别差异，并以此作为灭商的思想武器之一，实在难以确知。

而且由本书第二章论述可知，西周立国后，并没有一味地对贵族妇女的权力和地位进行限制，相反，随着宗法制的确立，反而提高了宗妇的权力与地位，而作为王族宗妇的王后在政治领域究竟有着多大的权力？在本节中，主要从金文资料入手，通过分析西周时期后妃在政治中的地位与作用，揭示存在于政治领域的性别差异与两性关系。

---

① 顾颉刚：《周易卦爻辞中的故事》，《燕京学报》第六期。

② 王晖：《从商代“牝鸡之晨”现象看商周妇女地位的文化差异》，《陕西师范大学学报（哲学社会科学版）》1997 年第 4 期。

③ 朱凤瀚、徐勇主编：《先秦史研究概要》，天津教育出版社 1996 年版，第 55 页。

一、王姜诸器

王姜为姜姓之女嫁于王者，当为周王之后，系西周初期活跃于政治舞台上的重要人物，其参与政事的记载见于叔簋、不寿簋、息伯卣、作册夨令簋、作册睘尊、作册睘卣、旟鼎、小臣伯鼎等器铭文。由于涉及王姜的器物较多，与其发生联系的人物复杂，其身份的确定也成为西周初期青铜器断代的重要标尺之一。

关于王姜诸器的年代，学术界尚存不同看法，目前大致有武王时、成王时、昭王时、康王时等四种说法，由此也导致了对王姜为何王之后持有不同的意见。郭沫若先生最初认为令簋为成王时器①，由此认定王姜为成王后妃，陈梦家先生持相同看法。② 1972 年，眉县杨家村出土了旟鼎，郭氏又改变了自己的看法，认为王姜即武王之后邑姜，太公望之女。③ 目前，仍有一些学者把令簋的时代定在成王时期，从而认为王姜为成王后。④

此外，唐兰先生对王姜诸器也作过诸多考证，他最初认为王姜为昭王之后⑤，后在考证康宫问题时改定为康王之后⑥，1978 年，唐先生仍沿袭王姜为昭王之后的说法⑦。但文献中对于昭王之后有明确的记载。《国语·周语》："昭王娶于房，曰房后。"房乃祁姓之国，昭王后应为王祁，并非王姜。对此唐兰先生解释为王姜可能是房后的继室，也可能是另立之新后。⑧ 这种说法带有一定的揣测意味。1979 年，李学勤先生在其《西周中期青铜器的重要标尺》一文中指出，王姜为康王之后，但令簋、作册睘

---

① 郭沫若：《两周金文辞大系图录考释》，上海书店出版社 1999 年版，第 3 页。

② 陈梦家：《西周年代考 六国纪年》，中华书局 2005 年版，第 31 页。

③ 郭沫若：《关于眉县大鼎铭辞考释》，收入《金文丛考补录》，科学出版社 2002 年版，第 415 页。

④ 杜勇先生通过对相关诸器的综合考证，以及序地地望问题的研究，认为令方彝、令簋为成王时器，王姜为成王之后，其论述见《关于令方彝的年代问题》，《中国史研究》2001 年第 2 期。

⑤ 容庚：《武英殿彝器图录》第 93 页所引。

⑥ 唐兰：《西周铜器断代中的康宫问题》，《考古学报》1962 年第 1 期。

⑦ 唐兰：《论周昭王时代的青铜器铭刻》，载氏著《唐兰先生金文论集》，紫禁城出版社 1995 年版，第 243、244 页。

⑧ 唐兰：《论周昭王时代的青铜器铭刻》，载氏著《唐兰先生金文论集》，紫禁城出版社 1995 年版，第 243、244 页。

尊、作册睘卣等器的年代应为昭王时期。[①] 1980 年，刘启益先生把文献资料与金文资料对勘，排列西周后妃世系，也认为王姜为康王之后。[②] 目前王姜为康王后的说法，得到学术界大多数学者的赞同。2003 年，贾洪波先生在探讨令彝时代与相关人物纠葛时，肯定了李学勤、刘启益先生的观点，认为王姜为康王之后，但王姜诸器中，除不寿簋的年代为穆王时期外，有的器物为康王时器，而有的则为昭王时器。[③] 在本书的讨论中，暂从“王姜为康王之后”说。从金文反映的资料来看，王姜对政事的参与包括如下几个方面。

（一）赏赐官吏

1985 年，四川省绵竹县文化馆在清理馆藏时，发现了小臣伯鼎，此鼎并未见于著录，从其形制与纹饰来看，约属康昭时期[④]，所述铭文涉及王姜，其文曰：

> 隹（唯）二月辛酉，王姜赐小臣伯贝二朋，扬王休，用作宝鼎。（图 5.1）

图 5.1 小臣伯鼎铭文

此器的作器者为小臣伯，伯大概为其私名，小臣为官职名称，在殷商时期即已存在，至西周早、中期在政治生活中仍起着重要的作用，但西周时期小臣的身份比较复杂，有的地位较高、有的地位较低，由铭文所载小臣伯

---

① 李学勤：《西周中期青铜器的重要标尺》，《中国历史博物馆馆刊》1979 年第 1 期。

② 刘启益：《西周金文中所见的周王后妃》，《考古与文物》1980 年第 4 期。

③ 贾洪波：《论令彝铭文的年代与人物纠葛》，《中国史研究》2003 年第 1 期。

④ 据绵竹县文化馆文物档案记载，此鼎是“戊戌六君子”之一杨锐的遗物。见绵竹县文管所《四川绵竹县发现西周小臣伯鼎》，《考古》1988 年第 6 期。

受赐“贝二朋”来看，其地位似较低。此器铭文记载了王姜赐贝之事，受赐者小臣伯感念王的恩德，故作此鼎以纪念。王姜赏赐臣下之事亦见于息伯卣，其铭曰：

> 隹（唯）王八月，息伯赐贝于姜，用乍（作）父乙宝尊彝。（《集成》5386，图5.2）

此器形制与作册睘卣完全一致。因此该器中的“姜”与作册睘卣中的王姜系同一个人。□字，从自下，象鼻息形，陈梦家先生释为息[1]，息国在殷商时期已存在，直到春秋时期为楚所灭[2]，息伯指息国的国君，赐贝于姜，即是说王姜赏赐息伯贝。

图5.2　息伯卣铭文

图5.3　旟鼎铭文

王姜所赐臣属之物除贝外，甚至也包括土地，此见载于旟鼎铭文。旟鼎，1972年5月出土于陕西省眉县杨家村，敛口，鼓腹，直耳，柱足。口沿内有铭文四行，共二十七字[3]，其铭曰：

> 隹（唯）八月初吉，王姜赐旟田三于待𠜱。师櫨酤（告）兄（贶），用对王休，子子孙孙其永宝。（《文物》1972年第7期，《集成》2704，图5.3）

① 陈梦家：《西周铜器断代》，中华书局2004年版，第69页。

② 《左传》庄公十四年记，“蔡哀侯为莘故，绳息妫以语楚子。楚子如息，以食入享，遂灭息”。

③ 史言：《眉县杨家村大鼎》，《文物》1972年第7期。

由器铭可知，旟为人名，也是本器的作器者。师櫨亦为人名，师为其职官名称，櫨可能为其私名。𠟭字，郭沫若先生释为“刈”，象田中有禾穗被刈之意，赐田三于待𠟭是说将三个田与田中有待收获的庄稼一并授予，酤读为灂，兄读为贶，灂贶为厚馈之意，是说旟既得到王姜的赐田，又得到师櫨的厚馈①。唐兰先生则认为待𠟭为地名，𠟭似为谭国的谭。② 贶，赠也。史言先生认为王姜赐予的田原本属于师櫨，王姜把此田收回转赐给旟，师櫨表示乐意。③ 其说可从。旟因受到王姜的赐田而作此器，但其并非感念王姜的恩德，而是“扬王休”，这一方面表明王姜作为王后虽有赐予土田的权力，但“普天之下，莫非王土；率土之滨，莫非王臣”④，土地的所有权是属于周王的；另一方面也说明可能是王姜以王的名义，代表周王赏赐田地。

（二）安抚诸侯

西周早期的作册睘尊与作册睘卣均记载了王姜“安尸伯”之事，其铭文分别为：

> 作册睘尊：才（在）庈，君令余作册睘安尸伯，尸伯宾（傧）用贝、布，用作朕文考日癸旅宝。𠘧（《集成》5989，图 5.4）
>
> 作册睘卣：隹（唯）十又九年，王才（在）庈，王姜令作册睘安尸伯，尸伯宾（傧）睘贝、布，扬王姜休，用作文考癸宝尊彝。（《集成》5407，图 5.5）

由二器铭文对勘可知，睘尊中的“君”即指睘卣中的“王姜”。王姜为姜姓女子嫁于周王者，《左传》桓公十六年：“卫宣公烝于夷姜”，可知夷国姜姓，尸即夷，王姜有可能出自夷国，陈梦家、杨树达先生由此认为“安尸伯”之“安”为归宁之意，并以此来说解王姜与尸伯的关系，认为尸伯

---

① 郭沫若：《关于眉县大鼎铭辞考释》，载《金文丛考补录》，科学出版社 2002 年版，第 415 页。

② 唐兰：《论周昭王时代的青铜器铭刻》，载中华书局编辑部编《古文字研究》第二辑，中华书局 1981 年版，第 12—142 页。

③ 史言：《眉县杨家村大鼎》，《文物》1972 年第 7 期。

④ 《诗经 · 小雅 · 北山》。

可能是王姜的兄弟，或兄子之类。[①] 此说有一定的道理，《诗经·周南·葛覃》云："归宁父母。"毛传曰："宁，安也，父母在则有时归宁耳。"《左传》庄公二十七年记载："杞伯姬来，归宁也。"杜预注曰："宁，问父母安否。"此铭记载王姜代王命作册睘去安抚母国。

图 5.4　作册睘尊铭文

图 5.5　作册睘卣铭文

王姜虽为康王之后，但据李学勤先生考证，器铭中的"十又九年"应指昭王十九年。[②] 关于庰的地望，卢连成先生考订为在今陕西凤翔、宝鸡境内汧渭之会附近，西距丰、镐二百余里，此处本是西周王室的马场所在，建有天子行宫。卢先生进一步指出包括征集粮草、车马以及安抚诸侯臣僚等南征的准备工作都是在这里进行的。[③] 宾即傧字，赠赂之义，一般对来自长上的使者，以傧礼赠物，多用贝、布之类。受赐者睘扬王姜之休而作器，并没有像旟鼎、小臣伯鼎那样扬王休，可能是由于夷国为王姜出生地的关系。可见王姜安尸伯的行为实际上是代王实施的抚恤异姓侯伯的政策，很可能是为第二次南征做准备工作，其政治意味是很明显的。

① 陈梦家：《西周铜器断代》，中华书局 2004 年版，第 62 页。

② 参李学勤《西周中期青铜器的重要标尺》，《中国历史博物馆馆刊》1979 年第 1 期；贾洪波：《论令彝铭文的年代与人物纠葛》，《中国史研究》2003 年第 1 期。

③ 卢连成：《庰地与昭王十九年南征》，《考古与文物》1984 年第 6 期。

（三）宴享、派遣史官

现藏于故宫博物院的叔簋，又称叔卣、史叔隋器[①]，约为西周康王时器，其铭曰：

> 隹（唯）王桒（祓）于宗周，王姜史叔吏（使）于大保，赏叔鬱鬯、白金、趨（芻）牛，叔对大保休，用作父乙宝尊彝。（《集成》4132，图5.6）

图5.6 叔簋铭文

叔为人名，其官职是史。鬱，即郁金香，用以和鬯酒。白金指白银。《史记·平准书》曰："金有三等，黄金为上，白金为中，赤金为下"。裴骃《集解》引《汉书音义》曰："白金，银也；赤金，丹阳铜也"。趨（芻）牛，豢养用于祭祀之牛。[②] 此器铭文大意是王姜派史叔去见大保，大保赏赐了史叔鬯酒、白银以及祭祀用的牛。大保为西周初期的一种重要官职，地位显赫，既是周王的辅弼重臣，又是最高的执政官。[③] 关于此铭中的"大保"，诸家均以为是召公奭。召公奭在西周初年曾任大保一职，历武、成、康三世。王姜派史叔去见大保，大保既非姜姓，显然不是问候性质，而是有关政事的。[④]

作册夨令簋，据传于1929年出土于洛阳东北五里邙山麓的马坡，现藏于巴黎基美博物馆[⑤]，其铭曰：

> 隹（唯）王于伐楚，伯在炎。隹（唯）九月既死霸丁丑，乍（作）册夨令障（尊）宜于王姜，姜商（赏）令贝十朋，臣十家，鬲

① 唐兰：《论周昭王时代的青铜器铭刻》，载中国古文字研究会编《古文字研究》第二辑，中华书局1981年版，第12—144页；陈梦家：《西周铜器断代》，中华书局2004年版，第76页。

② 马承源主编：《商周青铜器铭文选》（第三卷），文物出版社1988年版，第79页。

③ 张亚初、刘雨：《西周金文官制研究》，中华书局2004年版，第1页。

④ 唐兰：《论周昭王时代的青铜器铭刻》，载中华书局编辑部《古文字研究》第二辑，中华书局1981年版，第12—144页。

⑤ 陈梦家：《西周铜器断代》，中华书局2004年版，第30页。

百人。公尹伯丁父贶于戍，戍冀，嗣讫。令敢扬皇王宝，丁公文报，用稽后人享，唯丁公报，令用𢦏𡱂于皇王，令敢𡱂皇王宝，用作丁公宝簋，用尊史于皇宗，用鄉王逆，復用𩚵寮人，妇子后人永宝，雋册。（《集成》4300，图5.7）

此为昭王时期器物，作册为史官，在殷商时期已是常见的职官之一，在西周早中期铜器铭文中出现更加频繁，起初掌供牺之事，参与祝词、祝告之事，后来成为掌一般诰命之官。到西周中晚期被内史和内史尹所代替。[①] 夨令为人名。障（尊）宜，金文中常见，为祭祀之义，如四祀𠨘其卣（《集成》5413）铭之“障文武帝乙宜”。但唐兰先生认为障（尊）宜在此并非祭礼，而为燕享之义[②]，其说可从。王姜对作册夨令燕享后，并赏赐贝十朋，臣十家，鬲百人。贝在当时代表财富，“臣”之赐在金文中习见，且多与仆、妾并提，说明臣的身份、地位可能较低，但“臣”常以家为单位，也表明他们可能也有私人财产。鬲亦见于大盂鼎（《集成》2837），其铭中曰“人鬲，自驭至于庶人，六百又五十又九夫”，可见人鬲是一个集合称谓，以夫为单位，其中有不同的等级，包含自驭马（驾车）者至庶人（农耕者），由此本铭中的鬲应指王姜赐予夨令的属民，其身份地位应是高于臣的。赏赐时，王并没有在宗周，而是正在亲征伐楚。从而说明王姜对史官的燕享与赏赐，应是代表王的行为。

图5.7　作册夨令簋铭文

---

① 张亚初、刘雨：《西周金文官制研究》，中华书局2004年版，第34、35页。

② 唐兰：《论周昭王时代的青铜器铭刻》，载中华书局编辑部《古文字研究》第二辑，中华书局1981年版，第12—144页。

二、王姒诸器

叔䚄方尊现藏于美国华盛顿弗里尔美术陈列馆，其铭文涉及了另一周王后妃王姒，其铭曰：

> 叔䚄（䚄）易（赐）贝于王𡜁（姒），用乍（作）宝尊彝。（《集成》5962，图5.8）

𡜁，即姒，王献唐《释醜》曰："金文姒体，先后有别"①，或作始、或作姛、或作𡛷、或作𡜁、或作𡛷，除女字旁为意符外，其余都是用作声符，诸字"形体虽异，皆以所从之声变其制作，古以、台同音，从以亦犹从台，更或省女作台，皆属一事……以齿音求之，司、姒同音，而齿音姒字，以时间及空间关系，每与舌上音之以相混或亦读以"。② 王姒为姒姓女子嫁于周王者，刘启益先生在《西周金文中所见的周王后妃》③ 一文中，考证为成王之后，由此认为此器的成器年代为成王时期。本铭中记述了王姒赐叔䚄贝之事。王姒赏赐之事，亦见于现藏于故宫博物院的寓鼎，其铭曰：

图5.8　叔䚄方尊铭文

图5.9　寓鼎铭文

① 周法高主编：《金文诂林》，香港中文大学出版社1974年版，第6815页。
② 周法高主编：《金文诂林》，香港中文大学出版社1974年版，第6815—6817页。
③ 刘启益：《西周金文中所见的周王后妃》，《考古与文物》1980年第4期。

> 隹（唯）十又二月丁丑，寓献佩于王姛（姒），易（赐）寓曼丝，对扬王姛（姒）休，用乍（作）父壬宝尊鼎。（《集成》2718，图5.9）

如上所述，“王姛”亦即“王姒”，为姒姓之成王之后。佩是佩玉。《说文》：“佩，大带佩也”。《诗经・郑风・子衿》：“青青子佩，悠悠我思。”毛传注曰：“佩，佩玉也”。寓向王姒进献玉佩后，得到王后的赏赐，故作此器。

臣下向王后进献礼物，王后赏赐诸侯，均是明显涉及外事的行为，西周王后与诸侯臣下的来往以及对公共事务的参与，表明西周王后在王朝权力结构中是占有重要地位的。

三、穆王后王俎姜

除王姜、王姒外，金文资料中对穆王后王俎姜涉及政事的记载也语之颇详。现藏于故宫博物院的不寿簋即记述了王俎姜赏赐之事，其铭曰：

> 隹（唯）九月初吉戊辰，王才（在）大宫，王姜易（赐）不寿裘。对扬王休，用乍（作）宝。（《集成》4060，图5.10）

图5.10　不寿簋铭文

此器颈部饰有窃曲纹，为西周中期的典型纹饰。刘启益先生据此认为其为穆王时器物，此器中的王姜即或方鼎中的王俎姜。[①] 其说可从。大宫，指祖庙。铭文记载九月王在祖庙祭祀时，王姜赏赐给不寿皮衣，从不寿扬王休，可知王姜是代王行赏赐之事。此外，王俎姜更为明显涉及政事的行为是因战功赏赐出征在外的诸侯，这见载于或方鼎，此器出土于陕西扶风县庄白村西周墓[②]，其文曰：

---

① 刘启益：《西周金文中所见的周王后妃》，《考古与文物》1980年第4期。

② 罗西章、吴镇烽、雒忠如：《陕西扶风出土西周伯或诸器》，《文物》1976年第6期。

隹（唯）九月既望乙丑，在堂𠂤（师）。王俎姜使内史友员易（赐）㦰玄衣、朱褐裣。㦰拜稽首，对扬王俎姜休，用乍（作）宝䵼尊鼎，其用夙夜享孝于厥文祖乙公，于文妣日戊，其子子孙孙永宝。（《集成》2789，《文物》1976 年第 6 期，图 5.11）

图 5.11　㦰方鼎铭文

此器从形制与花纹以及铭文字体上看，都具有西周穆王时期特征，因此王俎姜应为周穆王后妃。朱褐裣，指朱红的领子和交衽。①《诗经·唐风·扬之水》："素衣朱褐"，毛传曰："褐，衣领也"。《说文·衣部》："裣，交衽也，从衣，金声"。玄衣与朱褐裣为王后王俎姜赏赐给㦰的礼服。礼服之赐还见于《诗经·小雅·采菽》，"又何予之，玄衮及黼。"毛传曰："玄衮，卷龙也。白与黑谓之黼"。此诗描述诸侯来朝时，被王赐予绘有卷龙的黑色礼服与刺着白黑相间斧形花纹的礼服。㦰，为本器的作器者，与此器同时出土的一件簋铭②记述了㦰与戎胡搏战，取得了战斗的胜利，并俘获了一批战利品之事。簋铭所述事实当是王俎姜赏赐之因。㦰之名亦见于传世之器录卣（《集成》5419）、录尊（《集成》5420）、录伯㦰簋盖（《集成》4302），以上卣、尊同铭，旧说多认为录卣铭中的录与㦰为同一个人，即录伯㦰簋中的录伯㦰，但近年来，已有学者撰文指出，录卣作器者为录，此录为西周时异姓方国，铭中的㦰并不是录，而是庄白村出土器物铭文中的伯㦰，有可能为穆王时期的重要军事将领伯雍父，而录伯㦰簋铭中的㦰则为录国国君的私名③，其说可从。内史友为内史的僚属，员应

---

① 马承源主编：《商周青铜器铭文选》（第三卷），文物出版 1988 年版，第 116 页。

② 罗西章、吴镇烽、雒忠如：《陕西扶风出土西周伯㦰诸器》，《文物》1976 年第 6 期。

③ 朱凤瀚先生指出，录伯㦰簋铭文字体较晚，似不会早到穆王时，则录伯㦰簋与录卣、录尊作器者可能并不是一个人，应为不同时代的录国国君。参朱凤瀚《商周家族形态研究》（增订本），天津古籍出版社 2004 年版，第 363、364、386、387 页；李学勤《从新出土青铜器看长江下游文化的发展》，《文物》1980 年第 8 期。

为他的私名。西周时期，内史的职掌主要是被王呼令、册命并行赏赐之事[①]，则内史友的职能可能也与之类似，在此执行王后的命令赏赐㦰，㦰受赐后，扬王俎姜休，说明这次赏赐由王俎姜本人发出，并非是代表王的行为。

四、天君诸器

西周青铜器铭文中，除王姜、王姒、王俎姜外，还有“天君”参与政事的记载，如尹姞鬲，其铭曰：

> 穆公乍（作）尹姞宗室于繇休，隹（唯）六月既生霸乙卯，休天君弗望（忘）穆公圣粦明𢼸事先王，各于尹姞宗室繇休，君蔑尹姞曆（历），赐玉五品、马四匹、拜韻（稽）首，对扬天君休，用乍（作）宝齋。（《集成》755，图5.12）

图5.12　尹姞鬲铭文

此约为西周中期时器。由铭文可知，尹姞为穆公夫人。关于器铭中的“宗”字，马承源先生认为：“宗不当读如本字，宗室是祭先祖之庙，穆公不可能为其夫人尹姞造作宗庙。此宗室当读如崇室，即高屋的意思。”[②] 其说可从。此器铭文记载穆公夫人尹姞在穆公为其所作的高屋内接受“天君”垂怜赏赐之事，陈梦家先生认为金文中的“天君”为王后之称[③]，其说可从。此铭所述赏赐的因由是“休天君弗忘穆公圣粦明𢼸事先王”，即穆公有功于先王，先王此时已去世，穆公此时可能也已去世。则穆公为夫人尹姞作“宗室”之事为穆公生前所为，属铭文追述。可见此次

---

① 详见下文。

② 马承源主编：《商周青铜器铭文选》（第三卷），文物出版社1988年版，第231页。

③ 陈梦家：《西周铜器断代》，中华书局2004年版，第60、135页。

赏赐带有抚恤功臣家属、安抚其家族的意味。

另外，陈梦家先生指出，公姞鬲中的公姞与上述器铭中的尹姞是同一个人，“此器形制花纹与尹姞所作的相同，故尹姞当是公姞”[①]。而公姞鬲铭亦记载了公姞受赐于天君之事，其铭曰：

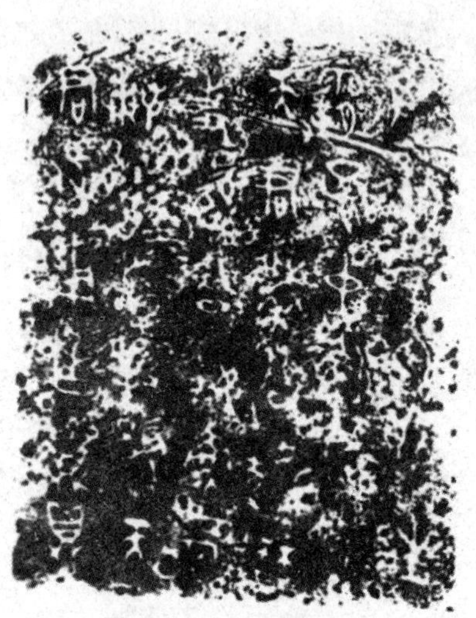

图 5.13 公姞鬲铭文

> 隹（唯）十又二月既生霸，子仲渔𡡉池，天君蔑公姞曆（历），事（使）赐公姞鱼三百，拜䭫（稽）首，对扬天君休，用乍（作）𩰬鼎。（《集成》753，图 5.13）

此器述子仲渔于𡡉池，天君使他以鱼三百赐公姞。鱼在西周时期为人们生活中的重要食物之一。《国语·楚语下》：“士食鱼炙”。《诗经·小雅·鱼丽》也描述了贵族阶层宴会宾客时享受鲜鱼、美酒的场面，在先秦时期，鱼除为食物来源外，还用于祭祀。《礼记·曲礼下》：“凡祭宗庙之礼，……槀鱼曰商祭，鲜鱼曰脡祭。”孔疏：槀，干也。祭用干鱼，量度燥滋得中而用之也。鲜鱼曰脡祭者，脡，直也。祭有干鱼，必须鲜者，煮熟则脡直。可见不同的祭祀方式，所用鱼也有区别。此铭文中公姞一次受赐鱼三百，可见其身份地位非同一般。王后赐鱼之因，铭文中并没有提及，可能与尹姞鬲所述相似，亦为抚恤功臣、拉拢强族之行为。

天君行赏赐之事亦见于现藏于故宫博物院的䍙鼎，其铭曰：

> 内史令䍙事，赐金一匀、非余，曰：“内史龏朕天君，其万年，用为考宝尊。”（《集成》2696，图 5.14）

---

① 陈梦家：《西周铜器断代》，中华书局 2004 年版，第 136 页。

唐兰先生认为此约为恭王时器[①]，"非余"亦见于小臣传卣，学者认为其或为笏的异名[②]。"龏"，即"恭"字，有恭敬、恭奉的意思。[③]睘，为本器的作器者，"天君"，如上文所述，指周王之后，则此铭中的"天君"应指恭王王后。"内史"是西周时期始设官职[④]，见载于《周礼·春官·宗伯》："内史，掌王之八枋之法，以昭王治：一曰爵、二曰禄、三曰废、四曰置、五曰杀、六曰生、七曰予、八曰夺"。郑玄注曰："大宰既以诏王，内史又居中贰之"。可见内史是大宰之职的补充，他的主要职能是帮助王处理爵禄废置生杀予夺之事，由金文资料来看，西周时期内史主要是被王呼令册命赏赐官吏的，与周礼所述大致相同，如井侯簋（《集成》4241）铭文内容即记载了王命内史册命井侯、赏赐臣属之事。此铭中"内史龏朕天君"是说内史直接奉王后之命给睘分派任务并行赏赐之事，可见王后对内史的直接支配权，这也表明西周时期王后对王朝政事有直接的处理权。

天君赏赐臣属之事亦见于䙴鼎，其铭曰：

> 丙午，天君饗䙴酒，在斤，天君赏厥征人斤贝，用作父丁尊彝。天黽（《集成》2674，图5.15）

图5.14　睘鼎铭文

图5.15　䙴鼎铭文

---

① 唐兰：《西周青铜器铭文分代史徵》，中华书局1986年版，第439页。

② 唐兰：《西周青铜器铭文分代史徵》，中华书局1986年版，第366—367、440页。

③ 周法高主编：《金文诂林》，香港中文大学出版社1974年版，第1430—1433页。

④ 张亚初、刘雨：《西周金文官制研究》，中华书局2004年版，第29—30页。

此器约为西周早期时器，彭裕商先生推测其年代可能在康晚到昭世前后。[①]则此铭中的天君有可能为康王后“王姜”。关于此器之定名，唐兰先生名之为“䙷”鼎[②]，陈梦家先生名之为“天君鼎”[③]，《集成》亦称之为“征人鼎”，但由铭文内容来看，䙷应是此器器主，因而在此从唐兰先生之定名。饗，其本字应为𩜁，《说文》：“𩜁人饮酒也。从乡从食，乡亦声”，即是以酒食款待人，此应为饗的本义。《诗经·豳风·七月》：“朋酒斯饗”。饗，以酒食款待人。饗䙷酒即是说天君设宴款待䙷，在斤，“斤”为地名，“征人斤贝”，是征伐人（或即人方、尸方）之斤地所获贝。䙷应是参加了对人方的战争，取得了胜利，因而王后在斤地去为其设宴庆功，并将缴获的贝赏赐给他。

另外，天君𩜁酒、赐贝之事亦见于《集成》所收录的天君簋[④]，兹将其铭文抄录于下：

> 𪓊，癸亥，我天君鄉饮酉（酒），赏贝，厥征斤贝，用乍（作）父丁尊彝。（《集成》4020，图5.16）

图5.16 天君簋铭文

此器据《集成》记载著录于《西清古鉴》，白川静与李学勤先生均认为此器系伪作[⑤]，但亦有学者认为此器并非伪作[⑥]，根据宋人所摹之器形、纹饰与铭文来看，此器真伪，尚难断定，笔者在

---

① 彭裕商：《西周青铜器年代综合研究》，巴蜀书社2003年版，第300页。

② 唐兰：《西周青铜器铭文分代史徵》，中华书局1986年版，第440页。

③ 陈梦家：《西周铜器断代》，中华书局2004年版，第61页。

④ 此簋应名之为䖒簋，详见下文，但为了行文的方便，暂从《集成》之定名。

⑤ 白川静：《金文通释》（卷六），白鹤美术馆1978年版，第465页；李学勤：《由新见青铜器看西周早期的鄂、曾、楚》，《文物》2010年第1期。

⑥ 容庚：《西清金文真伪存佚表》，《燕京学报》1925年第5期；刘雨：《乾隆四鑑综理表》，中华书局1989年版，第50页。

此暂从后一种看法。由铭文内容来看，此器所述之事与𧟭鼎完全相同，而且二器铭文中均有族氏名号——“䶂”，说明二器为同一家族之器物。则二器作器者可能为同一个人，此二器为器主受赐后同时所作，因为天君簋铭文为宋人摹本，则“𠭯”可能为宋人所错摹，实为𧟭之误。但也不排除𧟭与𠭯为同一家族中辈分相同的两个人，受命一起参与了对人方的征伐，获胜后一起得到王后的宴飨赏赐。

由上述各器年代与铭文所载内容来看，“天君”似并非一人之固定称呼，正如陈梦家先生所言，在西周时期可能是王后的代称，上述各器铭文中的“天君”分别指不同时代的王后。由上所述，金文中“天君”涉及政事的范围包括直接支配内史册命赏赐臣属、抚恤功臣家族、去前方为作战将领设宴庆功等方面。由此可见西周时期王后在政治领域的合法权威与重要地位。

第三节　西周政治领域性别差异之根源与两性关系

由以上论述可知，西周时期上层贵族妇女拥有较高的社会地位，在政治生活中起着重要的作用。王后除对王族内部事务管理之外，对西周王朝政事亦有一定的参与和影响。如康王之后王姜赏赐土地与财物、安抚诸侯、宴享史官、参与南征的筹备工作、协助周王处理政事，在周王朝权力系统中拥有较高的地位，其影响波及康、昭二世。穆王后王俎姜因军功赏赐作战诸侯，成王后王姒赏赐臣属，天君直接呼令内史赐罚金与笏、在斤地为𧟭设宴庆功并赏赐征人方缴获之贝、抚恤功臣家族等，均表明西周时期王后参政并非为一代之事，而是一种较普遍的政治现象，而且其涉及政事的范围亦包括军事在内的诸多方面，说明西周的王后并未被完全排斥在领导性、公共性的角色之外，她们在政治领域中拥有独立的人格，作为周王的得力助手，承担着重要的政治功能。

由铜器铭文来看，西周后妃的诸种政治行为，大多以王的名义出发，说明她们行使的是王权。① 这与商代王妇的领兵征战等参政行为在本质上是不同的。② 殷商王妇在商王呼命下从事军旅或管理农业等行为与诸侯臣下的行为毫无二致，王妇与商王的关系表现为君臣关系，而西周时期王后对政治的参与不再是从事具体的军政事务，而是协助周王，行使王权，在某种程度上她们是周王的代表者和辅助者③。笔者认为，这种差异的原因在于两者的两性关系存在状态、国家形态、家族制度与地理环境的不同。

在太王时，周的政权结构已与殷商王朝有一定的差异，宋镇豪先生曾指出："古公迁岐，实标志着周早期国家已进入较成熟阶段。其社会构成主体，不单单有豳地举国举家迁来的原属民，还汇入了异姓姜部落和不少'他旁国'，尽管仍维持着别邑族居的形式，但在周国的领土范围内大体以国民的属性而成为社会各个阶层，这样，就使国家的存在形式带有亲族关系和地域关系的双重内涵。而公职人员的任命，也开始脱离血缘关系，渐次形成一复杂的官僚统治集团，行政机构的充实和健全，正不断加强着周国家权力的运作。"④ 西周立国后，政治管理体制进一步发展，中央政权机构逐步健全，分封制与世族世官制度的实行，强化着西周的统治，但由于受封者与为官者均为男性，从而使此时期政治领域中的性别差异与殷商相比逐渐深化，贵族妇女已不需要再从事具体的军政事务。但西周王朝并没

---

① 在西周早中期王权强盛的情况下，资料中对文王后大姒、武王后邑姜、成王后王姒、康王后王姜、穆王后王俎姜、恭王后等涉及政事的行为也记载较多。中期以后，王权衰落，其中最重要的表现之一即是对诸侯臣下的控制力度减弱，甚至与一部分王臣之间的联系隔断，而自懿王以后的王后，虽也有作器，但金文中再也没有她们赏赐臣下、涉及政事的记载，似也可表明王后的权力与王权的盛衰有着直接的关系，西周后妃的权力是附属于王权的。

② 有周一代，再也没有王后领兵之事，虽然唐兰先生最初根据令簋铭文认为王姜有可能随军出征，代王进行安抚、赐赏、隮宜、聘史之事，并指出这与殷代的妇某进行的师旅性行为有相似之处。但唐氏后来又纠正了自己的观点。见唐兰《论周昭王时代的青铜器铭刻》，载中华书局编辑部编《古文字研究》第二辑，中华书局 1981 年版，第 12—144 页。

③ 日本学者贝塚茂树曾根据令簋与睘卣铭文中王姜行赏之事而提出王姜摄政说。这种说法更是片面夸大了王姜在周王朝的作用，白川静先生对此提出异议，认为二器铭中除有王姜赏赐之事外，尚有对王的记述，可见王姜赏赐的行为是得到王的允许的，这恰恰是王姜摄政说的反证。见［日］贝塚茂树《中国古代史学之发展》，中央公论社 1986 年版；［日］白川静《周初殷人之活动》，载刘文俊主编《日本学者研究中国史论著选译》（第三卷 上古秦汉），中华书局 1993 年版，第 122—149 页。

④ 宋镇豪：《周的建国及华夏国家的形成》，载李学勤主编《中国古代文明与国家形成研究》，云南人民出版社 1997 年版，第 502 页。

有刻意对妇女的权力和地位进行限制，相反甚至提高了一小部分妇女的权力和地位，让她们在政治领域中拥有合法许可的权威，这一小部分贵族妇女即是周王的嫡妻。

到底是基于何种原因，使得周王的王后能在政治领域拥有独立的人格，且行使王权呢？这是值得我们深思的问题。以往，学术界对西周时期贵族妇女地位与权力的关注远逊于殷商时期。而关于西周王后参政与政治领域中性别差异的探讨，更是鲜有文章涉及。目前，此问题已逐渐引起了一些学者的重视，谢乃和先生在探讨西周王后权力的根源时，指出王后权力的法理性来源与其执掌财用方面的经济事务有关。[①] 但王后对王室经济事务的管理，其本质为王族内的宗妇管理王家事务，与王后参与政事应属不同层次的内容。由金文资料可知，不仅王后，即便是一般贵族家族中的宗妇，也肩负着管理家族内部经济事务的职责。因此掌管王室经济是否可作为在政治权力结构中占重要地位的制度因由或许应重新考虑。

笔者认为，西周王后参与政事其根源仍在于“家国同构”的政治组织形式。由金文与文献资料可知，周王常常“我邦”“我家”并提，也常常任命家族成员抑或亲信奴仆管理国家事务，王后作为周王之妻参与政事实为顺理成章之事。而且西周时期宗法制度的确立不仅明确了宗族内部血缘关系的亲疏，也使宗族的血缘亲属关系与周人整个政权结构相结合，使家国同构的国家形式得以更完备地发展[②]，由此王后作为周王之妻、王族的宗妇同时也为周邦之“女君”，常常在周王的委派下参与国家政事的管理。另一方面，西周王后协助周王，行使王权，也与夫妇二位一体的性别观念[③]有一定的关系。西周时期夫妻关系的加强，使夫妇间被视为一个整体，女性地位由其夫而决定，使其有处于从属地位的一面，但女性也通过夫妻关系在社会上和家族内得到应有的地位。《诗经·大雅·思齐》曰：“刑于寡妻，至于兄弟，以御于家邦。”胡承珙《毛诗后笺》曰：“嫡与庶对，庶

---

① 谢乃和：《金文中所见西周王后事迹考》，《华夏考古》2008 年第 3 期；《西周后妃无与政事说考论》，《中国历史文物》2006 年第 1 期。

② 沈长云：《古代中国政治组织的产生及其模式》，《史学理论研究》1998 年第 2 期。

③ 具体见本书第二章所论。

为众，则嫡为寡矣”，寡妻即指嫡妻，“刑”通“型”，法也。“御”，指治理。郑笺云：文王以礼法接待其妻，至于宗族，以此又能为政治于家邦也。可见在周人的政治思想中，嫡妻是非常受重视的，其在邦家中的政治地位，甚至高于兄弟。周王与王后的关系也是如此，王后地位低于周王、听命于周王，但也通过宗法制下的夫妻关系得以协助周王，一方面作为王族的宗妇管理王家的内部事务，另一方面由于“家国同构”的政治组织形式，也以周王代表者与辅助者的姿态出现，在国家政治中发挥着重要的作用。

在宗法制与礼法的约束下，无论是先周时期的“周室三母”，还是西周早中期的王姜、王姒、王俎姜等王后，其对政治的影响均是积极的，她们辅助周王，参与国家政治事务，且在政治领域中起着正式的作用。而且由于周代“同姓不婚”的原则，这些出身于其他姓族的王后，可以凭借其特殊的身份处理周王朝与母国的关系，如作册睘尊与作册睘卣铭所述王姜对其母国的安抚，从而更有利于周王朝的统治。

综上所述，本章所论西周政治领域中的性别差异与王后参政大致可归纳为如下几个方面：

1. 西周立国前，“周室三母”在周民族发展壮大的过程中，起着重要的作用：古公亶父之妻太姜在周由豳迁往岐阳周原时亲自参与了为新都选址这一重大的政治活动；太妊辅弼王季行德政；文王妻太姒亦在周王朝的建立中发挥了重要的作用。

2. 西周立国后，亦没有对妇女的政治权力和地位进行限制，西周王后的参政范围和方式主要体现在如下几个方面：第一，有支配王朝官吏的权力，可以直接支配小臣、史、内史、作册等臣属从事具体的政治事务，并对他们进行赏赐或宴享，赏赐之物除贝外，也包括丝、裘、礼服，甚至土地、属民。第二，对地方诸侯的权力。可以赏赐诸侯并对异姓侯伯进行安抚，以维系诸侯与周王朝间的臣属关系，稳固周王朝的统治。第三，对军事的涉及。西周王后对军事事务也是有一定参与的，但已与殷商时期的贵族妇女统率军队出征有根本的区别，主要表现为去前线赏赐作战的诸侯或臣下，并为他们设宴庆功。

3. 西周王后参与政事其根源仍在于“家国同构”的政治组织形式。宗法制度的确立使宗族的血缘亲属关系与周人整个政权结构相结合，王后作为周王之妻、王族的宗妇同时也为周邦之“女君”，常常在周王的委派下参与国家政事的管理。而西周“夫妇二位一体”性别观念的加强亦使王后拥有较高的政治地位，她们常以周王代表者与辅助者的姿态出现，在国家政治中发挥着重要的作用。

第六章　东周政治领域中性别差异的深化与两性关系

第一节　春秋时期政治领域中的两性关系与性别差异

一、“以妾为妻”对继承制的影响

春秋时期贵族妇女对政治的干预在诸多方面亦均有表现。其中最为典型的，即是对继承制的干预和影响。西周末期，宗法制度逐渐遭到破坏，直接表现为妻妾间等级关系的松动与嫡子继承受到威胁。而这两个方面的影响是密切相关的，妾地位取代嫡妻，必然会为自己的儿子谋取继承之位。史书记载周幽王黜申后而立褒姒，进而褒姒之子伯服也取代太子宜臼之位，被立为王位的继承人，其中褒姒所起的作用显然是不可忽视的。至春秋时期，各诸侯国中“以妾为妻”的现象更为常见，妻妾们为了自己的切身利益迫切希望自己的儿子继承王位、君位或爵位，而开始主动干预继承人的选择，由此导致各诸侯国中夺嫡之争此起彼伏。

（一）春秋时期的“以妾为妻”现象

春秋时期，妻妾间的等级差别依然存在，且为礼法所强调。妾在家族中的地位是极其低下的，甚至可以当作商品一样交换。《礼记·檀弓上》记载，鲁国人子柳的母亲死了，其弟子硕请求准备丧葬的器用。因为没有钱财，子硕曰：“请粥庶弟之母。”郑玄注曰：“粥，谓嫁之也。妾贱，取之曰买。”又《左传》襄公十四年载：“卫献公有嬖妾，使师曹诲之琴，师曹鞭之。”师曹为宫中的乐人，从国君嬖妾被乐人施鞭，可见她们在宫中的地位低下。《左传》昭公二年亦记：晋平公宠姬少姜卒，鲁昭公前去亲吊，被晋侯派人阻止，理由是“非伉俪也，请君无辱”。可见女嬖虽得到宠爱，但在地位上也远远低于正室。

但此时期，随着宗法制度的破坏，妻妾间的等级地位亦不再是不可逾越的。《国语·楚语》载司马子期欲以其妾为妻，“访之左史倚相，曰：‘吾有妾而愿，欲笄之，其可乎？’”又《左传》僖公二十四年记，晋大夫赵衰，在随文公逃亡过程中，曾娶狄女叔隗，晋文公回国继位后，又以其女妻之，称赵姬，生原同、屏括、楼婴。赵姬因叔隗之子赵盾之才，“固请于公，以为嫡子，而使其三子下之，以叔隗为内子，而己下之。”虽然司马子期立妾为妻的愿望落空、赵姬的谦让也未必能付诸实施，但由此可见，妻妾间的地位不再是不可改变的。

春秋时期，妻妾地位变化的诱因并不相同，有的是基于政治的原因而发生变化，如《左传》文公六年，赵宣子在述及晋文公妻妾的位次时说：“杜祁以君故，让偪姞而上之，以狄故，让季隗而己次之，故班在四。”杨伯峻注曰：“狄为晋之强邻，杜祁让季隗居己上，盖有政治作用。”① 但最常见的情况是妾凭借丈夫的宠爱地位上升，甚至取代妻的位置，兹举数例以作说明：

《左传》僖公四年记，晋献公想立骊姬为夫人，“卜之，不吉；筮之，吉”，献公主张从筮，但卜人认为“筮短龟长”，应该从长，而且由其爻辞来看，也为不吉之征，势必带来灾祸，但献公不听从卜人的劝告，终立骊姬为夫人。

《左传》襄公二十六载，宋芮司徒的女儿，出生后被遗弃在堤下，被宋共姬收养，名弃。长大后很是美貌，“平公入夕，共姬与之食。公见弃也，而视之，尤”，被平公收为御妾，极受宠爱，生子佐，后被立为夫人。

《左传》哀公二十四年记，鲁哀公宠爱庶子公子荆的母亲，想立其为夫人，“使宗人衅夏献其礼”，宗人认为古无“以妾为夫人之礼”，但哀公执意立妇人为夫人，并立其子公子荆为太子，由此国人开始厌恶哀公。

---

① 杨伯峻：《春秋左传注》（修订本），中华书局 2005 年版，第 553—554 页。

以上诸例，年代最早者为鲁僖公四年（前656年），属春秋中期偏早，最晚者为鲁哀公二十四年（前471年），已进入战国时期，所涉及的诸侯国有楚、晋、宋、鲁等国，说明以妾为妻在春秋时期各诸侯国中是较为常见的，以至于在葵丘之会时各诸侯国以“毋以妾为妻”为盟约的内容之一①。以妾为妻说明国君本人的感情超越了礼法，但“以妾为妻”也直接威胁到了家国政治的稳定，时人对此已有清醒的认识，《左传》文公四年载，妇姜自齐国嫁往鲁国，鲁国不使上卿逆，君子是以知出姜之不允于鲁也，曰：“贵聘而贱逆之，君而卑之，立而废之，弃信而坏其主。在国必乱，在家必亡。”《国语·郑语》史伯亦曰：“弃聘后而立内妾，好穷固也”，妻妾不分带来的一个直接的后果即是对继承制的影响。

（二）女性贵族对继承制的影响

“以妾为妻”使妾生之子即位成为可能，这是宗法制遭到破坏的结果，反过来又进一步瓦解了以嫡子继承制为中心的宗法制度。由于贵族阶层一妻多妾的婚姻制度，所生之子众多，妻妾间为了自身利益往往与其子结成集团争夺继承权，导致各国中为争夺君位而发生的内争不断。在争权夺位的斗争中，众公子的命运直接与母亲的地位和母国的盛衰联系在一起。在这种情况下，母亲对儿子的前途所起的作用是至关重要的。

首先母亲是否受宠直接影响着儿子在国内的地位与前途。如《左传》文公十四年载：“子叔姬妃齐昭公，生舍。叔姬无宠，舍无威。”《史记·齐世家》亦云：“舍之母无宠于昭公，国人莫畏。”可见，虽然子叔姬为昭公正妻，但因不受宠爱，而导致其子舍没有威望，后来舍虽继位为君，但不久被公子商人所弑。相反，只要母亲有宠，其子也会被爱屋及乌，有被立为继承人的可能。《左传》庄公十九年记载，周庄王宠妾王姚生子颓，因为母亲嬖于庄王，子颓也深受宠爱。又《左传》桓公十一年记，齐桓公欲嫁女于郑太子忽，大夫祭仲曾分析忽的处境，劝忽说：“必取之。君多内宠，子无大援，将不立。三公子皆君也。”杨伯峻注曰：“三公子，指子突、子亹、子仪，其母皆有宠。”②

---

① 《孟子·告子下》及《穀梁传》僖公九年。

② 杨伯峻：《春秋左传注》（修订本），中华书局2005年版，第131—132页。

在夺位之争中，母亲的身份地位、威望、品行以及母国的盛衰也往往成为衡量的条件。据《左传》文公六年记载，晋襄公卒后，因灵公尚在襁褓之中，难以主政。因此晋国内部围绕新君的人选问题开始了激烈的斗争。赵盾主张立公子雍，贾季则拥护公子乐。在这场夺位之争中，二公子母亲的地位与品德也成了衡量的标准，赵盾认为，公子乐之母辰嬴地位低贱，在文公妃妾中位次最低，而且"嬖于二君"，即先后嫁晋怀公与晋文公为妻，此为淫也。而公子雍之母杜祁本来在文公妻妾中班次在二，但为了政治原因主动让位于偪姞与季隗，而屈居于四，可见其深明大义、品性贤良，因此认为公子雍比公子乐更有资格继承君位。

除间接影响外，女性贵族也时常主动干预废立之事，在下文中，兹以《史记》与《左传》所载春秋时期各诸侯国，女性贵族对继承制发生影响及废立国君的情况列于下表（表6.1）。

表6.1　女性贵族对继承制的影响

国别	欲立之庶子	干涉继承之女性	二者关系	干涉方式	结果	史料来源
郑	共叔段	武姜	母子	向郑武公请求	失败	《左传》隐公元年
	公子突	雍姞	母子	与权臣祭仲勾结	立为厉公	《左传》桓公十二年
卫	公子朔	宣姜	母子	诬蔑嫡子急子	立为惠公	《左传》桓公十六年
周	王子带	惠后	母子	惠后未及而卒	失败	《左传》僖公二十四年
齐	牙	戎子	养母子	向灵公请求	立为大子	《左传》襄公十九年
鲁	开	哀姜	娣之子	与庆父私通，倚庆父之力废子般立开	立为闵公	《左传》庄公三十二年
	共仲	哀姜	情好		失败	《左传》闵公二年
	成季	成风	母子	成风勾结为成季卜筮之人，向桓公赞誉成季	立为僖公	《左传》闵公二年
	绥	敬嬴	母子	与襄仲勾结，杀嫡子恶及视	立为宣公	《左传》文公十八年

续表

国别	欲立之庶子	干涉继承之女性	二者关系	干涉方式	结果	史料来源
陈	子款	陈宣公之嬖姬	母子	欲立子款，乃杀其太子御寇	立为穆公	《史记·陈杞世家》
	留	二妃	母子	与哀公之弟司徒公子招和公子过相勾结，杀悼大子偃师而立公子留	在楚国的干预下失败	《左传》昭公八年
宋	鲍	襄夫人	祖孙（或情好）	使卫伯攻杀昭公而立其弟鲍	立为文公	《左传》文公十六年
晋	奚齐	骊姬	母子	勾结外嬖梁五与东关嬖五，设计陷害太子申生	立为太子，后被杀	《左传》庄公二十八年

由表6.1所载可知，春秋时期贵族妇女对继承制发生影响在各诸侯国中是较常见的现象，夫人、姬妾利用国君的宠爱，直接建议立己生之子或自己喜爱的公子为太子，或积极与权臣谋划，为自己儿子登上君位扫清障碍。甚至，有些贵族妇女在国内拥有较大的权势，可以直接废黜或驱逐国君：

《左传》桓公三年记："芮伯万之母芮姜恶芮伯之多宠人也，故逐之，出居于魏。"《竹书纪年》亦曰："晋武公七年，芮伯万之母芮姜逐万，万出奔魏。"芮国之君万由于母亲的厌恶，而最终奔魏，反映了其母芮姜对政治的操纵。

《左传》成公十六年载，宣公夫人穆姜私通于叔孙侨如，为其向成公请求驱逐鲁国执政要臣季文子与孟献子，遭到了成公的拒绝，使穆姜恼羞成怒，恰逢"公子偃、公子鉏趋过，指之曰：'女不可，是皆为君也。'"可见穆姜在鲁国的势力可能足以影响国君的废立，不只如此，穆姜也用其权力干预大夫家族内的废立之事，如《左传》襄公二十三年记载，鲁国臧宣叔迫于宣公夫人穆姜的压力而立庶子纥为嗣，使嫡夫人所生之子贾及为不得不出奔母国。

综上所述可知，春秋时期女性贵族对继承制的影响分为间接影响和主动干预两种形式。对继承制主动干预是春秋时期贵族妇女对政治参与的一种特殊形式，是她们在政治上发挥作用的重要表现。贵族妇女对继承制的影响是由此时特殊的历史条件决定的，也与贵族阶层的性别关系紧密联系在一起。首先，宗法制的松动为庶子继位提供了社会条件。其次，贵族阶层性别关系的复杂、“妻妾不分”“以妾为妻”使宠妾策划“废嫡立庶”成为可能。贵族妇女对继承制干预的直接后果是引起内乱与政争，史载，辛伯曾谏周公曰：“内宠并后，外宠二政，嬖子配嫡，大都耦国，乱之本也。”[①] 并由此给社会政治经济秩序造成巨大的动荡，这也是战国时期诸子婚姻观中强调“妻妾之别”产生的社会背景之一。

二、政治外交婚中的性别差异及其对政治的影响

（一）婚姻的政治外交功能

所谓婚姻，《礼记·昏义》曰：“昏礼者，将合二姓之好，上以事宗庙，而下以继后世也。”言婚姻之作用有三，一为扩充宗族势力，建立宗族联盟；二为娶妻助祭祀，事宗庙社稷；三为繁衍后代，以使子孙蕃昌，延续宗嗣。

在上述目的中，第一方面的目的显得尤为重要。宗庙祭祀与繁衍子孙虽也为商周贵族所重视，但只要婚姻关系产生，此二目的即可实现，而联姻的政治作用却会因婚姻对象的不同而有所差异。由此，婚姻中的政治功能尤为贵族阶层所重视。

西周王朝建立后，以“同姓不婚”为婚姻准则，决定姬姓贵族应与异姓贵族结成姻亲关系，这种不同族姓间的特别是相异姓的贵族上层间的联姻本身即带有一定的政治外交色彩，王国维先生在其《殷周制度论》中曾指出：“有同姓不婚之制，而男女之别严。且异姓之国，非宗法之所能统者，以婚媾甥舅之谊通之。于是天下之国，大都王之兄弟、甥舅，而诸国之间亦皆有兄弟、甥舅之亲，周人一统之策实存于是。”[②] 由此可见，异姓通婚对巩固周王朝的统治所产生的政治意义是深远的。应该指出的是，西周时期的政治外交婚，不只限于周王室与各异姓诸侯国间以及各诸侯国间

---

① 《左传》桓公十八年、《左传》闵公二年。

② 王国维：《观堂集林》，中华书局2006年版，第474页。

的联姻，还体现在姬姓贵族与周原地区的异姓贵族间的通婚。西周灭商后，为了巩固新生政权，打击殷商残余势力，把一部分异姓贵族集中于周原地区，以便于监管。另一方面，即与其建立姻亲关系，以稳定安抚这些殷商遗臣。由周原地区出土的青铜器铭文显示，这些异姓贵族很多都娶得姬姓之女。[①] 但西周时期王朝强大、政治稳定，因而周王朝与各诸侯国以及各诸侯国之间缔结婚姻的目的仅限于安抚怀柔。

直至西周末年，王室式微，政治格局发生了变化。尤其到了春秋时期，诸侯坐大，战乱频繁，婚姻的政治外交目的与功能日益强化。“夫为四邻之援，结诸侯之信，重之以婚姻，申之以盟誓，固国之艰急是为”[②]。婚姻成为争取外援、结交友国的手段与方式，诸侯之女往往被作为礼物馈赠给他国，以此缔结军事、政治同盟，政治利益成为联姻的终极目的。《国语·周语》记载：周襄王欲立狄女为后，富辰谏曰：

> 夫婚姻，祸福之阶也。利内则福由之，利外则取祸。今王外利矣，其无乃祸阶乎？昔挚、畴之国也由大任，杞、缯由大姒，齐、许、申、吕由大姜，陈由大姬，是皆能内利亲亲者也。昔鄢之亡也由仲任，密须由伯姞，郐由叔妘，聃由郑姬，息由陈妫，邓由楚曼，罗由季姬，卢由荆妫，是皆外利离亲者也。

由此可见，对本国是否有利，是诸侯国之间缔结姻亲时首先会考虑的问题。《左传》僖公十五年，记载晋献公筮嫁伯姬于秦。史苏占之，认为其爻辞“士刲羊，无衁也；女承筐，亦无贶也”为不吉之征，这场联姻不仅不能加强两国间的关系，反而会导致“西邻责言，不可偿也”，即会使两国间的关系恶化，建议放弃此次联姻。又如《左传》昭公三年记，晋平公宠姬少姜死后，又使晏婴求继室于齐。公孙虿因少姜深受平公宠爱，以己女换齐侯之女嫁平公，而嫁公女于他人。但对于这种明显的欺晋行为，晋国并没有追究，其原因是公孙虿为齐侯宠臣，而“我欲得齐，而远其宠，宠将来乎？”可见，娶进的是谁无关紧要，重要的是两国间的关系得以维系。

---

① 辛怡华、刘宏岐：《周原——西周时期异姓贵族的聚居地》，《文博》2002 年第 5 期。

② 《国语·鲁语上》。

春秋时期各国之间盛行的政治外交婚使姻亲关系与各国的政治关系掺杂在一起，形成了错综复杂的性别关系。在下文中将重点分析春秋时期政治外交婚中的男性与女性不同的地位与立场，以及外交婚姻对政治所产生的深远影响。

（二）政治外交婚中的性别差异与政治立场

春秋时期的政治婚姻于当时是普遍存在的社会现象，在这些政治婚姻中，男、女两性的地位、权利有着非常大的差异。虽然婚姻双方都为国家或者宗族利益牺牲了自己的个人情感，但毕竟当时是男性所主导的社会，男性往往是受益者，而女性甚至沦为“被交换的物品”。

1. 男性贵族——政治外交婚的主导者

西周春秋时期，家族成员的婚姻都由男性的宗族长决定。復公子簋现藏于上海博物馆，为西周晚期时器，其铭曰：

> 復公子伯舍曰：敃新，作我姑邓孟媿媵簋，永寿用之。（《集成》4011，西周晚期，图6.1）

图6.1 復公子簋铭文

由铭文可知，伯舍是以宗族族长的身份为其姑作媵器，又如燕侯旨卣，2010年出土于山西大河口西周墓地M1①，其铭曰：

> 匽（燕）侯旨乍（作）姑妹宝尊彝。（《铭图续》874，图6.2）

杨伯峻注《左传》曰：“姊妹，同父所生。《尔雅·释亲》：‘父之姊妹为姑。’其长于父者为姑姊，少于父者为姑妹，犹今之言大姑、小姑。”② 可见此器是燕侯旨为小姑所作的媵器，表明家族内的女性成员，即使辈分高

---

① 山西省考古研究所大河口墓地联合考古队：《山西翼城县大河口西周墓地》，《考古》2011年第7期。

② 杨伯峻：《春秋左传注》（修订本），中华书局2005年版，第997页。

于宗族长，其婚姻命运也要受族长的安排。

图 6.2　燕侯旨卣器形及铭文

对于政治婚姻，男性贵族无疑是受益者；也因此，男性贵族往往有一定的选择权，他们可以为了政治利益主动缔结婚姻关系，也可以出于自己的喜好而拒绝他国的联姻，尽管这种拒绝的选择可能付出政治的代价。其中比较典型的就是郑国公子忽拒婚齐国。据《左传》记载，齐僖公为了拉拢郑国，曾两次向郑国太子忽求婚，第一次要嫁给太子忽的就是有淫乱行为的文姜。太子忽委婉地拒绝了这桩婚姻，他说："人各有耦，齐大，非吾耦也。《诗》云：'自求多福。'在我而已，大国何为?"[①] 太子忽认为，联姻双方应当实力相当，齐是大国，郑是小国，门不当户不对，"我小国，非齐敌也"[②]。到桓公六年，北戎伐齐，太子忽率师救齐，打败北戎后，齐侯再一次提出以齐女嫁于太子忽。当时忽虽被立为郑国太子，但其在国内势单力孤，且外无强国之援，而郑国内部夺嫡之争又暗流汹涌。在这种情势下，与实力强大的齐国联姻的政治作用是不言而喻的。郑国大夫祭仲曾分析忽的处境，劝谏说："必取之。君多内宠，子无大援，将不立。三公子皆君也。"但不管出于什么原因，已娶陈桓公之女为夫人的太子忽最终又拒绝了这次可以巩固自己地位的联姻，他"善自为谋"[③] 的行为向政治婚姻提出了挑战，但最终也付出了政治代价，丧失了国君的地位。

---

① 《左传》桓公六年。
② 《史记·郑世家》。
③ 《左传》桓公六年。

2. 女性贵族——“被交换的物品”

关于婚姻交换中女性的地位与立场，法国人类学家列维－斯特劳斯曾指出：

> 组成婚姻交换的总关系不是在一个男人与一个女人间建立起来的，而是在两群男人之间。女人仅仅是扮演了交换中的一件物品的角色，而不是作为一个伙伴……①

由此说明，在婚姻关系中，女性常常沦为男性交换的物品、获得利益的工具。在许多古老民族中都存在类似的行为：

> 在象牙海岸的达恩人中，“……一个男子欠了债而又无力偿还，可以将自己的一个女儿送给债权人为妻。在这同一部族中，赠送姊妹或女儿有时是一种高雅的赠品。同样，一位父亲可以‘无偿地’将自己的一个女儿送给他非常器重的一位朋友。”婚姻交换将敌手变成了朋友，将陌生人变成了亲戚，将债权人变成了欠债人，婚姻也建立起友谊，使之持续下去。②

春秋时期，通过“交换女人”而获取政治利益的现象尤为突出。在诸侯林立、内忧外患、强敌环伺的东周时期，女性贵族已完全沦为政治斗争的筹码与牺牲品。为了家族与母国的利益，她们对自己的婚姻没有丝毫的选择权，一切只能听任父兄君王的安排，“女子有行，远父母兄弟”③，嫁入他国。《列女传·宋恭伯姬》：“伯姬者，鲁宣公之女，成公之妹也。嫁伯姬于宋，恭公不亲迎，伯姬迫于父母之命而行。既入宋，三月庙见，当行夫妇之道。伯姬以恭公不亲迎，故不肯听命。”由此可见，宋伯姬是为了政治利益，而被迫嫁入宋国。又《左传》成公十一年记，声伯之外妹嫁于施孝叔。晋国郤犨来聘，求妇于声伯，声伯为了维护晋、鲁两国间的关系，夺施氏妇以与之。妇人求助于其夫曰：“鸟兽尤不失俪，子将若何。”但施

---

① Levi Strauss, *The Elementary Structures of Kinship*, Boston, Beacon Press, 1969, p. 115.

② ［法］安德烈·比尔基埃等主编：《家庭史》，袁树仁等译，三联书店 1998 年版，第 44 页。

③ 《诗经·邶风·泉水》。

孝叔恐得罪郤犨而被杀害或驱逐，最终被迫把妇人嫁与郤犨。可见，在战事纷争频繁的春秋时期，女性成了调停战争的工具，婚姻中的个人感情在强大的政治利益面前已是微不足道。

由此，贵族妇女在政治婚姻中处于被动地位，一旦得不到丈夫的宠爱，往往处境悲惨，甚至被休弃。据《左传》记载，杞桓公先后曾休弃两位鲁国女子。关于两位叔姬被出的情况，《左传》记之颇详。文公十二年曰："杞桓公来朝，始朝公也。且请绝叔姬而无绝婚，公许之。"由此可见，杞桓公此次朝鲁的目的是请求休弃叔姬，并希望另娶鲁女，与鲁国保持婚姻关系。但叔姬在尚未被休弃回归鲁国之时就去世了。"二月，叔姬卒。不言杞，绝也。书'叔姬'，言非女也。"① 关于叔姬的死因《左传》并没有记载，但很可能与其悲惨的婚姻生活有着密切的关系。《左传》成公四年又记载了杞桓公朝鲁之事，"杞伯来朝，归叔姬故也。"杨伯峻注曰："叔姬为鲁公女嫁为杞伯夫人者，杞伯欲出之，故先来朝。"杞国为一小国，杞伯大概是出于对鲁国势力的敬畏，因此在休弃第二位叔姬前，又来征得鲁侯的同意。第二年春天的正月，被休弃的杞叔姬回到鲁国。到了成公八年的冬天，杞叔姬卒。《左传》记载："杞叔姬卒，为杞故也。"可见，叔姬的去世与其被休可能有着直接的关系。因此迫于鲁国的压力，杞桓公不得不来逆叔姬之丧。从两位叔姬的被出，可以折射出上层贵族妇女在政治婚姻中的悲惨地位。

（三）外交婚对政治的影响

1. 婚姻关系对政治、外交的影响

政治外交婚在春秋时期的盛行，有着深刻的社会历史原因。在诸侯林立、战乱频仍的环境下，各诸侯国为了自保或扩大势力，不得不争取他国的支持，而联姻成为最常用和有效的方式，其积极作用是不言而喻的。兹举数例以作说明：

《左传》昭公四年载，楚灵王欲会诸侯为盟主，派椒举如晋去征求晋侯的同意，并请婚于晋。楚、晋这次联姻即带有明显的外交性质。

---

① 《左传》文公十二年。

《左传》成公十八年，“秋，杞桓公来朝，劳公，且问晋故。公以晋君语之。杞伯于是骤朝于晋而请为昏。”

《左传》襄公二十一年载，邾大夫庶其以漆、闾丘来奔，鲁国执政季武子以襄公姑母妻之。嫁襄公姑母与庶其，很明显带有笼络安抚的意味。

可见，外交婚姻是各国间缔结同盟、巩固势力、争取外援的手段与方式，不只如此，在国家危急之时，男性贵族也常常以其姑、姊妹、女儿嫁于他国，通过联姻以解燃眉之急，如：

> 《韩非子·说难》曰：“昔者郑武公欲伐胡，故先以其女妻胡君，以娱其意。”
>
> 《左传》庄公二十八年，“晋伐骊戎，骊戎男女以骊姬。”
>
> 《左传》襄公二十六年，卫献公因故被晋扣押，“卫人归卫姬于晋，乃释晋侯。”

这种“纳女求和”的方式不只适用于调停各国间的关系，即使在诸侯国内，男性贵族也常常为了扩充自己的利益而纳女于他人。《国语·晋语》载：叔鱼为赞理，邢侯与雍子争田，雍子纳其女于叔鱼以求直，结果“叔鱼蔽罪邢侯”[1]。又如《左传》哀公十一年记载，“初，卫大叔疾娶宋子朝之女为妻”，子朝出奔后，“孔文子使疾出其妻，而妻之。”由于“疾使侍人诱其初妻之娣寘于犁”，惹怒了孔文子，“遂夺其妻”，而在疾出奔，卫人立遗后，孔文子又为了扩充自己在卫国的势力，把女儿嫁给了遗。

而各国通过联姻建立政治军事同盟，也深刻地影响着当时的社会。在其他诸侯的眼中，具有婚姻关系的诸侯国间的关系是密切的。如《左传》昭公四年载，楚灵王因为徐国国君之母为吴女，而“以为贰焉，故执诸申”。又《左传》僖公二十七年载，晋国大夫狐偃在论及对楚战争策略时曰：“楚始得曹，而新昏于卫。若伐曹、卫，楚必救之，则齐、宋免矣。”狐偃认为楚、卫刚刚联姻，因此二国间必为军事同盟，会互相援助。

但政治外交婚的作用毕竟是有限的。在一定条件下，当本国政治利益与姻亲关系发生矛盾时，男性贵族往往选择前者。《左传》文公十八年记

---

① 《左传》昭公十五年。

载，文公有二妃，长妃出自齐国，生子恶及视。次妃敬嬴，生宣公。敬嬴受到文公宠爱，与襄仲相勾结，妄图立宣公为继承人。襄仲为之求助于齐侯。此时齐懿公刚登上君位不久，为了巩固自己的势力，拉拢鲁国，接受了鲁国的贿赂。“宣公元年，齐人取济西之田，为立公故，以赂齐也。”孔颖达疏曰：“恶是齐甥，且为嫡嗣，恶若即位，不受齐恩，宣以非分得国，荷恩必厚。齐侯新立，欲亲鲁为援，故许之。”可见，齐侯为了自己的政治利益，而把姻亲关系抛在脑后。由此可见，婚姻关系的缔结不过是两国间暂以和平相处的权宜之计，对维持诸侯国间的政治邦交所起的作用也是有限的。当利益发生冲突时，姻亲并不成为互相征伐的障碍。如秦、晋世为婚姻之国，秦穆公本人娶晋献公之女为妻，又先后两次嫁女于晋怀公与晋文公，但两国间却征伐不断，清人马骕曾指出：“两国兵争六十九年，始于殽而终于十三国之伐，其在秦穆之世，与晋襄交兵者五，而殽与彭衙书败。秦康之世，与晋灵交兵者三，而令狐、河曲书战。秦共之世，与晋灵交兵者一。秦桓之世，与晋灵交兵者一，与晋景交兵者二，与晋厉交兵者一。秦景之世，与晋悼交兵者三。秦历五君，晋历六君，干戈日寻，疆场暴骨。兵连祸结，未有如二国者也。”①

而且有时亦会由于联姻的失败而带来巨大的负面效果，甚至引发战争。《左传》隐公二年记载，向国之女向姜嫁于莒子为妻，却“不安莒而归”，具体原因史书中并没有记载，或许是因为不习惯莒国的生活，也可能因为和莒子感情淡漠。但向姜的回归直接影响到了两国的外交关系。莒国认为向姜的我行我素使其颜面扫地，国家形象和威严受到了挑战。当年夏天，莒人即攻入向国，以姜氏还。莒、向二国之间的战争即是由婚姻失败而引发的“称兵夺妇”的典型事例。此外，蔡姬事件也是由夫妻关系而导致的三国间的战争，《左传》僖公三年记：“齐侯与蔡姬乘舟于囿，荡公。公惧，变色；禁之，不可。公怒，归之，未之绝也。蔡人嫁之。”蔡姬在嬉笑之间惹恼了齐桓公，被休弃回蔡国后，蔡人将其改嫁。对蔡姬仍心有所系的齐侯对此非常恼怒，“四年春，齐侯以诸侯之师侵蔡。蔡溃，遂伐楚。”

---

① （清）马骕：《绎史》，王利器整理，中华书局2002年版，第1389页。

2. 外交婚中女性的作用及其与母国的关系

身处政治外交婚中的女性对于调停母国与夫国的矛盾，起到了一定的积极作用。兹举数例以作说明：

《左传》僖公十四年记载，鄫季姬归宁鲁国，由于鄫子不朝见鲁国，鲁僖公大怒，留鄫季姬于鲁而不使其归。同年夏天，鄫季姬与鄫子遇于防，在鄫季姬的劝说下，鄫子来朝见鲁僖公，从而避免了一场外事纷争。

《左传》僖公十七年载："秋，声姜以公故，会齐侯于卞。九月，公至。"声姜为齐女，鲁僖公夫人。鲁僖公因为灭项而激怒齐国，齐侯止僖公于齐而不放归，夫人声姜因此故，约齐侯于卞，与其交涉放僖公归鲁，同年九月，僖公回归鲁国。

《左传》昭公二年记载，齐少姜嫁于晋侯为妾，大夫陈无宇送少姜到晋国，因其位卑而被押，少姜为其求释，曰："送从逆班。畏大国也，犹有所易，是以乱作。"少姜认为自己并非正夫人，送者应从迎者之位次，陈无宇为上大夫，在品级上高于迎者公族大夫韩须，已表明齐畏晋之意。终因"少姜有辞"，晋侯赦陈无宇归齐，从而避免了一场大国纷争。

但在两国发生纷争时，身系两国的女性在面对父国与夫国不可调和的矛盾时，不得不做出抉择，由于特殊的身份地位，其立场往往对两国的利益产生直接的影响。由文献资料可知，春秋时期的女性，当父国与夫国发生矛盾时，有的会选择维护丈夫的利益，如晋公子重耳避祸到齐国时，娶齐宗室之女齐姜为妻。当其逃离齐国的计划被蚕妾得知并转告齐姜后，齐姜并没有阻拦重耳，而是杀蚕妾而告之曰："行也！怀与安，实败名。"但此时期的贵族妇女更多选择的是维护母国的利益。对此，《左传》载之颇多，如：春秋史上赫赫有名的殽之战，晋败秦师后，获百里孟明视、西乞术、白乙丙以归。当时晋文公夫人文嬴出自秦国。为救三人脱困，文嬴曰："彼实构吾二君，寡君若得而食之，不厌，君何辱讨焉？使归就戮于秦，以逞寡君之志，若何？"在文嬴的劝说下，晋文公释放三人归秦。晋国军士浴血奋战的胜利果实，毁于夫人之寥寥数语，晋大夫先轸对此深为恼怒，曰："武夫力而拘诸原，妇人暂而免诸国，堕军实而长寇仇，亡无日矣！"不顾而唾。又如僖公十五年记载，秦国与晋国在韩原交战，晋惠公被秦国俘获。穆公夫人穆姬（惠公之姐）闻晋侯被俘至秦国，"以大子罄、弘与女简璧登台而履薪焉。使以免服衰绖逆，且告曰：‘上天降灾，使我两君匪以玉帛相见，而以兴戎。若晋君朝以入，则婢子夕以死；夕以入，则朝以死。唯君裁之！’”面对穆姬的以死相胁，穆公不得不舍晋侯不杀而囚之于灵台。此为出嫁妇女回护母国的典范，以致后来惠公说：“如果当初先君不嫁伯姬与秦，则我今天的下场就会更惨了。”

而且外交婚中的女性对母国的安危一直是心有所系的，有时甚至是动用其在夫国的影响力帮母国渡过难关，如《左传》襄公二十九年言：“晋平公，杞出也，故治杞。”杜预注曰：“治，理其地，修其城。”晋平公的母亲晋悼夫人为杞国人，平公动员诸侯为舅家治田修城，显然是受了其母晋悼夫人的影响，襄公三十年又载“晋悼夫人食与人之城杞者”，可见晋悼夫人还亲自犒赏为杞国修城的役卒。而鲁庄公妾成风则令其子僖公出兵伐邾，为母国须句复仇，《左传》僖公二十一年记，“邾人灭须句。须句子来奔，因成风也。成风为之言于公曰：‘崇明祀，保小寡，周礼也；蛮夷猾夏，周祸也。若封须句，是崇皞、济而修祀、纾祸也。’”在成风的劝令下，二十二年，鲁国“伐邾，取须句，反其君焉，礼也”。

不只在各诸侯国间的政治外交婚中，即使是在各国内部的婚姻关系中，当父权与夫权发生矛盾时，妇女也通常选择维护父亲的利益。如《左传》桓公十五年记，祭仲专，郑伯患之，使其婿雍纠杀之。将享诸郊。雍姬知之，谓其母曰：父与夫孰亲？其母曰：“人尽夫也，父一而已，胡可比也？”遂告祭仲曰：“雍氏舍其室而将享子与郊，吾惑之，以告。”祭仲杀雍纠，尸诸周氏之汪，公载以出，曰：“谋及妇人，宜其死也。”

综上所述，在政治外交婚中，男性贵族与女性贵族的性别地位与政治立场是不同的。当政治利益与婚姻发生矛盾时，男性贵族常常选择政治利益而摈弃姻亲关系。女性贵族则本质上沦为男性贵族缔结政治同盟的工具，当国家危难之时，她们往往被父兄嫁往国外，但这些出嫁后的贵族妇女对母国依然是心有所系的，在母国与夫国利益发生冲突时，她们对母国利益的维护，常常损害夫国的利益，造成父权与夫权的矛盾与冲突，这也是禁止妇人干政以及“妇人三从”[①] 思想出现的原因之一。

① 《礼记·丧服》。

三、《左传》所见贵族阶层的两性关系及其影响

（一）春秋时期贵族阶层的性别关系

春秋时期，两性关系呈现出复杂化与多样化的发展态势，不只存在一些特殊的婚姻现象，如“烝”“报”① 婚，而且一些后世道德标准与人伦观念所无法接受的“淫”“通”行为在各国中也屡有发生。为了讨论的方便，下面以《左传》为例，将其所载的各种非婚性关系列于下表（表6.2）。

表6.2

国别	见于《左传》之鲁国纪年	事　件
齐	桓公十八年	文姜如齐，齐侯通焉
	文公十八年	齐懿公……纳阎职之妻
	成公十六年	齐声孟子通侨如
	成公十七年	齐庆克通于声孟子
	襄公二十五年	齐棠公之妻，东郭偃之姊也。……齐庄公通焉，骤如崔氏
	襄公二十八年	齐庆封好田而耆酒，与庆舍政，则以其内实迁于卢蒲嫳氏，易内（换妻）而饮酒
鲁	闵公二年	共仲通于哀姜，哀姜欲立之
	文公七年	穆伯如莒涖盟，且为仲逆。及鄢陵，登城见之，美，自为娶之
	成公十六年	宣伯通于穆姜
	昭公四年	穆子去叔孙氏，及庚宗，遇妇人，使私为食而宿焉（私通）
	昭公十一年	泉丘人有女，梦以其帷幕孟氏之庙，遂奔僖子，其僚从之
	昭公二十五年	季姒与饔人檀通
	哀公八年	齐悼公之来也，季康子以其妹妻之，即位而逆之，季鲂侯通焉

① “烝”“报”，指春秋时期发生在不同辈分亲属间的婚姻现象，所谓“烝”是指当时贵族男女直系亲属间发生的超越辈分的婚姻结合，一般指嫡子与庶母或庶子与嫡母间的婚姻结合，亦即父亲死后，儿子续娶除生母外的父辈妻妾。所谓“报”指贵族男女旁系亲属间发生的不同辈分的婚姻关系，一般指侄辈娶伯父或叔父之妻。“烝”“报”存在于春秋前期，中期以后不见记载。顾颉刚先生指出“烝”“报”婚在春秋时期是一种很普遍的礼俗，并认为其存在与当时同居共财的大家族制度有着直接的关系，“从父系氏族社会直到奴隶制社会，妇女都是氏族和宗族里的一笔财产。在生产不发达的社会，氏族和宗族要守住一笔财产是不容易的，所以从别的族里嫁来的女子不可任她流失，她的丈夫既死，弟、兄可以娶她，子、侄辈可以娶她，甚至孙辈也可以娶她。从当时说，也是团结同族的一个方法”。参顾颉刚《由“烝”、“报”等婚姻方式看社会制度的变迁》，载中华书局编辑部编《文史》第14辑，中华书局1982年版，第1—30页。

续表

国别	见于《左传》之鲁国纪年	事　件
周	僖公二十四年	初，甘昭公有宠于惠后，惠后将立之，未及而卒。昭公奔齐，王复之，又通于隗氏（王之所立新后）
晋	成公四年	晋赵婴通于赵庄姬
	襄公二十一年	栾祁与其老州宾通
	昭公二十八年	晋祁胜与邬臧通室（易妻）
郑	襄公二十二年	郑游贩将归晋，未出境，遭逆妻者，夺之，以馆于邑
卫	昭公二十年	（卫）公子朝通于襄夫人宣姜
	定公十四年	卫侯为夫人南子召宋朝。杜注：南子，宋女也。朝，宋公子，旧通于南子，在宋呼之
	哀公十一年	卫大叔或淫于外州
	哀公十五年	孔氏之竖浑良夫长而美，孔文子卒，通于内
蔡	庄公十年	蔡哀侯娶于陈，息侯亦娶焉。息妫将归，過蔡。蔡侯曰：吾姨也。止而见之，弗宾
	襄公三十年	蔡景侯为大子般娶于楚，通焉
	昭公十九年	楚子之在蔡也，郹阳封人之女奔之，生大子建
宋	文公十六年	公子鲍美而艳，襄夫人欲通之
陈	宣公九年	陈灵公与孔宁、仪行父通于夏姬，皆衷其衵服，以戏于朝
楚	僖公二十二年	楚子如郑，饗毕，夜出，芈氏送于军。取（抢夺）郑二姬以归
	宣公四年	初，若敖娶于䢵，生伯比。若敖卒，从其母畜于䢵，淫于䢵子之女，生子文焉
吴	昭公二十三年	吴大子诸樊入郹，取（抢夺）楚夫人与其宝器以归

由表6.2所示可知，春秋时期各诸侯国中淫奔之婚大量存在，父夺子妻、兄纳弟妇、国君夫人私通于权臣的现象也屡见不鲜，这说明此时期贵族阶层的性别关系是极为自由开放的。男、女贵族在思想上较少受到束缚，在处理性别关系时大都能忠于自己的内心情感，表现为置政治与个人身份地位而不顾、率性而为。

但这种特殊的两性关系不可避免地导致家族内部的混乱与自相残杀，削弱家族的实力。而由于贵族阶层特殊的身份地位，两性关系的混乱也常常与政治联系在一起，成为各诸侯国中内乱外争的诱因之一。

（二）春秋时期性别关系所导致的动荡与战争

1. 卿大夫出奔或被杀

在这些性别关系中，男性贵族常常为了追求一己之私而罔顾自己的贵族身份与政治地位，如《左传》成公二年记，夏姬在楚破陈后，被掳至楚国，引起了楚国贵族对夏姬的觊觎争夺。首先庄王欲纳夏姬，被巫臣劝止；权贵子反想娶夏姬，亦被巫臣说服，“是不祥人也。是夭子蛮，杀御叔，弑灵侯戮夏南，出孔、仪，丧陈国，何不祥如是？人生实难，其有不获死乎？”后“王以予连尹襄老”，在襄老死后，其子黑要要烝夏姬，而巫臣为了得到夏姬，先示意其回母国郑国，最后放弃在楚国的地位与权势，聘之为妻，带着夏姬出走他国。

又如《左传》文公七年记，鲁国公孙敖去莒国为弟弟襄仲迎亲时，见己氏美貌，而“自为娶之”。惹怒了襄仲，“仲请攻之”，被鲁文公阻止，避免了兄弟相残的内争，公孙敖回国后，兄弟又和好如初。但穆伯对这位新娶的己氏始终难以割舍，到第二年，穆伯借到周王朝吊丧的机会，“不至（周）”，而是携带吊丧的礼物跑到了莒国，“从己氏焉。”襄仲对此事始终心存芥蒂。到文公十四年，居莒的穆伯返鲁后，“襄仲使无朝听命”，无奈，最后穆伯又回到了莒国。

以上所述为卿大夫本人为追求个人私欲而主动放弃自己的政治地位与权势而出奔的实例。而叔孙侨如由鲁奔齐后又由齐奔卫则是因为与国君夫人私情败露后的无奈之举。《左传》成公十六年记，叔孙侨如通于成公之母穆姜，“欲去季、孟而取其室。”遭到了成公的拒绝，“姜怒，公子偃、公子鉏趋过，指之曰：‘女不可，是皆为君也。’”结果穆姜被囚，叔孙侨如奔齐。到齐国后，又通于灵公之母声孟子。声孟子欲使其地位与齐国世袭上卿高氏、国氏一样，叔孙侨如以前事为鉴，恐惹祸上身，“曰：‘不可以再罪。’奔卫。”

另外，也有一些卿大夫，由于反对或制止他人的“淫”“通”行为，而遭到诬陷而获罪被杀或被迫出走。如：

《左传》成公十七年记载，齐庆克与国君之母声孟子有暧昧关系，“与妇人蒙衣乘辇而入于闳”，齐国当政国武子知悉后，“召庆克而谓之。庆克久不出，而告夫人曰：‘国子谪我。’”杜预注曰：“惭卧于家，夫人所以怪之。”于是声孟子向灵公进言诬陷国佐，次年“齐侯使士华免以戈杀国佐于宫内之朝”。

《左传》成公四年记晋国赵婴与赵庄姬私通，赵庄姬为晋文公之女，嫁于赵朔为妻，而赵婴是赵朔的叔父。这场夫叔与侄媳通奸事件遭到了赵同、赵括的反对，他们逐放赵婴于齐国。但赵庄姬对此事怀恨，谮之于晋侯，曰：“原、屏将为乱”。[①] 赵同、赵括最终被晋国所杀。

《左传》襄公二十一年记：“栾桓子娶于范宣子，生怀子。范鞅以其亡也，怨栾氏，故与栾盈为公族大夫而不相能。”桓子死后，其妻栾祁与家臣之长州宾私通，以致栾氏之财货几全为州宾所占。对此，怀子深以为患。母亲栾祁害怕其私情被揭发，不惜向范宣子诬陷自己的儿子栾盈将要作乱，以至于栾盈被迫出走楚国。[②]

由此可见，男、女贵族为了纵情，常常以自己的权势与地位为手段或砝码，甚至为了达到自己的目的，不惜诉诸武力，由此导致此时期各诸侯国内乱频繁，权臣获罪、卿大夫出奔的事件在各国中不胜枚举，甚至严重者，亦导致国君被杀或引起国与国之间剑拔弩张，战事不断。

2. 国君被弑

《左传》宣公九年记，陈国国君陈灵公与卿大夫孔宁、仪行父同时与夏姬[③]私通，“皆衷其衵服，以戏于朝。”对于这种君臣公然淫乱的行为，泄冶劝谏说：“公卿宣淫，民无效焉，且闻不令。君其纳之”。但陈灵公并没有接受泄冶的劝谏，反而将其杀害，并依旧到夏徵舒家饮酒作乐，乃至最后引来了杀身之祸，《左传》宣公十年载，“陈灵公与孔宁、仪行父饮酒于夏氏。公谓行父曰：‘徵舒似女。’对曰：‘亦似君。’徵舒病之。公出，自其厩射而杀之。”与陈灵公一起淫乱的孔宁、仪行父奔往楚国。次年，楚庄王以此为借口，率诸侯侵入陈国，诛杀夏徵舒，立子午为陈成公。是以《左传》昭公二十八年记叔向欲娶申公巫臣与夏姬之女时，其母劝止

---

① 《左传》成公五年。

② 据《左传》记载，鲁国国内也有卿大夫妻通于家臣者，昭公二十五年记，鲁国季公鸟娶齐国鲍文子之女为妻。公鸟死后，“及季姒与饔人檀通……”。杜预注曰：季姒，公鸟妻，鲍文子女。饔人，食官。杨伯峻先生认为即是指名檀的季氏家族中主管饮食的家臣。

③ 夏姬为郑穆公之女，陈大夫御叔之妻，夏徵舒之母。

说："子灵之妻杀三夫、一君、一子，而亡一国、两卿矣，无惩乎？"子灵之妻指夏姬。即是说因夏姬美貌所引起的陈国君臣淫乱，以及由此所导致国君被弑、二卿出奔、楚国入侵等动荡与战争。

鲁桓公之死，也诱因于夫人文姜与齐襄公的长期通奸。这在《春秋》中有详细的记载：

> 庄公二年十二月，夫人姜氏会齐侯于禚；
>
> 四年春王二月，夫人姜氏享齐侯于祝丘；
>
> 五年夏，夫人姜氏如齐师；
>
> 七年春，文姜会齐侯于防，齐志也；
>
> 七年冬，夫人姜氏会齐侯于穀。

其中禚、穀为齐地，防、祝丘为鲁地。[①] 文姜数与齐襄公相会，杨伯峻注曰："会于齐地，则发自文姜，会于鲁境，则齐侯之志。"可见这种关系的保持并非出于齐襄公一人的意愿。襄公与文姜淫乱之事也见于《诗经·齐风·南山》，其文曰：

> 南山崔崔，雄狐绥绥。鲁道有荡，齐子由归。既曰归止，曷又怀止？
>
> 葛屦五两，冠緌双止。鲁道有荡，齐子庸止。既曰庸止，曷又从止？
>
> 蓺麻如之何？衡从其亩。取妻如之何？必告父母。既曰告止，曷又鞠止？
>
> 析薪如之何？匪斧不克。取妻如之何？匪媒不得。既曰得止，曷

---

① 禚音酌，《公羊传》作"郜"。齐国地名。据庄四年及定九年传，当为齐、鲁、卫三国分界之地，疑在今山东省长清县境内。祝丘，鲁地，司马彪《郡国志》以当时琅邪之即丘当之。但即丘故城在今山东省临沂县之东南，与齐境相距颇远，恐不可信，具体位置不详。防，《公羊》作"邴"，从方声之字与从丙声之字，古音多同（方、丙二字古音同属邦母阳韵），故防、邴通假。鲁有二防，此时西防尚未为鲁所有，故知此是东防，当在今山东省费县东北四十余里，世为臧氏食邑。穀，齐地，今山东省东阿县旧治东阿镇。关于姜氏如齐师的问题，齐师，孔疏疑为齐侯疆理纪地，有师在纪。于鬯《香草校书》提出反驳，认为齐伐卫之师。冬伐卫，而齐兴师在夏，故夫人得夏如齐师。未详孰是。但有一点是明确的，即文姜主动去与齐侯相会。参杨伯峻《春秋左传注》（修订本），中华书局2005年版，第63、64、159、162、165、170、171页。

又极止？

毛诗序曰：“刺襄公也。鸟兽之行，淫乎其妹，大夫遇是恶，作诗而去之”。朱熹《诗集传》云：“言南山有狐，以比襄公居高位而行邪行。且文姜自从此道归乎鲁矣，襄公何为而复思之乎。”最终，齐襄公与文姜的这种行为被鲁桓公发现，齐侯使公子彭生弑桓公①。

此外，两性关系所导致的国君被弑、政治动荡在其余诸国中也并不罕见。据《左传》记载，春秋时期，至少有九位诸侯国国君之死诱因于性别关系的混乱，其详细情况见于下表（表6.3）。

表6.3

见于《左传》之鲁国纪年	被弑国君	原　因
桓公二年	宋殇公	宋督杀孔父而取其妻，公怒，督惧，遂弑殇公
桓公八年	鲁桓公	齐襄公通于桓公夫人文姜，桓公知悉，齐侯使公子彭生弑桓公
庄公十四年	息侯	蔡哀侯言息妫之美貌于楚文王，楚文王为了得到息妫而杀息侯，灭息国
闵公二年	鲁闵公	共仲通于哀姜，二人谋杀闵公
文公十六年	宋昭公	宋襄夫人欲通于公子鲍，昭公无道，襄夫人使师甸杀昭公，立公子鲍为文公
文公十八年	齐懿公	齐懿公纳阎职之妻，而使职骖乘，职弑懿公
宣公十年	陈灵公	陈灵公通于夏徵舒之母夏姬，徵舒射杀灵公
襄公二十五年	齐庄公	齐庄公通于崔武子之妻姜氏，崔武子怒公，谋而弑之
襄公三十年	蔡景侯	蔡景侯为大子般娶于楚，通焉。大子弑景侯

由表6.3可知，被弑诸侯中蔡景侯、齐庄公、陈灵公、齐懿公本身为不良之君，倚仗自己的权势与地位，夺取或私通臣妻，最终引来了杀身之祸。其余几位君主则为权臣与夫人淫乱祸政的牺牲品。国君生死关系着一国之命运，其被弑必将导致国内动荡，各方势力为了争夺君位而斗争。

3. 国与国间的征伐

由于上述性别关系中的各方常常来自不同诸侯国的上层贵族，因此性

① 《左传》桓公十八年。

别关系中矛盾的激化往往会引起各国间的交战①，如上文所举，陈国君臣私通于夏姬而导致的楚国入侵即是一典型实例。又如《左传》哀公八年记，齐悼公继位之前，曾因齐国内乱而逃亡到鲁国，当时鲁国执政季康子把妹妹季姬许嫁给他，齐悼公回国即位以后，季康子的叔父季鲂侯和季姬通奸。当齐悼公派人到鲁国迎接季姬的时候，“女言其情，弗敢与也。”由此激怒了齐侯，同年五月派军队攻打鲁国，占领了讙及阐两个城邑。

另外，楚、蔡、息三国间的连年征战，其起因仅仅为蔡侯对妻妹的轻佻之举。《左传》庄公十年载：“蔡哀侯娶于陈，息侯亦娶焉。息妫将归，過蔡。蔡侯曰：‘吾姨也。’止而见之，弗宾。”这种轻佻的行为惹怒了息侯，“使谓楚文王曰：‘伐我，吾求救于蔡而伐之。’楚子从之。秋九月，楚败蔡师于莘，以蔡侯献舞归。”

但由息妫而引起的纷争远没有结束。庄公十四年记，蔡哀侯对被楚所败之事怀恨在心，“绳息妫以语楚子。”杨伯峻先生注曰：“绳，誉也。”即赞美之意。于是垂涎息妫美貌的楚文王“灭息，以息妫归，生堵敖及成王焉”。后楚文王又为了取悦息妫，以蔡侯灭息故，而伐蔡。

综上所述，可知春秋时期，各国中均存在不同程度的淫乱现象。由于贵族阶层身份与地位的特殊性，处理性别关系的失当也常常引起国内政治动荡甚至各国交战，这也是战国时期诸子性别观中严防“男女之别”产生的社会背景之一。

第二节　战国时期两性关系对政治的影响

一、婚姻关系对政治外交的影响

战国时期，七国争雄，政治外交婚亦毫无减弱之势。秦与燕、楚与

① 此处所述各国间交战的起因为“淫”“通”等非正常的两性关系，不同于上文所述政治外交婚中联姻失败而引起的战争。

郑、赵与韩、田齐与秦、楚与齐、楚与秦、魏与秦等国间均有通婚关系[①]，此时期通过缔结婚姻关系所要达成的政治目的主要表现在两个方面。

其一，各国间通过联姻缔结同盟，以便在诸国纷争中处于有利地位。这在齐、秦、楚三国的联姻中表现得最为典型。齐、秦、楚在战国时期都为实力雄厚的大国，三国间的关系对于战国时期的政治格局有着举足轻重的影响。据文献记载，齐相苏秦曾自齐至楚，向楚威王建议曰："秦之所害莫如楚，楚强则秦弱，秦强则楚弱，其势不两立。故为大王计，莫若从亲以孤秦"[②]，这次齐、楚为了对付秦国的联姻在文献中并没有明确记载。但由《史记·楚世家》所记楚怀王十六年（前313年）"秦欲伐齐，齐楚从亲"来看，齐、楚间的联姻确实是存在的，为了破坏齐楚间的同盟关系，以避免楚国在战争中帮助齐国，秦王派张仪前往楚国游说怀王，"臣请献商於之地六百里，使秦女得为大王箕帚之妾，秦楚娶妇嫁女，长为兄弟之国"[③]，即想通过献地、联姻的方式与楚结盟，而楚怀王受诱于六百里的商於之地，接受了张仪联姻缔结同盟的建议。由此可见，齐、楚间通过婚姻关系缔结的外交同盟瓦解于秦、楚间新缔结的婚姻关系，这表明婚姻关系仅为缔结同盟的手段和方式，在其中起根本作用的则是本国的政治利益。

其二，则是通过政治婚姻的方式麻痹对方，为进一步攫取政治利益做准备。如赵襄子与代国的联姻。赵襄子为晋卿赵简子之子，受赵简子遗命灭代[④]，"虑所以取代，乃先善之"[⑤]，因代君好色，所以"以其姊为代王妻"[⑥]。姻亲关系的缔结是积极为灭代做准备，时机成熟后，约代王在句注之塞宴饮，暗地里则让工人制作金斗，并在金斗上安装像刀的长柄，"令

① 崔明德：《先秦政治婚姻史》，山东大学出版社2004年版，第259—285页。

② 《史记·苏秦列传》。

③ 《史记·张仪列传》。

④ 据《吕氏春秋·长攻》记载，赵简子临终前，对赵襄子说："我死，已葬，服衰而上夏屋之山以望"，赵襄子遵父命登夏屋"以望代俗，其乐甚美"，由此可见，"取代"可能为赵简子的遗命。

⑤ 《吕氏春秋·长攻》。

⑥ 《史记·赵世家》。

可以击人”①。在代王酒酣时，令厨人以金斗进热饮，反斗而击代王头部，代王肝脑涂地。而代王夫人听说这件事后，也以摩笄自刺身亡。赵襄子为了达到自己灭代的政治目的，不惜牺牲其姊，可见女性在政治婚姻中的悲惨地位。

虽然处于婚姻关系中的女性仅仅是男性贵族扩充政治利益的工具，但这个工具是不可或缺的，往往牵扯两国甚至多国的政治纷争，如《战国策》卷六记载曰：

> 薛公入魏而出齐女。韩春谓秦王曰：“何不娶为妻？以齐秦劫魏，则上党，秦之有也。齐秦合而立负刍，负刍立，其母在秦，则魏，秦之县也已！呡欲以齐、秦劫魏而困薛公，佐欲定其弟，臣请为王因呡与佐也。魏惧而复之，负刍必以魏殁世事秦；齐女入魏而怨薛公，终以齐秦事王矣。”

以上所载看似复杂，但只要仔细分析，厘清人物间的关系，即可了解所述之始末缘由。魏公子负刍的母亲是齐国人，薛公入魏国主政后被出②，韩春劝秦王娶齐女为妻，这当然并非单纯的娶一个夫人，而是出于多方面的政治考虑：其一，如果负刍立为魏国国君，他的母亲在秦国，则魏国只不过是秦国的一个县罢了；其二，此时魏臣韩呡想联合齐秦威胁魏国而使薛公受困，公子佐也想立其弟负刍为太子，此二人可以成为秦国在魏国内的辅助势力。魏国看到这种形势，也有可能接回齐女，则负刍一定会以魏终身讨好秦国，而齐女返回魏国，就会怨恨薛公，以齐国终身讨好秦国。虽然这种一举数得的建议最终没有被秦王采纳，但由此可见，存在于不同诸侯国间的婚姻关系可直接对政治外交产生影响。

二、战国时期政治领域中的性别差异与太后执政

此时期，由于对“妻妾之别”等级制度的重新强调，使女性贵族对继

---

① 《史记·张仪列传》。

② 薛公指孟尝君，齐闵王逼薛公出国入魏，魏以为相；因怨闵王，故逐齐女。参何建章《战国策注释》，中华书局1990年版，第227页。

承制的干预逐渐减弱。婚姻礼法的推行与“男女之别”的限制，也抑制了非婚性关系的存在、促进了家庭的稳定①，因而由性别关系而引起的纷争也相对减少。由此战国时期，除婚姻关系依然对政治外交发生作用外，其他性别因素对政治的影响减弱，各国中参政的女性贵族无论是人数还是对政事的影响范围都无法与春秋时期相比，政治领域的性别差异进一步深化。

但此时期政治领域新出现了一个性别现象，即是太后执政。据《战国策》记载，战国时期摄政的太后有四位，秦宣太后、赵惠文后、齐君王后，韩国也有太后执政，下面通过讨论各国中太后摄政的历史条件以及范围与方式，以分析战国政治领域中的性别差异。

（一）宣太后

《史记·穰侯列传》载：“秦武王卒，无子，立其弟为昭王。昭王母故号为芈八子，及昭王即位，芈八子号为宣太后”，由于昭王年少，这位名为芈八子的宣太后执掌秦国朝政。据文献记载，宣太后具有较高的执政水平与外交才能，而且宣太后处政事能不徇私情，一切以秦国利益为重。如《汉书·匈奴传》记载，秦昭王时，义渠戎王与宣太后淫乱，生有二子，后宣太后为了秦国的政治利益，而斩断情丝，毅然诈杀义渠戎王于甘泉宫，并起兵伐灭义渠，始置陇西、北地、上郡等郡，筑长城以拒胡，解决了秦国的边患危机。又如《战国策》卷二十七记载，楚国围攻韩国雍氏长达五个月，韩国数次向秦求救，但秦国迟迟没有发兵援助，韩国又令尚靳出使秦国，游说秦王曰：“韩之于秦也，居为隐蔽，出为雁行”，如果韩国被楚所灭，而秦国也就岌岌可危了。尚靳之说得到宣太后的认可，召其入内，曰：

> 妾事先王也，先王以其髀加妾之身，妾困不疲也。尽置其身妾之上，而妾弗重也。何也？以其少有利焉。今佐韩，兵不众，粮不多，则不足以救韩。夫救韩之危，日费千金，独不可使妾少有利焉！

---

① 详见本书第三章第三节，但战国时期，有些诸侯国如秦、燕等国受戎狄之俗的影响，性别关系仍是比较开放的。

宣太后以男女之事喻秦国之利，一方面说明秦国性别关系的自由；另一方面也表明秦国迟迟不发兵救韩，其原因并不是出于对母国的考虑[①]，而是在于宣太后认为出兵救韩秦国不能从中获益，这也直接表明宣太后对秦国的军政外交有直接的决定权[②]。

宣太后不仅把持秦国的军政外交，对其他国内事务更是有直接的决定权，《战国策》卷七记载献则分析受人尊重且"数伐有功"的公孙消之所以不能拜相，原因即在于宣太后对他没有好感，说明宣太后对官吏的任免有直接的决定权。秦国在宣太后时期实力大增，"当是时，昭王已立三十六年，南拔楚之鄢郢，楚怀王幽死于秦。秦东破齐。湣王尝称帝，后去之。数困三晋"[③]，为秦国进一步问鼎中原、完成统一大业奠定了基础。

直至昭王四十一年，秦国内的政治格局仍是"秦太后、穰侯用事，高陵、泾阳佐之，卒无秦王"[④]，后在范雎的劝谏下，"秦王惧，于是乃废太后。"[⑤] 宣太后独揽秦国大权达四十一年之久，有人认为"太后"称谓，始见于宣太后事[⑥]，也有人言，太后专权，正自宣太后始[⑦]。

（二）赵惠文后

赵惠文后又称赵威后，为赵惠文王之妻，孝成王之母。《史记·赵世家》云："孝成王元年，赵王新立，太后用事"，"用事"即指执政。

文献对于惠文后具体的参政行为，主要有两条记载。其一，孝成王二年（前264年）[⑧]，齐王建派使者问候赵威后，信还没有拆，威后问使者说："岁亦无恙耶？民亦无恙耶？君亦无恙耶？"这种问候次序引起了齐国使者的不悦，认为这是对齐国国君的怠慢，为了消除使者的误会，威后

---

① 《史记·甘茂传》载："太后楚人，不肯救"。

② 于鬯《战国策注》曰："上文'谓'秦王，而此太后答，太后临政也"，而且据《史记·范雎列传》记载，在义渠发生叛乱时，昭王"旦暮自请太后"，这也表明军政大事均由太后决策。

③ 《史记·范雎列传》。

④ 《战国策·卷五》。

⑤ 《战国策·卷五》。

⑥ 高承《事物纪原》卷一"太后"条："《史记·秦本纪》曰，'昭王母芈氏号宣太后，王母于是始以为称，故范雎说秦王有独闻太后之语，其后赵孝成王新立，亦有太后用事之说，是太后之号自秦昭王始也'"。

⑦ 陈师道《后山集》卷二二："母后临朝，自秦宣太后始也"。

⑧ 周赧王五十一年，齐王建即位初年。

说："不然，苟无岁，何以有民？苟无民，何以有君？故有舍本而问末者耶？"[①] 寥寥数语，充分表述了惠文后重视农业生产、贵民轻君的治国思想。不只如此，惠文后接下来开始询问齐国国内的情况，"助王养其民"[②]的处士钟离子与"助王息其民"[③] 的处士叶阳子为什么还没被齐王任用？为了赡养父母而终身未嫁的北宫婴儿子为什么还未被封为命妇？"率民而出于无用"[④] 的於陵子仲为什么还没有被杀呢？通过上述几个问题，惠文后把谈话引向深入，既表达了对齐国政事的关心，为齐王提供了用人之策，又显示了惠文后赏罚分明、德刑结合、重视民心向背的治国方略。

其二，则是闻名于史册的"触龙说太后"。公元前265年，孝成王新立、赵惠文后刚执掌赵国朝政，秦国就加紧进攻赵国，赵国向齐国请求出兵援救，但齐国提出条件，"必以长安君为质，兵乃出"[⑤]。长安君为孝成王之弟、太后宠爱的幼子，此建议遭到了太后的拒绝，大臣都竭力劝谏，太后曰："有复言令长安君为质者，老妇必唾其面"，充分显示了赵太后的政治权力与地位，后在左师触龙的委婉劝说下，赵太后终以国家利益为重，令"长安君约车百乘，质于齐"[⑥]，齐出兵救赵。

由以上二事例，可以看出赵惠文后掌握着赵国的外交、军政大权，在权力系统中居于最高的统治地位。

（三）齐君王后

齐君王后，为齐襄王之妻、莒太史氏之女。据《战国策》卷十三记载，在齐国被燕国攻破之后，齐滑王之子太子法章避难于莒太史敫之家，太史敫的女儿看法章相貌奇特，认为不是普通人，常常偷偷给他送衣服和食物，并与之私通，法章即位为襄王，立太史氏女为王后，即君王后。君王后在襄王

---

① 《战国策》卷十一。

② 《战国策》卷十一记载钟离子为人，既施舍粮食给有粮之人，也施舍给没粮之人，既施舍衣服给有衣之人，也施舍衣服给无衣之人，因此说他是"助王养其民也"。

③ 《战国策》卷十一记载叶阳子为人，"哀鳏寡、恤孤独、振穷困、补不足"，因此称其为"是助王息民者也"。"息"，《史记·孔子世家》索隐："生也"。"息其民"，指让老百姓活下去。

④ 《战国策》卷十一记载於陵子仲为人"上不臣于王，下不治其家，中不索交诸侯"，因此称其为"率民而出于无用者"。

⑤ 《战国策》卷二十一。

⑥ 《战国策》卷二十一。

死后，辅佐幼子建，执掌齐国朝政，“事秦谨，与诸侯信……以故王建立四十余年不受兵”[1]，表现出了杰出的政治外交才能。尤其是当秦始皇派使者送玉连环到齐国，说：“齐多知，而解此环不？”[2] 面对秦国的挑衅，在群臣不知所措时，君王后果断用椎将其敲烂，“谢秦史曰：‘仅以解矣’”[3]，态度不卑不亢，在外交上维护了齐国的尊严。在君王后将死之时，仍心系齐国政事，“戒建曰：‘群臣之可用者某’”，并将具体人名写在木简上。

（四）韩国太后执政

关于韩国太后执政的情况，文献中并没有详细记载。据《战国策》记，周赧王五十三年（前 262 年），朱己劝谏魏王，不要联合秦国攻伐韩国，提到“今夫韩氏以一女子承一弱主”[4]，“女子”与“弱主”应分别指韩太后与新即位的年少君主[5]，可见当时韩国也为太后执政。

综上所述，战国时期各国太后执政的特点可归纳为以下几点：

1. 秦、赵、齐、韩各国中太后执政都发生在贵族政治向官僚政治发生演变后、君主集权制已基本建立的战国中后期。[6]

2. 各国太后执政时，国内情况均为新旧君交替时期，新君初立，年龄幼冲或能力有限，无法亲自处理政事，因此以母后身份临朝。由此可见，太后执政的直接法理来源并非为其夫，而是其子。

3. 各国太后在政治上均有较大的权力，大多代替君主直接把持朝政，在统治机构中处于最高的地位。

4. 执政之太后均有卓越的政治才能。

---

① 参《战国策》卷十三。但《史记·田敬仲完世家》曰：“君王后贤，事秦谨，与诸侯信，齐亦东边海上，秦日益攻三晋、燕、楚，五国各自救于秦，以故王建立四十余年不受兵”。

② 《战国策》卷十三。

③ 《战国策》卷十三。

④ 见《战国策》卷二十四，《史记·魏世家》亦载此事，“承”作“奉”。“朱己”作“无忌”，杨倞注《荀子·强国》篇引作“朱忌”，“己”“忌”古同声通用，于鬯《战国策注》认为朱忌应为韩臣，其说可从。参何建章《战国策注释》，中华书局 1990 年版，第 909 页；诸祖耿《战国策集注汇考》（增补本），凤凰出版社 2008 年版，第 1269 页。

⑤ 但《史记·韩世家》中却没有任何记载，对此，《大世记》云：“韩世家不载此事，必是时韩王少，母后用事也”。参诸祖耿《战国策集注汇考》（增补本），凤凰出版社 2008 年版，第 1270 页。

⑥ 在下节中将对太后执政的制度根源加以详细的分析。

第三节　东周政治领域性别差异深化的根源

一、制度层面——贵族政治向官僚政治的转变

春秋前期，在家国同构的政治组织形式下，女性贵族凭借与其夫的关系仍拥有较高的政治地位与权力。如光绪年间出土于陕西鄠县的宗妇诸器，铭文中直接表述了宗妇辅佐其夫、治理家国的责任。此组器物《集成》共收录22件，包括鼎7、簋12、壶2、盘1，各器物铭文完全一致，其铭曰：

> 王子剌公之宗妇鄁（郜）婴，为宗彝䵼鼎，永宝用，以降大福，保辥（嬖）鄁（郜）国。（《集成》4077，图6.3）

图6.3　宗妇鼎铭文

对于此组器物的年代，郭沫若先生以为“王子”为宣王之子，断为幽王时器。[①]但容庚先生认为应为春秋时器。[②]俞伟超、高明先生赞同容先生的观点，认为此组器物应为春秋初期之器[③]，其说可从。鄁即“郜”，《说文》：“昔，籀文从肉作昔”。郭沫若先生指出此应为《说文》中的“䣢”字，并根据“䣢”下所注“蜀地也”，从而认为鄁为蜀中之一小国。[④]这种看法似有待商榷。从邑昔声，䣢从邑耤声，可见二者并非一字。鄁在此为国名，大致是不错的，其地望虽未见记载，但笔者认为，应

① 郭沫若：《两周金文辞大系图录考释》，上海书店出版社1999年版，第156页。

② 容庚：《商周彝器通考》，上海人民出版社2008年版，第237页。

③ 俞伟超、高明：《周代用鼎制度研究（中）》，《北京大学学报（哲学社会科学版）》1978年第2期。

④ 郭沫若：《两周金文辞大系图录考释》，上海书店出版社1999年版，第156页。

在此组器物的出土地附近，即宗周地区。[①] 对于作器者，铭文中称之为"宗妇鄁（鄁）婴"，鄁婴为女子名，其身份为宗妇，则其夫王子剌公应为宗子。剌为烈字，唐兰先生曾指出："王在周康剌宫，剌字金文一般作为烈字用，剌祖剌考就是烈祖烈考。"[②] 烈，在此可能为谥号，王子剌公可能已经去世。"辥"字在彝器铭文中常见，或作"辥"字，王国维先生认为即经典中乂、艾之本字。《尔雅·释诂》："乂，治也；艾，相也、养也。"孙诒让云："辥字金文常见，皆辅翼正治之义，疑与嬖通。"[③] 其说甚确，金文中的辥字有辅佐、治理之义。

宗妇鄁婴作这组器物的目的是"保辥（嬖）鄁（鄁）国"，由此可见，作为宗妇的鄁婴不仅是家族中的"女君"，在鄁国中也拥有特殊的政治地位与职责。

北宋中叶出土于陕西韩城的晋姜鼎，也表明了晋姜作为晋国宗妇在晋邦的政治权力与地位，其铭曰：

图 6.4　晋姜鼎铭文

> 隹（唯）王九月乙亥，晋姜曰：余隹（唯）嗣朕先姑君晋邦，余不叚（暇）妄宁，巠雍明德，宣邲我猷，用召匹辞辟，每（敏）扬厥光，剌（烈）虔不家（墜）。鲁覃京师，辥我万民，嘉遣我，赐卤责（積）千两，勿灋（废）文厌（侯）覭（显）令。卑串通弘，征緐汤𫘦。取厥吉金，用作宝尊鼎。用康頣（柔）妥（绥）怀远𫊸君子。晋姜用祈绰绾、眉寿，作疐为亟。万年

① 俞伟超、高明先生曾在探讨宗妇用七鼎问题时，也对这组器物的文化特征及鄁国地望提出了自己的看法，指出"西周时期，某些边鄙的诸侯，已经自称为王，但'宗妇'诸器从铭文字体和器形特征看，都是典型的秦国风格，当是平王东迁后秦国势力已达到宗周之地时一个受秦文化控制的鄁国之器。时代属春秋初，鄁国王子的身份，同于虢国太子，故其宗妇的用鼎制度与虢太子一样"。见俞伟超、高明《周代用鼎制度研究（中）》，《北京大学学报（哲学社会科学版）》1978 年第 2 期。

② 周法高主编：《金文诂林》，香港中文大学出版社 1974 年版，第 3965 页。

③ 周法高主编：《金文诂林》，香港中文大学出版社 1974 年版，第 8134、8135 页。

无疆，用享用德，畯保其孙子，三寿是利。（《集成》2826，图 6.4）

此约为春秋早期时器。“唯王九月”，“王”应指周平王。晋姜，即姜姓之女嫁于晋者。嗣，继承。先姑，已去世之姑。“君晋邦”者，君谓女君，这里用作动词，应与晋公盆（《集成》10342）铭文“宗妇楚邦”句法相同，指做晋邦的女君。可见晋姜对晋国的职责，承自先姑。“余不叚（暇）妄宁，坙雍明德”①，“余”指晋姜，此句大意为我没有闲暇贪图安逸享乐，而要遵循常规、拥护明德。“宣邲我猷，用召匹辞辟”，则是说辅助丈夫文侯处理政事、谋划事情非常慎重。② “鲁覃京师，辥我万民”，紧承上句，是指晋姜辅佐文侯，值得赞美的功业延至京师，使万民得到治理。③ “嘉遣我”，“嘉”为嘉美，“遣”为派遣，即是嘉美而为之所用的意思。“赐卤责（積）千两”。“卤”指盐卤，“责”即“積”的本字，卤積，指食盐，“两”即车辆，“易卤责（積）千两”意思是说赐食盐一千车。“勿废文侯覭令”，覭字在金文中习见，或作“覭”，如史颂簋（《集成》2788）铭之

---

① 妄宁与《无逸》：“不敢荒宁”、《文侯之命》：“毋荒宁”之“荒宁”意同。即无暇安于闲逸享乐之义。“坙雍”，金文中常见，如胡簋铭：“坙雍先王”。坙读为经，为循常之义。《诗经·小雅·小旻》：“匪大犹是经”。郑笺云：“不循大道之常”。“雍”，郭沫若认为：雍者，和也。张政烺先生则认为疑读为擁，意为抱持，犹今之言拥护之意。参张政烺《周厉王胡簋释文》，载中华书局编辑部编《古文字研究》第三辑，中华书局 1980 年版，第 104—119 页。

② 《尔雅·释诂》：“猷，谋也”。又《释言》：“猷，图也”。“邲”，慎也。即是说谋划事情非常慎重。“召”通诏，《尔雅·释诂》云：“‘诏，相导左右，助勴也’，即本铭召字意”。“匹”，诸家公认为辅弼之义。辝即《尚书·汤誓》“非台小子”之“台”，马融云：“我也”。在此用作领格。“辟”，《尔雅·释诂》云：“君也”，金文中妇女多称其夫为“辟”，在本铭中指晋姜的丈夫晋文侯。参于省吾《双剑誃吉金文选》，中华书局 1998 年版，第 147—148 页；陈连庆《晋姜鼎铭新释》，载中国古文字研究会等编《古文字研究》第十三辑，中华书局 1986 年版，第 89—101 页。

③ 鲁，读为旅，嘉也。“覃”字，《尔雅·释言》云：“延也”，“辥”，其义治理，与《宗妇簋》“保辥鄀国”、《克鼎》“保辥周邦之辥”义同。京师，为地名，郭沫若认为即京陵，《汉志》属太原郡。白川静先生认为应该也包括了国都的周围，顺着京自，一直到翼城一带，陈连庆先生对勘金文与典籍资料，指出“京师”一词应为周王室所专用，指周的首都，李学勤先生通过文献中的“京师”是指天子之都，从而认为而“辥我万民”是说周王，并指出这是指晋文侯定天子一事而言，其说可从。参李学勤《东周与秦代文明》，上海人民出版社 1984 年版，第 25—27 页；陈连庆《晋姜鼎铭新释》，载中国古文字研究会等编《古文字研究》第十三辑，中华书局 1986 年版，第 89—101 页；［日］白川静《金文通释》（卷四），白鹤美术馆 1978 年版，第 81—97 页；郭沫若《两周金文辞大系图录考释》，上海书店出版社 1999 年版，第 230 页。

"天子䚄命"，此字为《说文》所无，其义应与"显"同。[1]"文侯"为谥号[2]，应指晋文侯仇，作此器时文侯已去世，则此器的成器年代可能在文侯之子昭侯时[3]，晋姜的自述语应是对往事的追述。此句大意是不违背文侯的命令，与上铭中的"嘉遣我""召匹辥辟"正相呼应，说明晋姜的身份为文侯夫人。"卑串通弘，征緐汤𩁹。取厥吉金，用作宝尊鼎。"实承接上铭"赐卤责（積）千两"，是说以晋侯所赐的盐一千车，去换取繁昌的铜料，并用繁昌的铜料作此鼎[4]。

此铭前半段为晋君夫人晋姜的自述语，其身份、地位、责任都交代得甚为明晰。晋姜作为晋文侯夫人，继承了先姑君晋邦的家业，兢兢业业，深谋远虑，承担着辅弼文侯、治理晋国的责任，其美德被传颂到京师，并受文侯之命，主持晋国食盐换取繁昌的铜料。

由此可见，春秋前期，"夫妇二位一体"的性别观念与家国同构的政治组织形式仍是女性贵族政治权力的根源。如上文所述芮伯之母、穆姜与宋襄夫人似乎可以影响国君的废立，由此说明她们在国内的政治势力是不容忽视的。三人所处的历史时期，均为春秋前中期，此时家国同构的政治组织形式仍是她们得以参政的法理来源，如穆姜不仅可以干预国君的废立，甚至还凭借其大宗宗妇身份干涉小宗臧宣叔的继承权。这表明，穆姜之所以对鲁国国事有决定权，很大原因在于其是宗族的宗妇。但纵观整个春秋时期，在各诸侯国中似上述三人这样左右国家政局的女性贵族毕竟是

---

① 周法高：《金文诂林》，香港中文大学出版社 1974 年版，第 5433—5439 页。

② 也有学者认为文侯并非谥法，而是生称，如郭沫若先生在《大系》中指出，"春秋中叶以上，尚无谥，大率即文侯在世时事也"，陈连庆先生对此持赞同意见；但近年来有学者先后撰文指出，金文中的"王号生称"仍然是死后之谥，西周时期应是有谥法的。笔者在此赞同后者的意见，因此"文侯"应为谥号，此器的成器年代应在昭侯时。参黄奇逸《甲金文中王号生称与谥法问题研究》，《中华文史论丛》1983 年第 1 辑；盛冬铃《西周铜器铭文中的人名及其对断代的意义》，《文史》第 17 辑，中华书局 1983 年版；杜勇《金文"生称谥"新解》，《历史研究》2002 年第 3 期；彭裕商《谥法探源》，《中国史研究》1999 年第 1 期。

③ 李学勤先生根据铭文所载的具体时间与东周早期的历日推算，此器应作于晋昭侯六年。详参李学勤《戎生编钟论释》，《文物》1999 年第 9 期。

④ 现藏于北京保利艺术博物馆的戎生钟，其铭中曰："俾参征繁汤，取厥吉金，用作宝协钟"，李学勤先生指出二器铭记载内容大致相同，均记载了晋以食盐换取繁昌铜料之事，两者均系用繁汤之金铸造。"征"，《尔雅·释言》："行也"；"繁汤"，为地名，在今河南新蔡以北的繁阳，位于淮水北面，由该地向东、向南可通向已发现的几处古铜矿，是南方铜锡北运的会集地点。参李学勤《戎生编钟论释》，《文物》1999 年第 9 期。

极少数，大多数女性贵族本身并没有废立国君的权力，即使是她们对继承制的主动干预，也是通过与男性当权者的关系来实现的。

春秋中后期，各诸侯国中参政的贵族妇女仍不断出现，她们凭借两性关系也可对政治发挥间接的影响。但随着家族的逐渐解体使亲缘关系在政治中的作用不断减少，而“女祸论”思想的不断深化[①]，使她们在政治领域中的合法身份逐渐丧失，对政治的参与也主要通过男性贵族来实现。因而总体来说，春秋时期贵族妇女对政治的参与是逐渐受到限制的，政治领域中的性别差异亦是不断深化的。

战国时期，各国先后经历变法，完成了旧的贵族政治向官僚政治的转变，新的中央集权的官僚体制已基本建立，这种新兴的官僚体制结束了君主任命家族成员管理政治的情况，使血亲关系在政治中的作用减少，由此女性贵族凭借与其丈夫身份参政的机会也不复存在，由下文所述“女祸论”等原因，女性显然没有在新兴的官僚体系中取得一席之地，由此这种新兴的官僚体系将妇女排斥在政治之外，使女性在政治领域中的合法身份完全丧失，政治领域中的性别差异进一步深化。

但这种新兴的政治体制本身固有的弱点又不能完全避免女性干政，由于权力过分集中于国君手中，一旦国君没有能力处理政事，就会出现权力真空，而新兴的君主集权体制的本质仍是所谓的“家天下”，国家被视为私产，因此在这种情况下，为了王权的传承，协助甚至代理国君处理政事的任务往往会落在其母——太后的身上。上述四位太后就都是在“少主即位”无法处理国家政务，而同时内忧外患，各国都存在不同程度政治危机的情况下涉政的。由四位太后执政的时间来看，宣太后执政的时间为秦昭王元年至四十一年，即公元前 306 年到公元前 266 年，赵惠文后执政始自赵孝成王元年即公元前 265 年，韩国太后执政的时间与其大概相同[②]，齐国君王后执政的时间始自齐王建元年，即公元前 264 年，可见四太后执政的时间大约均在官僚体制已确立的战国末期，从而说明太后执政这种现象

---

① 关于商周时期，“女祸论”的产生、发展及深化，在下文中将详述。

② 《战国策》卷二十四记载魏将与秦攻韩之时，韩国国内为太后执政，而此时秦国宣太后已死，“故太后母也，而以忧死”，说明韩国太后执政的时间也在公元前 265 年以后。

的存在与政治体制的转变有直接的关系。

而且应指出的是，虽然执政之太后在某个历史时期对国家政治的影响是直接的，但战国时期的太后执政与西周时期的王后参政已有着根本的区别，由第五章论述可知，西周王后涉及政事是一个较普遍的现象，且各位王后在政治领域有其合法的身份，而战国时期的太后执政，属于特殊历史条件下的特殊现象，在君主专制制度下，君权的无限性与君主实际能力的有限性是非常突出的矛盾，这种矛盾的存在为太后执政提供了契机，可以说太后专政是君主在无法行使其权力时的权宜之计，是君权的异化。战国时期四位太后所掌管的权力看似超越西周王后，但她们在政治领域是不具有合法身份的，在历史条件发生改变后，太后就不得不交出自己的权力，退出短暂的历史舞台，如秦国宣太后虽权倾一时，但昭王感觉受其压制、对其不满后，即可以夺太后之政，以致宣太后最后忧死。

二、思想层面——女祸论的发展

对于“女祸论”的肇始，以往学者多依据《尚书·牧誓》[①] 的记载追溯至武王灭商，但由于《牧誓》成书年代为战国时期，其对周初史实的记载难免存在时代的局限，因而在武王灭商时是否已有限制妇人干政的思想，实在难以确知。而且西周时期，政治领域受“女祸论”思想影响的程度似并不深，在宗法制、嫡庶制、礼法的约束下，涉政的诸后在政治领域均具有合法的权威，她们以周王辅助者的姿态出现，参政的效果与影响也是积极的。这种情况一直持续到西周末期，王室衰微，犬戎入侵，周人把西周灭亡归因于幽王黜申后而宠褒姒，对后世有深远影响的“女祸论”始现。

《诗经·小雅·正月》曰：“赫赫宗周，褒姒灭之。”朱熹《诗集传》曰：“然赫赫然之宗周，而一褒姒足以灭之，盖伤之也。时宗周未灭，以褒姒淫妒谗谄而王惑之，知其必灭周也。”这首乐歌把西周灭亡归因于幽王黜申后而宠褒姒。《诗经·小雅·十月之交》亦曰：“艳妻煽方处”。朱熹

① 《尚书·牧誓》记载周武王征伐商，在牧野誓师诸侯时言及商纣王罪状，王曰：“古人有言曰：‘牝鸡无晨。牝鸡之晨，唯家之索。’今商王受，惟妇人言是用……”

《诗集传》："艳妻，即褒姒也。艳，炽也。方处，方居其所，未变徙也。言所以致变异者，由小人用事于外，而嬖妾蛊惑王心于内。以为之主故也。"从西周末期始至东周时期，社会上"女祸论""禁止妇人干政"的言论越来越多，并追溯到了夏商时期，把夏、商、西周的亡国原因皆归于妇人。《国语·晋语》中晋人史苏的言论即是此种观念的真实反映，曰："有男戎必有女戎，若晋以男戎胜戎，而戎必以女戎胜晋，其若之何?"又曰："昔夏桀伐有施，有施人以妹喜女焉，妹喜有宠，于是乎与伊尹比而亡夏。殷辛伐有苏，有苏氏以妲己女焉，妲己有宠，于是乎与膠鬲比而亡殷。周幽王伐有褒，有褒人以褒姒女焉，褒姒有宠，生伯服，逐太子宜臼，而立伯服，太子出奔申申人、鄫人召西戎以伐周，周于是乎亡。"

春秋时期，"女祸论"的发展有特殊的历史背景与原因。首先，自西周末期始，嫡庶制与宗法制衰落，在贵族家族内妇女与其子往往组成利益集团，争夺继承权，由此不可避免地祸起萧墙，如上文所论的骊姬乱晋、穆姜祸鲁。其次，春秋时期贵族妇女对政治的影响依然存在，妇女参政有时不可避免会打破权力的平衡，因为她们特殊的地位与身份，使一个家族或政治实体内部，形成两个权力中心。由《左传》可知，两性在政治上的争夺与冲突遍及整个春秋时期。再次，由于政治外交婚中，贵族妇女特殊的身份，对母国利益的维护往往会损害夫国的利益，造成父权与夫权的矛盾与冲突。因此当时的有识之士认为妇人干政会带来动乱，甚至国家灭亡。《诗经·大雅·瞻卬》云："哲夫成城，哲妇倾城。懿厥哲妇，为枭为鸱。妇有长舌，维厉之阶。乱匪降自天，生自妇人。匪教匪诲，时维妇寺。"朱熹《诗集传》曰："言男子正乎位外，为国家之主，故有知则能立国。妇人以无非无仪为善，无所事哲，哲则适以覆国而已。"

由此种种，政治领域中的性别差异逐渐深化，"禁止妇人干政"的观念在春秋时期不断发展，甚至成为诸侯盟会的信条，《穀梁传》中云，"葵丘之盟，陈牲而不杀，读书，加于牲上，壹明天子之禁，曰'毋雍泉，毋讫籴，毋以妾为妻，毋使妇人与国事'"。这些观念也逐渐被时人所接受，《左传》襄公九年记载，叔孙侨如奔齐后，穆姜被迫迁入东宫，卜人为其命运筮之。遇艮之八☶。史曰："是谓艮之随☱。随，其出也。君必速出。"穆姜自解卦辞曰：

今我妇人，而与于乱。固在下位，而有不仁，不可谓元。不靖国家，不可谓亨。作而害身，不可谓利。弃位而姣，不可谓贞。有四德者，随而无咎。我皆无之，岂随也哉？我则取恶，能无咎乎？必死于此，弗得出矣。

穆姜在此自言与叔孙侨如私通，欲去季氏、孟氏，甚至欲废鲁成公，皆为不可宽恕之行为，反映了穆姜被囚后的悔恨，也说明当时禁止妇人参政的观念已广为流行。

到了战国时期，“女祸论”“禁止妇人干政”的思想被进一步强化。《管子·君臣上》曰：“国无常法，则大臣敢侵其势。大臣假于女之能，以规主情，妇人嬖宠假于男之知，以援外权，于是乎外夫人而危太子，兵乱内作，以召外寇，此危君之徽也。”管子认为妇人干政，与权臣勾结不可避免地会危害君主的地位，因而应“妇言不及宫中之事”。《韩非子·亡征》亦指出女子干预政事直接导致国家的灭亡，“女子用国，刑余用事者，可亡也”。由此，君主对待后妃的态度应该“明君之于内也，娱其色而不行其谒，不使私请”①，即把后妃作为淫欲的工具，而不接受她们对政事的看法。这些思想对抑制妇女的政治权力、削弱妇女的政治地位产生了深远的影响。在“女祸论”思想的支配下，政治领域中的性别差异日益鲜明，女性对政治的参与越来越受到限制。

综上所述，本章通过对于东周政治领域内两性关系与性别差异的探讨，得出了以下认识：

1. 春秋前期，“夫妇二位一体”的性别观念与“家国同构”的血缘政治模式仍是女性贵族得以参政的法理来源。春秋中后期，家族组织逐渐解体，亲缘关系对政治的影响减弱，虽各诸侯国中贵族妇女仍凭借其夫的地位得以参政，但她们在政治领域中的合法身份逐渐丧失。

2. 春秋时期贵族阶层的性别关系对政治的直接影响主要体现在如下三个方面：其一，贵族阶层的“以妾为妻”对嫡长子继承制带来冲击，妻妾间为了自身利益往往与其子结成集团争夺继承权，使各国内夺嫡之争此起

① 《韩非子·八奸》。

彼伏，带来政治上的混乱与国家的衰亡。其二，贵族阶层的婚姻常沦为缔结军事、政治同盟的手段与方式，政治外交婚的存在，使各国间的政治外交与性别关系有着千丝万缕的联系，有时夫妻关系直接影响外交关系。其三，贵族阶层的非婚性关系大量存在是此时期两性关系的一个重要特征，而由于贵族阶层特殊的身份地位，两性关系也常常与政治联系在一起，成为各诸侯国中内乱外争的诱因之一。

3. 战国时期，家族组织的解体，贵族政治向官僚政治转化，而女性贵族并未在新生的官僚体系中取得一席之地，由此她们在政治领域中的合法身份完全丧失。“女祸论”的不断发展亦使女性在思想上被限制在政治之外，使政治领域中的性别差异进一步深化。

4. 战国时期的太后执政是君主集权与官僚体制诞生后的产物，由于血缘亲族关系对政治的影响逐渐减弱，而君主权力无限扩大，当君主不能履行权力时，执政的责任往往会落在太后身上，由此可见，太后执政是君主权力的异化，属于特殊时期的特殊现象，她们在政治领域中是不具备合法身份的，当男性的君主一旦能亲自处理政务，太后即会退出政治舞台。

下编结语

在这一部分中，主要探讨了商周时期政治领域中的性别差异与两性关系，中心内容可以归纳如下：

一、殷商时期贵族妇女拥有在不同层次上参与政治与军事的权力，政治领域中性别差异是不明显的。据卜辞记载，王妇妇好、妇井曾多次领兵出征，㞢妻妄在㞢氏中也承担着军政事务，而由于资料的局限与缺失，殷商时期涉及军旅之事的贵族妇女可能远远不止上述几位。

殷商时期贵族妇女参与军政事务并非母系社会的遗存，主要原因在于“家国同构”的政治组织形式与当时并不完善的管理机构。商王不只是国家的统治者，还是作为王朝统治核心的子姓商族的族长，他对这两者的管理往往交织在一起，在国家管理人员亦即官员的安排上，即会习惯地把自己家族的成员或亲信奴仆放在关键的岗位上，由此其妻亦在其呼令下从事军政事务。而贵族妇女对军政事务的从事，对于维护商王朝的统治与其家族的运转显然是有积极作用的，同时也使殷商时期贵族妇女拥有广阔的社会生活空间。

以往学者多认为“王妇领兵”等贵族妇女对军事政治事务的直接从事，表明了殷商贵族妇女拥有较高的政治地位，笔者认为，如果从妇女对政治参与范围的角度考虑，这种说法似有一定道理，但从本质上讲，王妇从事具体军政事务也恰恰反映了其在政治权力体系中没有与商王处于同一阶层，其在政治体系中的位置与臣属是毫无二致的，而其根源即在于殷商时期尚未形成“夫妇二位一体”的性别观念。

二、西周时期，政治管理体制逐渐发展，分封制与世族世官制度的实行，强化了周王朝的统治，而受封者均为男性，历世为官者亦把女性排斥在外，从而使西周政治领域中的性别差异逐渐深化，后妃已不再直接从事具体的军政事务。

但另一方面，在“家国同构”政治组织形式下，“夫妇二位一体”性别观念的加强使西周王后在王朝政治权力体系中占有重要地位。“刑于寡妻，至于兄弟，以御于家邦”，嫡妻在家国中的地位已超过兄弟，“夫妇二位一体”性别观念的发展使夫妇被视为一个整体，女性地位由其夫决定，虽然贵族妇女有处于从属地位的一面，但同时也通过夫妻关系在社会上和家族内得到与其夫匹配的地位。甚而有之，“夫妇二位一体”的性别观念也渗透到周人的政治思想中。由于西周时期的政治组织形式依然是“家国同构”，因而王后作为周王之妻、王族的宗妇同时也是周王朝之“女君”，其常常也在周王的委派下参与国家政事的管理。她们对政治参与的形式表现为周王的代表者与辅助者，她们依附于周王，行使王权。但由西周时期后妃能够直接呼命王官、决策政事来看，她们的参政行为是独立的，在政治场合中是被视为具有正式身份的。

三、春秋时期，女性贵族的参政仍然受两性关系的影响。春秋前期，在家国同构的政治组织形式下，女性凭借与其夫的关系，在政治中仍发挥重要的作用。春秋中后期，家族组织逐渐解体，亲缘关系对政治领域的影响逐渐减少，以及“女祸论”思想的发展，使女性对政治的参与逐渐受到限制，此时期虽然参政的人数很多，参与政事的范围也很广，但女性贵族大多并非直接对政治发生影响，而是通过与当权者的关系间接对政治发生作用，由此政治领域中的性别差异进一步深化。

此外，此时期性别关系对政治的影响还表现在以下几个方面，其一，由于宗法制的松动，各诸侯国国君以个人感情代替礼法规范，通过自己好恶来决定妻妾地位，而“以妾为妻”最直接的后果即是对嫡长子继承制的冲击，使各国内夺嫡之争此起彼伏，带来政治上的混乱与国家的衰亡。其二，政治外交婚的存在，使各国间的政治外交与性别关系有着千丝万缕的联系，有时夫妻关系直接影响外交关系。其三，贵族阶层的非婚性关系大量存在是此时期两性关系的一个重要特征，而由于贵族阶层特殊的身份地位，两性关系也常常与政治联系在一起，成为各诸侯国中内乱外争的诱因之一。

在这种历史背景下，“男女之别”的思想观念、禁止妇人干政的“女祸论”进一步发展，在思想观念上使政治领域中的性别差异逐渐深化。

四、战国时期，宗族组织逐渐瓦解，新的官僚制度逐渐建立，虽新兴的君主集权制度在本质上仍是所谓的“家天下”，但随着家族的逐渐解体，原来任用家臣或家族成员来统治的体制逐渐废弃，在各诸侯国中，贵族妇女作为统治者之妻参与国家事务管理的合法身份亦不复存在。而君主集权的官僚体制建立，在官僚制度的精细化和完善化上都有了进一步的发展，由于女性并没有在新兴的官僚体系中取得一席之地，使女性在制度层面上被排斥在政治之外。而此时，“女祸论”思想的进一步强化使女性在思想上亦被限制在政治之外，政治领域中的性别差异进一步深化。

但君主集权的官僚体制又为女性执政提供了契机，由于权力完全集中在君主手中，当君主不能行使权力时，为了不使大权旁落，保障君主权力的世代传承，代替君主执掌朝政的重任往往落在其母——太后身上。可见太后执政的法理来源并不在于其夫，而在于其子。从本质上来讲，太后执政是君主权力的异化，属于特殊历史时期的特殊现象，她们在政治领域中是不具有正式的权威的。

另一方面，战国时期，由于对“妻妾之别”等级制度的重新强调，使女性贵族对继承制的干预逐渐减弱。婚姻礼法的推行与“男女之别”的限制，也抑制了非婚性关系的存在、促进了家庭的稳定，此时由性别关系而引起的纷争也相对减少。而此时政治外交婚依然盛行，因而通过外交婚姻而形成的错综复杂的性别关系对政治外交的影响依然存在。

综上所述，政治领域中的性别差异是由两性关系、生产力水平、国家形态、家族形态、地理环境、思想观念等多种因素决定的。简而言之，政治领域中的性别差异随着两性关系的发展变化而变化，也随着国家形态的发展与政治机构的完备而逐渐鲜明，从殷商至西周，至春秋，直至战国，贵族妇女对政治的参与程度与影响力度越来越小，两性在政治领域中的差异也就越来越大。

结　语

一、本书主要观点的归纳

本书从性别视角考察了商周社会的婚姻、家族与政治，主要从埋葬方式、祭祀方式、婚姻形态、性别观念等方面分析自殷商至战国两性关系的具体表现，进而探讨了两性关系对家族秩序、祭祀制度、继承制度、宗法、政治领域等方面的影响，从性别层面对商周社会组织结构以及政治形态进行了一些思考。其基本观点，可归纳如下：

1. 婚姻制度是社会体系的一个重要组成部分，它直接体现了社会文明发展的程度，而婚姻关系中的夫妻关系又是两性关系中最主要的一种表现形式，因此婚姻制度直接决定了性别观念、两性关系的存在状态和发展水平。同时婚姻作为性关系的文明产物，其观念本身亦属性别观念的一部分，因而要了解一定时期内的性别观念与两性关系，首先要明确同时代的婚姻制度。

殷商时期，贵族阶层内已存在嫡妻与妾间的等级差别，但武乙之前所实行的未必是严格的一夫一妻（正妻）制，可能是一夫一妻（正妻）或一夫多妻（正妻）相结合的制度；武乙始至殷末，严格的一夫一妻制始确立。西周时期，贵族阶层实行的是严格的一夫一妻制，嫡妻与妾间存在严格的等级差异。春秋时期虽然各诸侯国中存在不同程度的“以妾为妻”的现象，但贵族阶层妻妾间的等级差异依然是森严的。至战国时期，为了维护家庭秩序与社会秩序，贵族阶层一夫一妻制被礼法加以强调，不只要求“诸侯无专立妾以为妻”，且严明妻妾间的尊卑次序。

殷商时期平民阶层占主流的婚姻形态已是一夫一妻制，而非对偶婚或乱婚。自殷商—西周—春秋—战国，平民阶层的婚姻形态与夫妻关系并未发生实质性的变化，大多为一夫一妻制，夫妻间的地位相对比较平等，这是由平民阶层的经济条件所决定的。

2. 由甲骨卜辞所反映的祭祀中的夫妻分祭以及墓葬制度中的“夫妻分葬”来看，殷商时期并不存在“夫妇二位一体”的性别观念，夫妻关系是较为淡漠的，在家族成员间的各种亲属关系中，尚未取得绝对的优势。西周时期，“夫妇二位一体”的性别观念形成并逐渐加强。文献资料中，在对夫妇的称谓方面已有匹配之意，贵族阶层的夫妇异穴合葬凸显了嫡妻超越其他家族成员的权力与地位，金文中夫妇共同作器以及死后被后人合祭，表明在各种亲属关系中，夫妻关系已超越其他关系，得到周人的重视与尊重，两性关系不只是自然秩序，更被作为社会秩序加以强调。春秋时期，夫妇异穴合葬的形式更为流行，贵族阶层的夫妇同穴合葬墓亦开始出现，表明“夫妇二位一体”的性别观念进一步发展，以夫妻关系作为生活轴心或中心点的观念更加强化。战国时期，随着家族的逐渐解体，小家庭独立，夫妇关系已成为最重要的家庭关系，正确处理夫妇关系亦成为协调社会秩序、家庭秩序的主要内容。

总体来看，自殷商至战国时期夫妇关系是不断增强的，这种夫妇观念的变化，与家族形态的不断演进以及庶民家族的解体和小家庭脱离于家族是相互影响的。

3. 殷商、西周至春秋前期，性别关系是较为自由开放的，男女间的交往并未受到过多的约束与限制。春秋时期性别关系的开放并非为“礼崩乐坏”的结果，而是原始婚俗的残留。春秋后期到战国时期，礼法逐渐对两性关系加以规范，男女有别、男外女内的性别隔离观念产生，非婚性关系受到限制，这是社会文化进步的表现，是稳固家庭秩序与社会秩序的必然要求。

夫妇异穴合葬墓中男东女西位置的逐渐确定始于西周中期，这与此时阴阳观念逐渐被周人重视与采用有关。而男左女右的性别方位礼制文化系从男东（阳）女西（阴）观念衍化而来。

4. 以往学者多认为“女祸论”产生于西周初期，认为武王伐纣时，已产生了限制女性干政的观念，但笔者认为，对后世影响深远的“女祸论”实产生于西周末期，历春秋、战国时期得到强化。

5. 以往学者探讨商周家族秩序，主要集中于男性族长与族人间的等级差异，本书从性别视角出发，考察商周家族秩序尤其是女性成员的等级地位的变化则可以得知，殷商时期，男性族长在家族统治中处于“独尊”的地位，家族成员的行为、家族财产都受他控制和支配，但族长配偶并没有超越其他家族成员的权力与地位。她们与家族内的男性成员一样，也是具体的家族或社会事务的承担者，殷商时期家族事务中的性别差异是不明显的。至西周、春秋时期，在“夫妇二位一体”性别观念的影响下，贵族家族内出现了宗子与宗妇共同统治的局面，作为宗子之妻的宗妇在家族内拥有仅次于宗子的地位与管理家族内部事务的权力。

6. 性别观念的变化对商周祭祀制度也发生重要影响。殷商时期，因“夫妇二位一体”的性别观念并不存在，因而在家族祭祀中亦尚未形成妇助夫主祭的制度，族长之妻虽在族长的呼令下可以参与祭祀活动，但并未取得与族长相类的主祭地位。西周、春秋时期，家族内的祭祀活动逐渐与“夫妇二位一体”的伦理观念相结合，在夫妇相合以治宗庙之礼观念的影响下，在家族祭祀中亦以夫妇关系为主轴，形成了大宗夫妇主祭、小宗夫妇助祭的制度。但西周、春秋时期贵族家族内夫妇间在祭祀中也存在一定的权力与地位差异，宗子在家族祭祀中具有主导地位，宗妇虽是家族祭祀的女主人，但在祭祀中的职责主要是协助宗子，这表明妻子在家族祭祀中的地位与权力亦是受其夫支配的。

7. 性别观念及其变化也深刻影响家族内继承制。殷商继承制的实质为父死子继，由于妻妾间已有嫡庶之分，继承权已限于正妻所生诸子，但嫡长子继承制并未确立，嫡子均有继承王位的资格，对于兄来说，王位得自其父，其弟与父王亦是直系，自然亦有继承权，这也是殷商出现大量“兄终弟及”现象的原因。西周时期，妻妾嫡庶制更加鲜明，嫡长子继承制得以确立，嫡妻所生之长子生而具有继承王位或族长之位的权力，如果嫡长子死亡，则“母弟”在其兄死后有优先继承的权力。不只如此，母弟在家族内与政治上的地位亦是高于庶弟的，周人对于“母弟”的重视和强调，其根源也在于嫡妾制。只有在嫡妻无嗣的情况下，庶子才成为可供考虑的继承人选。春秋时期，“以妾为妻”对嫡长子继承制带来了一定的冲击，引起了一些诸侯国内的动乱与政争，战国时期，嫡长子继承制被重新强调。

8. 两性关系对于家族内的宗法亦产生了影响。宗法制的实质在于维护家族成员间等级差别之原则，宗法即是维护宗子在本家族内的至尊地位之法①。殷商时期贵族家族内已存在宗法，族长在家族内拥有至高无上的权力，家族内亦有了直系与旁系的区分，"重直系轻旁系"，但直、旁系的区分并不是预设的。妻妾间的嫡庶之分以及嫡长子继承制并未确立使正妻所生之子拥有先后继承王位或族长之位的权力，由此兄弟先后为王的现象在殷商并不鲜见。但究竟谁为直系，则要等后王即位后决定，其父始确立为直系，其母入祭祀典。由此，这种直系与旁系间的等级关系可能远远不如周代在嫡长子继承制基础上所产生的大、小宗间那样鲜明。西周时期，嫡长子继承制得以实行，大、小宗间的等级差别亦得到强化，一般来讲，嫡长子继位为大宗，地位尊贵，对家族有绝对的统治权，其余嫡子与妾所生之子没有继承权为小宗，大宗分出的小宗中又有大、小宗之分，大宗、小宗间的区分是相对的，这种由于嫡庶制而产生的大小宗间存在严格的统属关系与森严的等级差别。

9. 两性关系对于政治领域的影响。殷商、西周时期的贵族妇女在政治领域中是拥有独立人格的，其法理来源均在于在当时的政治组织形式下，统治者利用家族血缘关系强化了国家上层统治阶层，使之成为统治之基础。由此商王王妇与西周王后作为王族中的重要成员，得以参与到政治领域中。殷商王妇与西周王后的参政亦有层次上的区别，主要在于殷商王妇的参政行为，尤其领兵出征实与诸侯臣下的行为毫无二致，而西周王后则不再从事具体的军政事务，而是以周王代表者和辅助者的姿态出现，协助周王，行使王权。这与周人重视嫡妻在政治中的作用、"夫妇二位一体"性别观念的发展有直接的关系。春秋前期，女性贵族凭借与其夫的关系仍拥有较高的政治地位与权力。自中后期始，家族组织逐渐解体，亲缘关系在政治领域中的作用减少，"女祸论"思想的发展、"男主外、女主内"等观念的流行亦抑制了女性的政治权力，使女性参政的合法性越来越受到限制。战国时期的太后执政都发生在贵族政治向官僚政治发生演变后、君主

① 朱凤瀚：《商周家族形态研究》（增订本），天津古籍出版社2004年版，第553页。

集权制已基本建立的战国中后期。属于特殊历史条件下的特殊现象，在君主专制制度下，君权的无限性与君主实际能力的有限性是非常突出的矛盾，这种矛盾的存在为太后执政提供了契机，但应指出的是，太后在政治领域是不具有合法身份的，在历史条件发生改变后，太后就不得不交出自己的权力，退出历史舞台，这与西周的王后参政有着根本的区别。

总体来看，从殷商至西周、至春秋、至战国，女性在政治领域中的合法身份与独立人格逐渐丧失，政治领域中的性别差异逐渐深化。其制度根源为贵族政治向官僚政治的转变，其思想根源则为“女祸论”的产生、发展、强化，此外，男主外、女主内的性别分工亦是限制女性干政的原因之一。

10. 东周政治外交婚中婚姻关系对政治、外交产生了重要的影响。盛行于春秋战国时期的政治外交婚使姻亲关系与各国的政治关系掺杂在一起，有时夫妻关系直接影响外交关系，男性贵族常常为了政治利益而摒弃姻亲关系，女性贵族虽本质上沦为男性贵族缔结同盟的工具，但她们对母国利益的回护，造成父权与夫权的矛盾，是禁止妇人干政以及“妇人三从”思想出现的原因之一。

11. 东周贵族阶层自由开放的两性关系直接影响着各国的政治。贵族阶层较为自由开放的性别关系是春秋各诸侯国中内乱外争的诱因之一，在处理性别关系时的率性而为常常导致家族内部的混乱与自相残杀，甚至各国间的征伐。战国时期，婚姻礼法的推行与“男女之别”的限制，也抑制了非婚性关系的存在、促进了家庭的稳定，由性别关系而引起的政争也逐渐减少。

综言之，两性关系的发展是商周社会发展的推动力之一，其变化直接导致家族形态与家族制度、家族成员间等级地位的变化。在社会基本组织形态从家族到家庭的转变中，政治与经济因素所起的作用可能是决定性的[1]，但两性关

---

① 朱凤瀚先生在其《商周家族形态研究》中指出，“贵族家族组织的形态及其演变主要取决于政治因素，包括适应于贵族阶级本身争取政治利益与经济利益的需要、国家政权对贵族家族的依赖、家族成员在政治上对宗族关系的依赖等；而庶民阶层家族形态及其演变则主要决定于经济的因素，包括生产工具为代表的生产力水平以及统治阶层的经济政策”。见《商周家族形态研究》（增订本），天津古籍出版社 2004 年版，第 552 页。

系在其中也起着不可忽视的作用，因为两性关系的存在状态不仅是家族形态差异的表象，其变化更是家族秩序与家族结构变化的诱因之一，最终也影响到家族形态发生改变。尤其自西周以来，“夫妇二位一体”小家庭观念的产生及不断强化直接冲淡了家族内的血缘纽带，消除了原始氏族制的一些遗存，并对原有的家族形态带来了冲击，其对个体意识的强调，亦促使了家族的逐步解体与小家庭的独立。

两性关系的发展亦使政治领域中的性别差异呈现不同的内容，商周不同历史阶段贵族妇女对政治的参与均与两性关系的存在状态有着直接的关系。而春秋时期，贵族妇女尤其后妃对政治的参与，在某种程度上削弱了男性贵族的权势与地位，对男性的统治地位造成了威胁。也使在一个权力机构内形成了两个甚至多个权力核心，从而带来权力的分化与政令的分散，导致政治上的混乱。而且由于特殊的历史条件，此时期两性关系本身亦直接对政治发生影响。这也是促使能容纳女性参政的贵族政治向排斥女性参政的君主集权官僚政治转变的原因之一。战国时期，贵族政治向官僚政治转变，女性完全被限制在新生的官僚体系之外。

二、相关问题的几点深层次思考

（一）对商周时期的一些特殊现象不能简单归因于母系社会的遗存

受马克思主义模式与摩尔根古代社会理论的影响，一些学者多将商周社会中女性受到重视或拥有较大权力的现象归因于母系社会中母权制的遗存，如殷商贵族妇女参与军政事务、合祭女性祖先神、春秋时期母弟称弟等现象。笔者认为，这种认识是较为片面的。

首先，尽管父系社会是父权制，但母系社会并不是母权制。在母系社会中，继嗣虽通过女性一系传递，但并不是从母亲到女儿，财产与主要身份的传递是从母亲的兄弟到这个兄弟的姐妹的子女，这就决定了女性在继嗣群中并非唯一的权力持有者，而是与男性共享权力①，两性是比较平等的。因而说商周时期女性地位较高的根源在于母系社会中母权制的遗风本

① ［美］威廉·A. 哈维兰：《文化人类学》，瞿铁鹏等译，上海社会科学院出版社 2006 年版，第 294 页。

身就是错误的。

其次，商周时期，已脱离母系氏族社会数千年，父系制早已建立，女子从夫居，继承权已限于父死子继，女性虽受到重视或拥有一定权力，亦是因为她们在父权制家族中的身份，尤其是与其夫的地位、权力密切相关。

因而把某些在父权社会中似与常规相悖的现象归为母系社会的遗存似过于武断。对此类现象的解释应从当时的两性关系以及社会发展状况中去寻根求源。如殷商时期对女性祖先神的“诸妣”“诸母”的合祭，并非是母系氏族制的残余，因为所祭祀的诸位女性祖先神并非母族的亲属，而是父权制家族内祖辈或父辈的配偶，为父权制家族成员，对她们合祭是殷商女性家族成员在家族事务中发挥重要作用的反映。

（二）对于商周妇女地位的问题要多方面考虑

以往观点多认为，殷商时期，妇女地位较高，自西周妇女地位逐渐降低，这种观点值得推敲。首先，妇女地位是一个相对的、多方位的、模糊的概念[①]，包括妇女在婚姻、家庭中的地位、家族地位、政治地位、经济地位等，妇女本身也是一个集合概念，包括各个阶层的妇女，因而对不同时期的妇女地位问题要具体分析，不可片面言之。殷商时期妇女拥有的独立地位是其后任一朝代的妇女所无法比拟的，但西周时期，贵族妇女在家族内与政治上的地位与殷商贵族妇女相比，并不低下，因为随着“夫妇二位一体”观念的增强，妻子取得了与其夫相同的家族或社会地位，如果从这个角度来看，西周中期贵族妇女的在政治上与家族内的地位均应是高于殷商女性贵族的。可见，女性的独立地位与等级地位亦是两个不同的概念。贵族妇女地位的下降应始于春秋中后期，随着“女祸论”思想的发展以及调整两性关系的伦理道德的出现，女性贵族被排斥在政治之外。战国时期，随着统治阶级对两性关系的调整以及对性别角色的礼法规范，使男尊女卑的格局逐渐形成。

（三）商周两性关系模式对后世的深远影响

殷商至春秋前期是妇女较为独立、地位较高、两性关系较为自由开放

① 谭琳：《中国妇女地位问题的模糊类聚分析》，《中国人口科学》1990年第4期。

的时期。自春秋后期开始，统治阶级为了维护社会秩序和家庭秩序，规范两性关系的伦理道德逐渐出现，妇女逐渐受到限制。至战国时期，对于后世影响深远的两性关系模式形成，主要表现为：在婚姻关系中男尊女卑、妻尊妾卑，妻妾必须绝对服从丈夫；婚姻礼法推行，非婚性关系受到限制；在家庭分工中，倡导男外女内、男耕女织，女性逐渐被限制在寝门之内。虽在实际生活中未必完全如此，但这种两性关系的模式对秦汉以后的中国社会乃至今天产生了深远的影响。首先，这种调整两性关系的礼法对于家庭的稳固与社会的发展起到了极其重要的作用，自秦汉至明清，虽然大家庭乃至宗族的影响一直存在，但社会的基层组织单位均是以一夫一妻的小家庭为主，再无更改。其次，对于两性关系的规范在男权社会中已完全沦为限制女性的工具，是秦汉以来中国妇女受压迫的思想根源，宋以后，尤其明清时期演变为严重摧残妇女的偏执的贞节观念，导致大批贞节烈妇的出现。直至中华人民共和国成立后，虽然妇女受压迫的旧制度被打破，女性地位得到提高，但在一些人的思想深处，这些重男轻女、男尊女卑的错误思想仍然根深蒂固。因而，今天倡导妇女解放，应将其着重点放在解放思想上。

（四）性别研究理论模型的意义及其对于商周史研究的贡献

性别分析方法突破了传统史学方法的局限，是对阶级阶层分析、民族或种族分析以及文化分析等方法的重要补充，这种方法的运用使研究对象集中于不同阶层的男、女以及两性间的关系上，这就为历史研究增添了新的内容，且能更深入地了解和还原历史细节。而性别理论研究模型的建立亦使对现象的描述上升到理论层次，不再只是单纯描述男性、女性地位以及两性关系的存在状态等表面现象，而是试图通过对现象的综合分析而寻找两性关系及性别差异的内在运行机制及其对社会发展演变的影响。这显然比只以妇女为研究对象和旨在重现妇女在历史上地位的妇女史更具历史价值与意义。

尤其在商周血缘政治模式下，贵族阶层的两性关系不只是商周社会结构的一个基本方面，更广泛渗透于婚姻、家庭、家族、宗教、政治、经济、教育、伦理道德等各个领域，它的发展演变属商周历史进程中不可或缺的部分，因而从性别视角切入能为商周史研究注入新的活力，对商周性别角色和性别地位的研究能使当时的社会组织形式与社会性质更加明确，对贵族阶层两性关系模式的研究则能促进对商周的社会组织结构和政治形态的了解，亦能明确中国性别差异与两性关系模式的历史渊源。

参考文献

一、基本典籍

《公羊传》(《十三经注疏》本),中华书局1980年版。

《穀梁传》(《十三经注疏》本),中华书局1980年版。

《汉书》(中华书局点校本),中华书局1990年版。

《礼记》(《十三经注疏》本),中华书局1980年版。

《论语》(《十三经注疏》本),中华书局1980年版。

《孟子》(《十三经注疏》本),中华书局1980年版。

《尚书》(《十三经注疏》本),中华书局1980年版。

《诗经》(《十三经注疏》本),中华书局1980年版。

《史记》(中华书局点校本),中华书局1972年版。

《世本》(雷学淇辑),商务印书馆,1937年版。

《仪礼》(《十三经注疏》本),中华书局1980年版。

《周礼》(《十三经注疏》本),中华书局1980年版。

《左传》(《十三经注疏》本),中华书局1980年版。

陈奇猷:《吕氏春秋新校释》,上海古籍出版社2002年版。

陈奇猷:《韩非子新校注》,上海古籍出版社2000年版。

方诗铭、王修龄:《古本竹书纪年辑证》(修订本),上海古籍出版社2005年版。

何建章:《战国策注释》,中华书局1990年版。

黄怀信:《逸周书汇校集注》(修订本),上海古籍出版社2007年版。

黄汝成:《日知录集释》,上海古籍出版社1985年版。

黎翔凤:《管子校注》,中华书局2004年版。

蒋礼鸿:《商君书锥指》,中华书局1986年版。

朱彬:《礼记训纂》,中华书局1996年版。

孙希旦:《礼记集解》,中华书局1989年版。

马瑞辰：《毛诗传笺通释》，中华书局 1989 年版。

朱熹：《诗集传》，中华书局 1958 年版。

程俊英、蒋见元：《诗经注析》，中华书局 2006 年版。

高亨：《诗经今注》，上海古籍出版社 1980 年版。

王先谦：《诗三家义集疏》，中华书局 1987 年版。

孙星衍：《尚书今古文注疏》，中华书局 1986 年版。

孙诒让：《周礼正义》，中华书局 1987 年版。

孙诒让：《墨子间诂》，中华书局 1986 年版。

王聘珍：《大戴礼记解诂》，中华书局 1983 年版。

吴毓江：《墨子校注》，中华书局 1993 年版。

吴静安：《春秋左氏传旧注疏证续》，东北师范大学出版社 2005 年版。

杨伯峻：《春秋左传注》（修订本），中华书局 2005 年版。

杨伯峻：《孟子译注》，中华书局 1960 年版。

杨伯峻：《论语译注》，中华书局 1980 年版。

杨天宇：《仪礼译注》，上海古籍出版社 2004 年版。

徐元诰：《国语集解》（修订本），中华书局 2002 年版。

诸祖耿：《战国策集注汇考》（增补本），凤凰出版社 2008 年版。

二、甲骨金文著录书籍

郭沫若主编，胡厚宣总编辑：《甲骨文合集》，中华书局 1979—1982 年版。（《合集》）

彭邦炯：《甲骨文合集补编》，语文出版社 1999 年版。（《合集补》）

中国社会科学院考古研究所：《小屯南地甲骨》，中华书局 1980 年版。（《屯南》）

中国社会科学院考古研究所：《殷墟花园庄东地甲骨》，云南人民出版社 2003 年版。（《花东》）

罗振玉：《三代吉金文存》，中华书局 1983 年版。（《三代》）

徐中舒主编：《殷周金文集录》，四川辞书出版社 1986 年版。（《集录》）

于省吾：《商周金文录遗》，中华书局 1993 年版。（《录遗》）

中国社会科学院考古研究所：《殷周金文集成》，中华书局 1984—1994 年版。（《集成》）

刘雨、卢岩：《近出殷周金文集录》，中华书局 2002 年版。（《近出》）

钟柏生、陈昭容等：《新收殷周青铜器铭文器影汇编》，艺文印书馆，2006 年版。（《新收》）

吴镇烽:《商周青铜器铭文暨图像集成》,上海古籍出版社 2012 年版。(《铭图》)

吴镇烽:《商周青铜器铭文暨图像集成续编》,上海古籍出版社 2016 年版。(《铭图续》)

三、工具书

李孝定:《甲骨金文集释》,“中央研究院”历史语言研究所,1970 年版。

姚孝遂等:《殷墟甲骨刻辞摹释总集》,中华书局 1988 年版。

姚孝遂等:《殷墟甲骨刻辞类纂》,中华书局 1989 年版。

徐中舒:《甲骨文字典》,四川辞书出版社 1989 年版。

容庚:《金文编》,中华书局 2002 年版。

于省吾:《甲骨文字诂林》,中华书局 1996 年版。

于省吾:《甲骨文字释林》,中华书局 1979 年版。

张亚初:《殷周金文集成引得》,中华书局 2001 年版。

中国社会科学院考古研究所:《殷周金文集成释文》,香港中文大学 2001 年版。

周法高、张日昇:《金文诂林》,香港中文大学 1974 年版。

周法高:《金文诂林补》,“中央研究院”历史语言研究所 1982 年版。

马承源主编:《商周青铜器铭文选》,文物出版社 1988 年版。

张懋镕:《青铜器论文索引(1983—2001)》,香港明石文化国际出版有限公司,2005 年版。

张懋镕、张仲立:《青铜器论文索引(2002—2006)》,线装书局,2008 年版。

“中央研究院”历史语言研究所:殷周金文暨青铜器资料库(www. ihp. sinica. edu. tw/ ~ bronze/)

四、考古发掘报告

安阳博物馆:《安阳大司空村殷代杀殉坑》,《考古》1978 年第 1 期。

安阳市博物馆:《安阳铁西刘家庄南殷代墓葬发掘简报》,《中原文物》1986 年第 3 期。

安阳市文物工作队:《1983--1986 年安阳刘家庄殷代墓葬发掘报告》,《华夏考古》1997 年第 2 期。

北京市文物研究所:《琉璃河西周燕国墓地(1973—1977)》,文物出版社 1995 年版。

北京大学考古系、山西省考古研究所:《1992 年春天马—曲村遗址墓葬发掘报告》,《文物》1993 年第 3 期。

北京大学考古系、山西省考古研究所:《天马—曲村遗址北赵晋侯墓地第二次发掘》,《文物》1994 年第 1 期。

北京大学考古系、山西省考古研究所:《天马—曲村遗址北赵晋侯墓地第三次发掘》,《文物》1994 年第 8 期。

北京大学考古系、山西省考古研究所:《天马—曲村遗址北赵晋侯墓地第四次发掘》,《文物》1994 年第 8 期。

北京大学考古系、山西省考古研究所:《天马—曲村遗址北赵晋侯墓地第五次发掘》,《文物》1995 年第 7 期。

北京大学考古系、山西省考古研究所:《天马—曲村遗址北赵晋侯墓地第六次发掘》,《文物》2001 年第 8 期。

北京大学考古系商周组、山西省考古研究所:《天马—曲村 (1980—1989)》,科学出版社 2000 年版。

德州行署文化局文物组、济阳县图书馆:《山东济阳刘台子西周早期墓发掘简报》,《文物》1981 年第 9 期。

德州地区文化局文物组、济阳县图书馆:《山东济阳刘台子西周墓地第二次发掘》,《文物》1985 年第 12 期。

郭宝钧:《浚县辛村》,科学出版社 1964 年版。

郭宝钧:《山彪镇与琉璃阁》,科学出版社 1959 年版。

河北省文物研究所:《藁城台西商代遗址》,文物出版社 1985 年版。

河南省博物馆、信阳地区文管会、信阳市文化局:《河南信阳市平桥春秋墓发掘简报》,《文物》1981 年第 1 期。

河南省文物考古研究所、三门峡市文物工作队:《三门峡虢国墓地》(第一卷),文物出版社 1999 年版。

河南省文化局文物工作队:《郑州二里岗》,科学出版社 1959 年版。

河南省文物研究所等编:《淅川下寺春秋楚墓》,文物出版社 1991 年版。

河南省文物考古研究所、周口市文化局:《鹿邑太清宫长子口墓》,中州古籍出版社 2000 年版。

河南省文物考古研究所、平顶山市文物管理局:《平顶山应国墓地》,大象出版社 2012 年版。

河南信阳地区文管会、光山县文管会:《春秋早期黄君孟夫妇墓发掘简报》,《考古》1984 年第 4 期。

湖北省博物馆、湖北省考古文物研究所、随州市博物馆:《随州叶家山:西周早期曾国墓地》,文物出版社 2013 年版。

湖北省荆州地区博物馆:《江陵雨台山楚墓》,文物出版社 1984 年版。

湖北省文物考古研究所、随州市博物馆:《湖北随州叶家山西周墓地发掘简报》,《文物》2011 年第 11 期。

湖北省文物考古研究所、随州市博物馆:《湖北随州叶家山 M28 发掘报告》,《江汉考古》2013 年第 4 期。

湖北省文物考古研究所、随州市博物馆:《湖北随州叶家山 M65 发掘报告》,《江汉考古》2011 年第 3 期。

梁思永、高去寻:《侯家庄》第八本《1550 号大墓》,中国考古学报告集之三,"中央研究院"历史语言研究所,1976 年。

刘士莪:《老牛坡》,陕西人民出版社 2002 年版。

洛阳市文物工作队:《洛阳北窑西周墓》,文物出版社 1999 年版。

卢连成、胡智生:《宝鸡𢐗国墓地》,文物出版社 1988 年版。

马得志、周永珍、张云鹏:《一九五三年安阳大司空村发掘报告》,《考古学报》1979 年第 1 期。

山东省文物考古研究所:《曲阜鲁国故城》,齐鲁书社 1982 年版。

山西省考古研究所:《灵石旌介商墓》,科学出版社 2006 年版。

山西省考古研究所:《上马墓地》,文物出版社 1994 年版。

山西省考古所、运城市文物工作站、绛县文化局:《山西绛县横水西周墓地》,《考古》2006 年第 7 期。

山西省考古所、运城市文物工作站、绛县文化局:《山西绛县横水西周墓发掘简报》,《文物》2006 年第 8 期。

中国社会科学院考古研究所:《殷墟妇好墓》,文物出版社 1980 年版。

中国社会科学院考古研究所沣西发掘队:《长安张家坡西周井叔墓发掘简报》,《考古》1986 年第 1 期。

中国科学院考古研究所安阳队:《1973 年小屯南地发掘简报》,《考古》1975 年第 1 期。

中国社会科学院考古研究所:《殷墟发掘报告(1958—1961)》,文物出版社 1987 年版。

中国社会科学院考古研究所:《安阳殷墟郭家庄商代墓葬》,中国大百科全书出版社 1998 年版。

中国社会科学院考古研究所安阳工作队:《1969—1977 年殷墟西区墓葬发掘报告》,《考古学报》1979 年第 1 期。

中国社会科学院考古研究所：《张家坡西周墓地》，中国大百科全书出版社 1999 年版。

中国科学院考古研究所：《沣西发掘报告》，文物出版社 1963 年版。

中国科学院考古研究所：《上村岭虢国墓地》，科学出版社 1959 年版。

五、论著与文集

［德］恩格斯：《家庭、私有制和国家的起源》，《马克思恩格斯选集》第 4 卷，人民出版社 1995 年版。

［德］马克思：《摩尔根〈古代社会〉一书摘要》，人民出版社 1978 年版。

［美］梅里 · E. 威斯纳－汉克斯：《历史中的性别》，东方出版社 2003 年版。

［英］坎迪达 · 马奇等：《社会性别分析框架指南》，社会科学文献出版社 2004 年版。

［法］安德烈 · 比尔基埃等主编：《家庭史》，三联书店 1998 年版。

［法］西蒙娜 · 德 · 波伏娃：《第二性》，中国书籍出版社 1998 年版。

［美］威廉 · A. 哈维兰：《文化人类学》，上海社会科学院出版社 2006 年版。

［美］林嘉琳、孙岩主编：《性别研究与中国考古学》，科学出版社 2006 年版。

［芬兰］E. A. 威斯特马克：《人类婚姻史》，商务印书馆 2002 年版。

［美］摩尔根：《古代社会》，商务印书馆 1995 年版。

［日］白川静：《金文通释》，白鹤美术馆 1963—1983 年版。

［苏］谢 · 亚 · 托卡列夫：《世界各民族历史上的宗教》，中国社会科学出版社 1985 年版。

［苏］谢苗诺夫：《婚姻和家庭的起源》，中国社会科学出版社 1983 年版。

［英］杰弗里 · 巴勒克拉夫：《当代史学主要趋势》，北京大学出版社 2006 年版。

鲍晓兰主编：《西方女性主义研究评介》，三联书店 1995 年版。

鲍家麟：《中国妇女史论集》，牧童出版社 1979 年版。

陕西师范大学、宝鸡青铜器博物馆：《黄盛璋先生八秩华诞纪念文集》，中国教育文化出版社 2005 年版。

北京大学中国传统文化研究中心编：《文化的馈赠——汉学研究国际会议论文集 · 考古学卷》，北京大学出版社 2000 年版。

北京大学中国考古学研究中心、北京大学震旦古代文明研究中心编：《古代文明》(第 7 卷)，文物出版社 2008 年版。

曹玮：《周原遗址与西周铜器研究》，科学出版社 2004 年版。

曹兆兰：《金文与殷周女性文化》，北京大学出版社 2004 年版。

蔡一平、杜芳琴:《妇女与社会性别史研究的理论与方法》，湖南大学出版社2016年版。

晁福林:《先秦民俗史》，上海人民出版社2001年版。

晁福林:《先秦社会形态研究》，北京师范大学出版社2003年版。

晁福林:《夏商西周社会的变迁》，北京师范大学出版社1996年版。

常玉芝:《商代周祭制度》，线装书局2009年版。

畅引婷:《建构的历史与历史的建构——女性主义与妇女史研究文集》，三晋出版社2009年版。

陈顾远:《中国古代婚姻史》，商务印书馆1925年版。

陈鹏:《中国婚姻史稿》，中华书局1990年版。

陈槃:《春秋大事表列国爵姓及存灭表譔异》，"中央研究院"1969年版。

陈梦家:《殷虚卜辞综述》，中华书局2004年版。

陈梦家:《西周铜器断代》，中华书局2004年版。

陈絜:《商周姓氏制度研究》，商务印书馆2007年版。

陈絜:《商周金文》，文物出版社2006年版。

陈绍棣:《中国风俗通史（两周卷）》，上海文艺出版社2003年版。

陈英杰:《西周金文作器用途铭辞研究》，线装书局2008年版。

崔明德:《先秦政治婚姻史》，山东大学出版社2004年版。

费孝通:《生育制度》，商务印书馆1999年版。

冯尔康主编:《中国社会结构的演变》，河南人民出版社1994年版。

杜芳琴:《中国社会性别的历史文化寻踪》，天津社会科学院出版社1998年版。

杜芳琴主编:《引入社会性别：史学发展新趋势——"历史学与社会性别"读书研讨班专辑》，2000年版。

杜芳琴、王向贤:《妇女与社会性别研究在中国（1987—2003)》，天津人民出版社2003年版。

杜芳琴、王政主编:《中国历史中的妇女与性别》，天津人民出版社2004年版。

杜芳琴:《妇女学与妇女史的本土探索》，天津人民出版社2002年版。

高洪兴等:《妇女风俗考》，上海文艺出版社1991年版。

高世瑜:《中国古代妇女生活》，商务印书馆1996年版。

葛志毅、张维明:《先秦两汉的制度与文化》，黑龙江教育出版社1995年版。

葛志毅:《谭史斋论稿三编》，黑龙江人民出版社2006年版。

葛志毅:《周代分封制度研究》，黑龙江人民出版社1992年版。

郭沫若:《两周金文辞大系图录考释》,上海书店出版社 1999 年版。

郭沫若:《金文丛考》,人民出版社 1954 年版。

郭沫若:《卜辞通纂》,《郭沫若全集·考古编》第 2 册,科学出版社 1982 年版。

郭沫若:《金文丛考补录》,《郭沫若全集·考古编》第六卷,科学出版社 2002 年版。

郭沫若:《殷周青铜器铭文研究》,科学出版社 1961 年版。

顾栋高:《春秋大事表》,中华书局 1993 年版。

何怀宏:《世袭社会及其解体》,三联书店 1996 年版。

焦杰:《性别视角下的〈易〉、〈礼〉、〈诗〉妇女观研究》,中国社会科学出版社 2011 年版。

李学勤主编:《中国古代文明与国家形成研究》,云南人民出版社 1997 年版。

李学勤:《新出土青铜器研究》,文物出版社 1990 年版。

李学勤:《走出疑古时代》(修订本),辽宁大学出版社 1997 年版。

李学勤:《中国古代文明研究》,华东师范大学出版社 2005 年版。

李学勤:《李学勤早期文集》,河北教育出版社 2008 年版。

李学勤:《东周与秦代文明》,上海人民出版社 2007 年版。

李学勤、彭裕商:《殷墟甲骨分期研究》,上海古籍出版社 1996 年版。

李伯谦:《中国青铜文化结构体系研究》,科学出版社 1998 年版。

李衡眉:《先秦史论集(上卷)》,齐鲁书社 2000 年版。

李衡眉:《先秦史论集(下卷)》,齐鲁书社 2003 年版。

李贞德、梁其姿主编:《台湾学者中国史研究论丛——妇女与社会》,中国大百科全出版社 2005 年版。

李贞德主编:《中国史新论(性别史分册)》,台北联经出版事业股份有限公司 2009 年版。

李小江主编:《性别与中国》,三联书店 1994 年版。

李小江等:《历史、史学与性别》,江苏人民出版社 2002 年版。

李小江等主编:《主流与边缘》,三联书店 1999 年版。

李玄伯:《中国古代社会新研》,开明书店 1948 年版。

李银河:《妇女:最漫长的革命》,三联书店 1997 年版。

李银河:《两性关系》,华东师范大学出版社 2005 年版。

刘士圣:《中国古代妇女史》,青岛出版社 1991 年版。

林沄:《林沄学术文集》,中国大百科全书出版社 1998 年版。

林惠祥：《文化人类学》，商务印书馆 1996 年版。

刘源：《商周祭祖礼研究》，商务印书馆 2004 年版。

刘雨：《乾隆四鉴综理表》，中华书局 1989 年版。

吕大吉：《宗教学通论新编》，中国社会科学出版社 2004 年版。

何新文：《〈左传〉人物论稿》，中国社会科学出版社 2004 年版。

黄天树：《黄天树古文字论集》，学苑出版社 2006 年版。

黄天树：《殷墟王卜辞的分类与断代》，文津出版社 1991 年版。

胡厚宣：《甲骨学商史论丛初集》，河北教育出版社 2002 年版。

胡进驻：《殷墟晚商墓葬研究》，北京师范大学出版社 2010 年版。

井中伟等：《夏商周考古》，科学出版社 2013 年版。

牟润孙：《注史斋丛稿》，中华书局 1987 年版。

马元曦：《社会性别与发展译文集》，三联书店 2000 年版。

彭裕商：《西周青铜器年代综合研究》，巴蜀书社 2003 年版。

裘锡圭：《古代文史研究新探》，江苏古籍出版社 2002 年版。

裘锡圭：《古文字论集》，中华书局 1992 年版。

裘锡圭：《文史丛稿》，上海远东出版社 1996 年版。

钱宗范：《周代宗法制度研究》，广西师范大学出版社 1989 年版。

容庚、张维持：《殷周青铜器通论》，科学出版社 1958 年版。

容庚：《商周彝器通考》，上海人民出版社 2008 年版。

任伟：《西周封国考疑》，社会科学文献出版社 2004 年版。

陕西省文物局、中华世纪坛艺术馆编：《盛世吉金：陕西宝鸡眉县青铜器窖藏》，北京出版社 2003 年版。

上海博物馆编：《晋侯墓地出土青铜器国际学术研讨会论文集》，上海书画出版社 2002 年版。

沈长云：《上古史探研》，中华书局 2002 年版。

沈长云、张渭莲：《中国古代国家起源与形成研究》，人民出版社 2009 年版。

睡虎地秦墓竹简整理小组：《睡虎地秦墓竹简》，文物出版社 2001 年版。

社会科学院历史研究所、考古研究所编著：《安阳殷墟头骨研究》，文物出版社 1985 年版。

宋镇豪：《夏商社会生活史》（增订本），中国社会科学出版社 2005 年版。

宋镇豪：《中国风俗通史（夏商卷）》，上海文艺出版社 2001 年版。

宋镇豪：《百年甲骨学论著目》，语文出版社 1999 年版。

宋镇豪、肖先进主编:《殷商文明暨纪念三星堆遗址发现七十周年国际学术研讨会论文集》,社会科学文献出版社 2003 年版。

宋镇豪主编:《甲骨文与殷商史》,线装书局 2008 年版。

孙作云:《诗经与周代社会研究》,中华书局 1966 年版。

孙庆伟:《周代用玉制度研究》,上海古籍出版社 2008 年版。

孙亚冰:《殷墟花园庄东地甲骨文例研究》,上海古籍出版社 2014 年版。

唐兰:《殷墟文字记》,中华书局 1981 年版。

唐兰:《西周青铜器铭文分代史征》,中华书局 1986 年版。

唐兰:《唐兰先生金文论集》,紫禁城出版社 1995 年版。

童书业:《春秋左传研究》(校订本),中华书局 2006 年版。

童书业:《春秋史料集》,中华书局 2008 年版。

童书业:《童书业史籍考证论集》,中华书局 2005 年版。

佟新:《社会性别研究导论——两性不平等的社会机制分析》,北京大学出版社 2005 年版。

汪宁生:《文化人类学调查——正确认识社会的方法》,文物出版社 2002 年版。

汪宁生:《民族考古学论集》,文物出版社 1989 年版。

王世民、陈公柔、张长寿:《西周青铜器分期断代研究》,文物出版社 1999 年版。

王玉哲:《中华远古史》,上海人民出版社 2003 年版。

王玉哲:《古史集林》,中华书局 2002 年版。

王子今:《古史性别研究丛稿》,社会科学文献出版社 2004 年版。

王子今:《中国女子从军史》,军事谊文出版社 1998 年版。

王晖:《商周文化比较研究》,人民出版社 2000 年版。

王贵民:《商周制度考信》,明文书局 1989 年版。

王国维:《观堂集林》,中华书局 2006 年版。

王国维:《古史新证——王国维最后的讲义》(清华文丛之五),清华大学出版社 1994 年版。

王小健:《中国古代性别结构的文化学分析》,社会科学文献出版社 2008 年版。

王宇信、宋镇豪主编:《纪念殷墟甲骨文发现一百周年国际学术研讨会论文集》,社会科学文献出版社 2003 年版。

王宇信、宋镇豪、孟宪武主编:《2004 年安阳殷商文明国际学术研讨会论文集》,社会科学文献出版社 2004 年版。

王玉波:《中国家庭的起源与演变》,河北科学技术出版社 1992 年版。

王震中：《中国古代国家的起源与王权的形成》，中国社会科学出版社 2013 年版。

王震中：《重建中国上古史的探索》，云南人民出版社 2015 年版。

王震中：《商代都邑》，中国社会科学出版社 2010 年版。

王政、杜芳琴主编：《社会性别研究选译》，三联书店 1998 年版。

吴镇烽：《金文人名汇编》，中华书局 1987 年版。

吴镇烽：《商周金文资料通鉴》（电子版）。

吴荣曾等：《尽心集》，中国社会科学出版社 1996 年版。

文物编辑委员会编：《文物考古工作三十年（1949—1979）》，文物出版社 1979 年版。

张政烺九十华诞纪念文集编委会：《揖芬集——张政烺先生九十华诞纪念文集》，社会科学文献出版社 2002 年版。

谢维扬：《周代家庭形态》，中国社会科学出版社 1990 年版。

谢维扬：《中国早期国家》，浙江人民出版社 1995 年版。

邢义田、林丽月主编：《社会变迁》，中国大百科全书出版社 2005 年版。

徐中舒：《徐中舒历史论文选辑》，中华书局 1998。

徐旭生：《中国古史的传说时代》，广西师范大学出版社 2003 年版。

许倬云：《西周史》（增订本），三联书店 1994 年版。

杨宝成：《殷墟文化研究》，武汉大学出版社 2002 年版。

杨宽：《西周史》，上海人民出版社 2003 年版。

杨宽：《战国史》，上海人民出版社 2003 年版。

杨树达：《积微居甲文说》，上海古籍出版社 1986 年版。

杨树达：《积微居金文说》（增订本），中华书局 2004 年版。

杨向奎：《宗周社会与礼乐文明》（修订本），人民出版社 1997 年版。

杨希枚：《先秦文化史论集》，中国科学出版社 1995 年版。

杨郁彦：《甲骨文合集分组分类总表》，台北艺文印书馆 2005 年版。

闵家胤主编：《阳刚与阴柔的变奏——两性关系和社会模式》，中国社会科学出版社 1995 年版。

余宁平、杜芳琴主编：《不守规矩的知识》，天津人民出版社 2003 年版。

张光裕、黄德宽主编：《古文字学论稿》，安徽大学出版社 2008 年版。

张懋镕：《古文字与青铜器论集》，科学出版社 2002 年版。

张懋镕：《古文字与青铜器论集（第三辑）》，科学出版社 2010 年版。

张政烺：《张政烺文史论集》，中华书局 2004 年版。

张天恩：《周秦文化研究论集》，科学出版社 2009 年版。

赵伯雄：《周代国家形态研究》，湖南教育出版社 1990 年版。

赵光贤：《周代社会辨析》，人民出版社 1980 年版。

张明东：《商周墓葬比较研究》，中国社会科学出版社 2016 年版。

张亚初、刘雨：《西周金文官制研究》，中华书局 2005 年版。

张荣明：《殷周政治与宗教》，五南图书出版股份有限公司 1997 年版。

郑慧生：《上古华夏妇女和婚姻》，河南人民出版社 1988 年版。

邹衡：《夏商周考古论文集》，文物出版社 1980 年版。

中国社会科学院考古研究所编：《中国商文化国际学术讨论会论文集》，中国大百科全书出版社 1998 年版。

中国社会科学院考古研究所：《新中国的考古发现和研究》，文物出版社 1984 年版。

中国社会科学院考古研究所：《中国考古学（两周卷）》，中国社会科学出版社 2004 年版。

中国社会科学院考古研究所：《中国考古学（夏商卷）》，中国社会科学出版社 2003 年版。

中国国家图书馆编：《中国国家博物馆馆藏文物研究丛书·甲骨卷》，上海古籍出版社 2007 年版。

中国社会科学院考古研究所编著：《中国考古学论丛》，科学出版社 1993 年版。

中国社会科学院考古所：《殷墟的发现与研究》，科学出版社 1994 年版。

朱凤瀚：《商周家族形态研究》（增订本），天津古籍出版社 2004 年版。

朱凤瀚主编：《中国青铜器综论》，上海古籍出版社 2009 年版。

朱凤瀚、徐勇主编：《先秦史研究概要》，天津教育出版社 1996 年版。

朱凤瀚、张荣明：《西周诸王年代研究》，贵州人民出版社 1998 年版。

朱凤瀚：《新出金文与西周历史》上海古籍出版社 2011 年版。

赵东玉：《从男女之别到男女尊卑——先秦性别角色研究》，黑龙江人民出版社 2012 年版。

六、相关英文书目

Bonnie G Smith, *The Gender of History: Men, Women, and Historical Practice*, Harvard University Press, 1998.

Linda Grant De Pauw, *Battle Cries and Lullabies: Women in War from Prehistory to the*

Present, Norman: University of Oklahoma Press, 1998.

Annie Philips, ed. , *Feminism and Politics*, New York: Oxford, 1998.

Morgen Sandra, ed. , *Gender and Anthropology: Critical Reviews for Research and Teaching*, Washington, D. C. : American Association of Athropologists. , 1989.

MacCormack Caroland Marilyn Strathern, *Nature*, *Culture and Gender*, Cambridge: Cambridge University Press, 1980.

Sanday, Peggy R. and Ruth G. Goodenough, eds. , *Beyond the Second Sex: New Directions in the Athropology of Gender*, Philadelphia: University of Pennsylvania Press, 1990.

Joan W. Scott, *Gender and the Politics of History*, Columbia University Press, New York, 1998.

Lesue Brubaker and Julia M. H. Smith, *Gender in the Early Medieval World: East and West*, 300 – 900, Cambridge , UK, New York: Cambridge University Press, 2004

Estelle Disch, 2003, *Reconstructing Gender: A Multicultural Anthology*, third edition, McGraw – Hill.

R. W. Connel, *Gender and Power: Society, the Person and Sexual Politics* (Oxford: Polity Press, 1987).

Nancy Bonvillain, *Women and Man: Cultrual Constructs of Gender*, *Upper Saddle River*, N. J. L: Prentice Hall, 1998.

Rayna R. Reiter, *Toward an Anthropology of Women*, New York : Monthly Review Press, 1975.

Ann Oakley, *Sex, gender and society*, New York, Harper&Row, 1972.

后 记

这本小书是在我博士论文的基础上修订而成的，自 2010 年 12 月答辩毕业至今，已过去了整整七年，但常感觉读书的日子仿佛就在昨天。

我于 2005 年 9 月正式投入朱凤瀚先生门下，攻读先秦史博士学位，之前硕士阶段跟随刘毅先生学习考古学与博物馆学，专业研究方向为古代物质文化，硕士论文题目是《唐宋墓葬中的观风鸟研究》，我学先秦史可以说完全是半路出家，入学时不识一片甲骨，不认一字金文。当时选择有关商周性别史研究的题目，也实在是抱着讨巧的心理，感觉这个题目应该好做，但着手以后才发现可能比一般的选题更难，一方面，从性别视角研究商周史的成果鲜少，必须自己“吃透”产生于西方的社会性别理论与方法，建构自己的研究框架；另一方面，则要搜集古文字、考古、典籍等多种资料。

在为论文焦头烂额时，儿子于 2006 年 5 月出生，繁重的科研任务与嗷嗷待哺的婴儿，可谓“一半是火焰，另一半还是火焰”，压力之大，可想而知。孩子满四个月后，我狠心把他白天完全托付给父母照顾，自己去学校读书写作。为了弥补自己古文字方面的不足，又与魏芃、韩萌萌、吴伟华、赵燕姣、李春利等师弟、师妹一起去清华大学、北京大学听李学勤先生和朱凤瀚先生的甲骨、金文课程，那时还没有高铁，都是早上五点出门，披星戴月去赶最早的火车。在学习古文字、搜集各种资料的同时，也开始阅读国内外学者有关性别理论的著作，建构自己的分析框架，论文从一穷二白的基础上起步到日益成型，儿子也从牙牙学语到逐渐走路、说话，这种辛苦又充实的生活伴着我走过了而立之年。

博士论文从选题到整体结构，从资料到研究方法，从初稿到修改稿，朱先生都给予了耐心细致的指导，付出了大量的心血，先生对论文一字一句修改的底稿我始终保存着。从零基础上起步，到近 30 万字论文的完成，全赖先生多年的言传身教与悉心栽培，在此向恩师表达最衷心的感谢与深深的敬意！

赵伯雄先生、张荣明先生、陈絜先生都是我博士论文指导小组的成员，在论文写作过程中，曾多次向各位先生求教。常建华先生、刘毅先生分别是我本科与硕士阶段的导师，在我读博期间，二位先生一直关心着我的学业，在我遇到困难的时候，帮助我、鼓励我。南开大学历史学院侯杰先生、文学院乔以钢先生、国家博物馆高世瑜先生是性别研究方面的专家，在性别理论、研究方法与研究资料方面，曾得到先生们的指导和帮助。中国社会科学院历史研究所的宋镇豪先生、刘源先生百忙之中，出席了我的博士论文答辩会，对论文进行了指导并提出了宝贵的修改意见。南开大学外国语学院胡翠娥教授帮我翻译了英文摘要。在博士论文修改的过程中，博士后合作导师、首都师范大学袁广阔先生对论文的一些意见亦让我受益匪浅，在此向各位先生表达诚挚的谢意！

毕业后的几年，论文中的一些章节已陆续发表，同时对全文也不断地进行修改，在结构上增加了部分章节的内容，在资料上增补了近几年新出现的古文字与考古资料，也对原来博士论文中的部分甲骨、金文的隶定与考释进行了修正。拙著即将出版之时，朱先生与王震中先生拨冗赐序，实为对学生的莫大奖掖，也使拙著增色不少，在此深表感谢！

2011 年我到河北大学工作后，在博士论文的出版方面得到历史学院全体领导的积极支持，把拙著列为“河北大学历史学丛书”，责任编辑邵永忠先生为本书的顺利出版付出了辛苦的劳动，在此表示感谢！

同时感谢我的家人，感谢父母的养育和教诲，感谢丈夫的支持和鼓励，感谢儿子为我带来了无尽的欢乐！

我是幸运的，在成长的过程中，曾得到多位师友同人的无私帮助，实难一一点名致谢！学术之路，漫漫其修远，只有更加努力，不负亲友，亦不负自己！

耿 超

2017 年 12 月 8 日

于南开水上寓所